정부관료제의
개혁과제

김순양 저

박영사

정부관료제는 다양하게 이해가 되지만, 전통적으로 두 개의 관점이 대립해 왔다. 하나는 정부관료제의 권력 측면에 치중하면서 정부관료제를 부정적인 통치형태로 묘사하였다. 정부관료제는 국민을 섬기는 집단이 아니라, 국민을 다스리고 규율하는 권력집단이다. 따라서 정부관료제는 국민의 자유를 억압할 소지가 크다. 20세기 이후에는 공공업무가 더욱 복잡하고 전문화되고, 국내외적으로 난제가 속출함에 따라 정부관료제의 권력은 더욱 비대해졌다. 급속한 환경변화와 사회의 전문화 추세에 기인하여 위임입법이 증가하고 있으며, 이에 따라 정책결정권도 상당부분이 정부관료제에 귀속되고 있다. 각종 과학기술의 발달로 정부관료제의 통제기술은 더욱 정교해졌다. 물론 현재는 정부관료제의 공공성과 책무성을 강조하고 있지만, 여전히 정부관료제는 통제와 개혁이 필요한 권력집단이다.

다른 하나는 정부관료제의 관리적, 기술적 측면에 치중하면서 관료제조직의 관리(管理) 상의 우수성을 강조하였다. 20세기 이후 산업화가 본격화하고 생산조직의 규모가 급팽창함에 따라 이를 지원하고 관리해야 하는 정부관료제의 역할과 규모도 크게 확대되었다. 더불어 이러한 거대 조직들을 관리하는 방식도 보다 합리적이고 과학적이어야 한다. 이에 Max Weber 등은 법규, 전문화, 계층제 등의 구조적 특성에 입각하여 작동하는 대규모조직을 관료제로 보았으며, 이는 공사부문을 가리지 않는 것이었다. 이들은 관리(管理)조직으로서의 정부관료제는 정해진 법규에 따라 작동할 때 가장 합리적이고 효율적으로 된다고 보았다. 이것은 납세자이며 주권자인 국민들에게도 좋은 것이다. 그러나 현실은 좋은 의도대로 실천되지만은 않는다. 각종 병리현상(pathology)이 나타나며, 이에 따라 공공목표 달성에 최적화된 형태로 설계된 정부관료제가 각종 역기능을 초래하게 되는 것이다. 따라서 정부관료제는 관리적 측면에서도 통제와 개혁이 필요한 조직이다.

오늘날의 정부관료제는 위에서 언급한 권력과 관리라는 두 측면을 모두 포함하고 있다. 정부관료제는 공권력을 독점하는 강력한 권력집단이다. 다만, 오늘날 이러한 권력은 국민을 통제하고 지배하기 위한 것이 아니라, 공공가치를 실현하는 수단을 지향한다. 정부관료제는 국민의 공복(公僕)임을 자처하며, 또한 그렇게 되어야 한다. 정부관료제는 국민으로부터 위임받은 권력을 봉사하고 섬기는 수단으로 절제하여 사용해야 한다. 다른 한편으로 정부관료제는 목표달성을 지향하는 공공조직이다. 따라서 합리적, 능률적, 합법적으로 작동해야 한다. 정부관료제는 효율성 면에서 최적화된 관리조직이 되어야 한다.

그러나 정부관료제는 양날이 예리하게 선 칼과 같다. 칼은 이를 잘 쓰면 좋은 요리도구이지만, 잘못 쓰면 무서운 흉기가 된다. 정부관료제도 마찬가지이다. 본래의 의도대로 잘 움직이면 국가발전을 견인하고 국민들의 삶을 편안하게 하는 공적 기구이다. 그리고 이를 위해 효율적이고 합리적으로 움직이는 유능한 관리조직이다. 그러나 잘못 쓰이면 국민의 자유를 억압하는 흉물스런 도구가 되며, 다른 한편으로는 폐쇄적, 경직적, 반동적 조직이 된다. 권력은 남용되고, 법규는 편파적이고 편의적으로 적용된다.

오늘날 우려스럽게도 정부관료제에게 쥐어진 예리한 칼은 솜씨 좋은 요리를 만드는 칼이 아니라, 통치권력을 유지하기 위해 마구 휘두르는 망나니의 칼이 되기 일쑤이다. 이를 낱낱이 살펴보자. 오늘날 정부관료제는 전문성, 연속성, 비밀주의를 무기로 거대한 권력집단이 되었다. 커진 힘과 기술을 주인에게 봉사하기 보다는, 주인을 억누르고 통제하는 데 쓰고 있다. 이러한 현상은 정보기술의 발달로 더욱 가속화되고 있다. 국민들의 일상은 정부관료제에 의해 세밀하게 감시되고 있으며, 그 결과 자기검열에 익숙한 국민들은 자유를 잃어가고 있다. 한때 들불처럼 일어나던 민주화의 열풍이 사그라지고, 다시 통제와 검열이 일상화되는 반민주(反民主)의 시대로 회귀하고 있다. 오늘날의 사회자체가 정부관료제가 감시자가 되는 거대한 판옵티콘(panopticon)이 되고 있다.

관료제조직이 자랑하던 관리 측면의 우월성도 퇴보하고 있다. 20세기 이후의 Max Weber 추종자들은 관료제조직의 순기능을 강조하였다. 정해진 법규와 원리에 따라 정밀하게 작동하는 관료제조직은 예측가능성, 일관성, 통일성을 극대화할 수 있는 조직이다. 전문화의 원리에 따라 업무를 분장하고, 명령과 복종의 체계를 구비하는 것이 효율적이라고 보았다. 그러나 오늘날의 정부관료제는 관리운영 면에서 이러한 장점보다 경직성, 폐쇄성, 번문욕례(red tape), 능률지상주의, 법규만능주의, 할거주의 등 나쁜 점들이 속출하고 있다. 이에 따라 환경변화에 대한 선제적 대응, 국민을 섬기는 고객주의, 인간적 가치의 실현, 공공가치의 추구, 창의성, 민주적 절차의 존중 등으로부터 멀어지고 있다.

필자는 현 자리에 부임한 첫해부터 지금까지 정부관료제 교과목을 강의하고 있다. 그동안 몇 차례 학생들에게 정부관료제 하면 가장 먼저 떠오르는 인상이 무엇인지를 질문하였다. 예나 지금이나 대답이 변함이 없다. 경직적이다, 융통성이 부족하다, 권위주의적이다. 까다롭고 복잡하다, 규정에 집착한다, 고리타분하다, 무뚝뚝하고 불친절하다, 변화를 외면한다, 무사안일하다 등의 부정적 이미지를 가지고 있다. 이번 코로나 사태를 통해서 보면, 정부관료제는 성실하고 헌신적이며, 책임감도 강해 보인다. 그러나 이러한 것들이 일관성이 있어야 한다. 언제나 변함없이, 군림하는 관료(官僚), 무색무취한 관리(官吏)가 아니라, 진정성을 가지고 국민을 섬기는 공복(公僕 public servant)이어야 한다. 권력을 위임받은 대리인이 이를 오남용하여 주인을 기망하는 일이 없어야 한다. 정부관료제의 권력은 요리사의 칼처럼 선하고 자제력 있게 쓰여야 한다. 정부관료제의 기술적 능력은 단순한 관리기술이 아니라, 소명의식과 영혼이 담긴 장인의 기술이어야 한다. 정부관료제는 생산적이고 능률적이면서 동시에 민주적이고 윤리적이어야 한다.

이러한 바람은 저절로 달성되는 것이 아니다. 지속적인 자기성찰과 개혁이 뒷받침되어야 한다. 정부관료제는 상시적인 개혁을 필요로 한다. 급변하는 환경에 대처하고, 높아지는 국민들의 욕구에 부응하기 위해 개혁은 일상화되어야 한다. 이를 위해서는 우리 같은 행정학자들의 역할도 작지 않아야 하는바, 정부관료제를 개혁하는 데 보탬이 되고자 이 책을 집필하게 되었다. 이 책은 크게 세 편으로 구성되어 있다. 제1편은 관료제 및 정부관료제에 대한 기본이론들을 소개하였다. 제2편은 정부관료제 내부의 개혁과제를 다루었으며, 제3편은 정부관료제와 국민과의 관계에서 개혁해야 할 과제들을 다루었다.

필자는 오랫동안 정부관료제를 가르쳤지만, 매번 프린트물로 수업을 하였다. 번거로운 일이었지만, 집중하여 책을 쓰지 못하였다. 그러던 차에 전대미문의 끈질긴 역병사태로 바깥출입이 어려운 틈을 타 집필을 감행하였다. 불행한 환경도 이를 또한 슬기롭게 활용할 수 있음을 교훈으로 얻게 되었다. 물론 짧은 시간 내에 학술서적을 쓸 수 있는 것은 아니다. 그동안 사용해 온 강의 노트와 필자가 쓴 많은 연구논문들이 있었기에 가능하였다. 논문목록은 참고문헌 부분에 모두 열거되어 있다.

책을 쓰는 데는 목적과 용도가 있기 마련이다. 이 책이 정부관료제를 개혁하는데 필요한 실천적 지식을 제공함과 아울러, 학생들을 위한 교육 목적에도 유용하게 쓰였으면 한다. 또한 이 책으로 공부한 학생들 중에 공무원이 되는 이들이 있다면, 이들이 정부개혁의 전사(戰士)가 되게 하는 데 기여하기를 바란다.

이 책을 유서 깊은 박영사(博英社)에서 출간하게 되어 성취감이 크다. 대학 시절부터 밑줄 그어가면서 박영사의 책들을 읽었는데, 오늘 필자로서 책을 내게 되니 감회가 작을 리 없다. 척박한 출판환경에서도 흔쾌히 출간을 허(許)하고 정성스럽게 책을 만들어준 박영사 임직원분들께 감사드린다.

끝으로 이 책을 집필하는 데 큰 도움이 된 가족들에게 고마운 마음을 전한다. 이재(理財)에 어두운 필자를 대신하여 분주하게 노후대비를 하고 있는 아내와 훌륭한 목표를 향해 똑바로 치닫고 있는 두 아이들(度慶, 度恩)에게 정겨운 마음을 전한다. 너그러움이 넘치는 장모님과 서로 간에 아끼는 정이 몹시 두터운 형제자매들에게 감사드린다.

세상에 영원히 변하지 않는 것들이 있다면, 그 중에서도 으뜸은 부모와 자식 간의 정(情)일 것이다. 돌아가신 이래 적지 않은 세월이 흘렀지만, 아직도 사무치는 그리움이 있다. 이 책을 보시고 기뻐하실 부모님의 모습을 떠올려 본다.

텅 빈 캠퍼스에 찾아온
소서(小暑) 절기에
저자 씀

제1편
정부관료제의 이론적 기초

제1장 관료제와 정부관료제에 대한 이해

제1절 관료제의 어원 및 전개과정 ·· 3

제2절 관료제의 용례 ·· 4

제3절 관료제와 정부관료제 ·· 7

제4절 정부관료제 연구의 필요성 ·· 8

제2장 고전적 관료제이론

제1절 K. Marx의 관료제이론 ·· 11
    1. K. Marx의 학문과 사상 _12
    2. K. Marx의 관료제이론 _16

제2절 G. Mosca의 관료제이론 ·· 19
    1. G. Mosca의 지배계급론 _20
    2. 봉건제와 관료제국가 _20
    3. G. Mosca 관료제이론의 평가 _22

제3절 R. Michels의 관료제이론 ·· 23
    1. R. Michels의 과두제이론 _23
    2. R. Michels의 관료제이론 _25
    3. R. Michels 관료제이론의 평가 _26

제 3 장 Max Weber의 관료제이론

제1절 M. Weber의 학문세계 ·· 29

제2절 M. Weber의 지배와 복종의 유형 ···························· 32

제3절 M. Weber의 관료제이론 ······································ 34

    1. 전통적 관료제 _34
    2. 합법적(근대적) 관료제 _35

제4절 관료제의 병리현상 ··· 39

    1. 관료제에 대한 일반적 비판들 _39
    2. 관료제에 대한 사회학자들의 비판 _40
    3. 관료제에 대한 발전행전론의 비판 _42
    4. 합법적 관료제의 각 특성별 병리현상 _43

제 4 장 정부관료제의 팽창

제1절 머리말 ·· 49

제2절 관료제와 정부관료제의 의의 ································ 51

제3절 정부관료제 팽창의 의의 ····································· 53

    1. 정부팽창과 정부관료제 _53
    2. 정부관료제 팽창의 개념 _54
    3. 정부관료제 팽창의 지표 _55

제4절 정부관료제 팽창의 원인 ····································· 57

    1. 기존의 유형화들 _57
    2. 정부관료제 팽창의 원인들 _58

제5절 맺음말 ·· 70

제2편
정부관료제의 대내적 개혁과제

제 5장 **정부관료제 개혁의 이론 및 방향**

제1절 머리말 ··· 75

제2절 정부관료제 개혁의 이론적 기초 ······················ 76

    1. 정부관료제 개혁의 의의와 필요성 _76
    2. 정부관료제 개혁의 접근방법 _77
    3. 정부관료제 개혁의 단계 _79
    4. 정부관료제 개혁과 저항 _80

제3절 정부관료제의 상시적 개혁 필요성 ···················· 82

제4절 현행 정부관료제 개혁방식의 문제점 ·················· 83

    1. 부실, 불투명, 모방, 단기적 개혁 _83
    2. 정부관료제 개혁의 후유증 _87

제5절 정부관료제 개혁의 일상화와 내실화 ················· 89

제6절 맺음말: 개혁의 의미를 새롭게 새겨야 ················ 91

제 6장 **정부관료제의 조직구조 개혁과 팀조직**

제1절 머리말 ··· 95

제2절 지식정보화사회와 정부관료제 조직 ··················· 96

    1. 지식정보화사회의 의의와 특성 _96
    2. 지식정보화사회와 전통적 관료제조직 _99

제3절 탈(脫)관료제로서의 팀조직 ···························· 103

    1. 팀조직의 의의 _103
    2. 팀조직의 성공요건 _104
    3. 지식정보화사회와 팀조직 _107

제4절 정부관료제에서의 팀조직의 실제 ····················· 108

제5절 정부관료제 개혁과 팀조직의 활성화 방안 ······························· 110

　　1. 팀조직 활성화의 장애요인 _110

　　2. 정부관료제에서의 팀조직 활성화 방안 _112

제6절 맺음말 ·· 119

제 7장　정부관료제 조직문화 개혁과 학습조직

제1절 머리말 ·· 121

제2절 정부관료제와 조직문화 ·· 122

　　1. 조직문화에 대한 관심의 대두 _122

　　2. 조직문화의 의의 _123

　　3. 조직문화의 유형 _125

　　4. 조직문화의 개발과정 _127

제3절 정부관료제와 학습조직 ·· 128

　　1. 학습조직 개념의 등장배경 _128

　　2. 학습, 조직학습, 학습조직 _129

　　3. 조직학습의 방법과 단계 _131

　　4. 학습조직의 구축단계 _132

　　5. 학습조직의 성공요건 _133

제4절 정부관료제의 조직문화 형성과 학습조직 구축 ······························· 134

　　1. 정부관료제의 조직문화 형성 전략 _134

　　2. 정부관료제의 학습조직 구축방안 _136

제5절 맺음말 ·· 138

제 8장　정부관료제의 능력개발과 신인사제도

제1절 머리말 ·· 141

제2절 신인사제도의 의의와 특성 ·· 142

　　1. 신인사제도의 의의 및 등장배경 _142

　　2. 신인사제도의 특성 _144

제3절 신인사제도의 구체적 내용 ·· 145

1. 신직급체계 _145

2. 신평가체계 _149

3. 신승진체계 _152

4. 신임금체계 _154

5. 신교육훈련체계 _157

제4절 맺음말 ·· 161

제 9장 정부관료제의 인사개혁과 다면평가(多面評價)

제1절 머리말 ··· 163

제2절 이론 논의 및 연구의 틀 ·· 164

1. 신인사제도와 신평가체계 _164

2. 신평가체계로서의 다면평가 _165

3. 연구의 틀 _167

제3절 현행 상급자평가의 실태와 문제점 ···································· 168

제4절 정부관료제에서의 다면평가의 활성화 방안 ······················· 171

1. 다면평가의 필요성 _171

2. 다면평가의 활성화 방안 _173

3. 다면평가 활용상의 유의점 _178

제5절 맺음말 ··· 180

제10장 정부관료제의 행태(行態)개혁

제1절 머리말 ··· 183

제2절 정부관료제의 환경적, 문화적 특성 ···································· 184

1. 사회문화적 특성의 위치 매김 _184

2. 환경적 특성과 정부관료제 _185

3. F. Riggs의 살라모형과 발전도상국 정부관료제 _187

제3절 우리나라 정부관료제의 행태적 특성 ································ 190

1. 가족주의 및 파생된 관료행태 _191

2. 권위주의 및 파생된 관료행태 _193

   3. 사인주의 및 파생된 관료행태 _195

   4. 의식주의 및 파생된 관료행태 _196

   5. 분파주의 및 파생된 관료행태 _197

   6. 운명주의 및 파생된 관료행태 _198

   7. 비(非)물질주의 및 파생된 관료행태 _199

제4절 정부관료제의 가체체계 및 관료행태 재정립 ······································ 200

   1. 정부관료제의 가치체계 정립 _200

   2. 정부관료제의 행태 전환 _202

제5절 맺음말 ··· 205

제3편
정부관료제의 대외적 개혁과제

제11장 정부관료제의 개혁과 신뢰 회복

제1절 머리말 ··· 209

제2절 정부관료제에 대한 변화의 요구 ··· 210

   1. 행정조직과 인력의 거품제거 _210

   2. 능력과 성과에 따른 차등적 처우 _211

   3. 유연하고 열린 행정 _212

   4. 민간과 경쟁하는 행정 _213

   5. 고객중심의 행정 _214

제3절 정부관료제의 지향점 및 경쟁력 제고 ··· 215

   1. 정부관료의 가치지향의 변화 _215

   2. 정부관료의 업무태도와 업무수행방식 변화 _216

   3. 정부관료의 개인적 경쟁력 제고 _218

제4절 정부관료제에 대한 신뢰의 위기 ··· 219

   1. 국민들의 정부관료제 불신 _220

    2. 정부관료의 정부관료제 불신 _224
    3. 상하(上下)불신, 동료불신, 자기불신 _226
    4. 위기의 정부관료제와 부정적 결과들 _227

  제5절 맺음말: 신뢰에 기초한 정부관료제 개혁 ·· 229

제12장 정부관료제의 재량행위 개혁

  제1절 머리말 ·· 231

  제2절 재량행위 관련 이론 및 연구 틀 ··· 232
    1. 재량행위 관련 이론 논의 _232
    2. 연구 틀의 설정 _243

  제3절 정부관료제의 재량행위 영향요인과 행사방식
    : 규제공무원의 경우 ··· 246
    1. 재량행위 영향요인 _246
    2. 재량행위 행사방식 분석 _254

  제4절 정부관료제의 재량행위 적정화 방안 ·· 263
    1. 규제행정 업무환경의 개선 _264
    2. 법규 및 지침의 명확화 _265
    3. 업무특성 면에서의 개선 _267
    4. 규제공무원의 책임의식 제고 _267
    5. 내부관리의 개선 _268

  제5절 맺음말 ·· 270

제13장 정부관료제의 행정지도 개혁

  제1절 머리말 ·· 273

  제2절 행정지도의 의의 및 특성 ··· 274
    1. 행정지도의 개념 _274
    2. 행정지도의 특성 _275
    3. 행정지도의 유형 _276
    4. 행정지도의 장·단점 _277
    5. 우리나라 행정지도의 팽창 원인 _280

제3절 일선행정에서의 행정지도의 실태 분석 ···························· 283

    1. 행정지도의 동기 _283

    2. 행정지도의 방식 _284

    3. 행정지도의 장점과 유용성 _285

    4. 행정지도의 폐단 _288

    5. 행정지도에 대한 반응 및 후속조치 _291

제4절 행정지도의 개선방안 ·· 293

제5절 맺음말 ··· 297

제14장 정부관료제의 권력확대와 정치적 통제

제1절 머리말 ··· 299

제2절 관료권력의 개념 ·· 300

제3절 정치권력과 관료권력 간의 관계 유형 ···························· 301

제4절 우리나라 관료권력의 확대 원인 ···································· 304

    1. 관료권력 확대의 원천 _304

    2. 관료권력의 확대 방법 _306

    3. 우리나라의 관료권력 확대 원인 _307

제5절 관료권력에 대한 정치적 통제 ······································ 313

    1. 정치적 통제 관련 이론들 _313

    2. 정부관료의 인사(人事)와 정치적 통제 _314

    3. 정부관료의 업무수행과 정치적 통제 _316

    4. 정부지출과 정치적 통제 _317

제6절 맺음말 ··· 318

제15장 정부서비스의 민간위탁 개혁

제1절 머리말 ··· 321

제2절 민간위탁의 의의 및 분석 틀 ·· 322

    1. 민간위탁의 의의 _322

    2. 분석 틀의 설정 _323

제3절 지방정부 사회서비스의 민간위탁과정 분석 ···································· 325

    1. 경쟁유치 과정 _326

    2. 수탁자선정 과정 _327

    3. 계약서 작성 _329

    4. 지도·감독 과정 _330

    5. 성과평가 과정 _331

    6. 재계약 과정 _332

제4절 지방정부 사회서비스의 민간위탁과정 개선방안 ······························ 334

    1. 경쟁유치 과정 _334

    2. 수탁자선정 과정 _335

    3. 계약서 작성 _336

    4. 지도·감독 과정 _337

    5. 성과평가 과정 _338

    6. 재계약 과정 _340

제5절 맺음말 ·· 341

찾아보기 _343

참고문헌 _349

제1편

정부관료제의
이론적 기초

제1장

관료제와 정부관료제에 대한 이해

제2장

고전적 관료제이론

제3장

Max Weber의 관료제이론

제4장

정부관료제의 팽창

관료제와 정부관료제에 대한 이해

제1절 관료제의 어원 및 전개과정

관료제(bureaucracy)는 천으로 덮인 탁자, 사무를 보는 책상, 관리들이 일하는 장소 등을 의미하는 bureau와 지배를 의미하는 접미사인 −cracy의 합성어로서, 1745년 프랑스의 경제학자이자 상공대신이었던 Vincent de Gournay가 처음 사용한 것으로 전해진다(Albrow, 1970). 이러한 기원에 따르면, 처음에 관료제란 용어는 군주제, 민주제, 귀족제 등의 전통적인 통치체제에 대비되는 새로운 정치제도 내지는 통치형태로서, 관료집단에 의한 통치를 의미하는 개념으로 고안되었다.

이후 18∼19세기의 관료제 논의는 주로 영국, 프랑스, 독일 등 유럽의 주요 국가들을 중심으로 전개되었는데, 관료제는 공익을 추구하기보다는, 주로 비판적 의미에서 '지배의 한 형태'로 이해되었다. 구체적으로, 영국에서는 관료제를 자유와 민주주의의 적(敵)으로 파악하였는데, 이는 당시 영국의 개인주의 전통과 관련이 있었다. 예로서, J. S. Mill은 그의 저서 <자유론(1859)>에서 관료제를 매우 부정적으로 묘사하였다. 즉, 관료제는 정치를 무력하게 만들며, 신축성을 저해하고 민주주의를 배반하는 장치이다. 관료제는 권한을 독점하고자 하며, 관료제가 강화될수록 국민들은 관료제의 노예가 된다. 자유주의자인 Mill의 눈으로 보았을 때 관료제는 개인의 창의성과 자유를 저해하는 부정적인 집단이었다. 따라서 그는 관료제를 견제할 수 있는 세력이 필요하다고 보았다(Miller, 2010). W. Bagehot은 <영국헌정론(1867)>에서 관료제는 일상적인 과업을 수행하는 데서는 능률적이지만, 경직성, 선례답습주의로 인해 환경변화에 신축적으로 대응하는 능력은 부족하다고 보았다.

독일에서는 관료제를 합의제 관청과 대조되는 행정구조로 보면서, 관료제를 무절제하게 권력을 추구하는 부정적 실체로 파악하였다. 예로서, J. Görres는 관료제를 상비군과 유사한 원리로 작동하는 문관제도로 보았으며, K. Heinzen, R. Mohl 등은 관료제를 합의제 관청(collegium)과 대립되는, 단독제 관청으로 이해하였다. 그리고 당시 독일학자들은 관료제를 무제한의 권력을 추구하는 존재로 파악하였다(Anter, 2014).

프랑스 혁명을 거치면서 자유주의 전통이 강하였던 프랑스에서도 관료제는 매우 부정적인 대상이었다. 대표적으로 Le Play는 관료제를 일을 쓸데없이 복잡하게 만들며, 타인의 창의성을 억제하는 데 열중하는 관리들의 권한남용 형태라고 보았다. 즉, 관료제의 번문욕례(red tape), 획일주의, 권한남용 등의 부정적인 실체를 지적한 것이다(Du Gay, 2000).

이처럼 19세기까지는 정치학자들이 관료제 논의를 주도하면서 대체로 관료제를 "관료들이 지배하는 하나의 통치형태"로 보았으며, 급여를 받는 관료들이 불필요한 업무를 양산하고 시민들의 창의성을 저해하며, 따라서 시민들의 불만대상이 되는 부정적 실체로 보았다.

이후 19세기말부터 20세기 초에 이르면서 관료제에 대한 관점은 정치학적 관점으로부터 사회학적 관점 특히, 사회조직의 관점으로 전환되기 시작하였다. 그리고 이를 기점으로 20세기 들어서는 관료제를 보는 관점이 다양하게 전개되었는데, 관료제를 합리적인 조직으로 보는 입장, 비능률적 조직으로 보는 입장, 대규모 조직자체로서 보는 입장(다시 구조적 특성 혹은 관리과정) 등 다양한 관점들이 등장하였다(Albrow, 1970).

제 2 절 관료제의 용례

20세기 들어서 관료제를 바라보는 관점이 다양화되었으며, 이에 따라 관료제의 용례(用例)도 다양하게 전개되었다. 구체적으로, D. Beetham(1996)은 연구자들의 학문적 배경에 따라 관료제에 대한 정의가 매우 다양함을 지적하면서, 관료제가 사용되는 용례를 조직사회학적 관점, 정치경제학적 관점, 공공행정학적 관점으로 구분하였다. 우선 조직사회학적 관점은 대규모조직의 보편적 특성을 규명하고 대규모조직의 효율적 관리수단으로 관료제를 이해하였다. 대표적 학자가 M. Weber이다. 그에게서 관료제는 훈련된 전문가들이 규칙을 토대로 업무를 수행하는 대규모조직으로서, 관료제는 기술적 관점에서 최고의 능률성을 달성하는 조직이다(Gualmini, 2008). 관료제조직을 다른 형태의 조직과 비교하는 것은 기계적 생산방식을 수공업적 생산방식과 비교하는 것과 같다. 정치경제학적 관점은 경제학적 사고에 입각하여 관료제를 파악한다. 관료제는 공공부문은 물론 비영리기구나 종교조직과 같은 민간부문까지 포함하는 비(非)시장조직으로 시장과 계층제적 방식이라는 사회적 조정의 두 가지 방식 중에서 후자를 취하는 조직이다. 여기서 시장이란 사람의 행위가 자율적 기재를 통하여 수평적으로 조정되는 것이며, 계층제는 사람의 행위를 권위와 강제력을 통하여 수직적으로 조정하는 것이다. 마지막으로 공공행정학적 관점은 공사(公私)행정 간에는 차이가 있다는 데서 출발하며, 공공행정 분야만을 관료제로 규정한다.

J. Medeiros and D. Schmitt(1977)는 관료제의 용례를 기계적(machine) 관료제, 인간주의적(humane) 관료제, 정치적(political) 관료제로 분류하였다. 기계적 관료제는 관료제를 특정한 목표를 달성하기 위한 가장 효율적인 장치로 파악한다. M. Weber의 이념형적 관료제와 F. Taylor의 과학적 관리론이 큰 영향을 미쳤다. 기계적 관료제에서는 조직의 목표달성을 위한 관료제의 능력에 초점을 맞추며, 구조변화와 기술발전으로 조직의 문제를 해결할 수 있다는 낙관론에 근거하고 있다. 그러나 기계적 관료제는 지나치게 목표달성과 과업수행을 중시함으로써 성원들의 욕구충족을 등한시한다는 비판을 받는다(Clegg, 2011). 이에 비해서 인간주의적 관료제는 다양한 인간적 요인에 주목한다. 관료제는 성원들의 인간적 가치의 실현, 존엄성 확보, 자아실현을 중시하는 조직이다. 마지막으로, 정치적 관료제는 앞의 두 부류가 주로 관료제의 내부 차원에 치중하는 데 비해서, 외부환경으로부터의 요구와 통제를 중시한다. 관료제는 시민과 임명권자인 정치엘리트에게 책임을 지며, 관료제에 대한 외부통제, 민주적 정책결정 등을 중시한다(Etzioni-Halevy, 2013).

가장 많이 사용하고 있는 관료제의 용례는 M. Albrow(1970)가 20세기 이후의 관료제에 대한 다양한 주장들을 일곱 가지 관점으로 정리한 것이다. 이를 보면 첫째는 관료제를 합리적 조직으로 바라보는 관점으로, 주로 F. Taylor, L. Gulick 등 미국의 관리론자들이 주장하는 견해이다. 흔히 기계적 모형(Machine Model)에 해당한다. 이들은 관료제를 관리의 능률성을 극대화시키는 조직형태로 이해한다. 둘째는 관료제를 비능률적 조직으로 이해하는 입장이다. M. Dimock, M. Crozier, E. Strauss 등이 주장하는 것으로 이들은 관료제를 관리상의 활력과 창의성을 저해하는 비능률적 조직으로 보고 있다. 셋째는 관료제를 관료에 의한 지배로 이해하는 관점이다. 즉, 관료제를 권력을 행사하는 관료집단에 의한 지배현상으로 간주한다. 전술한 프랑스의 Gournay와 영국의 J. S. Mill의 전통을 추종하는 것이다. H. Laski, H. Finer 등 주로 정치학자들이 취하는 견해이다. 넷째는 관료제를 중립적인 공공관리(public management) 내지는 공공행정으로 보는 관점이다. 이에 따르면 관료제는 가치중립적 개념으로, 국가에 의해서 고용되어 한정된 기능을 수행하는 공무원집단이다. 따라서 관료제는 정부관료제에 한정된다. S. Eisenstadt, F. M. Marx, F. Riggs 등이 이러한 견해를 지지한다. 다섯째는 관리(management)행위로서의 관료제이다. 이에 따르면 관료제는 임용된 관료들에 의한 관리행위이다. 네 번째 견해와의 차이점은 공공부문의 관리뿐만 아니라, 민간부문의 관리행위도 포함한다는 점이다. K. Renner, W. Sayer, R. Bendix 등이 이러한 입장을 취하고 있다. 여섯째, 관료제를 특정한 구조적 특성을 가지는 대규모 공식조직의 한 형태로 보는 입장이다. 오늘날 관료제를 이해하는 가장 유력한 입장이다. M. Weber를 포함하여 T. Parsons, R. Presthus, A. Etizioni 등의 사회학자들이 주로 주장하였다. 마지막으로, 현대사회 자체가 관료제라고 보는 입장이다. 현대사회는 관료제화(bureaucratization) 즉, 관료제가 그 주변 환경의 부분들을 과잉 지배하는 현상이 지속적으로 발생하는, 관료제에 의해 지배되는 사회이다(Olsen, 2006). J. Burnham의 관리자혁명론(Managerial Revolution)이 이러한 견해를 대변한다.

관료제와 정부관료제

　　관료제를 이해하는 입장은 다양하지만, 많은 학자들은 관료제를 조직구조
상의 어떤 특성 즉, 기능적 합리성, 합법성, 계층제, 분업, 전문성, 비(非)사인성
에 입각하여 구성되고 관리되는 대규모의 공식조직으로 보고 있다(Kania, 2008).
이러한 관료제는 행정조직뿐만 아니라, 사회조직 일반에서 나타나는 가장 보편
적인 조직형태이다. 관료제적 조직구조와 운영방식이 여러 가지 문제점도 있지
만, 대규모 조직을 효율적·합리적으로 관리하기 위해서는 불가결하다. 정치와
행정의 궁극적 목적인 민주주의와 공익을 달성하기 위해서는 관료제가 필요하
다. 민간부문도 마찬가지이다. 비영리조직이든 영리조직이든, 목표를 달성하기
위해서는 관료제라는 조직형태가 필요하다. 따라서 공공부문이든 민간부문이든
목표달성을 위해서는 계층제적인 형태를 띠면서, 법규에 의하여 설치되고 운영
되며, 합리성·효율성·과학성의 정신에 입각하여 작동되는 관료제가 필요한 것
이다(La Palombara, 2015).

　　관료제에 대한 이해가 필요한 이유는 인간의 사회생활, 조직생활, 행정활동
등의 전반에서 관료제화(bureaucratization)가 가속화되고 있기 때문이다. 따라서
사회현상을 연구하는 사회과학도라면 관료제를 잘 이해해야 한다. 그 이유를 구
체적으로 보면 우선, 사회자체의 관료제화 현상이 심화되고 있기 때문이다
(Olsen, 2006). 이는 사회전반에 대한 관료제의 영향력이 커진다는 측면과 사회
내의 상호작용에서 효율성, 예측가능성, 규칙, 절차 등이 중시되고 있다는 측면
을 동시에 포함하는 것이다. 다음에는 기업조직, 군대조직 등은 물론, 심지어는
비영리조직, 종교조직 등을 포함하는 사회전반의 조직관리 부문에서 관료제화
가 심화되고 있기 때문이다. 업무수행과정에서 효율성을 강조하는 정도가 더욱
커지고 있는 것이다(Page et al., 2005). 마지막으로, 행정조직의 관료제화가 심화
되고 있기 때문이다. 행정조직은 계층제와 합법성을 강조할 뿐만 아니라, 서열
주의, 문서주의, 비밀주의, 비사인성 등의 특성이 존속하고 있다(Wilson, 2019).

　　정부관료제(government bureaucracy)도 관료제의 한 형태이지만, 기업조직,
종교조직, 비영리조직 등의 관료제 형태와는 차이가 있다. 우선, 정부관료제는
권력의 문제를 보다 많이 취급한다. 정부관료제는 공권력의 합법적 행사자로서,

행정규제, 행정지도, 행정재량 등을 통하여 배타적인 권력을 행사한다(Lipsky, 2010). 다음에는 정부관료제에서는 정치와의 관계를 보다 많이 취급한다. 관료정치, 대(對)의회관계, 대(對)시민관계, 대(對)이익집단관계, 협상과 타협 등 정부관료제는 정치적 행위를 많이 하며, 정치와 불가분의 관계에 있다. 그리고 정부관료제는 환경적 맥락 하에서 정부관료제 자체를 거시적으로 관찰한다. 즉, 민간부문의 관료제가 주로 내부 작동에 초점을 두는 반면에, 정부관료제는 시민과의 관계, 의회와의 관계 등을 깊이 있게 다루어야 한다(Balla and Gormley, 2017).

정부관료제는 다른 형태의 관료제 보다 더욱 철저하게 이해해야 한다. 그 이유는 우선 정부관료제의 권력과 영향력이 지속적으로 확대되고 있기 때문이다. 따라서 이에 대한 통제의 필요성이 커지고 있으며, 이를 위해서는 정부관료제에 대한 정확한 이해가 필요하다. 다음에는 정부관료제의 재량행위가 증가하고 있기 때문이다. 재량행위는 불가피한 면도 있지만, 오남용 되면 여러 가지 부작용을 초래한다(Evans, 2015). 따라서 정부관료제의 재량행위는 적절하게 억제되어야 하는데, 이를 위해서는 정부관료제의 실제를 제대로 이해해야 한다. 마지막으로, 정부관료제의 실체를 종합적으로 파악할 필요가 있기 때문이다. 현재 정부관료제는 주로 부정적으로 묘사되고 있지만, 이의 긍정적 기능에 대한 이해도 필요하다. 정부가 제대로 작동하려면 정부에 대한 요구와 비판도 필요하지만, 동시에 지지와 협조도 필요하기 때문이다.

제4절　정부관료제 연구의 필요성

흔히 관료제라고 하면 정부조직을, 관료라고 하면 정부공무원을 의미하는 것으로 이해하는 경향이 있다. 그러나 이러한 인식은 반드시 옳은 것은 아니다. 관료제이론을 집대성한 M. Weber만 하더라도 관료제는 특정한 구조적 속성을 가지는 대규모의 공식조직을 의미하는 것으로서, 정부조직뿐만 아니라, 군대조직, 기업조직, 종교조직 등 다양한 형태의 대규모 사회조직에서 보편적으로 나타나는 조직형태로 보고 있다(Du Gay, 2000). 그럼에도 불구하고, 관료제의 가장 전형적인 형태는 정부관료제이다. 정부관료제는 어느 조직보다 관료제적 특성이 강하고 가장 규모가 큰 관료제이다.

따라서 정부조직과 정부공무원을 주된 연구대상으로 하는 행정학에서는 당연히 관료제 및 그 일환으로서의 정부관료제에 대한 연구가 필요하다. 그 이유는 첫째, 행정의 권력작용을 이해하기 위하여 정부관료제 연구가 필요하다. 행정행위는 크게 내부관리행위, 권력행위, 대(對)시민 봉사행위 등으로 구분해 볼 수 있다. 이 중에서 권력행위는 행정조직 내부적으로도 발생하며, 행정조직과 시민 및 다른 조직과의 관계에서도 발생할 수 있다. 즉, 대내적 권력작용과 대외적 권력작용이 동시에 포함되는 것이다(Murphy, 2009). 관료제 연구는 상당부분이 관료들 간에 혹은 관료들이 대외적으로 행사하는 권력행위를 취급하며, 따라서 정부조직의 작동방식을 이해하는 데 도움이 된다.

둘째, 전통적인 관리론적 시각에서 벗어나 거시적 차원에서 정부조직의 구조와 작동을 이해하기 위하여 정부관료제를 연구할 필요가 있다. 기존의 행정학은 출발 당시부터 정치와의 분리를 의도한 나머지, 경영학과 유사한 관리학문을 지향하였다(Henry, 2015). 즉, 정치행정이원론의 토대 위에서 인력, 조직, 재정을 잘 관리하는 데 치중하였던 것이다. 그러나 급변하는 행정환경 하에서는 내부관리 현상에 대한 이해만으로는 행정을 제대로 이해하기 어렵다. 행정을 이해하려면 정치사회적 환경, 의회와의 관계, 시민사회와의 관계 등에 대한 지식이 필요하다. 일선관료제, 행정규제, 행정지도, 관료정치 등에 대한 지식도 필요하다. 따라서 기존의 관리론적 관점만으로는 한계가 있다.

셋째, 정부조직의 효율성뿐만 아니라, 역기능과 병리현상도 아울러 이해하기 위해서 정부관료제에 대한 연구가 필요하다. 정부조직은 효율적, 합리적, 과학적으로 작동하는 부분도 있지만, 낭비적, 비합리적, 주먹구구식으로 작동하는 부분도 적지 않다(Frederickson et al., 2018). 부정부패 등의 역기능적 요소도 적지 않다. 따라서 정부조직의 실태를 정확하게 이해하기 위해서는 정부조직의 순기능과 역기능 모두에 대한 이해가 필요하다.

넷째, 이론과 현실을 접목시킴으로써 행정의 현실적합성을 제고하기 위하여 정부관료제에 대한 연구가 필요하다. 기존의 행정학은 선·후진국 모두에 적용될 수 있는 보편이론을 개발하는 데 치중하였다(Shafritz et al., 2015). 그러나 각 국가의 정치사회적 특성의 차이에 따라서 행정현상의 원인은 상이하며, 이에 대한 처방도 달라야 한다. 따라서 이론과 실천을 결합하는 정부관료제 연구를 토대로 각국의 독특한 행정현실을 보다 적실성 있게 이해해야 한다.

마지막으로, 정부관료제가 가지고 있는 부정적인 이미지를 개선하려면 정부관료제에 대한 연구가 필요하다. 정부관료와 공무원은 같은 대상을 지칭하는 것이다. 정부에 고용되어 국민을 위해서 일하는 사람들이다. 그런데 관료(官僚 bureaucrats), 관리(官吏 public officials), 공무원(public servants)이 사실상 같은 대상을 지칭하지만, 그 이미지는 상이하다. 대체로 관료는 권력행사자의 이미지가 강한 반면에, 관리는 행정을 기술적, 전문적, 중립적으로 관리(administration)하는 사람의 이미지가 강하다. 공무원은 국민들에 대한 봉사자의 이미지가 강하다. 그러나 우리는 정부나 공무원과 관련하여 '관료제적이다', '관료주의적이다'라고 하면 대부분 부정적 이미지를 갖는다. 대체로 경직적이다, 융통성이 없다, 일을 까다롭고 복잡하게 한다, 법규에 집착한다, 고리타분하다, 폐쇄적이고 비밀주의적이다, 무뚝뚝하고 불친절하다, 변화에 둔감하다, 자기이익을 추구한다, 권위주의적이다, 무사안일하다 등의 부정적 이미지를 떠올린다. 물론 이는 바람직하지 않다. 우리는 왜 정부관료제를 이렇게 부정적으로 인식하고 있는지에 대한 깊은 성찰이 필요하다. 이를 통하여 정부관료제가 민주주의, 인간성, 공익, 불편부당성에 보다 충실하게 해야 한다.

고전적 관료제이론

관료제에 대한 관심은 18세기부터 있어왔지만, 본격적 연구는 19세기 이후부터이며, 흔히 고전적(Classic) 관료제이론이라고 부르는 관료제 연구도 이때부터이다. 이때는 대체로 정치학자나 사회학자들이 관료제를 연구하였지만, 이들은 관료제만을 연구한 것은 아니며, 다양한 정치, 사회현상의 일환으로 관료제에 관심을 두었다. 당시 사회과학의 학문적 분화가 미흡한 상태에서, 이들은 일종의 만능 사회과학자로서의 역할을 수행한 것이다. 대표적인 사람이 K. Marx와 M. Weber이다. 흔히 고전적 관료제이론이라고 하면 K. Marx, G. Mosca, R. Michels, M. Weber 등을 꼽지만, 현재의 기준에서 보면 이들은 관료제 연구에 전업을 한 것은 아니며, 다양한 학문연찬의 일환으로 관료제를 연구한 것이다. 이 장에서는 이들 중에서 M. Weber는 관료제 연구에서 특별한 위상을 차지하고 있기 때문에 별도의 장으로 소개하고, K. Marx, G. Mosca, R. Michels 세 사람을 중심으로 고전적 관료제이론을 설명한다.

제1절 K. Marx의 관료제이론

Karl Marx는 1818년 독일에서 태어나 1883년 영국에서 사망하였다. 그는 베를린대학에서 박사학위를 취득하고 언론인으로서 첫발을 내딛었지만, 그의 진보적이고 비판적인 사고는 당시 독일의 정치체제 하에서 용인되기 어려웠다. 따라서 그는 런던으로 망명하여 거기서 사회주의 사상을 완성하였다. Marx는 정치, 사회, 경제 전반에 대해서 폭넓은 관심을 가졌으며, 특히 당시 능률과 생산성을 제일의 목표로 추구하면서 빈부격차, 저임금, 장시간노동 등을 심화시키고 있었던 자본주의사회에 대해서 비판적이었다(Mehring, 2013). 그의 학문은 소외론, 계급혁명론, 자본론 등을 중심으로 전개되었으며, 관료제이론은 이들 이론들에 비해 비중이 작다. 특히, Marx는 1917년의 러시아혁명이래, 제2차 세계대전 이후의 냉전시기를 거치면서 1990년대 초반 공산주의가 붕괴될 때까지 오랫동안 많은 사회주의국가들에 통치이념을 제공하였다. 이 점에서 그는 현대 사회과학에서 특별한 위상을 차지하고 있다. 이하에서는 Marx가 사회과학에서 차지하는 중요성을 감안하여 우선 그의 주요 사상을 살펴보고, 이를 토대로 그의 관료제이론을 설명한다.

1. K. Marx의 학문과 사상

K. Marx는 만능 사회과학자로서, 사회과학의 다양한 분야에서 학문적 성취를 이루었다. 젊은 시절의 Marx 즉, Young Marx 사상은 <헤겔 법철학 비판>, <독일이데올로기>, <경제철학수고> 등의 저서에서 체계화되었다. 여기에서 그는 초기 자본주의사회에서의 인간 특히, 노동자의 소외현상에 관심을 두고 이의 해결방안으로서 인간해방의 문제를 심도 있게 논의하였다(Musto, 2010). 그의 인간해방 논제는 이후 자본주의체제 내에서 더욱 심화되어 독일 프랑크푸르트학파의 비판이론, 소외론 등으로 연결되면서 진보적 지식인들에게 큰 영향을 미쳤다. 반면에 중후반기의 Marx 즉, Old Marx에서는 <자본론>, <공산당선언> 등을 통해서 계급혁명론이 중심이 되며, 우리가 흔히 이해하는 Marx는 대부분 이에 해당한다. 그리고 자본주의에 대립되는 사회주의 사상도 대부분 Old Marx 사상에 기반을 두는 것이며, 자본주의체제에서 살고 있는 우리들이 Marx의 사상을 비판하는 대상도 대부분 이것이다.

이러한 삶의 궤적을 그려온 Marx의 학문과 사상을 약술해 보면, 우선 그는 변증법적 유물론(dialectic materialism)을 주장하였다. 이는 G. W. Friedrich Hegel의 변증법과 L. A. Feuerbach의 유물론을 결합한 것이다. Marx는 Hegel의 변증법을 따르되, 그의 유심론 대신에 Feuerbach의 유물론을 변증법과 결합한 것이다(Bloch, 2018). 즉, Hegel은 시대정신이라는 정신적 요인이 역사발전의 원동력이며, 이를 토대로 역사가 정(正 thesis), 반(反 antithesis), 합(合 synthesis)의 변증법적 과정을 거친다고 한 데 비해서, Marx는 물질적 요인 특히, 생산양식이 역사발전의 원동력이라고 보면서 이것이 정, 반, 합의 과정을 거쳐서 궁극적으로는 공산사회라는 종착지에 이르게 된다고 주장하였다. 그리고 Marx는 그의 주장이 형이상학적 사유에서 나온 것이 아니라, 역사적 사실에서 증명될 수 있는 과학적인 것이라고 주장하였다(Jones, 2016).

Marx는 경제결정론(economic determinism)을 주장하였다. 이는 경제적 하부구조가 사회문화적 상부구조를 결정한다는 사고이다. 즉, 생산양식이라는 하부구조가 정해지면, 법, 제도, 문화, 이념 등은 여기에 맞게 저절로 결정된다는 것이다. 따라서 생산양식이라는 물질적 하부구조의 변화에 따라 사회의 작동방식이나 국가이념은 변화하는 것이다(Veblen, 2015). 생산양식이 고대사회는 노예와 귀족의 관계, 중세사회는 농노와 영주의 관계, 근대 자본주의사회는 노동자와 자본가의 관계에 토대를 두었으며, 상부구조는 이러한 생산양식을 보존·강화하기 위한 방식으로 구성되고 운영되었다. 그러나 어느 생산양식이든 후자가 전자를 착취하고 통제하는 관계이다. 따라서 원시공산사회가 붕괴되고 계급사회가 등장한 이래 지배자와 피지배자는 항시 존재하였으며, 이들은 서로 착취하고 억압받는 긴장과 갈등의 관계를 유지해 왔다(Berlin, 2013).

Marx는 또한 소외론(alienation)을 주장하였다. 자본주의사회에서 소외는 노동자가 생산수단을 소유하고 통제하지 못하는 데서 발생하는 것이다. 따라서 Marx는 소외의 원천을 생산수단의 소유관계에서 파악하였으며, 이러한 소외는 자본주의사회에서 내재적인 것이다. 자본주의는 생산성 향상을 통해 자본가의 이익을 극대화하는 경제체제이다. 이 과정에서 노동자들은 노동과정에서는 물론, 노동의 생산물로부터도 소외된다(Milios and Dimoulis, 2018). 즉, 노동과정에서 기계의 부속품처럼 작동함으로써 인간적 가치를 찾을 수 없으며, 빈곤으로 인해 노동의 결과인 생산물을 소유하거나 향유할 수도 없다. 궁극적으로는 자본주의사회 자체에 대한 유대감이나 공동체 성원으로서의 일체감도 상실하게 된다. 이처럼 자본주의사회에서의 노동자의 소외는 자본주의체제를 유지하기 위하여 생래적으로 내포되어 있으며, 따라서 자본주의체제가 존속하는 한에서는 인간소외의 문제를 해결할 수 없다(Musto, 2010).

Marx 사상의 핵심은 계급혁명론이다. Marx는 경제적 생산수단의 소유유무에 따라 계급을 구분하였으며, 이러한 계급은 빈궁화의 진전으로 두 개의 적대적 계급으로 양분된다. 계급의식이 형성되기 이전의 계급은 즉자적 계급(即自的, Klasse an sich, classes in themselves)으로 생산수단을 소유한 유산자계급(bourgeois)과 그렇지 못한 무산자계급(proletariat)으로 양분된다. 그러나 즉자적 계급 상태에서는 무산자계급은 허위의식(false consciousness) 하에 있다(Callinicos, 2012). 허위의식은 문제의 근원을 사회구조적인 것에서 찾는 것이 아니라, 교육과 기술의 부족, 나태함, 건강문제 등 개인적인 것에서 찾게 한다. 따라서 사회의 구조적 변화를 통해서 문제해결을 도모하기보다는 개인적 결함을 치유하고 보충하는 방안을 찾게 된다. 이러한 상태에서는 사회혁명이 불가능하다. 따라서 Marx는 계급혁명이 가능하려면 무산자계급에게 계급의식이 형성되어 즉자적 계급이 대자적 계급(對自的 Klasse für sich, classes for themselves)으로 바뀌어야 한다고 주장한다. 계급의식이 형성되는 원인은 노동자의 집중과 궁핍화에 있다. 노동자의 집중은 노동자들이 공장단위로 집결하고 노동조합 등을 통하여 연대를 형성함으로써 가능해진다. 노동자의 궁핍화는 산업화가 진행될수록 노동자의 삶이 더욱 빈곤해지는 것인데, 이는 자본가들이 산업화의 과실을 독점하기 때문이다. 이렇게 노동자들의 집중이 발생하고 빈궁화가 심화되면 노동자들은 자기이해를 인식하게 되며, 동류의식을 갖게 된다. 따라서 자본가를 상대로 한 투쟁의 필요성을 느끼게 되고, 이를 실천하기 위해서 연대를 하게 된다. 그 결과로 계급혁명 즉, 무산자혁명이 발생한다(Kitching, 2015). 무산자계급이 주도하는 계급혁명은 필연적으로 성공하게 되어 있다고 주장한다. 계급혁명이 성공하면 과도기적으로 무산자독재(dictatorship of proletariat)가 발생한다. 그러나 무산자독재는 계급혁명이 지향하는 목적지가 아니다. 계급혁명의 궁극적 목표는 무계급사회(classless society)인 공산사회를 건설하는 것이다. 공산사회는 착취와 지배가 없는 이상사회로서, 국가는 소멸하고 사유재산은 폐지된다. 사람들은 능력에 따라 일하고 필요한 만큼만 취한다(Tucker, 2017).

국가와 관련하여 Marx는 자본주의국가는 자본가의 일상사(common affairs)를 논의하는 위원회에 불과하다고 본다. 즉, 국가는 공익이나 일반이익을 추구하는 것이 아니라, 자본가계급의 특수이익에 봉사하기 위하여 사회의 다른 계급을 착취하고 억압한다. 따라서 국가는 자본가계급을 위한 도구적, 수단적 역할을 수행한다. 따라서 공산사회가 도래하면 국가는 불필요하며 철폐된다. 즉, 공산사회에서의 국가소멸론을 주장하는 것이다(Callinicos, 2012). Marx의 국가관은 이후 국가독점자본주의론(state monopoly capitalism)과 Neo-Marxist 계열의 국가론에 큰 영향을 미쳤다. 국가독점자본주의론은 국가를 독점자본가계급의 지배를 위한 도구로 보는데, 이는 Marx의 국가론을 계승한 것이다. Neo-Marxist 국가론 특히, R. Miliband의 도구적 국가론이 Marx의 영향을 많이 받았다. N. Poulanzas는 자본가계급으로부터의 국가의 상대적 자율성(relative autonomy)을 강조하지만, 자본주의사회에서의 국가는 궁극적으로는 자본의 이해에 동조할 수밖에 없는 자본주의국가(capitalist state)라고 주장하는 면에서는 Marx의 영향으로부터 벗어나지 못한다(Carnoy, 2014).

이외에도 Marx는 정치, 사회, 노동 등 다방면에 걸쳐서 괄목할만한 연구업적을 산출하였으며, 그의 정치, 경제, 사회이론들은 당대의 진보적 지식인이나 사회운동가들에게 큰 영향을 미쳤을 뿐만 아니라, 1917년 러시아혁명의 성공으로 사회주의국가가 현실정치에 구현됨에 따라 이후 오랫동안 자본주의사상의 대척점에서 큰 영향을 미쳤다. 특히, 그의 사상은 사회주의국가들에서는 물론, 자본주의국가들에도 노동운동, 학생운동, 좌파정당 등에 큰 영향을 미쳤다.

그러나 Marx의 학문과 사상에 대한 비판의 소지도 적지 않다(Callinicos, 2012; Cutler et al., 2013; Mulhern, 2014). 구체적으로 보면, 첫째, Marx 이론의 상당수가 경험적으로 뒷받침이 되지 못한다는 것이다. 가령, Marx는 자본주의가 고도화될수록 계급갈등이 심화될 것으로 보았지만, 현실에서는 계급의 양극화보다는 계층 간 분화가 촉진되고 있으며, 계급갈등을 해소하기 위한 다양한 타협의 장치들이 고안되었다. 둘째, Marx는 자본주의가 고도화될수록 노동자계급의 유대와 동질성이 강화되며, 이것이 계급혁명을 촉발할 것으로 보았다. 그러나 실제에서는 노동자계급 내의 이질화 현상이 가속화되고 있다. 노동자들이 숙련노동자와 비숙련노동자, 관리직과 생산직 등으로 분화되고 이들 간의 이해갈등이 심화되고 있다. 셋째, Marx의 예상과는 달리 자본주의는 자기혁신의 길을 걸으면서 생명력을 유지하였다. 즉, 자본주의의 모순을 노동자의 경영참여, 경영과 소유의 분리, 부의 분배(예, 우리사주조합 등) 등을 통하여 지속적으로 수정해 왔다. 그 결과, 자본주의는 보다 건강한 체질을 갖게 되었다. 넷째, 자본주의가 발달할수록 노동자계급의 빈궁화가 심화된 것이 아니라, 물질적으로 풍요롭게 되었다. 그 결과 노동자의 현실만족도 커지게 되었으며, 따라서 사회혁명의 개연성도 줄어들었다. 다섯째, Marx는 자본이라는 단일차원을 통해서 계급을 정의하고 계급갈등을 분석하였다. 그러나 경제적 차원의 자본 외에도 정치적 차원의 권력, 사회적 차원의 명예 등도 계급이나 계층을 구분하는 중요한 변수가 된다. 즉, 계급이나 계층을 구분하는 변수는 다차원적일 수 있다(Ritzer and Murphy, 2019). 마지막으로, Marx는 자본주의가 발전할수록 내재적 모순이 심화되고 그 결과 계급혁명이 일어날 것으로 보았다. 즉, 계급혁명은 선진자본주의 국가들에서 일어날 것으로 보았다. 그리고 혁명의 주체는 노동자라고 보았다. 그러나 현실적으로 사회주의혁명이 발생한 국가들은 대부분 농업국가이거나 후진 자본주의국가였다. 따라서 혁명의 주체도 농민 심지어는 군인인 경우가 많았다(Migdal, 2015).

2. K. Marx의 관료제이론

K. Marx는 사회과학의 전 분야에 걸쳐 연구를 하고 큰 영향을 끼친 일종의 종합 사회과학자이다. Marx의 학문적 관심은 매우 광범위하며, 따라서 관료제에 대한 논의는 그의 방대한 학문체계에서 작은 부분을 차지하는 데 불과하다. 그리고 관료제에 대한 관심은 주로 자본주의사회에서의 국가의 역할과 관련하여 논의되고 있기 때문에 주로 정부관료제에 국한되며, 관료제를 국가를 구성하는 한 부분으로 이해하고 있다.

Marx는 기본적으로 자본주의사회에서의 국가와 이의 일환인 관료제를 부정적으로 보고 있다. 국가와 관료제는 지배계급인 자본가계급을 대신하여 피지배계급인 노동자계급을 억압하고 착취하는 도구로 기능을 한다고 보는 것이다(Carnoy, 2014). 따라서 계급혁명 이후의 사회에서는 국가와 관료제는 철폐해야 할 대상이다. 이러한 내용을 갖는 Marx의 관료제 논의를 구체적으로 살펴보면 다음과 같다.

우선, Marx는 자본주의사회에서의 국가와 이의 구성부분인 관료제는 일반이익 또는 공익을 추구하는 공적 실체가 아니라, 자본가계급의 특수이익을 구현하는 수단으로서 기능을 하는 도구라고 보고 있다. 그의 이러한 국가관은 변증법 등을 통해서 Marx에게 큰 영향을 끼친 Hegel의 국가관과 상반되는 것이다. 즉, Hegel은 국가는 보편적인 일반이익(general interest)을 구현하고자 하는 데, 관료제는 개별 집단의 특수이익을 일반이익으로 전환시키는 것을 가능하게 하는 매개체이다. 즉, 관료제는 일반이익을 대표하는 국가와 특수이익을 주장하는 시민사회를 연결하는 교량의 역할을 수행하는 것이다(Coutinho, 2000). 그러나 Marx는 1843년의 <헤겔법철학 비판>과 1846년의 <독일이데올로기>를 통해서 Hegel의 이러한 국가 및 관료제에 대한 관점을 비판한다. Marx는 <헤겔법철학 비판>에서 국가와 관료제는 일반이익을 대표하지 않으며, 지배계급의 특수이익을 실현하고자 한다. 즉, 국가와 관료제는 자본가계급으로 하여금 다른 사회계급에 대한 지배를 가능하게 하는, 자본가계급의 사적 도구이다. 그리고 국가와 관료제는 보편성과 중립성을 구실로 비밀주의와 신비주의를 조장함으로써 자본가계급의 이익을 도모함과 동시에 부분적으로는 자신의 이익도 도모한다. Marx는 <독일이데올로기>에서 국가와 관료제는 자본가계급이 자신의 재산과 이익을 보호하기 위하여 채택하는 조직의 한 형태에 불과하다고 본다. 국가나 관료제는 과도기에는 어느 정도 독립성을 가지지만, 자본가계급의 지배가 확고해지면 독립성을 상실하고 계급대표로 전락하게 된다(Carnoy, 2014).

　　동일한 맥락에서 Marx는 1848년의 <공산당선언>에서 국가와 관료제는 일반이익을 추구하는 공적 실체가 아니라, 자본가계급의 일상사(common affairs)를 논의하는 위원회(committee)에 불과하다고 폄하한다. 즉, 국가와 관료제는 보편적 이익을 추구하는 것이 아니라, 자본가계급의 특수이익을 위하여 시민들을 억압하고 착취하는 역할을 수행한다. 이를 위하여 국가와 관료제는 자본가계급이 당면하는 일상적 업무들을 논의하고 대리하여 집행하며, 어떻게 하면 자본가계급의 이익을 극대화할 것인가에 골몰하는 위원회에 불과한 것이다(MacGregor, 2015). 위원회는 실질적인 권력이 결여되어 있는 대리기관의 성격이 강한 것이다. 자본주의사회의 권력은 경제적 생산수단을 소유하는 자본가계급이 가지고 있으며, 국가와 관료제는 집행수단을 통하여 자본가계급을 대신하여 노동자계급을 포함한 시민사회를 일상적으로 상대하는 기능을 수행하는 것이다.

　　Marx에게 관료제는 시민들에 대해서는 무책임한 조직이다. 이는 오늘날의 관료제가 공익을 추구하면서 일반국민들에게 책임을 지고자 하는 것과는 대조되는 것이다. 즉, 관료제는 정치권력을 집중화시키며, 시민사회의 통제로부터 벗어나고자 하는 무책임한 것이다. 그러나 관료제가 권력을 추구하고 집중화하는 것은 관료제 자체를 위한 것이 아니라, 자본가계급의 지배를 쉽게 하기 위한 것이다. 따라서 관료제는 비록 권력을 가진다고 해도 자본가계급으로부터 독립되는 권력이 아니라, 자본가계급이 자본주의사회를 지배하는 것을 용이하기 위한 수단적 권력을 갖는다(Etzioni−Halevy, 2013).

　　관료제는 공공의 통제로부터 벗어나고자 하며, 이를 위하여 비밀주의와 형식주의를 조장한다. 관료제의 주된 과업은 자본가계급이 지배권을 행사하는 현재의 상태를 유지하고, 이를 위하여 비밀주의를 조장하는 것이다. 이를 통하여 노동자계급을 포함한 시민사회의 통제로부터 벗어나고자 한다. 이 과정에서 관료제는 자신들에게 주어지는 특권을 향유하고자 한다(Mai, 2016).

　　Marx는 관료제의 기능에 대해서 뿐만 아니라, 관료제의 작동방식에 대해서도 부정적인 견해를 가지고 있다. 관료제는 창의성과 상상력이 결여되어 있으며, 따라서 무능력을 잉태하고 있다. 즉, 관료제는 일상적 작동방식에 안주하고 숙달되어 있으며, 자본가계급의 이익에 변화를 초래하는 어떠한 혁신이나 창의성에도 저항한다.

　　관료제는 인간소외를 조장하며, 궁극적으로는 창조자인 인간을 구속하고 억압한다. 이는 관료제가 옹호하고 추구하는 것이 일반이익이 아니기 때문이다. 관료제는 자본가계급이라는 소수 지배계급의 이익을 대변하기 때문에 인구의 대다수를 차지하는 다른 계급에 대해서는 소외를 조장하며, 억압적이고 수탈적으로 되는 것이다(Jones, 2016). 따라서 관료제는 시민들로부터 멀리 떨어져 있으며, 스스로를 신비화하는 신화 및 상징을 창조하고 강화함으로써 시민사회에 대한 통제를 더욱 용이하게 하려 한다.

　　이처럼 Marx는 관료제를 국가의 일부분인 정부관료제에 한정하여 논의하였으며, 관료제는 일반이익 내지는 공익을 추구하는 공적 실체가 아니라, 자본주의사회의 지배계급인 자본가계급의 지배를 용이하게 하는 도구에 불과하다.

따라서 관료제의 주된 기능은 자본가계급의 이익을 극대화하기 위하여 다른 사회계급들을 억압하고 착취하는 데 있다(Carnoy, 2014). 이러한 목적을 달성하기 위하여 작동방식 면에서도 무책임하고, 소외를 조장하며, 창의성과 변화를 억압하는 것이다. 스스로는 형식주의, 비밀주의, 신비주의를 조장하면서 시민사회의 통제로부터 벗어나 있다.

따라서 계급혁명 이후의 공산사회에서는 국가는 소멸하고 관료제는 쇠퇴하게 된다. 공산사회는 민주주의를 저해하는 지배계급을 폐지하며, 따라서 개인은 진정한 자유를 향유할 수 있다. 진정한 민주주의는 공산사회에서 발전한다. 공산사회에서는 억압적 국가는 소멸하고 관료제는 쇠퇴한다(Berlin, 2013). 관료제는 억압적이고 착취적인 기능을 상실하고, 완전하게 없어지지는 않더라도 민주적 목적을 추구하면서 민주적인 방식으로 운영된다. 그리고 관료제의 기능은 점차 사회부분에 흡수됨으로써 기능이 크게 줄어든다. 공산사회에서 시민들은 행정의 대상인 동시에 행정의 주인이며, 스스로 행정가가 된다.

Marx는 관료제에 대해서 부정적으로 보았으며, 궁극적으로는 관료제의 쇠퇴 내지는 소멸을 주장하였다. 따라서 관료제의 긍정적 측면을 강조하였던 M. Weber의 주장과는 반대의 입장에 있으며, 관료제이론의 발달에 미친 공헌도 Weber만큼 크지는 않다. 그러나 관료제를 특정 이익을 증진하려는 것으로 본 점, 권력투쟁 속에 얽혀 있는 정치적 장의 일부로 파악한 점, 관료제의 억압적 본질을 강조한 점 등은 Marx가 관료제이론의 발전에 공헌한 것들이다.

제 2 절 G. Mosca의 관료제이론

Gaetano Mosca(1858－1941)는 이탈리아 시칠리아에서 태어나 팔레르모 대학을 졸업하고 이탈리아의 여러 대학에서 헌법학 강의를 하였으며, 1919년 이후 종신 상원의원이 되었다. 그는 마키아벨리 계통에 속하는 정치가 및 정치학자로 소수지배의 법칙과 지배계급론을 주장하고, 다수결원리와 의회제에 대해서는 비판적이었다. 주요 저서로는 ＜정부론과 의회정치(1884)＞, ＜정치학의 기본원리(1896)＞등이 있다.

1. G. Mosca의 지배계급론

G. Mosca는 1895년에 집필한 <지배계급론(The Ruling Class)>에서 사회계급을 정치권력의 소유유무를 중심으로 지배계급과 피지배계급으로 구분하였다. 지배계급은 수적으로는 항시 소수이지만, 정치권력을 독점하며, 모든 이익을 독점적으로 향유하며, 정치기능을 독자적으로 수행한다. 지배계급에는 정치가뿐만 아니라, 일단(一團)의 전사, 성직자, 토지소유자, 지식계층 등이 포함된다. Mosca는 조직화된 소수가 조직화되지 못한 다수를 지배하는 것은 자연스러운 현상이라고 보았다. 따라서 피지배계급은 수적으로는 다수이지만, 지배계급으로부터 지시와 통제를 받는다. 지시와 통제에는 합법적인 것뿐만이 아니라, 자의적인 형태도 있다. 그가 보는 세계사는 지배계급들 간의 투쟁과 경쟁의 역사이다 (Best, 2012).

Mosca의 사회계급에 대한 이해 및 관료제이론은 K. Marx와 근본적으로 차이가 있다. Marx는 사회계급을 경제적 생산수단의 소유유무를 기준으로 구분하고 관료제를 경제적 지배계급에 관한 이론으로 다루었다. 반면에 Mosca는 정치권력의 소유유무를 기준으로 사회계급을 지배계급과 피지배계급으로 구분하였으며, 관료제를 정치적 지배계급에 관한 이론으로 다루었다. 그리고 Marx는 관료제이론을 생산수단을 가진 경제적 지배계급의 필요성이라는 수단적, 도구적 관점에서 이해한 데 비해서(Etzioni-Halevy, 2013), Mosca는 정치권력과 정치적 지배의 관점에서 관료제를 독자적인 실체로 위치를 매김 하였다.

2. 봉건제와 관료제국가

G. Mosca는 정치체제 중에서 가장 중요한 것이 봉건제와 관료제라고 보았다. 봉건제(feudal system)는 지배계급 내의 동일한 성원들이 모든 통치기능을 수행한다. 국가는 자급자족에 필요한 모든 기관을 갖춘 사회적 집합체이다. 즉, 국가는 작은 사회집단들로 구성되며, 각 집단들은 자급자족적인 기관들을 갖는다. 반면에 관료제국가(bureaucratic regime)는 지배계급 내의 전문화가 발생하는 체제이다. 통치기능은 분리되며, 지배계급은 각기 배타적인 영역을 구축한다. 관

료제는 관료제국가의 한 부분이다. 관료제국가에서의 지배계급은 봉건제보다 더 많은 권력을 행사하지만, 권력의 행사는 덜 사인적(私人的)이다. 관료제적 절대주의국가는 관료제가 정치권력뿐만 아니라 부와 군사력까지 독점한 형태로서, 최악의 전제정치에 해당한다.

　Mosca는 관료제는 수단적인 기능을 수행하는 것이 아니라, 그 자체가 현대국가의 견고한 지배계급이라고 본다. 이점에서 관료제를 자본가계급의 지배를 용이하게 하기 위한 수단이라는 관점에서 바라 본 Marx와는 상이한 전제를 가진다. Mosca에게서 관료제는 엘리트 지배를 위한 유용한 부속장치인 동시에, 그 자체가 견고한 지배계급이다. 관료제는 자신의 권력을 보존하고 증대시키려고 부단히 노력한다(Farazmand, 2010).

　Mosca의 견지에서 국가는 관료제화된 국가(고대 로마 등) → 중세 봉건제 → 절대 관료제국가 → 근대적 대의제국가로 발전하여 왔다. 그런데 이러한 대의제국가로의 발전은 정치적 지배계급을 두 개의 분파로 나누었다. 하나는 선거를 통한 분파이며, 다른 하나는 관료제적 임명에 의한 분파이다. 양자는 정치권력을 서로 나누어 갖고 있으며, 권력에 의한 권력의 견제 체계를 구축하고 있다. 이러한 형태의 대의제국가는 지배자의 자의성을 제한하고 피지배자의 자유를 증진하는 데 기여한다. 물론, 선출된 대표가 자신과 정당의 이익을 주로 대표하며, 개인적이고 당파적인 욕심으로 타락하는 경우도 있다. 그럼에도 대의제를 기반으로 하는 민주주의제도의 몰락은 국민들의 자유와 정의를 침해하며, 관료제적 독재체제를 유발하게 된다(Christensen, 2013).

　Mosca는 두 개의 분파 즉, 대의제와 행정권이 혼합된 정치체제는 상호견제와 균형을 통하여 권력의 집중과 남용을 억제하는 데 기여한다고 본다. 어느 하나의 지배계급에 권력이 집중되면, 지배계급에 의한 권력남용이 초래된다. 선거와 대의제만이 최고의 원칙이면 선출된 정치인들의 권한이 과도하게 커지며, 이들의 정실과 탐욕으로 권력이 오남용 된다. 반면에 순전한 관료제 역시 지배계급에 의한 억압적 독재를 초래한다. 따라서 대의제와 관료제가 적절하게 혼합된 통치형태가 바람직하다.

3. G. Mosca 관료제이론의 평가

결론적으로, 근대의 정치학자이자 정치가인 G. Mosca는 첫째, 정치학적 관점에서 정치권력을 독점하는 지배계급(the ruling class)과 정치권력을 갖지 못하는 피지배계급(the ruled class)으로 구분하였다. 둘째, 정치권력은 수적으로는 소수이지만, 배타적이고 응집성이 높은 지배계급이 독점한다. 지배계급은 피지배계급에 대해서 책무를 지지 않기 때문에 권력은 합법적으로만 행사되는 것이 아니라, 자의적, 편파적으로도 행사될 수 있다. 따라서 Mosca는 엘리트이론(elitism)을 정립한 초기 이론가이다. 셋째, 관료제와 관련해서는 관료제는 다른 무언가에 봉사하기 위한 수단의 관점이 아닌, 그 자체로서 이해관계를 갖는 실체로 보았다. 관료제는 그 자체가 정치권력을 소유하고 행사하는 지배계급이다. 넷째, 근대 대의제국가에서도 정치권력은 지배계급이 독점하지만, 지배계급은 선거에 의한 분파와 임명에 의한 분파로 구분되어 상호견제와 균형이 발생한다. 이는 선거를 통해 정치권력을 보유하게 된 의회가 자신에게 권력을 위임한 국민들로부터 자율적으로 된다는 것을 전제로 한다. 근대의 대의제국가는 지배계급들 간의 견제와 균형에 의해 유지되는 국가형태이다. 즉, 선거에 의한 분파와 임명에 의한 분파 간의 견제와 균형에 입각한 것이다. 전자는 의회를 구성하는 정치엘리트이며, 후자는 관료제를 구성하는 행정엘리트이다. 따라서 엘리트이론에서는 근대 민주주의이론에서 주장하는 것과 같은 "국가의 주인은 국민이다", "정치와 행정은 국민들의 이익을 대변한다", "위임받은 권력을 오남용하면 국민들에게 책임을 져야 한다"는 등의 논리는 성립하지 않는다. 다섯째, Mosca는 정치제제의 현실에 대한 규범적 평가보다는 사실을 기술하는 데 초점을 두었다. 엘리트 이론가들이 권력이 지배계급에 집중되어 있다고 주장하는 것은 그것이 바람직하다는 것이 아니라, 현실의 정치와 행정이 그러하다는 것을 주장하다는 것이다. Mosca도 지배계급의 정치권력 독점이 바람직하다고 주장하는 것은 아니다. 현실적으로 Mosca 당시의 민주주이라는 대의제국가는 피지배계급(즉, 일반국민)이 지배계급을 견제하는 것이 아니라, 지배계급들 간의 견제로 유지되는 통치형태라는 것이다. 여섯째, 그러나 Mosca는 관료제에 대한 세밀하고 구체적인 이해는 부족하였다. 관료제의 정확한 의미, 범위, 구성, 작동 등에 대한 통찰은 부족하였다. 마지막으로, 지배계급의 형성과 권력의 특성에 대한 다양한 관점을 수용하지 못했다. 사회계급의 존재를 인정하더라도 오늘날 계급을 특징짓는 요소에는 정치권력뿐만 아니라, 경제력, 명성, 전문성 등 다양한 요소들이 있다. 권력의 개념은 그렇게 간단하게 설명할 수 있는 것은 아니다.

제3절 R. Michels의 관료제이론

Robert Michels(1876–1936)는 독일 쾰른 출신의 정치·사회학자이다. 대표저서는 1911년에 집필한 <(현대 민주주의의) 정당사회학>으로 독일과 이탈리아 사회민주당의 실태를 분석하고, 이를 토대로 과두제(寡頭制)의 철칙(The iron law of oligarchy)을 주장하였다. 사회민주당은 평등과 민주주의를 표방하는 진보정당임에도 불구하고, 내부적으로는 소수의 엘리트가 지배하는 과두제의 특성을 보인다는 것이다. Michels는 1913년에는 M. Weber로부터 학문적 재능을 인정받아 <사회과학과 사회정책>의 공동편집자가 되었다. 그의 학문적 관심분야는 정당, 노동조합, 대중사회, 이데올로기 등으로부터 우생학, 성(性)문제 등에 이르기까지 광범위하였다.

1. R. Michels의 과두제이론

R. Michels는 사회민주주의 정당과 노동조합에 관한 자료를 토대로 민주적 원칙을 추구하는 조직일지라도 과두제적으로 조직화되고 운영이 됨을 실증하였다. 민주적 원칙은 성원들의 참여, 동등한 영향력 행사, 자치, 자유선거 등을 요구하지만, 현실의 조직들은 구성과 운영 면에서 이러한 민주적 원칙을 따르지 않고 있다. 모든 조직은 소수의 지도자와 지도되는 다수로 나누어진다. 지도자는 무제한의 권력을 행사하며, 처음에는 권력을 위임받은 단순 집행자에 불과하였으나, 점차 권한을 위임한 사람들의 통제로부터 자유로워진다. 어느 분야, 어떤 형태의 조직이든 소수에게 권력이 집중되는 과두제적 방식으로 운영된다. "선출된 자는 선출권자를 지배하며, 위임된 자는 위임권자를 지배하며, 대의자

(代議者)는 대의권자를 지배하는 것이 조직이다. 조직을 말하는 자는 누구나 과두제를 말한다(Who says organization says oligarchy.).” (Michels, 2017; LaVenia, 2019). 이와 같이 Michels는 과두제의 철칙을 주장하였는데, 과두제는 권력이 상층부에 집중되고 위에서 아래로 통제가 이루어진다는 점에서 계층제와 유사하다.

조직이 과두제로 되는 데는 크게 조직의 규모(size)와 조직의 복잡성(complexity)이라는 두 가지 변수에 기인한다. 우선 조직의 규모 면에서, 조직의 규모가 커지면 의사결정에 많은 구성원들이 참여하는 것이 기술적으로 불가능해진다. 다수를 모으는 것은 가능해도 이들이 지적인 공동 의사결정을 할 수는 없다. 따라서 대규모조직에서 권력은 소수의 지도자(leader)에게 위임될 수밖에 없다. 의회에서 최종결정기구인 본회의보다 이전 단계인 상임위원회가 실질적 권한을 행사하는 현실을 예로 들 수 있다. 다음에 조직의 복잡성 면에서, 조직의 규모가 커지면 조직업무의 복잡성도 증가한다. 이렇게 되면 일반성원들은 조직업무를 이해하기 어렵게 되며, 조직업무를 처리하기 위해서는 특별한 전문지식과 훈련이 필요하다. 따라서 전문성을 가진 자에게 권한을 위임하게 된다. 그러나 선출의 방식이든 임명의 방식이든, 권한을 위임받은 지도자는 권한을 더욱 집중화시킨다(LaVenia, 2011).

이와 같이 지도자에게 권한 즉, 의사결정권이 집중화되는 원인은 다음과 같다(Linz, 2017; Michels, 2017; Tolbert, 2013). 첫째, 조직이 효과적이기 위해서는 의사결정이 신속하게 이루어져야 한다. 따라서 지도자에게 그리고 지도자들 중에도 더욱 소수에게 권한이 집중된다. 사회주의국가의 의사결정권이 소수의 지도자인 정치국 상무위원에게 집중되는 것을 예로 들 수 있다. 둘째, 조직의 규모가 커지고 복잡해지면 의사결정을 하는 데서 전문지식의 필요성이 커진다. 일반대중보다 기술적으로 우월한 전문가들이 지도자가 되며, 이들은 조직에서 필수불가결한 존재가 된다. 그 결과, 지도자는 성원들로부터 더욱 큰 자율성을 누리게 된다. 셋째, 지도자는 정보와 의사전달 수단을 독점한다. 지도자는 언론을 통제하고 주요 정보를 조작하고 왜곡하며, 따라서 조직 내에서 효과적인 반대행위는 어려워진다. 그 결과, 지도자의 지위는 더욱 강화된다. 넷째, 지도자는 화술, 협상능력, 상징조작능력 등의 정치적 기술과 리더십 기술을 습득하게 된다. 이러한 기술들은 지도자의 권력을 더욱 공고하게 만들어 준다. 다섯째, 연속성의 필요이다. 조직이 효과적이려면 조직운영의 연속성과 지속성이 필요하다. 성원들은 지도자의 잦은 교체는 혼란과 무질서를 초래한다고 생각하며, 가급적 같은 지도자를 유지하려 한다. 일곱째, 성원들의 무관심(apathy)이다. 일반성원들은 정당이나 노조의 일에 대부분은 무관심하며, 의사결정권을 자발적으로 포기한다. 오히려 자신들을 대신하여 일을 처리해 주는 지도자를 감사하게 생각하며, 재신임을 통해 보답하고자 한다. 마지막으로, 권력이 가지는 기득권이 있다. 권력은 명성, 보수 등의 편익을 가져다준다. 따라서 지도자는 권력을 계속 유지하려고 한다. 이처럼 조직의 욕구, 일반성원들의 욕구, 지도자의 욕구 모두가 작용하여 조직은 과두제화하며, 지도자는 교체될 수는 있지만, 새로운 지도자 역시 과두제를 영속시킨다.

이처럼 과두제 속에서 지도자는 자기 영속적이며, 더 이상 자기를 선출해 준 사람들의 이익을 대변하지 않는다. 지도자는 조직목표의 달성보다는 자신의 엘리트적 지위를 보전해 주는 조직을 유지하는 데 급급하다. 안락함과 편리함에 함몰되어 선출된 동기를 망각한다. 지도자는 구성원들로부터 독립성을 향유하며, 주된 관심은 권력을 유지하는 것이다. 반면에 구성원들은 의사결정과정에서 배제된다. 따라서 수단으로서의 조직기구가 목적이 되는 것이다. 더 나아가 지도자는 조직과 자신을 동일시하며, 정신상태도 변하게 된다. 지도자는 심각한 심리적 변형(metamorphosis)을 겪게 되는 것이다(Adorno, 2018; Michels, 2017).

2. R. Michels의 관료제이론

과두제의 전형적 형태가 관료제이다. 관료제의 지도자와 정당 등 다른 조직의 지도자들 간에는 공통점이 많다. 이들은 소속 조직의 가치와 목표를 실현하는 데 치중하기보다는, 자신의 지위와 이로부터 파생되는 보상을 보존하는데 보다 큰 관심을 둔다. 따라서 조직의 과두제적이고 비민주적인 속성을 강화시킨다(Linz, 2017).

R. Michels는 관료제는 현대국가에 필수적인 조직이라고 본다. 관료제를 통해서 정치적 지배계급이 자신들의 지배를 안전하게 보존할 수 있기 때문이다. 그러나 관료제는 부정적인 기능을 더 많이 수행한다. 관료제는 공공복지와는 양

립하기 어렵다. Michels는 관료제는 개인의 자유 및 창의성과는 불구대천의 원수(sworn enemy)이다. 관료제는 자신의 권위에 의존하여 국민과 구성원들의 개성을 억압하고 인격을 타락시키며, 도덕적 빈곤을 초래한다. 관료제는 정치적 지배계급을 위해서는 권력과 안전보장의 원천이지만, 나머지 부분에 대해서는 억압의 원천이다. 따라서 관료제는 민주제에 반(反)하는 것이다(La Palombara and Weiner, 2015; Linz, 2017).

3. R. Michels 관료제이론의 평가

R. Michels는 20세기 초반에 활동한 정치·사회학자로서, 그의 주요 관심은 공적 목적을 가지고 설립된 정치조직이나 사회조직이 소수의 지도자에 의해서 지배되는 과두제화 현상을 밝히는 것이었다. 그 결과, 그는 심층적인 실증연구를 토대로 '과두제의 철칙'을 주장하였다. 철칙(iron law)이라는 용어에는 예외가 없다는 의미가 내포되어 있다. 평등과 연대의 가치를 중시하는 사회주의 정당과 노동조합과 같은 조직들도 소수의 지도자에 의해 과두제적으로 운영되는데, 정부조직이나 군대조직은 물론, 영리를 추구하는 기업조직 등이 과두제적 속성을 보일 것임은 더 말할 필요가 없는 것이다. 이러한 Michels의 주장은 현대 조직의 특성에 관한 통찰력을 제공하는 것으로 오늘날에도 상당한 공감을 얻을 수 있다. 21세기 들어 정치민주화가 가속화되었지만, 다른 한편으로는 과학기술의 발전과 더불어 조직의 지도자들이 성원들을 통제하고 감시하기가 더욱 용이하게 되었으며, 이를 통해 소수의 지도자가 지속적으로 권력을 장악할 수 있게 되었다. 정부관료제를 예로 들면, 많은 국가에서 민주적 선거제도가 정착되고 지방자치제도가 시행되고 있지만, 조직 내의 집권화 현상은 완화되지 않고 있다. 오히려 권력을 집중화할 수 있는 수단이 더욱 다양하고 정교해지고 있다. 그리고 Michels가 조직의 특성을 분석하는 데서 권력 개념의 중요성을 강조하였다는 점도 현대 사회과학의 발전에 기여한 점이다.

그러나 관료제와 관련하여 Michels의 연구는 불충분한 면이 있다. 첫째, Michels는 관료제를 과두제의 특성을 갖는 조직의 일환으로 보는 정도였으며, 관료제의 구체적 내용과 작동방식 등에 대한 심층적 연구는 하지 못하였다. 기본적으로 Michels는 관료제라는 조직형태에 대해서는 큰 주의를 기울이지 않았다. 둘째, Michels는 관료제를 지배의 관점에서만 파악함으로써 관리적 관점에서 관료제를 보지는 못하였다. 오늘날 관료제는 권력과 지배라는 관점과 관리와 서비스라는 관점을 결합하여 살펴볼 필요가 있다. 그러나 이는 관료제 연구가 아직 초보적 단계에 머물러 있던 20세기 초반이었다는 점에서 크게 비판할 만한 것은 아니다. 셋째, 관료제의 기능에 대해서 지나치게 부정적인 인식을 보이고 있다. 즉, Michels는 관료제의 억압적 본질을 지나치게 강조하는 면이 있다. 이 역시 관료제에 대한 민주적 통제가 부실하던 20세기 초반, 그것도 국가주의가 강하였던 독일의 현실을 반영한 주장이겠지만, 실제로는 관료제는 역기능 못지않게 순기능도 큰 것이다. 특히, 오늘날은 관료제 특히, 정부관료제는 공익의 관점에서 이해할 필요가 있는 조직이다.

제3장

Max Weber의 관료제이론

제1절 M. Weber의 학문세계

　　Max Weber(1864~1920)는 독일 중부 에르푸르트에서 태어났으며, 아버지
는 저명한 변호사이자 정치가였다. 어릴 때 베를린으로 이주하였다. 1883년 1년
간 군대생활을 하였다. Weber는 하이델베르크대학과 베를린대학 등에서 역사
학, 법학, 경제학 등 사회과학 전반을 폭넓게 공부하였으며, 1889년 베를린대학
에서 <중세 상업사회의 역사>라는 논문으로 박사학위를 취득하였다. 이후 하
이델베르크대학과 프라이부르크대학에서 교수생활을 하였으나, 1897년 부친의
사망 이후 심각한 신경쇠약증으로 대학교수직을 계속 수행할 수 없었다. 1904
년부터 <사회과학과 사회정책>이라는 권위 있는 학술지의 공동편집인이 되었
지만, 1918년까지 대체로 제도권 밖의 학자로 살았다. 그는 자유주의자이자 민
족주의자로서 정치에 큰 관심을 보였으나, 정치인으로 활동하지는 않았다. 특이
한 점은 1914년 제1차 세계대전이 발발하자 그의 나이 50세에 자원하여 군복무
를 하였다는 점이다. 세계대전 이후인 1919년 대학교수로 복귀하였으나, 1920
년 사망함으로써 재직기간은 극히 짧았다(Radkau, 2013; Weber, 2017).

　　Weber는 경제학과와 사회학과에서 교수생활을 하였지만, 정치, 경제, 사
회, 법, 역사, 종교, 관료제 등 사회과학 전반에 걸쳐 폭넓게 연구를 행한 사회
과학자이다. 그는 다양하고 풍부한 저술활동을 통해 근대 사회과학의 발전에 크
게 기여하였으며, 현재까지도 학문적으로 큰 영향을 미치고 있다. 그의 학문연
구 방법론 역시 현재까지 큰 영향을 미치고 있다. K. Marx가 사회주의국가의 사

상체계 정립에 큰 영향을 미쳤다면, Weber는 서구 자본주의국가의 사상체계 형성에 큰 영향을 미쳤다. 그는 서구사회에서 단연 주류의 입장에 있다.

Weber는 사회과학 전반에서 많은 학술논문과 저서를 집필하였다. 1905년에는 장문의 에세이인 <프로테스탄트 윤리와 자본주의정신>을 발표하였다. 1910년부터는 <경제와 사회>에 관한 저술을 집필하기 시작하였는데, 미완성으로 남아 있던 것을 사후에 출간하였다. 말년에는 <직업으로서의 과학>, <직업으로서의 정치>, <종교사회학> 등을 저술하였다. 저서들 중에서 상당수는 그가 발표한 논문들을 책으로 엮은 것이었다(Ringer, 2010).

Weber의 학문내용을 구체적으로 살펴보면, 우선 Weber는 합리성(rationality)의 진전을 사회발전의 원동력으로 보았다. 이 점에서 그는 Hegel의 전통을 이어받은 유심론자로서, L. A. Feuerbach, K. Marx 등의 유무론자들과 대척점에 있다. Weber는 <프로테스탄트 윤리와 자본주의정신>, <중국의 종교>, <인도의 종교>, <고대 유태종교>, <종교사회학> 등 세계종교의 경제적 윤리에 대한 일련의 연구를 통해 서구사회 발전의 메커니즘을 합리성이라는 정신적 가치를 통해 파악하였다(Andreski, 2013). 그는 합리성이라는 개념을 통해서 서구사회 발전의 동력을 찾는 반면에, 동양사회 등 다른 문명사회의 지체현상 역시 합리성의 결여에서 찾고자 하였다. 그의 미완성작인 <경제와 사회> 역시 합리적 행위의 본질이 무엇인가에 대한 설명으로 시작하여 경제제도와 시장, 종교제도, 법률, 도시, 지배형태 등 다양한 방면에서의 사회발전과정을 추적하였다(Whimster and Lash, 2014).

Weber는 사회과학의 방법론 면에서도 지대한 영향을 미쳤다. 첫째, Weber는 이해(verstehen)의 방법을 주장하였다. 이는 사회과학 역시 인과론적 본질을 설명하는 데서 가설의 설정, 실험과 관찰을 통한 입증, 반복과 일반화라는 자연과학과 동일한 절차와 방법론을 사용할 수 있다고 주장한 실증주의방법론에 반기를 드는 것이다. Weber는 사회과학과 역사학은 독특한 일련의 사건을 해석적으로 이해해야 한다고 주장하면서, 독특한 사건을 이념형이라는 개념에 입각하여 이해함으로써 사회발전의 제도적 유형을 일반화할 수 있다고 보았다(Beetham, 2018).

둘째, 사회과학의 몰가치성 내지는 가치자유성(value-freedom)을 주장하였다. 사회과학은 사람의 사회적 행위(social acts)를 가치중립적으로 이해하는 방법을 취해야 한다. 사회과학자는 감정을 억제하고 이성적으로 연구에 임해야 하며, 연구수행 과정과 연구결과를 제시하는 데서 가치적 중립성을 유지해야 한다. 그렇게 해야 사회과학연구의 객관성을 담보할 수 있다(Swedberg and Agevall, 2016).

셋째, 방법론적 개체주의(methodological individualism)를 주장하였다. 이는 개인의 행위가 모여서 형성된 사회적 행위를 분석대상으로 하며, 사회적 행위는 다시 개인의 행위로 환원될 수 있다는 환원주의(reductionism) 사고이다. Weber는 이러한 개체주의 개념에 입각하여 개인과 사회의 관계를 설명하였는데, 사회는 실재하는 것이 아니라, 개인행위의 단순한 총합에 불과하다. 따라서 Weber는 H. Spencer 등과 더불어 사회명목론자에 해당한다. 이에 비해 E. Durkheim 등의 사회실재론자들은 사회적 사실(social fact)을 강조하면서, 사회는 단순한 개인의 총합이 아니라, 그 자체로 실재하며 개인에 외재(外在)하면서 개인을 통제하고 규율한다고 주장한다. 이러한 주장은 신비주의(holism) 관점으로 비록 사회가 개인들로 형성되지만, 일단 형성이 되고 나면 다시 개인의 행위로 환원될 수 없는 실체가 되는 것이다. 이는 집단, 조직, 사회는 일단 성립되고 나면 그 자체의 고유한 생성속성(emergent properties)을 형성하기 때문이다(Thompson et al., 2016).

넷째, Weber는 이념형(ideal type) 개념을 개발하였다. 이념형은 인과론적 설명을 위해 구체적 사례의 일탈과 유사성을 확인하기 위한 척도의 기능을 하는 것으로, 현실의 특징적 측면을 추출하여 추상화시킨 개념적 구성물(conceptual constructs)이다. 즉, 이념형은 현실을 분석하기 위한 준거 틀을 제공하기 위하여 현실을 극화한 이론모형이며, 개념적 순수성으로 인해 실제 현실에서는 존재하기 어려운 유토피아(utopia) 내지는 규범적 이상(理想)이다. 따라서 이념형은 현실세계의 평균적 유형이거나 단순한 극한유형이 아니다(Aronovitch, 2012; Weber, 2012). Weber는 이념형 개념을 통해서 현상의 비교와 일반화를 위한 기준을 제시하였다는 점에서 탁월함이 있다.

M. Weber의 지배와 복종의 유형

M. Weber는 국가사회학에서 다양한 역사적 지배형태에 대하여 논의를 하였으며, 이 과정에서 카리스마적 권위, 합법적 권위, 세습적 지배와 봉건주의, 합리적 지배와 합법적 관료제 등 다양한 개념들을 개발하였다. Weber의 관료제 논의도 그의 국가사회학의 일환으로 행해진 것으로, 본서가 다루고자 하는 Weber의 근대적 내지는 합법적 관료제를 이해하려면 그가 권력, 권위, 지배, 복종 등의 주요 개념들을 어떻게 이해하였는지를 먼저 알아야 한다.

우선 권력(power)은 사회적 관계 내의 행위자가 타인의 저항에도 불구하고, 자신의 의지를 관철시킬 수 있는 개연성(chance)이다. 이는 사회적 관계의 일반적 현상으로 대부분의 사회조직에서 발견되는 현상이다. 그리고 이러한 권력은 사회의 구성원들 간에 지배와 복종의 관계 형성을 가능하게 한다. 지배 (domination)는 사회 및 조직 내의 권력으로서의 명령에 대해 구성원들이 복종할 가능성이다. 복종(subordination)은 구성원들이 다양한 동기에 의해서 지배를 수용하는 것이다. 지배와 복종은 동전의 양면과 같은 것이다. 결국, 사회나 조직의 구성원들 간의 관계는 지배와 복종의 관계이며, 이는 권력을 통해서 형성되고 유지되는 것이다(Ritzer and Murphy, 2019).

권위(authority)는 사회나 조직 내에서의 복종이 명령의 정당성(legitimacy)에 대한 믿음에 기초할 때 존재하는 것이다. 즉, 권위관계는 지배의 정당성에 대한 복종자의 믿음에 의거하여 지배와 복종의 관계가 형성되는 것이다. 지배의 정당성에 대한 믿음과 이를 통한 지배의 수용이 권위의 핵심이다. 권력은 권위로 전환되어야 지속적이고 안정적으로 작동할 수 있다(Houghton, 2010).

Weber는 이러한 개념적 토대 위에서 권력의 정당성이 어디에 있느냐를 기준으로 전통적, 카리스마적, 합법적 지배와 복종이라는 세 가지로 유형화하였다. 우선 전통적(traditional) 지배와 복종은 장기간 존속하고 전승되어 온 전통의 정당성에 대한 믿음에 기인하여 지배와 복종이 발생하는 것이다. 이러한 경우에 명령자는 세습적 지위에서 연유하는 개인적 권위를 향유하며, 복종자는 전통에 대한 존경심으로 명령자에게 복종한다. 전통적 지배와 복종이 발생하는 데서는 명령자의 지위를 강화하기 위한 다양한 상징(symbol)이 사용되며, 명령자는 폭넓은 권력을, 상당히 자의적인 형태로까지 행사하지만, 권력의 행사는 전통에 의해서 구속을 받는다(Beetham, 2018). 즉, 명령자는 전통의 범위를 벗어나지 않는 범위 내에서 넓고 깊게 권력을 행사할 수 있는 것이다. 이러한 형태의 지배와 복종은 상당히 안정적으로 작동을 하지만, 비합리적인 경우가 많으며, 사회적 변화에 둔감하게 반응하는 문제가 있다.

카리스마적(charismatic) 지배와 복종은 명령자 내지는 지도자가 가지는 비일상적 혹은 천부적 자질에 대한 복종자의 정서적 귀의에 의해서 지배와 복종의 관계가 형성되는 것이다. 이러한 관계에서는 지도자는 새로운 사회운동의 선구자로 자처하며, 복종자는 이러한 사회운동에의 개종자가 된다. 지도자는 새로운 세계를 여는 선도자라는 사명감을 가지며, 지도자와 복종자 모두 전통적 가치를 타파하고자 하며, 기성 질서에 반항한다(Derman, 2011). 지도자의 카리스마에 기초하여 형성된 지배와 복종은 낡은 질서를 개조하고자 하는 사회변혁과 국가재창조 등에 나름대로 효과가 있을 수 있다. 그러나 이러한 지배와 복종의 관계는 제도가 아닌, 사람에 의존하여 발생하기 때문에 불안정하고 예측가능성이 낮으며, 권력이 자의적으로 행사될 가능성이 크다. 따라서 카리스마의 일상화(routinization)를 통한 안정성의 확보가 과제로 남는다.

마지막으로 합법적(legal) 지배와 복종은 합법적 질서에 대한 정당성의 신념을 토대로 형성되는 것이다. 이는 공식적인 사회규범 및 법규의 존재를 전제로 하며, 지배와 복종은 지도자 개인이 아닌 몰인격적인 질서나 원리에 기초하여 발생한다. 그리고 지배와 복종은 법규에 정해진 범위 내에서만 발생한다. 개인적 동기, 감정적 영향, 자의성은 배제된다. 지배와 복종은 계약에 의한 근무관계에 의해 발생하며, 복종자는 관료로서 기능을 하며 훈련된 전문가이다(Whimster and Lash, 2014). 지도자와 복종자의 관계가 전통적 지배와 복종에서는 주인과 신하, 카리스마적 지배와 복종에서는 교조(敎祖)와 사도(司徒)의 관계에서 합법적 지배와 복종에서는 상사(上司)와 부하 내지는 동료의 관계이다. 합법적 지배와 복종의 관계는 전통적 지배와 복종의 비합리성과 선례에 대한 집착, 카리스마적 지배와 복종 관계의 불안정을 극복한, 근대 사회조직에서 보이는 합리적이고 안정적인 지배와 복종의 관계이다. 따라서 Weber는 합법적 지배와 복종의 관계를 이상적인 형태로 보았으며, 이에 입각하여 형성된 대규모의 공식조직이 관료제

조직이다(Fry and Raadschelders, 2013; Ringer, 2010).

M. Weber의 관료제이론

19세기까지는 대체로 관료제를 억압적 통치의 한 형태로 부정적으로 보았다. 그리고 관료제를 주로 정부관료제에 한정하였다. 그러나 이러한 사고는 20세기에 들어 M. Weber의 관료제 논의를 기점으로 크게 변하였다. Weber는 이념형의 개념에 입각하여 전통적, 카리스마적, 합법적 지배와 복종이라는 세 가지 유형을 고안하였으며, 다시 이를 토대로 가산관료제, 카리스마적 관료제, 합법적(근대적) 관료제라는 세 가지 이념형적인 관료제 유형을 도출하였다. 그리고 Weber는 관료제를 선과 악, 부정과 긍정이라는 가치함축적인 의미로서가 아니라, 객관적 입장에서 이해하였다. 물론 이는 사회적 행위를 가치중립적으로 이해하고자 했던 그의 학문태도에서 연유한다(Weber, 2012). 이후 20세기의 관료제 논의는 다양한 방면에서 제기되었으나, 주된 흐름은 Weber의 주장에 따라 관료제를 "특정한 구조적 특성을 가지는 조직의 한 형태"로 이해하는 것이었다. 즉, 관료제는 "기능적 합리성, 합법성, 계층제, 전문화, 문서주의, 비사인성(非私人性, impersonality) 등의 특성에 입각하여 구성되고 관리되는 대규모 공식조직"으로, 안정적이고 예측가능하며, 고도로 능률적이고 합리적인 조직형태이다. 그리고 관료제는 정부관료제는 물론, 군대조직, 학교, 종교조직, 민간기업 등의 대규모 공식조직에 보편적으로 나타나는, 20세기 이후의 일반적인 조직형태가 되었다 (Thompson et al., 2016).

1. 전통적 관료제

M. Weber는 세 가지 상이한 지배와 복종의 형태에 따라 관료제도 세 가지로 구분할 수 있다고 하였지만, 카리스마적 관료제는 과도기적인 것으로 간주하고, 특히 전통적 관료제와 합법적 관료제를 비교하는 데 치중하였다. 우선 전통적 관료제는 전통적 지배와 복종이 행해지는 관료제로서 관습, 복종자의 충성

심, 지도자의 신분에 대한 존경심 등에 의해서 지배와 복종이 발생한다. 흔히 가산관료제(家産官僚制 patrimonialism)로 칭해진다(Cochrane, 2018).

　　가산관료제는 가부장제(家父長制 patriarchism)가 사회적으로 확대된 것으로, 가부장제는 경제적·혈연적 토대로 조직화된 집단 내에서 가부장이 지배하는 형태이다. 가부장제 하에서 복종자는 가부장의 지배가 집단 전체의 이익을 위한 것이라는 의식을 갖고 있다(Ottoh and Agede, 2009). 가부장제는 행정 간부를 갖지 않고, 제재의 수단이 많지 않고 주로 성원들의 자발적 복종에 의존한다.

　　이러한 가부장제가 행정 간부 및 군사력의 성립과 더불어 가산관료제로 전환되는데, 단초는 지배자의 가계행정에서 시발한다. 관리들은 처음에는 지도자의 사적인 하인이었으나, 가산관료제의 성립과 더불어 공식적 관료의 지위를 얻게 된다. 가산관료제의 특징은 다음과 같다(Charrad and Adams, 2011; Lachmann, 2011).[1] 첫째, 가산관료제의 구성과 작동에서 전통적 요인을 존중한다. 둘째, 공공업무를 처리하는 데서 공과 사를 명확하게 구분하지 않는. 즉, 공사무분별 현상이 특징이다. 셋째, 관료들은 전체 국민이 아닌 지배자를 위해 공공업무를 수행한다. 따라서 관료제의 공익지향성이 낮다. 넷째, 권력이 자의적으로 행사되는 경우가 많다. 이는 관료제조직 내부에서만이 아니고 관료와 국민들 간의 관계에서도 그러하다. 마지막으로, 정치·행정체제의 불안정성이 높다. 따라서 감찰이나 순찰활동이 수시로 행해지며, 일종의 볼모제도로 담보물을 확보한다. 우리의 경우, 기인제도(其人制度), 사심관제도(事審官制度), 암행어사(暗行御史) 등을 예로 들 수 있다.

2. 합법적(근대적) 관료제

1) 합법적 관료제의 발전요인

합법적 관료제는 법규에 기인하는 합법적 지배와 복종이 발생하는 관료제

---

[1] 반면에 봉건제(封建制 feudalism)는 가산관료제 하의 호의와 자발성에 기초하는 가부장적 관계를 계약과 상무(尙武)정신에 기초한 충성관계로 대치한 것이다. 봉건제는 영주와 농노 간의 봉토(封土)를 매개로 하는 쌍무계약(雙務契約), 계약에 의한 권리·의무의 발생, 몰인격적인 복종 등을 특징으로 한다.

로서, 이러한 형태의 관료제가 발전하는 데는 다음과 같은 요인들이 작용하였다 (Cochrane, 2018; Whimster and Lash, 2014). 첫째, 화폐경제의 발달을 들 수 있다. 과거에는 관료들에게 물납(物納)으로 봉급을 제공함으로써 불안정성이 높았다. 그러나 화폐가 유통되면서 관료들에게 안정적으로 봉급을 제공할 수 있게 됨으로써 관료의 안정적인 충원과 유지가 가능하게 되었다. 둘째, 자본주의경제의 등장이 합법적 관료제의 발달에 영향을 미쳤다. 자본주의는 위험의 합리적 추정과 이윤의 체계적 계산을 전제로 하는데, 이를 위해서는 관료제적 조직 원리의 도입과 관료제에 의한 질서정연한 업무수행이 필요하였다. 셋째, 근세 들어 고조된 합리주의 정신이 합법적 관료제의 발달을 재촉하는 이념적 토대가 되었다. 합리주의는 탈신비화를 촉진하게 되는데, 근세의 청교도주의, 산업혁명과 과학발전, 자본주의경제의 발전 등이 모두 합리성에 기반을 두는 것이며, 근대의 관료제 역시 합리성을 토대로 작동하는 것이다(Andreski, 2013). 넷째, 민주주의의 등장을 들 수 있다. 민주주의의 발달은 보편교육을 장려하였으며, 이로 인해 지식과 능력을 갖춘 관료의 충원이 가능해졌다. 이는 관료제의 전문화에 큰 기여를 하였다. 다섯째, 인구의 급격한 증가 역시 합법적 관료제를 필요로 하였다. 인구가 증가함으로써 관리업무도 크게 증가하였다. 그리고 이러한 거대 업무를 효율적으로 관리하기 위해서는 법규에 따라 작동하는 안정적인 관료제가 필요하였다. 마지막으로, 관리업무가 다양화되고 복잡하게 되었다. 이러한 업무를 처리하기 위해서는 관료제의 전문지식과 효율적 관리능력이 필요하였다.

  2) 합법적 관료의 지위

    상기한 요인들로 인해 합법적 관료제가 발달하게 되었는데, 이러한 합법적 관료제 내에서 관료, 특히 정부관료는 다음과 같은 지위를 갖는다(Gerth and Mills, 2014; Swedberg and Agevall, 2016). 첫째, 직업(vocation)으로서의 관료이다. 관료는 자격과 시험을 통해서 충원되며, 업무를 수행하는 데서 자기의 전(全)능력을 발휘하는 전임성(傳任性)이 요구된다. 관료는 맡겨진 업무를 수행하는 것을 보람 있게(worthwhile) 생각하고 일생동안 종사할 것으로 기대된다. 그리고 직업인으로서의 관료는 지위를 사적으로 유용하지 않는다. 둘째, 관료는 높은 사회적 존경을 향유한다. 이는 직업관료의 조건으로 이러한 존경은 지위와 권력에 대한 것이 아니라, 맡고 있는 업무의 공적 가치에 대한 것이다. 셋째, 관료는 명확한 직무권한 속에서 작동한다. 따라서 관료는 사적으로 명령하거나 복종하지 않으며, 직책의 의무에 기인하여 명령하고 복종한다. 넷째, 관료는 상급자에 의한 임명 및 계약을 통해서 자리에 배치된다. 만약 선거를 통해서 관료를 충원하게 되면 계층제적 지배와 복종이 발생하지 않는다. 다섯째, 종신성(終身性)을 특성으로 한다. 관료는 자의적 해고로부터 보호되고 신분이 보장된다. 이를 통해 보다 안정적이고 소신 있게 업무를 수행할 수 있다. 여섯째, 관료는 정해진 봉급과 연금을 받는다. 봉급은 일의 양이 아니라, 주로 서열과 근무기간에 의해서 정해진다. 연금은 직업인으로서 관료를 뒷받침하는 제도이다. 마지막으로, 관료는 경력을 지향한다. 이를 위해 적절한 승진체계를 구비해야 하며, 근무연수와 시험에 입각하여 승진을 행한다.

3) 합법적 관료제의 특성

M. Weber의 합법적 관료제의 특성은 첫째, 개개의 직무는 다른 직무들과 구별되며, 잘 규정된 권한영역을 가지고 있다. 둘째, 각 직무는 계층제 내에서 명령을 받는다. 즉, 하급자는 상급자의 감독 및 책임 하에 있다. 셋째, 공과 사는 구분되며, 권위는 공적인 의무에 제한된다. 넷째, 관료는 객관적 자격에 의해서 선발되며, 조직과의 계약으로 임용된다. 여섯째, 관료의 활동은 보편적인 규칙에 의해 규제되어야 한다. 일곱째, 공무(公務)는 애증(愛憎 affection and hatred)을 수반하지 않는 비사인성 하에 수행된다는 것 등이다(Fry and Raadschelders, 2013). 합법적 관료제는 이러한 특성들 때문에 고도로 합리적인 조직형태이다. 이러한 합법적 관료제는 몰인격적 질서에 의한 합법적 지배가 이루어지는 관료제로서, 다음과 같은 구조적 특성을 갖는다.

첫째, 법규에 의해서 관리된다. 즉, 합법적 관료제는 의도적으로 제도화된 공식적인 법규에 의해서 성립되고 작동한다. 이러한 법규에 의거한 관리는 관료제의 공식성, 정확성, 통일성, 일관성, 계속성, 안정성, 예측가능성, 객관성을 제고시킨다(Thompson et al., 2016).

둘째, 계층제적 구조를 갖는다. 계층제 구조 하에서 상하 간에는 권한과 책임의 정도에 따라서 엄격한 공식적 위계질서를 형성한다. 계층은 직위로 구성되며, 명확한 권한과 책임의 의무가 부과되며, 각 계층에 따라 적정한 상징이 부여된다. 이러한 계층제는 명령과 복종체계의 확립으로 업무수행의 능률성을 제고하고, 조직운영에서 질서를 유지하고 조정을 용이하게 한다. 그리고 계층제는 상하 간에 수직적 분업을 가능하게 한다(Henry, 2015).

셋째, 문서주의(documentation)를 지향한다. 관료제 내의 의사결정과 집행은 구두가 아닌 문서로서 행한다. 문서는 일정한 양식이 있으며, 일정기간 보존된다. 문서주의에 기초한 조직관리를 통해 직무수행을 객관화할 수 있으며, 업무처리에서 문제가 발생할 시에 증거에 입각한 책임추궁이 가능해 진다. 그리고 문서주의는 의사결정의 자의성을 방지하고 권력의 오남용을 방지하는 데 도움에 된다(Shafritz et al., 2015). 문서주의는 또한 부정부패의 여지를 줄이는 데도 기여한다.

넷째, 비사인성(非私人性 impersonality)을 지향한다. 합법적 관료제에서의 업무수행은 애정, 증오, 친소관계 등과 같은 사적인 감정을 배제하고, 오직 법규상의 형식과 절차에 따라서 행해진다(Cochrane, 2018). 이로 인해 합법적 관료제는 사실에 입각하여 조직을 관리하며 따라서 업무처리가 공평무사하다. 또한 비사인성으로 인해 법규의 자의적 해석과 적용을 방지할 수 있으며, 이를 통해 고객의 불만을 최소화할 수 있다. 이는 궁극적으로 서비스의 형평성을 실현하는 데 기여한다.

다섯째, 전문화를 추구한다. 근대적 관료제는 기능적 합리성의 원칙에 따라서 분업화되며, 각 직위에는 고도의 전문성을 가진 관료들이 배치된다. 즉, 조직구성과 인력배치가 전문성의 원리에 입각하여 행해지는 것이다. 이를 통해서 조직의 생산성을 극대화할 수 있으며, 유능한 전문가를 충원할 수 있다. 그리고 관료들은 전문성에 입각하여 충원되고 한 가지의 특화된 업무를 수행하기 때문에 담당업무에 대한 숙달도가 높아진다. 이로써 관리의 능률성과 공공서비스의 질이 향상된다(Evetts, 2013)

여섯째, 관료제 내의 승진은 연공서열(seniority) 내지는 업적(merit)에 기인하여 이루어진다. 즉, 관료의 상승이동을 정실(情實 favoritism or nepotism)과 엽관(獵官 spoils)이 아닌, 연공이나 업적 혹은 양자의 절충에 의하여 결정한다. 이렇게 함으로써 직업으로서의 관료제를 정착시키고 관료들의 사기를 앙양할 수 있으며, 유능한 관료를 확보할 수 있다. 뿐만 아니라, 인사관리의 형평성을 실현함으로써 성원들의 불만을 최소화할 수 있다.

관료제의 병리현상

병리현상(pathology)이란 본래 의도된 것과 다른 변화가 조직의 구조와 기능에 야기되어 목표달성에 지장을 초래하는 현상이다. 즉, 목표를 효율적으로 달성하기 위해 좋은 의도로 설계된 수단으로서의 관료제가 잘못 운영됨으로써 오히려 목표달성에 지장을 초래하는 현상이다. 관료제의 병리현상의 원인은 관료들의 자기이익 보존성향, 대규모 조직의 본래적 속성, 관료권에 대한 통제의 어려움 등 다양한 요인들에 기인한다(Akib and Ihsan, 2017).

1. 관료제에 대한 일반적 비판들

M. Weber 이래 주류적 관점이 된 특정한 구조적 특성을 갖는 대규모조직으로서의 관료제는 여러 면에서 유용성이 있으며, 이에 따라 근세 이래 공사(公私)부문의 많은 조직들이 합법적 관료제(이하, 관료제)의 형태를 취하였다. 그러나 20세기 이후 관료제를 둘러싼 환경적 맥락이 급변하면서, 관료제의 문제점 역시 적지 않게 나타났다. 이에 따라 효율성을 극대화시키는 조직으로 인식되던 합법적 관료제에 대한 비판이 일어나기 시작하였다(Bozeman, 2000). 우선 관료제에 대한 일반적 비판사항을 보면, 첫째, 관료제의 성원들은 기계처럼 행동하는 것은 아니다. 인간은 인격적 가치와 감정을 지닌 존재이다. 따라서 관료제가 본래 설계하고 계획된 대로 작동하지 않는다.

둘째, 관료제는 법규 적용상의 경직성을 초래하여 우발적 상황에 대처하기 어렵다. 오늘날 관료제의 환경은 복잡하고 동태적이다. 따라서 사전예측이 어려운 경우가 많으며, 우발적 상황에 융통성 있게 대응할 필요가 있다. 관료제가 강조하는 법규에 대한 집착은 조직의 상황대처 능력을 저하시킬 수 있다.

셋째, 관료제는 조직 구성과 운영의 공식적 측면을 강조하지만, 실제의 대규모조직은 공식적 측면과 비공식적 측면을 동시에 내포하고 있다. 조직생활에서는 인간관계, 정서적·심리적 요인, 사적인 의사소통 등의 비공식적 요인들도 많이 개입한다(Henry, 2015).

넷째, 관료제는 법규에 의한 관리를 중시하여 반응성(responsiveness), 가외성(redundancy)의 문제에 대처하기 어렵다. 법규에 정해진 틀과 방식을 따르는데 충실한 관료제는 환경변화에 대응하기 위한 혁신적 방안을 수용하기 어려우며, 고객의 요구에 민감하게 반응하기 어렵다. 그리고 능률성을 중시하는 관료제는 가외성의 요구에 대응하기 어렵다(Box, 2015).

다섯째, 관료제는 계층제를 강조하며, 계층제 하에서 상하 간의 일사불란한 명령과 복종을 기대한다. 그러나 현실에서의 계층제는 일방적으로 명령과 복종이 행해지는 상명하복의 통로가 아니라, 상하 간에 상호작용이 발생하는 복잡한 구조이다. 따라서 계층제가 구성되어 있어도 반드시 의도대로 작동하는 것은 아니다(Shafritz et al., 2015).

마지막으로, 관료제가 지향하는 능률성 극대화의 논리가 모든 조직에 통용될 수 있는 것은 아니다. 업무특성, 조직규모, 성원의 자질 등에 따라 관료제적 조직형태가 효율적인 곳도 있고 그렇지 않은 곳도 있다. 따라서 대규모조직을 관리하는 데서 하나의 최선의 방식(one best way)만 있는 것이 아니며, 상황적응적(contingent)이어야 한다(Rhodes, 2016).

2. 관료제에 대한 사회학자들의 비판

M. Weber 이래의 합법적 관료제의 병리현상에 대한 사회학자들의 지적사항을 보면, 우선 R. Merton은 관료제의 병리현상은 예측가능성을 높이기 위한 통제의 필요성에서 기인한다고 보았다. 즉, 관료제는 행동의 예측가능성을 중시하기 때문에 성원들의 행동에 대한 높은 책임성과 신뢰성을 기대한다. 이를 위해서 규칙을 제정하고 이러한 규칙이 준수되는지를 점검하고 통제한다. 성원들의 행동에 대한 이러한 통제로 인해 성원들은 규칙을 내면화하는 정도는 높아지지만, 성원들 간의 사적 관계의 양은 줄어든다. 그러나 이는 수단에 해당하는 규칙을 지키는 데 급급한 일종의 목표전환 현상으로, 성원들은 의사결정을 하는

데서 선례를 중시하게 되어 다양한 대안들을 탐색하는데 소홀해진다. 규칙과 통제를 통해 성원들의 개별적, 우발적 행동을 방지하고 예측가능성을 증대시킬 수는 있지만, 행동의 경직성으로 인해 업무수행과정에서 고객과의 마찰이 증가하게 된다. 그 결과 양질의 서비스를 제공해야 하는 본연의 목표를 달성하는 데 지장이 초래된다(Calhoun, 2010; Mongardini, 2018).

P. Selznick은 대규모조직에서 불가피하게 발생하는 권한위임 현상으로부터 관료제의 병리현상을 진단한다. 즉, 조직의 규모가 커지면 업무의 복잡성 증대로 인하여 권한위임이 불가피하며, 이러한 권한위임은 전문성을 제고하는 반면에, 여러 가지 문제를 발생시킨다. 우선 권한위임은 관료제 내에 부문할거주의(sectionalism)를 조장하여 조직의 하위단위들 간에 이익갈등과 대립을 유발한다. 이에 따라 성원들이 하위단위의 목표를 내면화하고 이를 달성하는 데 치중함으로써 조직전체의 목표달성을 어렵게 한다. 관료제의 전문화에 대한 강조는 하위단위들 간의 갈등과 대립을 더욱 조장한다. 전문화가 진행될수록 인력교체가 어려워지기 때문이다. 이러한 과정에 기인하여 조직전체의 목표달성에 지장이 초래되면 관료제는 다시 전문화를 통한 기술적 합리성을 극대화함으로써 조직목표를 달성하고자 하며, 이는 권한위임을 더욱 증가시키고 권한위임의 역기능을 강화시키는 악순환을 초래한다(Kraatz and Flores, 2015). 따라서 관료제의 권한위임에 따른 병리현상에 대처하기 위해서는 성원들로 하여금 조직전체의 목표를 내면화하게 하는 것이 중요하다.

이외에도 Selznick은 Weber의 관료제 논의는 환경을 고려하지 않는 폐쇄적 관점이라고 비판한다. 즉, Weber의 관료제는 조직내부의 구조와 관리에 초점을 둠으로써 환경변화를 고려하는 개방적 관점이 부족하다는 것이다. Selznick은 환경변화에 유연하게 대처하기 위해서는 환경으로부터의 위협에 대처하기 위한 수단으로 콥테이션(cooptation 적응적 흡수)이 필요하다고 주장한다. 콥테이션은 조직의 의사결정의 지위에 외부로부터 새로운 인력을 영입하는 것으로 조직에 새로운 아이디어를 유입하고 신구(新舊) 성원들 간에 경쟁을 자극함으로써 조직의 활성화에 기여할 수 있다(King, 2015; Krygier, 2012).[2]

---

2) 콥테이션은 조직목표 자체를 변동시켜 조직의 정체성을 위협할 수 있으며, 성원들 간에 반목과 갈등을 조장하여 조직의 안정성을 저해할 우려도 있다.

A. Gouldner는 관료제의 병리현상은 성원들에 대한 통제의 필요성에 기인하여 일반적이고 비인격적인 규칙을 강화하는 데서 발생한다고 주장한다. 규칙은 성원들 간에 책무를 명확하게 하고, 유사한 명령을 반복하는 것을 방지하며, 규칙 위반자에게 징벌을 가하는 것을 정당화할 수 있으며, 조직 내·외적으로 형평성의 침해를 방지할 수 있다. 이러한 것들은 규칙의 순기능이다. 그러나 규칙은 역기능도 적지 않다. 성원들 간에 상호작용의 빈도를 감소시킴으로써 인격적 교류와 협력을 저해한다. 그리고 규칙은 최저수준의 행동기준을 명시한 것이므로 성원들도 최저수준만 충족하고자 하며, 따라서 최저수준의 실적이 달성된다. 상급자는 이를 못마땅하게 생각하고 다시 규칙과 감독을 강화하는 악순환이 발생한다. Weber의 관료제는 이러한 규칙의 역기능을 경시하고 있다(Chriss, 2015, 2018).

3. 관료제에 대한 발전행정론의 비판

발전행정론은 개발도상국의 국가발전과정에서 정부관료제가 적극적이고 선도적인 역할을 수행할 수밖에 없는 현상을 설명하기 위해 고안된 행정이론으로, 정부관료의 적극적인 의지와 책임감, 혁신적 가치관, 환경변화에 대한 선도적 관리 등을 강조한다(이도형·김정렬, 2013). 따라서 규칙과 능률성을 지향하는 합법적 관료제에 대해서 비판적이다. 비판의 내용을 보면, 첫째, 합법적 관료제가 지향하는 세밀한 법규의 성립과 이의 준수는 급변하는 사회변동을 관리하는 데 장애가 된다. 즉, 법규만능주의의 경직성을 초래한다. 동태적인 행정환경에 대응하기 위해서는 보다 유연하고 신축적으로 권한을 행사할 필요가 있다(Henry, 2015).

둘째, 관료제는 업무배분이나 인력충원에서 전문성을 지나치게 강조함으로써 성원들이 균형감각을 유지하고 전체를 조망할 수 있는 능력을 배양하는 데 장애가 된다. 발전관료제는 국가 전체의 발전을 계획, 통합, 조정할 수 있는 역량이 필요하다(이도형·김정렬, 2013).

셋째, 국가발전을 위해서는 제도를 설정하거나 조직구조를 개선하는 것 못지않게 관료의 행태를 개선하고 이들로 하여금 혁신적인 가치관을 갖게 하는 것이 필요하다(Box, 2015). 발전관료제 하의 관료는 단순하게 중립성과 객관성을 유지하는 데 그쳐서는 안 되며, 주체적으로 상황을 관리하며, 적극적인 사명감과 소명의식을 가져야 한다.

넷째, 관료제가 강조하는 전임성의 원칙도 국가발전을 관리하는 데 부적절할 수 있다. 급변하는 환경에 대처하기 위해서는 수시로 작업반(task force)을 구성해야 하며, 필요한 경우에는 한시적인 계약직, 전문직 등도 적극적으로 활용해야 한다. 국가발전을 관리하기 위해서는 동태적인 가치관과 동태적인 조직구조가 필요하다(Heady, 2001).

마지막으로, 국가발전 및 이를 위한 행정발전을 위해서는 합법성 못지않게 효과성도 중요한 가치가 되어야 한다. 합법성을 지나치게 강조하면 국가목표의 달성이라는 효과성을 경시할 수 있다(Shafritz et al., 2015). 발전행정론은 목표달성 정도를 의미하는 효과성을 가장 중요한 행정가치로 간주한다.

4. 합법적 관료제의 각 특성별 병리현상

M. Weber는 법규에 입각하여 성립되고 관리되는 합법적 관료제가 전통적 관료제나 카리스마적 관료제에 비해 모든 면에서 우수하다고 보았다. 사회의 진보는 합리주의 정신의 발전이며, 합법적 관료제는 합리성에 기반을 두고 있기 때문이다(Whimster and Lash, 2014). 그러나 이후 합법적 관료제가 장점으로 주장하였던 각 항목들이 실제 운영과정에서는 장점만 있는 것이 아니라, 여러 가지 병리현상도 파생한다는 주장이 등장하고 있다.

우선 대규모조직을 구성하고 작동하는 데서는 법규가 필요하지만, 이에 과도하게 집착하면 여러 가지 역기능 내지는 병리현상이 초래된다. 첫째, 법규에 대한 동조과잉(同調過剩 over-conformity) 현상과 이로 인한 목표전환을 초래한다. 동조과잉은 상황의 변화로 법규가 맞지 않게 된 경우에도 계속 여기에 집착하는 현상으로서, 이것이 지나치면 수단이 목표가 되고 목표가 수단이 되는 목표전환 현상이 나타난다(Gey et al., 2020). 법규는 수단이지 그 자체가 목표는 아니다. 둘째, 관리의 획일성(uniformity)과 경직성(rigidity)을 초래한다. 법규는 본질적으로 다양한 현실을 일의적으로 추상화한 것이다. 따라서 융통성이 부족하고 구체적 현실에 부합하지 않는 면이 있다. 따라서 법규를 해석하고 일을 처리하는 데서는 불가피하게 재량행위가 개입하게 되는 것이다(Galligan, 2012). 지나치게 법규에만 집착하면 다양성과 융통성이 희생될 수 있다. 셋째, 법규를 지키는 데만 집착하면 실질적 측면을 외면하고 고객의 요구에 대한 반응성을 결여할 수 있다. 오늘날 고객의 요구는 매우 가변적이고 다양하며, 따라서 이를 충족하기 위해서는 법규를 보다 융통성 있게 해석하고 적용할 필요가 있다. 넷째, 법규에 대한 집착은 의식주의(儀式主義 ritualism)를 초래할 수 있다. 이는 법규를 제정한 목적과 동기를 망각하고, 관례적으로 법규를 지키는 데만 몰두하게 되는 것이다(Bocock, 2020). 마지막으로, 무사안일주의를 초래한다. 무사안일주의는 법규를 지키지 않는다는 것이 아니라, 법규의 범위 내에서 수동적이고 소극적으로 업무를 수행하는 것이다. 그러나 법규는 지켜야할 최소한의 기준을 정해놓은 것이다. 따라서 이를 지키는 데 급급하면 성과 역시 최소한의 수준을 달성하는 데 그치게 된다(이윤경, 2014). 이는 이른바 복지부동(伏地不動) 현상으로서, 오늘날 강조하는 적극행정에 역행하는 것이다.

관료제의 장점으로 언급되었던 계층제(hierarchy) 역시 역기능이 적지 않다. 이를 구체적으로 보면, 첫째, 계층제는 관료제 내의 의사소통과정을 왜곡(distortion)시킬 수 있다. 계층제는 기본적으로 피라미드형 조직구조를 지칭하는 것으로 다단계의 수직적 직위들로 구성된다. 따라서 이러한 다단계 직위의 상하 간에 의사소통 내용이 바뀌거나 부정확하게 전달되는 왜곡현상이 발생할 수 있는 것이다. 둘째, 의사소통을 지연(delay)시키고 교착시킨다(stalemate). 물론 이는 의사결정의 적시성(timeliness)을 상실하게 할 수 있다(Greenberg and Zhang, 2010). 이는 관료제 내의 수직적 관계에서 행해지는 결재제도를 예로 생각하면 될 것이다. 다단계의 결재제도 하에서 의사소통과 의사결정이 지연되고, 어느 지점에서는 의사소통이 적체되어 진행이 되지 않는 병목현상이 발생하는 것이다. 이러한 현상은 관료제의 슬림화 현상과 전자결재제도가 도입되면서 많이 완화되었지만, 여전히 주요 업무일수록 대면결재 내지는 사전설명 관행이 남아 있어 업무처리에 많은 시간을 소모하게 한다. 셋째, 계층제 하에서 권력이 상층부에 집중되고, 하급자는 업무를 처리하는 데서 상급자의 권위에 맹목적으로 의존하는 현상이 발생한다. 본래 계층제는 최종 의사결정권이 조직의 최상부에 집중되는 형태이다. 이를 완화하기 위해 전결제도 등 권한위임을 행하고 있지만, 이 역시 최종 책임은 계층제의 장(長)이 지는 것이다. 특히, 우리처럼 권위주의 문화가 강한 곳에서는 제도적인 권한위임 여부와는 관계없이, 계층제 하에서는 내락, 사전보고 등의 형태로 권한이 집중되는 현상이 지속되고 있다(조석준, 2004). 넷째, 계층제는 상하 간에 서로 책임을 회피하는 현상을 초래한다. 이는 법적인 책임보다는 주로 정치적, 도덕적 책임과 관련하여 발생하는 것으로, 상하 간에 수직적 분업과 권한위임이 불명확하게 규정되어 있는 조직일수록 이러한 책임 떠넘기기 현상이 나타나기 쉽다.

문서주의 역시 앞 절에서 언급한 대로 많은 장점이 있음에도 불구하고, 다음과 같은 병리현상이 초래되기 일쑤이다. 우선 문서주의는 번문욕례(繁文縟禮 red tape) 현상을 초래한다. 번문욕례는 내용보다는 형식적인 절차나 선례에 치중하여 일을 불필요하게 복잡하고 까다롭게 만드는 현상이다(Bozeman and Feeney, 2011). 즉, 세밀한 절차를 지키는 데 집착하여 관련 문서를 과도하게 양산하는 현상이다. 다음에 문서주의는 시간의 낭비를 초래하여 비능률성을 초래한다. 이는 전술한 문서주의가 초래하는 번문욕례와 직결되는 것으로, 담당자로 하여금 서류작성에 많은 시간을 소모하게 하여 관리상의 낭비를 초래한다. 오늘날은 관료제 내부에서뿐만 아니라, 고객과의 관계에서도 이러한 문서 및 절차 만능주의가 많은 부작용을 초래하고 있다. 특히, 인허가 등의 규제행정의 경우가 그러하다. 그리고 문서주의는 의사결정을 지연시키고 환경변화에 대한 융통성을 저하시킨다. 오늘날처럼 급변하는 환경 하에서 문서생산 및 다단계결재에 많은 시간을 소모하게 되면 업무처리의 적시성을 상실함은 물론, 동태적 환경변화에 유연하게 대응하기가 어렵게 된다(Bozeman, 2000; Gupta, 2012).

형평성과 객관성을 제고한다고 주장되는 관료제의 비사인성(impersonality) 역시 장점만 있는 것은 아니다. 몇 가지 병리현상이 우려된다. 우선 구성원들의 인간적 요소를 경시하게 된다. M. Weber 사후에 E. Mayo 등의 인간관계론 등에서 주장하는 것처럼, 조직 내의 인간은 기계처럼 계산된 합리성에만 따라 움직이는 것이 아니라, 호불호의 감정과 심리적 효능에 의해서 영향을 받는 존재이다. 즉, 인간은 합리적 계산에 치중하는 경제적 인간만은 아니며, 정서적 만족, 감정의 표출, 비공식적 요소 등을 고려하는 사회심리적 인간이다(Mayo,

2014). 따라서 설사 조직관리에서 비사인성이 필요하다고 하더라도, 이것을 지키기가 쉽지 않다. 다음에 비사인성은 관료제가 고려해야 하는 사회적 형평성의 문제에 대처하는 데 한계가 있다. 특히 정부관료제의 경우에 그러하다. 공공조직의 경우는 관리상의 낭비제거에 초점을 두는 기계적 능률성만 추구해서는 안 되며, 사회적 능률성과 사회적 형평성도 동시에 추구해야 한다(Rhodes, 2016). 이를 위해서 정부관료제는 사회적 약자에게는 보다 세심한 주의를 기울이는 인간적인 면이 필요한 것이다. 신행정론 등은 정부관료제의 이러한 측면을 강조하는 이론이다.

관료제가 추구하는 전문화는 다음과 같은 역기능이 지적된다. 첫째, 과도한 전문화는 훈련된 무능(trained incapacity)을 초래하여, 성원들로 하여금 전체를 보는 안목을 결여하게 하고 새로운 상황에 대한 대처능력을 저하시킨다. 전문화는 하나의 주된 업무에 특화를 하는 것으로 자기에게 맡겨진 업무를 처리하는 데는 유용하지만, 내가 맡은 업무가 조직전체의 업무와 어떻게 연결되어 있는지를 알 수 없게 한다. 이는 조직전체를 조망할 수 있는 능력을 저하시킴으로써 유능한 관리자를 양성하는 데 장애가 된다. 그리고 고도로 전문화된 인력은 대체로 자기의 전문성을 과신하는 성향이 있어 환경변화에 적응하는 데서 유연성이 부족하다(Evetts, 2009). 둘째, 전문화는 관료제 내에서 협력과 조정을 어렵게 한다. 대체로 전문화는 편협한 배타성과 차별을 동반하는 경우가 많은데다, 전문가일수록 자신의 방식을 고집하는 경향이 있다. 이는 상호이해와 양보를 전제로 하는 동료들 간의 협력과 조정을 어렵게 한다. 셋째, 전문화는 할거주의를 초래하여 조직전체의 목표달성을 저해할 수 있다. 이는 전술한 전문화로 인한 협력과 조정의 어려움과 직결되는 것으로, 고도로 전문화가 되어 있는 조직일수록 배타성이 강화되어 다른 구성원이나 부처를 무시하게 된다(Page et al., 2005). 이는 횡적인 의사소통을 저해하며, 그 결과 관료제 내의 칸막이 현상을 심화시킨다. 넷째, 전문화는 반복적인 업무수행으로 흥미상실과 소외를 초래할 수 있다. 연구조직 등과 같이 특별한 창의성이 요구되는 조직이 아닌 일반적인 관료제조직에서의 전문성은 대부분 같은 일을 장시간 반복하는 데서 발생하는 것이다(Evetts, 2013). 그러나 이러한 전문화가 어느 단계에 진입하면 더 이상 새로운 것이 없게 되며, 같은 일의 반복에서 기인하는 업무에 대한 흥미상실과 도전의식

결여를 초래한다. 이는 일종의 무력감인 소외현상을 초래하기도 한다.

　　마지막으로, 연공서열에 입각한 인력관리 역시 오늘날 많은 문제점이 있다. 우선 연공서열 방식의 인력관리는 조직에 새로운 인력을 흡수하고 유능한 인재를 유지하는 데 장애가 된다. 유능한 신규 인재를 충원하고 유지하기 위해서는 이들의 능력과 성취를 차별적으로 보상해줄 수 있는 근무평정, 승진, 보직, 급여제도가 필요하다(Nigro et al., 2012). 그러나 연공서열 방식의 인력관리제도 하에서는 이러한 요구에 부합할 수 없다. 다음에 연공서열은 관료제조직의 정체현상을 초래한다. 연공서열은 승진이나 급여가 능력보다는 근무연수에 의해 정해지는 것으로, 이러한 방식 하에서는 성원들의 자기개발 노력이 부족해짐은 물론, 조직의 성과향상도 기대하기 어렵게 된다. 대과(大過)없이 근무기간을 충족하면 된다는 무사안일주의를 초래하게 된다. 이는 관료제조직을 정체시키는 행위이다. 따라서 오늘날은 연공서열에 입각한 전통적인 인력관리방식을 능력과 성취도에 따라 차등적으로 대우하는 인력관리 방식인 신인사제도에 대해서 주의를 기울이고 있다(Rhodes, 2016). 그리고 연공서열은 상급자로 하여금 부하의 통제를 어렵게 한다. 연공서열은 통제할 수 없는 근무연수에 의거하여 인력관리가 행해지므로 상급자가 부하를 평가하는 데서 재량권이 거의 없기 때문이다.

제4장

정부관료제의 팽창

제1절 ## 머리말

정부관료제는 공공서비스의 공급을 책임지는 공익수호의 보루이다. 따라서 정부관료제가 없이는 국민의 복리증진을 도모할 수 없음은 물론, 국가방위, 치안유지, 경제발전, 자원배분 등의 국가생존을 위한 기본적 기능들도 수행될 수 없다. 이 점에서 정부관료제는 기능적 필요성이 큰 조직이며, 동서고금과 이념적 차이를 불문하고 존재하는 보편적인 조직으로 이를 대신할 조직은 존재하지 않는다(Beetham, 1996).

그러나 정부관료제의 이러한 기능적 필요성에도 불구하고, 당면하고 있는 문제점은 정부관료제가 과도하게 팽창하고 있다는 점이다. 즉, 19세기 이전에는 최소 정부를 희구한 시대적 요청에 따라 정부관료제의 규모와 시장에 대한 개입을 최소화하고자 했다. 그러나 20세기 들어 급속하게 진행된 행정국가화 및 복지국가화 현상은 정부관료제의 규모를 급팽창시켜 놓았음은 물론, 질적인 속성마지도 크게 바꾸어 놓았다. 따라서 국민들은 일상생활의 한 순간도 정부관료제의 영향으로부터 벗어날 수 없게 되었으며, 정부관료제는 국민들을 지배하는 '고착화된 거인'(immobilized Gulliver)이 되었다(Hill, 1995).

정부관료제의 이러한 비대 현상은 그 폐단이 적지 않다. 정부관료제가 서비스공급을 독점하는 데서 오는 관리의 비효율성과 서비스 질의 저하는 이른바 정부실패(government failure) 현상을 초래하였다. 정부관료제는 국민에게 봉사하고 국민에게 책임을 지는 대신에, 오히려 국민을 지배하는 존재가 되었다. 국민의 통제에서 벗어난 정부관료제는 양질의 서비스 산출보다는 사적 이해를 추구하는 데 몰두하는 왜곡된 행태를 보이면서 심각한 도덕적 해이와 관료부패를 유발하고 있다.

이에 따라 정부관료제의 폐단을 치유하기 위한 다양한 방안들이 제기되고 있다. 우선 구조적 시각에서, 엄격한 계층제, 과잉 전문화, 명령과 통제 등 정부관료제의 내부구조의 특성에서 기인하는 문제들을 치유하기 위한 방안으로 임시조직(adhocracy), 평면조직 등의 탈(脫)관료제화(de-bureaucratization)에 대한 논의가 있다. 다른 한편으로는 정부관료제의 역할 범위를 근본적으로 축소하기 위한 방안으로 이른바 작은 정부론(small government)이라는 이름 하의 논의가 있다. 여기에는 민영화(privatization), 공동생산(co-production), 아웃소싱(outsourcing), 정부규제 축소 등이 포함된다. 또한 정부관료제의 작동방식을 개선하기 위한 노력도 활발하다. 이와 관련하여 과거에는 정부지출의 낭비요인을 줄이기 위한 계획예산제도(PPBS), 영기준예산(ZBB), 감축관리(cutback management) 등이 논의되었으며, 근래에는 민간영역의 경영혁신기법을 정부부문에 도입하고자 하는 것으로 총체적 품질관리(TQM), 시간기준경쟁(Time-Based Competition), 재구조화(restructuring), 재창조(reinventing), 리엔지니어링(reengineering), 다운사이징(downsizing), 유연화(flexibility) 기법 등에 대한 논의가 활발하다. 이들은 모두 정부관료제의 경쟁력을 향상시키고 생산성을 높이고자 하는 것들이다. 이외에도 정부관료제에 대한 통제를 강화하는 방안으로 행정정보 공개, 시민옴부즈맨, 주민참여예산, 주민감사청구, 주민소환, 숙의민주주의(deliberative democracy)와 공론화위원회 등에 대한 논의도 활발하다.

이 장은 정부관료제의 과잉팽창에 대한 우려의 목소리가 높아지고 있는 시점에서 정부관료제가 왜 이렇게 팽창하게 되었는지에 대한 원인을 이론적으로 탐색해 보려는 것이다. 왜냐하면 정부관료제의 혁신에 관한 백가쟁명식의 논의가 아무리 전개되더라도, 정부관료제의 팽창원인에 대한 이해가 선행되지 않으면 처방책들의 실효성이 반감되기 때문이다. 더구나 정부관료제의 팽창 속성을 이해하지 못하면, 기업경영 분야에서 개발된 각종 혁신기법들이 정부부문에 적용되는 데는 한계가 있을 수밖에 없다.

지금까지 정부관료제의 팽창원인에 대한 논의들이 적지 않았으나, 대부분이 단편적인 원인을 추적하려는 데 그친 경우가 많았다. 따라서 이 장에서는 기존의 연구 성과들을 폭넓게 참조하되, 정부관료제의 팽창원인을 다양하게 유형화하여 종합적으로 조망해 보고자 한다. 그리고 이 장은 이론적 논의에 해당하는 것으로, 정부관료제 팽창의 역기능을 시정하는데 필요한 기초지식을 제공하기 위한 것이다.

제2절 관료제와 정부관료제의 의의

19세기까지의 관료제 연구자들은 대체로 관료제를 부정적 실체나 통치형태로 이해하였는데, 이는 당시의 시대적 상황에 기인한 바가 컸다. 즉, 19세기는 17~18세기의 시민혁명기를 거쳐 산업혁명이 본격화한 시기였다. 산업화과정에서 경제활동의 주체는 시장이며, 국가는 치안유지와 국가방위에 국한되는 소극적인 역할에 머물 것을 희구되었다. 따라서 주로 정부관료제를 의미했던 당시의 관료제는 역할과 기능이 최소화되어야 하며, 재량권 남용을 통제해야 하는 부정적 실체로 묘사된 것이다(Balla and Gormley, 2017).

그러나 19세기 후반부터는 관료제 논의가 다양하게 전개되었다. K. Marx는 여전히 관료제의 범위를 정부관료제에 한정하고 관료제에 대해서 부정적인 시각을 가졌다. 그는 국가는 공익이 아닌 자본가계급의 특수이익을 구현하는 도구이며, 관료제 역시 자본가계급이 다른 사회계급의 지배를 용이하게 하는 도구로 보았다(Carnoy, 2014). 그리고 G. Mosca, R. Michels 등의 초기 엘리트주의자들도 관료제를 주로 정부관료제를 의미하면서 부정적 시각에서 고찰하였다. 즉, Mosca는 관료제는 어느 집단보다도 잘 조직화되어 있는 견고한 지배계급으로서, 엘리트의 지배를 가능하게 하는 수단임과 동시에 그 자체가 하나의 지배계급으로 보았다(Albrow, 1970). Michels는 조직규모의 확대와 조직업무의 복잡성 증대로 인해 조직과 사회의 과두제화는 불가피하며, 이러한 과두제 하에서 정치적 지배계급은 지배체제를 공고화하기 위해서 관료제를 필요로 한다. 관료제는 국민에 대해서 억압적이며, 도덕적인 황량함을 촉발시키는 폐쇄적이고 자기보존적인 집단이다(Linz, 2017).

그러나 관료제를 정부관료제에 한정하여 부정적으로 바라보던 관점은 20세기 들어 M. Weber를 기점으로 크게 변모되었다. Weber는 관료제를 일종의 이념형으로 인식하였으며, 관료제를 선과 악, 부정과 긍정이라는 가치함축적인 의미가 아니라 객관적 입장에서 이해하였는데, 이는 사회적 행위를 가치중립적으로 이해하고자 했던 그의 이해사회학의 학문태도에서 연유한 것이다. 따라서 Weber에게서 관료제는 선악의 실체가 아닌 조직구조 상의 어떤 특성을 의미하는데, 관료제의 범주에는 정부관료제는 물론이고 군대, 학교, 교회, 시장영역 등에서 관료적 방식으로 구성되고 운영되는 대규모 공식조직은 모두 포함된다. Weber의 논의를 통해서 관료제의 범주가 크게 확장된 이후, 20세기의 관료제 논의는 행정학, 정치학, 사회학, 경영학 등의 다양한 학문분야에서 행해졌다 (Meier et al., 2006).

이상에서 관료제 및 정부관료제 개념에 관한 다양한 논의들을 살펴보았는데, 관료제의 구체적인 범위와 양태에 대한 통일된 견해는 없다. 즉, 관료제를 정부관료제에 한정하는 견해가 있는가 하면, 민간의 대규모 공식조직도 포함하여 이해하는 입장이 있다. 그리고 정부관료제에 한정할 경우에도 그 범위에 대해서는 논란이 있다. 즉, 국가론자들은 주로 정부관료제 대신에 국가관료제(state bureaucracy)라는 개념을 사용하는데, 이들은 국가관료제의 실체를 국가기구로 이해하기 때문에 여기에는 정부관료제 외에도 억압적 국가기구로서의 군대조직과 이데올로기적 국가기구로서의 종교, 학교조직도 포함한다(Therborn, 2016). 그리고 좁게 보아서 정부관료제의 범위를 공식적인 정부조직으로 한정할 경우에도 정부조직의 범위와 관련한 다양한 견해들이 있다.

이 장에서는 이러한 혼란을 극복하기 위해서 관료제의 개념을 Weber의 관점에 입각하여 공사(公私)를 불문하는 대규모의 공식조직을 포괄하는 것으로 이해하되, 공공부문의 공공관료제(public bureaucracy)와 민간부문의 기업관료제(business bureaucracy)를 구분하며, 공공관료제 중에서도 주로 행정부의 관료제에 한정하여 정부관료제라는 용어를 사용한다. 그리고 관료제의 구성원을 지칭하는 용어와 관련해서도 관리(官吏 official), 관료(bureaucrat), 공무원(public servant) 등으로 혼용하고 있는데, 이장에서는 정부관료제의 성원을 정부관료(government bureaucrat)라는 용어로 통일하여 사용하고자 한다.

정부관료제 팽창의 의의

1. 정부팽창과 정부관료제

지금까지 정부팽창과 정부관료제의 팽창을 동일시 할 수 있는지에 대한 논의는 별도로 없고 대체로 양자를 혼용하고 있지만, 이를 어떤 변수 및 지표로 측정하느냐에 따라서 양자를 동일한 개념으로 볼 수도 있고 그렇지 않을 수도 있다. 예로서, 정부지출의 증대는 정부팽창을 측정하는 변수로는 적절하지만, 정부관료제의 팽창이라고 단정하기는 어렵다. 왜냐하면 정부지출 중에는 민간부문을 통해서 지출되는 부분도 많이 있기 때문이다(Goodsell, 1994). 반면에 정부고용 규모 즉, 공무원 수의 증대를 정부팽창으로 이해할 때는 정부팽창과 정부관료제의 팽창을 같은 의미로 이해할 수 있다. 그러나 현실적으로 정부와 정부관료제를 구별하지 않은 채 많은 관련 이론들이 정립되어 왔으며, 정부팽창론이라는 이름 하의 대부분의 논의들이 실제로는 정부관료제의 팽창에 관한 내용을 다루고 있다. 따라서 정부팽창과 정부관료제 팽창을 혼용해도 큰 무리는 없을 것이며, 이 장도 그러한 입장을 취하고 있다.

현재 정부관료제의 팽창과 관련하여 주된 논쟁은 이를 측정하기 위해 어떤 변수와 지표를 사용할 것인지에 집중되어 있다. 주로 정치학, 경제학, 재정학 등에서는 정부관료제의 팽창을 정부지출 즉, 정부예산 규모를 변수로 사용하여 정부규모의 총체적 팽창(실제로는 양적 확대에 해당)과 이에 영향을 미치는 독립변수에 논의를 집중해 왔다. 반면에 사회학, 조직학 등에서는 팽창보다는 주로 성장(growth)이라는 개념을 사용하면서 조직성장의 내생적 요인을 탐구하는 데 주력하고 있다. 이들은 조직성장의 개념에 조직규모의 확대는 물론, 조직의 생존가능성 증대도 포함하고 있다(Jones, 2013).

그러나 이러한 두 가지 부류들은 각기 보완해야 할 점들이 있다. 즉, 전자는 정부팽창의 변수로 주로 정부지출과 정부세입의 규모를 사용하고 있는데, 이는 모두 양적인 것들에 해당한다. 따라서 이들은 정부팽창의 질적인 측면을 간과하고 있다. 반대로 후자는 양적인 측면과 외생적 변수를 등한시하고 있다. 따라서 양자의 입장을 서로 결합함으로써 팽창의 개념을 총체적으로 파악할 필요가 있다. 왜냐하면 정부 및 정부관료제의 팽창현상을 설명하는 데는 정부규모의 양적인 확대뿐만 아니라, 정부조직의 분화와 복잡성 증대, 정부개입 범위의 증대, 정부조직의 연령(age) 등의 질적인 측면도 중요한 변수 및 지표가 되어야 하기 때문이다(Page et al., 2005; Peters, 2014).

2. 정부관료제 팽창의 개념

정치학 및 행정학 분야에서 사용되는 팽창(expansion) 혹은 성장(growth)의 개념은 흔히 발전(development)이라는 개념과 비교되는데, 주안점은 팽창과 발전을 대립적 관점에서 보느냐, 발전을 팽창보다 포괄적인 개념으로 보느냐는 것이다. 대립적 관점에 따르면, 팽창과 성장은 규모의 확대를 의미하는 양적인 개념이며, 발전은 "현재보다 보다 바람직한 상태로의 변화"로 가치판단이 개입되는 질적인 개념이라는 것이다(박동서, 1990). 따라서 이를 정부관료제에 적용하면 팽창은 공무원 수와 정부지출의 증가를 의미하는 데 비해, 발전이란 행정의 질적 수준 향상, 공무원의 문제해결능력 향상, 행정구조 분화 등을 의미하게 된다. 반면에 포괄적인 관점에 따르면, 발전은 양적인 성장과 질적인 구조분화 모두를 포함하는 것으로 이해하고 있다. 두 관점 모두 팽창이나 성장을 주로 양적인 측면에서 이해하고 있음을 알 수 있다.

그럼에도 불구하고, 정부 및 정부관료제의 팽창에 관한 대부분의 논의들은 팽창의 개념을 양적인 측면에만 국한하지는 않고 있다. 즉, 팽창이나 성장의 개념을 질적, 양적 측면 모두를 포함하는 것으로 이해하고 있다(Dunleavy, 2014). 따라서 정부관료제의 팽창을 논의할 시에는 발전, 성장 등과의 개념 차이에 민감하게 반응할 필요가 없다고 보인다.

이러한 관점에서 우선, 질적 측면에서 정부관료제의 팽창을 언급하면, 첫째, 정부관료제가 환경에 미치는 영향력이 증대하는 현상이다. 이는 흔히 관료제화(bureaucratization)라는 용어로 사용되는데, 정부개입 범위와 정부역할의 확대를 정부관료제의 팽창으로 보는 것으로, 20세기 이후의 행정국가화, 복지국가화 추세에 편승하여 이러한 의미에서의 정부관료제의 팽창은 급속도로 진행되고 있다(Cook, 2014). 둘째, 정부관료제의 조직구조 측면에서 팽창을 이해하는 것이다. 이 경우에 정부관료제의 팽창은 정부관료제가 기능적 전문화, 분화, 위계화의 정도가 심화되는 현상을 의미하는데, 이는 정부업무가 양적으로 증가하고 복잡해짐에 따른 기능적 필요성에 기인하는 보편적인 현상이다. 그리고 정부관료제가 정치적 의사결정권 즉, 정책결정권을 보유하게 되는 것도 여기에 포함된다(Clegg et al., 2011; Moharir, 1989).

반면에 양적 측면에서의 정부관료제의 팽창은 주로 정부인력과 정부지출이 증가하는 현상을 의미한다. 이는 측정에 유리하다는 방법론상의 용이성 때문에 많은 연구들이 취하고 있는 변수들이지만, 문제점도 적지 않다. 우선 공무원의 수로서 정부관료제의 팽창을 측정하면 정부의 활동 중에서 민간위탁 등의 방식으로 공급되는 부분 등을 측정할 수 없어 정부관료제의 팽창을 과소 측정할 우려가 있다(Hirsch and Rufolo, 1990). 다음에 정부지출을 변수로 사용할 경우에는 이전지출(transfer payment) 등과 같이 정부예산이지만 외부기관들에 의해 집행되는 부분을 설명하기 어렵다(Wu and Lin, 2012). 따라서 정부관료제의 팽창에 관한 개념은 질적인 측면과 양적인 측면을 통합해야 하며, 정확한 측정이 어렵다고 해서 질적인 부분을 경시해서는 안 된다.

3. 정부관료제 팽창의 지표

정부관료제의 팽창을 양적인 것과 질적인 것의 어느 측면에서 보든 간에 현재 정부관료제는 급성장하고 있으며, 급기야는 상상을 초월하는 규모의 공룡이 되어 사회전반을 압도하고 있다(Goodsell, 1994). 그러면 정부관료제가 팽창하고 있는 현실을 측정할 수 있는 지표는 무엇인가. 이에 대해서는 많은 연구들이 정부지출의 증대를 정부관료제 팽창을 측정하는 변수로 채택하여(종속변수), 이에 영향을 미치는 요인(독립변수)이 무엇인지를 회귀분석, 경로분석 등의 다양한 통계기법들을 사용하여 규명하고자 했다(Dunleavy, 2014). 그리고 이처럼 정부지출을 주요 변수로 선정하고 있는 연구들은 크게 두 가지로 구분할 수 있다. 하나는 외부요인이 정부지출 규모를 결정한다고 주장하는데, 이는 다시 선거의 경쟁성 정도, 국민들의 정치참여 정도, 투표율 등의 정치적 변수가 주된 요인이라는 정치학적 견해와 정부지출 규모를 결정하는 것은 소득, 도시화, 산업화, 인구밀도, 교육수준, 조세부담능력, 국고보조금, 재정능력 등의 사회경제적 변수들이라는 견해로 구분된다(Qazizada and Stockhammer, 2015). 반면에 A. Wildavsky 등의 점증주의자들은 정부지출 규모의 주요 결정요인은 외부요인이 아니라, 정부관료제의 내부요인이라고 주장한다. 이들은 C. Lindbrom의 점증주의 의사결정 모형을 정부예산 분석에 적용하여 예산결정과정에는 다양한 이해집단들 간의 정치적 협상과 타협이 개입되며, 그 결과 전년도 예산을 기초로 조금씩 증액된 수준에서 정부지출 규모가 결정된다고 보았다(Good, 2011; Wildavsky, 2001).

　　그런데 정부지출 규모를 정부관료제 팽창의 주요 변수로 설정하고 팽창의 원인을 찾고자 하였던 상기한 두 부류의 논의들은 서로 상반되는 비판에 직면하고 있다. 즉, 전자의 외부결정요인론자들은 체제내적 요인을 등한시하고 있으며, 반대로 후자의 점증주의자들은 환경적 요인을 경시하고 있는 것이다. 뿐만 아니라, 이러한 연구들은 근본적으로 팽창의 지표를 정부지출의 증가라는 양적인 측면에 한정함으로써 질적인 측면은 간과하고 있다는 공통적인 문제점이 있다(Sandford, 2015). 그리고 양적인 지표들 중에서도 공무원 수의 증가, 정부생산량의 증가 등의 다양한 지표가 있을 수 있는데, 이들이 만약 이러한 것들을 종속변수로 사용했더라면 독립변수의 영향력은 상이하게 측정될 수 있었을 것이다. 또한 이들 중의 상당수는 정부지출 중에서도 주로 사회복지지출에 국한하여 그 변인을 찾고자 하였는데, 이 경우에는 사회복지의 범위를 어떻게 보느냐에

표 1　정부관료제 팽창의 측정 변수 및 지표

	변수	측정지표
질적인 측면	환경에 미치는 영향의 증가*	법률안의 수(특히, 정부제출 법률안), 명령 및 규칙 제정건수, 규제건수 등
	내부구조적인 분화와 통합의 심화	정부조직구조 분화도, 조직단위(실, 국, 과 등)의 수, 감사 및 조정기구의 발전 정도 등
양적인 측면	조직규모의 확대	정부관료 수의 변화(절대량, 총인구대비 공무원 수, 총고용인구 대비 공무원 수, 민간부문 고용증가율 대비 공무원 증가율 등)
	정부지출의 증대	정부예산 규모의 변화(예산총액 증가율, GDP 대비 예산증가율, 인구증가율 대비 예산증가율 등)
	정부수입의 증대	총세입증가율, GDP 대비 조세수입 증가율, 가처분소득 대비 조세수입 증가율 등
	정부생산량의 증대	GDP 대비 정부부문 생산량, 공기업 매출액 등

* 환경에 미치는 영향의 증가는 관료제의 권력증대, 관료제의 기술적 우위, 정부개입 범위 및 정부역할의 증대 등을 의미한다.

따라서 상이한 결과가 도출될 수 있다. 따라서 지금까지 논의되었던 어느 이론들도 정부관료제의 팽창 현상을 만족할만한 수준으로 설명하기가 어려웠다 (Scully, 2001).

이 장에서는 정부관료제 팽창의 개념을 양적인 측면과 질적인 측면 모두를 포함하는 것으로 이해하였으므로 이를 측정하기 위한 변수와 지표도 양자를 모두 포함하되, 정부관료제 팽창에 관한 전술한 개념규정에 따라 <표 1>과 같이 변수와 지표를 제시하고자 한다.

제4절 정부관료제 팽창의 원인

1. 기존의 유형화들

정부관료제의 팽창원인에 대해서는 정부지출 증가를 팽창의 변수로 사용하여 이에 영향을 미치는 요인들을 계량적으로 탐구하는 방식의 연구들이 많았으며, 이 경우에 정부관료제의 팽창원인들은 독립변수가 된다. 그리고 이러한 연구들은 점차 대상범위를 중앙정부에서 지방정부 수준으로까지 확대하고 있다 (문수진·이종열, 2015). 뿐만 아니라, 이러한 연구들은 우리 학계에도 큰 영향을 미쳐 그동안 정부팽창 내지는 정부관료제 팽창의 원인을 탐구한 연구성과들이 많이 축적되었다. 가장 보편적인 유형화가 정부관료제의 팽창원인을 외부결정요인론과 점증주의이론으로 구분하는 것인데, 이 경우에는 전자는 다시 정치적 요인을 중시하는 측과 사회경제적 요인을 중시하는 측으로 구분된다. 이 외에도 정부관료제의 팽창원인을 사회경제적 변수와 정치행정적 변수로 구분하기도 하며, 좀 더 포괄적으로 사회경제적 측면, 정치적 측면, 관료적 측면, 국제적 측면으로 유형화하는 경우도 있다(Qazizada and Stockhammer, 2015). 그리고 팽창원인에 관한 기존 연구들을 사회경제적 모형(사회경제적 변수, 인구학적 변수), 정치적 모형(지배정당의 이념, 잔여집권기간, 다수당의 규모, 정당 간 경쟁 등), 집행기관모형(보조금), 점증주의모형, 재정능력모형(세입능력, 재정자립도) 등으로 분류한 경우도 있다(정헌영, 1993).

그런데 이처럼 정부관료제의 팽창원인에 관한 많은 연구가 축적되어 있음에도 불구하고, 이러한 연구들은 다음과 같은 문제점을 갖고 있다. 우선, 대부분의 연구들이 종속변수를 정부지출(일부 공무원 수를 변수로 사용함)에 한정함에 따라 질적 측면을 간과하고 있다. 그리고 정부관료제의 팽창에 영향을 미치는 요인들도 계량화할 수 있는 변수들을 중심으로 논의를 하고 있는데, 이는 기본적으로 대부분의 연구들이 계량기법에 의존하기 때문이다. 뿐만 아니라, 정부지출의 범위와 내역도 서로 달리 설정하고 있어 같은 독립변수를 사용하더라도 종속변수에 미치는 영향은 연구들마다 상당한 편차를 보이고 있다(Kumar and Botman, 2006). 또한 계량적 연구들 중에서도 어떠한 분석기법을 사용하느냐에 따라서도 상이한 결론에 도달하고 있다. 따라서 이론의 일반화에 한계가 있다. 더구나 선진국의 경험에서 도출된 변수들을 무비판적으로 적용하는 데서 오는 적실성의 문제도 크다. 말하자면 내적 타당성의 문제와 외적인 일반화의 문제를 동시에 가지고 있는 것이다.

이 장에서는 기존 연구들의 이러한 문제점을 극복하기 위해 정부관료제의 팽창원인에 관한 양적 변수와 질적 변수를 동시에 고찰하고, 다양한 이론들을 새로운 차원에서 유형화함으로써 정부관료제의 팽창원인을 종합적으로 이해하는 데 기여하고자 한다. 그리고 이 장에서 시도하는 정부관료제의 팽창원인에 관한 유형화는 근본적으로 기존의 분류들이 양적인 측면에 치중되어 있어 포괄성이 부족하였다는 반성에 기초한다.

2. 정부관료제 팽창의 원인들

1) 사회경제적 요구에 기인하는 원인

산업화 및 도시화 현상에서 파생되는 사회경제적 변수가 정부관료제 팽창의 주요 원인이라는 주장은 19세기 후반의 독일의 재정학자인 A. Wagner에 그 연원을 두고 있다. 정부지출의 증가 원인을 처음으로 규명한 Wagner는 산업화가 진행됨에 따라 집합재인 공공서비스에 대한 수요가 증가하며, 이것이 정부지출을 증대시키게 된다는 '정부지출 증대의 법칙'(the law of increasing state spending) 즉, 와그너의 법칙(Wagner's Law)을 주장하였다(최종수·조성일, 2016). 그의 주장은 정부관료제의 팽창을 산업화에 따른 생활수준의 향상에 기인하는 자연적 결과로 이해하는 것인데, 그는 구체적으로 세 가지 영역에서의 정부활동 증가를 주장하였다(Peacock and Scott, 2000). 첫째, 경제가 발전함에 따라 사회성원들 사이에 의사소통의 범위가 확대하며, 이는 성원들 간의 마찰을 증가시킨다. 이에 따라 정부의 규제적, 보호적, 행정적 활동이 팽창하게 된다. 둘째, 산업화로 인해 더욱 활성화된 시장의 활동을 적절하게 보장하기 위해서도 정부활동이 증가하게 된다. 사회간접자본의 확충이 그 예이다. 셋째, 산업화 및 도시화가 진행될수록 교육, 보건 등의 사회문화적 서비스에 대한 국민적 요구가 증대하게 된다(Klimenko and Klishch, 2013). 결국, Wagner는 산업화가 진행될수록, 소득이 증가할수록, 인구가 증가할수록 정부지출이 증가한다는 가설을 제시하였는데, 이는 경제학자들을 중심으로 지출결정요인론을 형성하는 데 선구적 역할을 하였다.

이후 지출결정요인론의 효시라고 평가되는 S. Fabricant(1952)의 연구는 일인당소득, 인구밀도, 도시화라는 세 가지의 사회경제적 변수가 미국 주정부들 간의 예산액 차이의 72% 정도를 설명할 수 있다는 결론을 도출하였는데, 이는 전술한 Wagner적 전통에 따른 것이다. 이후 H. Brazer(1959)도 지출결정요인론의 입장에서 미국의 462개 시지역의 지출요인을 분석한 결과, 사회경제적 변수 중에서 인구밀도, 가구소득, 상급 정부기관으로부터의 보조금이 가장 큰 영향력을 미친다는 결과를 도출하였다.

이러한 지출결정요인론자들 외에도 많은 학자들이 정부관료제 팽창의 원인으로서 사회경제적 요인을 언급하고 있는데, 정부관료제의 과잉팽창과 이에 대한 대안으로서 공공서비스의 민영화를 주장한 E. Savas(1982, 2005)도 인구변동과 소득증대를 정부관료제 팽창의 주요 영향요인으로 언급하고 있다. 즉, 인구변동에는 고령화 추세 등의 인구구성의 변화와 인구의 도시집중이 포함되는데, 전자는 복지서비스의 증대를 가져오며, 후자는 마약이나 범죄 등에 대한 정부규제의 증가를 초래한다. 그리고 소득증대는 공공서비스의 질과 양에 대한 요구를 증가시킨다. 즉, 공공서비스에 대한 요구증대는 1보다 큰 소득탄력성을 갖는다는 것인데, 예로서 부유층 밀집지역일수록 보다 양질의 교육과 문화시설을 요구하게 된다. 또한 Savas는 환경파괴 등의 사회적 해악(societal ills)에 대한 대처 필요성도 정부관료제 팽창의 원인으로 보고 있다.

R. Rose and E. Page(1982)는 사회가 발전할수록 공공재의 생산자(producers), 소비자(consumers), 공급자(suppliers) 모두가 보다 큰 정부지출 증대를 원한다고 주장한다. B. Peters(2014)도 사회·경제생활이 복잡해지고 사회제도의 기능적 분화가 진행될수록, 교통·통신이 발달하고 도시화가 진행될수록, 그리고 인구가 집중될수록 개인행위의 외부성(externality)이 증가하며, 이는 정부개입의 필요성을 증대시켜 정부관료제가 팽창한다고 주장한다. 이들 중에서 소비자인 국민들의 공공서비스에 대한 기대상승과 인구학적 변동에 기인한 정부지출의 증대를 설명하는 것은 사회경제적 요인을 중시한 것이다.

Neo-Marxist들 중에서 도구주의적 국가론의 관점에 입각해 있는 부류들도 정부관료제 팽창의 원인을 자본의 필요성에서 구한다는 점에서 이 범주에 포함시킬 수 있다. 이들은 주로 정부보다는 국가(state)라는 용어를 사용하여 국가의 지출증대는 상호모순적인 두 개의 요구에 기인하는 것으로 보고 있다. 즉, 자본주의국가는 유효수요의 지속적인 창출을 희구하는 자본의 욕구를 충족해야 하는 자본축적기능과 착취적이고 불평등적인 생산체제를 보존하는 데 필요한 정당화기능을 동시에 수행해야 한다. 그런데 이러한 두 가지 기능은 상호 모순적이며 궁극적으로는 정당화의 위기와 재정적 파탄을 초래하게 된다(Barrow, 1993). 왜냐하면 정당화기능을 수행하기 위해서는 조세를 늘려야 하며, 이는 민간부문의 생산비용을 증가시킴으로써 경쟁력을 약화시킨다. 따라서 자본의 수익성을 유지하기 위해서는 추가적인 유효수요를 창출해야 하는데, 이는 다시 비용증대, 조세증대의 상승효과를 가져오며, 노동자들의 기대상승에 의해 더욱 가속화되는 것이다. 그런데 이러한 국가론적 관점에서의 정부관료제 팽창원인에 대한 해석은 팽창을 사회경제발전이라는 광의의 맥락에서 이해하는 장점은 있으나, 모든 것을 자본주의적 생산논리로 파악하며 이에 개입되는 정확한 활동인자가 무엇인지에 대한 언급이 부족하다는 비판에 직면하고 있다(Klimenko and Klishch, 2013).

이상에서 정부관료제 팽창의 원인으로 사회경제적 요인을 중시한 다양한 견해들을 고찰하였는데, 이들 간에는 구체적인 변수에서는 차이가 있지만 근본적으로 내부요인보다는 외부요인을 중시하였으며, 그중에서도 사회경제적 변수를 중시하였다는 공통점이 있다.

2) 정치적 요구에 기인하는 원인

경제학자 및 재정학자들의 지출결정요인론과는 달리, 정치학자들은 전통적으로 정부관료제의 주된 팽창원인을 정당의 특성, 선거의 경쟁성 등의 정치적 요인에서 찾았다(지병문·김용철, 2003). 대표적인 것이 정부지출 증대에 관한 V. O. Key and D. Lockard 모형인데, 이들은 경제적 자원이 정치적 요인을 결정하며 정치적 요인이 다시 정부지출을 결정한다고 주장하였으며, 주(州)정부 단위에서 정당들 간에 경쟁의 정도가 높을수록 정책이 보다 진보적으로 된다고 주장하였다(남궁근, 1994).[1] P. Peterson(1981)도 복지지출 수준을 종속변수로 하여 이를 결정하는 요인은 지역사회의 정치구조, 정당 간 경쟁과 캠페인, 리더십 형태, 이익집단, 언론 등의 정치적 변수라고 보았다.

이들 외에도 정부관료제 팽창의 원인을 정치인들의 정치적 동기에서 찾고 있는 학자들은 정치인의 주된 관심은 다가오는 선거에서 재선되는 것인데, 이를 위해서는 자신의 선거구에 혜택이 돌아가는 공공서비스를 증대시키고자 노력하게 된다고 주장한다. 이들은 정치적 반응성에는 일정한 주기가 있음을 지적하고, 선거가 다가올수록 국민에 대한 정치인들의 반응정도가 증가하며, 그 결과 정부지출은 증대한다고 보았다(Drazen and Eslava, 2010). Savas(1982)는 정치적 긴급성(political imperatives)이라는 개념을 사용하여 정치적 요인의 중요성을 설명하였는데, 이는 정치인들은 정부지출의 증대로 인하여 상당한 정치적 편익을 향유한다는 것이다. 조세의 증대는 분산적이고 감추어진 것이지만, 정부지출 증대는 구체적이고 확인이 가능한 편익으로 나타나기 때문이다. 뿐만 아니라, 정부관료 역시 수적으로 강력한 유권자인데, 이들은 정부지출을 증대시켜주는 정치인에게 투표하게 된다는 것이다. 그리고 전술한 Rose and Page의 견해에 따

---

1) 반면에 R. Dawson and J. Robinson(1963)은 경제적 요인들이 정치적 변수와 정부지출에 동시에 영향을 미치며, 이러한 경제적 요인의 효과를 제거한 이후에 정치적 변수의 정부지출에 대한 효과는 거의 없다는 주장을 하였다. 즉, 부(富)를 통제변수로 사용하여 미국 각 주(州)의 복지지출을 분석한 결과, 복지지출에는 정치적 변수가 중요한 역할을 하지 못한다는 결론을 도출한 것이다(김재훈, 1993). 이들은 정당들 간에 경쟁이 심할수록 복지지출은 증대하지만, 이는 산업화 및 도시화가 고도화되고 소득수준이 높은 경우에 나타나는 현상으로 보았다. 따라서 사회경제적 환경변화가 복지지출 증대의 주요 원인이라는 것이다.

르면, 정치인은 공공재의 생산자에 해당하는데, 이들은 선거에서의 경쟁, 전임 정부로부터의 매몰비용(sunk cost), 지출삭감에 따른 인기상실 우려 등의 정치적 요인들에 의해서 정부지출의 증대를 지속적으로 바라게 된다. 정치적 추가 (addition)가 감축(subtraction)보다는 훨씬 쉽고 위험부담이 적다고 언급한 A. Wildavsky의 주장도 이와 유사한 맥락이다. 이 밖에도 집권당의 성격에 따라서도 정부지출에 차이가 있는데, 보수정당은 정부개입을 최소화하고자 하는 데 비해서, 진보정당은 정부개입과 사회복지지출을 선호한다. 따라서 진보정당이 집권하면 정부지출이라는 변수 측면에서의 정부관료제의 팽창이 더욱 촉진된다.

이처럼 정치적 요인을 중시하는 부류들은 정부관료제의 팽창원인으로 정치적 요인이 단독으로 영향을 미치거나, 적어도 사회경제적 요인 못지않은 주요변인이 된다고 주장한다. 그러나 이들 역시 정부관료제의 팽창원인을 정부관료제의 내부요인보다는 외부적 환경요인에서 구하고 있다는 점에서는 전술한 지출결정요인론과 맥락을 같이 한다.

3) 공공서비스의 본질적 속성에 기인하는 요인

정부관료제는 외부 환경의 요구에 대한 대응으로서만 팽창하는 것이 아니라, 공공서비스의 본래적인 특성에 기인하는 바가 크다. 공공서비스는 본래 독점적인 특성을 가지고 있다. 즉, 공공재는 비배제성(non-exclusion)과 비경합성(non-rivalry)의 속성으로 인해 이를 시장에서 공급하면 무임승차 문제가 발생하며, 이는 시장실패로 귀결된다. 따라서 공공재는 정부가 공급해야 한다는 논리가 성립된다. 물론 공공서비스 공급의 상당부분이 시장과 경합할 수 있다는 주장도 강하지만, 여전히 공공서비스는 독점적 성향이 강하다. 정부관료제는 이러한 공공서비스를 독점적으로 공급함으로써 예산과 인력을 유지하고 권한을 증대시킬 수 있다(Sandford, 2015).

W. Baumol(1967)은 공공부문과 민간부문 간의 생산성 격차가 정부지출 증대의 주요 원인이라는 불균형성장모형(unbalanced growth model)을 주장하였다. 즉, 그는 경제활동을 단위산출량이 누적적으로 증가하는 점증적인 활동영역과 산발적으로 증가하는 비점증적인 활동영역(공공영역은 대부분 여기에 해당함)으로 구분하고, 전자는 생산성증가율이 급속한 데 비해서 후자는 미미하다. 따라서

단위당 생산비용은 후자가 오히려 커지게 되며, 그 결과 비용지출(즉, 정부지출)이 증가한다고 보았다. Baumol은 그 원인을 공공서비스의 독점적 속성으로부터 찾았다(Hartwig, 2008).

4) 정부지출의 속성에 기인하는 원인

정부지출이 갖는 특성도 정부관료제의 팽창을 가속화시키는 원인으로 지적되고 있는데, 이는 재정적 환상(fiscal illusion)이라는 개념으로 많이 설명되고 있다. 즉, 공공서비스로 인한 편익은 가시적이고 개인적인 데 비해서 비용은 분산적이고 공유되는 것으로 생각하기 때문에 발생하는 환상, 정부는 이윤을 추구하지 않으며 공공서비스는 능률적으로 산출된다는 환상이 그것이다(Hyman, 2014). 뿐만 아니라, 정부지출로 인한 비용과 편익의 연계가 어렵기 때문에 정부관료들은 조세부담의 원인과 결과에 대한 정보를 감출 수가 있는데, 여기에는 간접세제도, 복잡한 조세체계, 외채, 기금 등의 교묘한 조세관련 장치들이 기여한다. 심지어는 정부관료들조차도 공공서비스의 비용을 정확하게 모르는 경우가 많다(Tresch, 2014).

A. Peacock and J. Wiseman(1976)의 전위(轉位)효과가설(displacement effect hypothesis)도 정부지출의 속성을 잘 설명한다. 이 가설에 따르면, 정부지출은 전쟁 등과 같은 위기상황에서 크게 증가하는데, 위기가 종료된 이후에도 본래수준으로 환원되지 않는다. 따라서 정부의 수입과 지출이 위기상황 이후에 전위되는 효과를 나타낸다. 이는 납세자들은 전쟁 등의 위기상황에서 높은 조세부담을 수용하며, 정부관료는 위기종료 이후에도 이를 줄이지 않기 때문에 발생한다. 따라서 각 위기상황마다 정부지출은 증대하게 된다는 것인데, 이 이론은 위기 이외의 상황에서 나타나는 정부지출의 증대 현상을 설명하는 데는 한계가 있다.

A. Widavsky의 점증주의 예산이론도 정부지출의 특성을 지적하고 있다. 그는 정보부족, 분석비용, 정치적 타협 등의 영향으로 인하여 대부분의 정책결정은 점증적이라는 C. Lindblom의 점증주의(incrementalism)를 예산분야에 적용하였는데, 현(現)연도의 예산의 규모와 내용을 결정하는 가장 중요한 요인은 전(前)연도 예산이라는 것이다. 이는 정부지출 자체가 점증주의적 속성을 가지고 있다는 주장으로, 정책결정자의 인지능력의 한계와 타협과 조정이라는 예산과

정의 특성에 기인하는 것이다(Sandford, 2015). Wildavsky의 주장은 환경적 요인보다는 예산자체의 속성과 정부 내의 절차에 초점을 맞추는 미시적 접근이다.

5) 정부업무의 속성에 기인하는 원인

행정국가화 추세와 더불어 정부관료제가 수행해야할 업무의 양이 크게 확대되었을 뿐만 아니라, 질적으로도 복잡화되고 전문화되었다. 이러한 업무요구를 정부관료제 외의 다른 기구는 수행할 수 없게 되었으며, 이는 정부관료제의 팽창을 촉진하였다(Suleiman, 2015). 현재의 공공업무는 대규모업무를 조직적으로 수행할 수 있는 능력, 고도의 전문지식, 신속하고 결단력 있는 행동을 필요로 하는데, 이는 강력한 위계성, 지속성, 복종, 규율로 무장된 정부관료제가 아니면 수행하기 어렵기 때문이다. 뿐만 아니라, 정부업무는 점차 방대한 투자와 기술력을 요하고 있는데, 이 역시 대규모 인력과 전문기술을 보유한 정부관료제의 팽창을 촉진하고 있다(Peters, 2014).

그리고 정치적 이슈가 점차 전문적, 행정적, 기술적 문제로 전환됨에 따라 정치문제와 행정문제의 구분도 어려워지고 있다. 이는 시간이 경과함에 따라서 정책의 영역이 정책범위 확정과 목표설정 등의 기본적 논의단계로부터 정책집행과 관련된 행정적 이슈로 전환되기 때문인데, 이 과정에서 정부관료제의 팽창이 가속화되는 것이다(Cox, 1992). 더구나 법률과 정치적 언명(political statements)은 내용이 추상적이며, 정책과정에서는 환경의 불확실성이 증가하고 있다. 따라서 정부업무를 수행하는 데서 정부관료의 재량행위가 증가하는데, 이는 정부관료제의 팽창을 촉진한다(Evans, 2010).

정부기능의 변천과정을 설명하고 있는 R. Rose 등(1987)의 연구는 정부업무의 속성이 변화됨에 따라 정부관료제가 팽창하게 되는 원인을 잘 설명하고 있다. 즉, Rose 등은 정부의 기능을 국방, 외교, 징세, 사법 등 국가의 생존에 불가결한 기본적 기능(defining function), 경제적 번영을 위한 조건을 창출하기 위한 자원동원기능(resource mobilization function), 교육, 사회복지 등 국민 개개인에 대한 편익의 제공과 관련되는 사회적 기능(social function)의 세 가지로 구분하고, 선진화될수록 정부업무 중에서 사회적 기능에 해당하는 업무영역이 증가하며, 이에 따라 정부의 개입범위도 증가한다고 보았다.

6) 정치기구와의 관계에 기인하는 원인

정부관료제의 팽창은 정치기구의 영향력 감소와 정부기구 내의 정치적 임명직과 직업공무원 간의 분리(分離) 속성으로 인해 가속화되고 있다. 우선, 전자의 측면은 권력과 정책결정을 두고서 정부관료제와 경합하는 다른 정부기구들 특히, 의회 등의 정치기구들이 상대적으로 허약하여 정부관료제의 독주를 제어하지 못한다는 주장에 입각해 있다. 여전히 주요 정책의 최종 결정은 의회의 승인이 필요하지만, 실질적 권한은 정부관료가 행사하는 경우가 많다. 그리고 의회는 복잡한 절차와 장시간 토론으로 인해 많은 사안들을 짧은 기간 내에 다루기가 어려우며, 참모진이 빈약하고 의원들의 전문성이 낮기 때문에 기술적으로 복잡한 문제를 다루기 어렵다(Martin and Vanberg, 2011). 또한 주요 정보를 정부관료들에게 의존해야 하며, 선거에서의 교체비율이 높기 때문에 불안정성이 높다. 따라서 의회가 정부관료제의 팽창을 제어하지 못한다.

정부기구 내의 분리 속성과 관련하여, 장관 등의 정무직공무원은 정부관료제와 일체화되거나 제대로 통제하기 어렵다. 이들은 잦은 교체로 인해 정책을 이해하는 데 필요한 기술과 시간이 부족하며, 또한 방대한 관료집단을 통솔하기도 쉽지 않다. 그리고 정부관료들은 이들의 의지와 지시에 따르기보다는 자신과 소속부서의 이익에 더 몰두하며, 신분안정으로 인해 정무직공무원에 대한 순응도 줄어들고 있다. 따라서 상급자인 정치적 임명직이 직업공무원이 중심이 되는 정부관료제를 통제하기 어렵게 된다(Wilson, 2019).

이러한 원인들로 인하여 정부관료제의 자율성은 행정국가화 추세의 심화와 정부관료의 능력증대와 더불어 가속화되고 있다. 여기에는 정치인과 정치적 임명직의 정보수집 및 분석 능력이 상대적으로 취약한데도 원인이 있지만, 근본적으로는 정부관료제가 대규모조직이라는 데 원인이 있다. 즉, 대규모조직은 전문화를 가능하게 하며, 이를 통해 성원들은 한 가지 일에 집중할 수 있다. 그리고 대규모조직은 인력과 재원이 방대하여 국민들이 감지할 수 있는 구체적 결과물(tangible results)을 산출하기가 쉽다. 이로 인해 국민들로부터 신뢰와 지지를 확보할 수 있으며, 국민의 지지를 확보한 정부관료제는 정치로부터의 자율성을 더욱 확대할 수 있다(Hood, 2010).

민주주의국가의 정부조직 특성도 정부관료제를 팽창시키는 요인이 된다. 즉, 민주주의에서 정치권력은 분산되는데, 이는 하위체제(subsystems)의 형성을 가능하게 한다. 하위체제 내에서 정부관료제, 의회 상임위원회, 이익집단 간에는 '철의 삼각'(iron triangle)이 형성되며, 철의 삼각에서 정부관료제도 자신의 정치적 영역을 확보하며, 이익집단은 점차 의회보다는 정부관료제와 관계를 강화하고자 한다. 이는 정부관료제의 권력을 증대시킨다(Cook, 2014).

7) 정부관료제의 조직특성에 기인하는 원인

정부관료제를 포함한 모든 조직들은 팽창하려는 생래적 속성을 가지고 있는데, 이는 파킨슨의 법칙(Parkinson's Law)에서 잘 표현되고 있다. 즉, C. Parkinson은 공무원의 수는 업무의 증감여부에 관계없이 매년 일정비율(5.17~6.56%) 증가하는 경향이 있다고 보았다. 왜냐하면 공무원은 항상 자신이 과잉부담에 시달리고 있다고 생각하며, 이를 벗어나기 위해 경쟁 상대인 동료보다는 부하로부터의 도움을 원한다. 그런데 부하 역시 잠재적 경쟁자이므로 상호견제를 할 수 있도록 두 개의 부하를 설치하는 경향이 있다. 그리고 부하 역시 조력자를 기용하려 하기 때문에 정부관료제는 지속적으로 팽창하게 된다(Goodsell, 1994).

관료제조직의 내적 동태성을 통찰한 A. Downs(1967) 역시 정부관료제 조직의 팽창속성을 잘 설명하고 있는데, 그가 제시한 정부관료제 조직의 팽창욕구는 다음과 같다. 첫째, 조직규모가 커짐에 따라 권력, 수입, 지도자의 위세가 증가하며, 보다 유능한 신규직원을 채용할 수 있으며, 기존의 유능한 직원을 계속 보유할 수 있다. 둘째, 조직규모가 커지면 다른 사람의 지위를 침해하지 않고서도 자신의 지위를 상승시킬 수 있어 내부갈등을 줄일 수 있다. 또한 업무수행의 질을 개선할 수 있어 조직의 장기적 생존가능성을 증대시킬 수 있다. 셋째, 정부관료제는 시장기재의 압력이 적기 때문에 한계편익을 한계비용보다 높게 평가하도록 구조화되어 있어 팽창에 대한 제어장치가 약하다. 이러한 이유들로 인해 정부관료제는 지속적으로 팽창하려는 욕구를 갖는 것이다.

뿐만 아니라, 정부관료제는 사회적 기능이 서로 경합하는 기능적 경쟁자(functional rivals)와 자원배분을 둘러싸고 경합하는 할당 상의 경쟁자(allocational rivals)를 갖고 있는데, 주요 고객과 안정적이고 일상화된 관계를 확보한 상태인 초기 생존문턱을 넘기 위한 조직규모를 갖추지 못하면 이러한 경쟁자들로부터 파괴될 위험성이 높다. 그리고 정부관료제 조직은 성장의 가속효과(accelerator effect)를 갖고 있다. 즉, 조직이 급속하게 성장하면 승진기회가 증가하며, 이러한 조직에서는 등반가형(climbers)이 보수형(conservers)을 압도한다. 등반가형이 조직을 지배하게 되면 이들은 다시 새로운 기능을 추가하려 하며, 이는 조직성장, 승진기회 증대, 등반가형 증대의 누적적인 가속효과를 가져오게 된다는 것이다. 물론 이러한 가속효과에 대한 제약이 없는 것은 아니다. 성장이 가속화되면 경쟁조직으로부터 더욱 강력한 저항이 있게 되며, 조직이 커질수록 규모에 부합되는 산물을 산출하기도 어렵게 된다. 그리고 급속하게 유입된 등반가형들 간의 내부투쟁이 전개되며, 이는 조직의 팽창을 저해하는 요인으로 작용하게 된다. 뿐만 아니라, 감속효과(decelerator effect)도 발생할 수 있다. 어느 순간 특정 조직의 기능상의 중요도가 저하되면 감축압력이 커지며, 이 경우 등반가형은 조직을 떠나거나 보수형으로 변모한다. 이렇게 되면 보수형이 조직을 지배하며, 조직 전체적으로 혁신능력이 감소하고 기능 확대의 욕구도 줄어든다. 그리고 이러한 감속과정 역시 누적적인 효과를 보인다. 그러나 이러한 감속효과는 가속효과와 동일한 양과 속도로 전개되는 것은 아니다. 왜냐하면 가속기간 중에 늘어난 직위의 수가 감속기간 중에 줄어드는 직위의 수보다 많으며, 궁극적으로는 모든 유형의 정부관료들이 생존본능을 발동하게 되어 주요 자원의 감축에 필사적으로 저항하며, 그리고 수혜자로부터의 저항도 나타나기 때문이다(Hood, 2010).

그러나 Downs는 정부관료제의 이러한 생래적인 팽창속성을 부정적인 시각에서 보고 있다. 정부관료제의 지속적인 팽창은 조직 내에 낭비적 사고를 배양하며, 업무생산 대신에 타인을 감독하는데 소요되는 비생산적 노력을 증가시킨다. 그리고 조직규모가 커질수록 권위의 누수현상이 나타나고 통제와 조정이 어려워진다. 정부관료제는 이를 해결하기 위해 다시 대규모의 감시기구를 만들고 더 많은 규칙과 보고를 요구하며, 이는 궁극적으로 정부관료제의 동맥경화증을 초래하는 악순환을 가져온다(Goodsell, 1994).

이 밖에도 대규모조직이 갖는 이점으로부터 정부관료제의 팽창원인을 찾는 경우도 있다. 즉, 조직규모가 커질수록 규모의 경제를 실현하기가 용이하고 생존가능성이 커지며, 외부압력에 보다 잘 저항할 수 있다. 또한 조직규모가 클수록 연구개발 투자능력도 증가하기 때문에 권력 확대에 유용한 새로운 기법을 개발할 수 있으며, 이를 통해 환경의 불확실성을 보다 잘 통제할 수 있다. 따라서 정부관료제는 이러한 편익을 추구하여 지속적으로 팽창하려는 속성을 갖고 있다(Pierre and Peters, 2017).

8) 정부관료의 개인적 동기에 기인하는 원인

(1) 사익추구 동기

정부관료는 공익의 수호자이면서 다른 한편으로는 개인이익을 합리적으로 추구하는 경제인이기도 한데, 후자로서의 정부관료는 자신의 이익을 극대화하기 위한 방편으로서 정부관료제의 팽창을 도모하게 된다. 이는 기본적으로 정부관료제 팽창의 주된 동인을 정부관료의 이기적 속성에 기인하는 것으로 보는 입장으로, 공공선택론자들을 중심으로 활발하게 논의되어 왔다.

구체적으로, W. Niskanen(1971)은 정부관료는 봉급, 명성, 권한, 자부심 등의 자신의 이익을 극대화하는 방향으로 행동한다고 주장한다. 개인이익을 극대화하는 방법은 예산을 지속적으로 증대시키는 것이다. 따라서 정부관료는 언제나 예산상의 제국주의(budgetary imperialism) 혹은 예산극대화(budget maximization)를 추구하게 된다. 의회는 정부관료의 이러한 속성을 알지만 예산내역을 상세하게 이해하지 못하며, 의회 역시 이익을 공유할 수 있기 때문에 추가지출의 한계편익을 높게 평가하는 경향이 있다. 또한 지출옹호자인 정부관료는 그 힘이 집중적인데 비해, 의회의 힘은 분산적이기 때문에 효과적인 통제를 할 수 없게 된다(Farazmand, 2010).

O. Wiliamson(1996)은 정부관료들은 계층제 하에서 자신의 지위를 높이기 위해서, 그리고 대규모조직은 해체하기가 어려워 자신의 생존에 도움이 되기 때문에 정부관료제를 확대하려 한다고 보고 있다. J. Buchanan and G. Tullock(1977)은 정부관료들은 조직을 팽창시키고 정부지출을 늘리려는 정치인에게 투표하는 성향이 있다고 보고 있으며, J. Bennett and M. Johnson(1979)은 정부관료들은 예산증대를 위해서 위기를 조종하며, 이러한 위기상황을 의도적으로 해결하지 않는다고 언급하고 있다. V. Ostrom(2008)은 정부관료제는 시장적 규율이 없기 때문에 사회적 비용을 증대시키는 장치로 보고 있다. 따라서 현

재의 행정국가는 경쟁적이고 내적인 민주성을 갖춘 소규모의 서비스업체로 대체되어야 한다고 주장하고 있다(Goodsell, 1994).

A. Downs(1967)는 정부관료를 자기이해를 합리적으로 도모하는 효용극대화 추구자(utility maximizers)로 보고 있다. 특히, 정부관료제의 생애주기 중에서 생성의 초기단계에서는 열성가들(zealots)이 지배하기 때문에 급속한 팽창과정을 거치게 되며, 외부지지를 얻기 위해서 투쟁하게 된다. 이렇게 해야 생존의 위협으로부터 면역력을 가질 수 있으며, 생존을 통해 정부관료들의 자기이익도 달성할 수 있기 때문이다.

이 밖에도 C. Parkinson은 정부관료들은 자기들의 통제 하에 관료조직의 규모를 최대화하려는 제국건설자로 보고 있으며, D. Warwick(1981)은 정부관료제의 팽창원인을 보호주의라는 정부관료제의 내적 특성과 사익을 추구하는 정부관료의 개인적 관심이라는 두 가지에 기인하는 것으로 보고 있다.

그러나 이와 같이 정부관료의 개인적 동기에서 정부관료제의 팽창원인을 찾는 주장은 정부관료의 이기적 동기를 사실적으로 분석하였다는 공헌에도 불구하고, 다음과 같은 비판에 직면하기도 한다. 우선 예산증대로 인해 정부관료의 개인적 편익이 실제로는 크게 증가하지 않는다는 것이다(Goodsell, 1994). 그리고 정부관료가 사적 이익을 추구하기 위해 지출증대를 도모한다는 것은 인간의 일면만을 보는 것이며, 실제로는 복합적 요인에 의해서 지출증대를 도모하는 것이다. 또한 현실의 정부관료는 극대화를 추구하기 보다는 만족할 만한 정도를 추구하며(maximizer라기보다는 satisficer), 경쟁보다는 무언의 협력을 추구하는 경향이 있으며, 핵심적인 관심영역이 아니면 경쟁에 참가하지 않으려는 속성을 가지고 있다. 그리고 개인적 동기에 초점을 맞추게 되면 정부관료제 팽창의 제도적, 정치적 동인을 경시할 우려가 있다(Cox et al., 1985; Peters, 2014).

(2) 공익추구 동기

정부관료들이 정부관료제의 팽창을 도모하는 데는 자기보호를 위한 이기적 동기만이 아니라, 이타적 동기도 개입될 수 있다. 유능한 정부관료들은 사회문제를 적극적으로 해결하려는 속성을 가지고 있으며, 이러한 문제해결 비용을 충당하기 위해서 정부지출의 증대를 요구하게 된다. 말하자면, 정부관료들의 예산

증대 욕구에는 이타적이고 박애주의적인 동기도 작용하는 것이다. 보다 나은 교육여건을 만들고자 하는 교사들의 노력, 복지지출을 늘리려는 복지전문가들의 행위 등을 예로 들 수 있다. 그리고 공공서비스의 고객들이 다른 국가나 지방정부 등과의 비교를 통해 많은 정보를 갖게 되면 보다 나은 서비스를 요구하게 되는데, 이러한 공공의 요구에 부응하기 위해서도 정부관료는 보다 많은 서비스를 하기를 원하게 되며, 이는 정부관료제 팽창의 원인이 된다(Savas, 1982).

제5절 맺음말

정부관료제는 지속적으로 팽창하려는 동태적인 속성을 가지고 있다. 그리고 이러한 정부관료제의 팽창속성을 규명하기 위한 많은 연구들이 있었으며, 이는 정부관료제의 팽창속성을 조망하고 과잉팽창의 폐단을 시정하기 위한 유용한 분석틀을 제공하였다. 그러나 선행연구들은 이러한 공헌에도 불구하고, 적지 않은 문제점들이 있다. 우선 정부관료제라는 개념 자체가 명확하게 정립되지 못하였으며, 정부팽창과 정부관료제 팽창을 어떠한 관계에서 볼지에 대한 관점도 부족하였다. 그리고 정부관료제 팽창을 측정하기 위한 변수와 지표에 관해서도 정부지출이라는 양적 측면에 치중하였으며, 이에 따라서 질적 측면을 고려하는 데 한계가 있었다.

이 장에서는 선행연구들의 이러한 문제점들을 보완하기 위해서 우선 관료제의 개념을 역사적인 의미변천의 과정에서 고찰하였으며, 관료제라는 개념 내에서 정부관료제가 차지하는 위상을 논의하였다. 그리고 팽창의 개념에 대한 정의를 시도하였으며, 정부팽창과 정부관료제 팽창 간의 관계를 규명하였다. 그리고 정부관료제의 팽창을 측정할 수 있는 변수와 지표를 기존의 양적인 것들은 물론, 다양한 질적인 변수와 지표를 개발하여 제시함으로써 정부관료제 팽창의 개념에 대한 이해의 지평을 넓히고자 하였다. 마지막으로는 이러한 변수 및 지표들을 통해 정부관료제의 팽창원인을 기존의 유형화와는 다르게 조망하였는데, 이는 정부관료제의 팽창을 양적, 질적 측면 모두를 포함하는 것으로 이해하기 위한 시도였다. 즉, 이 장에서는 정부관료제의 팽창에 관해 그동안 단편적으로 제시되었던 이론들을 여덟 가지로 유형화하여 정부관료제의 팽창원인을 포괄적으로 추적할 수 있는 틀을 구축하였다.

　　그러나 이 장에서의 유형화도 한계점이 없는 것은 아니다. 분류항목이 다소 많은 감이 있으며, 그 결과 분류항목들 간에 엄밀한 배타성이 부족한 면도 있다. 그러나 이러한 한계점은 이 장이 정부관료제의 팽창원인에 대한 지금까지의 다양한 논의들을 통합함으로써 이후의 실증연구를 위한 기초이론을 제공하려는데 목적이었음을 이유로 자족(自足)하고자 한다.

제2편

정부관료제의
대내적 개혁과제

제5장
정부관료제 개혁의 이론 및 방향

제6장
정부관료제의 조직구조 개혁과 팀조직

제7장
정부관료제의 조직문화 개혁과 학습조직

제8장
정부관료제의 능력개발과 신인사제도

제9장
정부관료제의 인사개혁과 다면평가

제10장
정부관료제의 행태(行態)개혁

정부관료제 개혁의 이론 및 방향

제1절 머리말

개혁(改革 혹은 革新 reform, renovation)이란 현재보다 더 나은 상태로 개선하기 위하여 끊임없이 새로운 방법을 고안하고 적용하려는 시도이다. 따라서 어떠한 조직이든 급변하는 환경에 적응하여 생존하기 위해서는 지속적인 개혁이 필요하다. 또한 개혁은 주도면밀하게 추진해야 하는 계획적인 과정이며, 많은 이해당사자들이 관여하는 과정에서 개혁의 내용과 본질이 변하기도 하는 정치적인 과정이다. 그리고 개혁은 변화를 도모하는 것이기 때문에 타성에 젖어있거나 현 상황에서 기득권을 향유하는 집단들로부터는 저항과 반발에 직면하기 마련이다. 이 점에서 개혁을 추진하는 데서는 개혁에 반발하는 세력의 저항을 어떻게 극복하느냐가 중요한 과제이다. 정부관료제 개혁(이하, 글의 내용부문에서는 정부개혁으로 칭함)도 마찬가지이다. 지속적으로 추진해야 하며, 잘 계획해야 하며, 정치적이고 권력적인 속성을 가지며, 저항의 문제를 해결해야 한다. 그리고 영향력이 크기 때문에 공공의 주목을 보다 많이 받으며, 개혁의 필요성도 보다 크다.

이 장은 우선 정부개혁의 이론적 기초를 설명하고, 이를 토대로 정부개혁이 지속적으로 필요한 이유를 설명하며, 현재 진행되고 있는 정부개혁의 문제점들을 진단한다. 마지막으로는 정부개혁의 올바른 방향을 제시한다.

정부관료제 개혁의 이론적 기초

1. 정부관료제 개혁의 의의와 필요성

정부개혁이란 정부시스템을 현재보다 나은 상태로 의도적으로 변화시키는 것이다. 정부개혁은 정부운영 전반에서 바람직한 변동을 의도적, 계획적, 지속적으로 추진하는 것으로, 정부조직 개편이나 관리기술의 개선뿐만 이니라, 정부관료의 가치관, 신념, 행태의 변화까지를 의도한다. 구체적으로 정부개혁은 다음과 같은 특징을 가진다(Bear and Mathur, 2015; Cook, 2014; Olsen, 2006; Shamsul Haque, 2004).

- 정부개혁은 의도적이고 목표 지향적이다. 정부개혁은 돌발적, 무계획적으로 행하는 것이 아니라, 일정한 목표를 설정하고 이를 달성하기 위해 의도적으로 노력하는 것이다.
- 정부개혁은 지속적인 것이다. 즉, 정부개혁은 일회성이 아니라 지속적으로 필요하며, 장기간에 걸쳐 관리되어야 한다. 이는 정부개혁의 필요성이 어느 때나 상존하기 때문이다.
- 정부개혁은 동태적이다. 정부개혁은 미래의 바람직한 상태를 지향하기 때문에 개혁과정에서는 위험과 불확실성이 존재한다. 따라서 정부개혁에 성공하기 위해서는 미래예측능력이 필요하다.
- 정부개혁은 정치적 성격이 강하다. 민간부문의 개혁과는 달리, 정부개혁은 공공의 감시와 통제가 많으며, 법적·정치적 제약도 많다. 그리고 정부개혁은 합리적으로만 되지 않는다. 정치적 요인들이 개입하기 때문이다.
- 정부개혁은 포괄적 연관성을 갖는다. 즉, 정부개혁은 환경요인 및 관련 부분들과 지속적으로 상호작용을 하는 가운데 단행된다. 따라서 정부개혁은 개방체제의 관점에서 이해되어야 한다.
- 정부개혁은 의도적으로 현재 상황을 변화시키려는 것이기 때문에 다양한 방면으로부터의 저항이 수반된다. 불이익을 입게 되는 집단은 정부개혁에 저항하게 된다. 이러한 저항은 내부, 외부 모두로부터 발생할 수 있다.

그리고 정부개혁은 우발적으로 발생하기보다는 다음과 환경적 혹은 행정체제 내부의 필요성 하에서 발생하게 된다(Parker and Bradley, 2004; Sullivan, 2013;

Wilson, 2019). 첫째, 정치적 변혁 및 이로 인한 새로운 정치이념이 등장하는 경우이다. 혁명 등의 정치적 변혁은 기존 정부시스템의 변화를 요구하며, 새롭게 등장한 정치세력은 새로운 정치이념을 도입한다. 이에 따라 정부개혁이 시발된다. 이 경우 정부개혁은 외부환경의 압력에 기인하여 발생하는 것인데, 대체로 정치엘리트의 주도로 광범위하게 시행된다.

둘째, 일반적 환경의 변화 즉, 국제적 환경, 인구구조, 고객집단 등의 변화로 정부개혁이 시작된다. 이러한 형태의 정부개혁은 일상적으로 발생할 수 있는 것으로 환경변화에 대응한 적응과정이다. 예로서, 세계화는 정부로 하여금 국제적 표준에 맞는 정부운영 기준과 절차를 도입하도록 강제하며, 인구 고령화는 공공서비스의 내용과 제공방식 등을 바꾸도록 한다.

셋째, 과학 및 정보기술의 발달과 같은 새로운 기술의 등장에 대응하기 위해 정부개혁이 필요하다. 예로서, 정보기술의 진전과 더불어 의사결정방식이 전자결재 형태로 변하게 되었으며, 정부공사의 발주도 전자입찰 형태로 전환되었다. 중요한 것은 새로운 과학과 기술의 등장에 대응하기 위한 정부개혁은 일하는 방식과 절차만을 변화시키는 것이 아니라, 궁극적으로는 정부조직의 문화나 행태까지도 변화시킨다는 것이다.

넷째, 정부의 구조 및 운영절차상의 비능률을 제거하기 위해서 정부개혁이 필요하다. 이는 주로 내부적 필요성에 기인하는 것으로, 기능중복, 방만한 예산운영, 느린 의사결정, 과도한 집권화, 번문욕례 등을 개선하기 위해 정부개혁이 필요한 것이다. 근래의 신공공관리론(NPM, New Public Managemet Theory)에 입각하여 관리혁신기법을 정부조직 관리에 도입하려는 일련의 노력들은 모두 비능률을 제거하기 위한 정부개혁 방안이다.

2. 정부관료제 개혁의 접근방법

정부개혁의 접근방법은 개혁대상이 무엇인지를 기준으로 흔히 구조적, 과정적, 행태적 접근방법으로 구분된다. 그러나 실제로는 세 가지가 서로 연관되어 있어 엄격하게 구분하기가 어려우며, 따라서 어느 하나의 접근방법만으로는 성과를 거두기가 어렵다. 따라서 통합적 접근방법을 사용하되, 구체적인 내용은 탄력적으로 조정하여 적용하는 것이 필요하다(Bozeman, 2000).

구조적 접근방법은 정부조직의 구조적 설계를 개선함으로써 정부개혁을 도모하는 것이다. 분권화 확대, 통솔범위 조정, 관리인력 및 결재단계 축소, 기능 중복 제거, 전달체계 개선 등이 구조적 접근방법의 예이다. 그러나 구조적 접근방법은 정부조직의 내부구조 개선에 치중하여 정부조직 내의 문화, 인간, 행태의 문제나 환경적 맥락을 소홀히 하고 있다. 정부개혁은 공식구조만 바꾼다고 해서 효과를 낼 수 있는 것은 아니며, 행태적, 문화적, 비공식적 요인 등도 동시에 개혁해야 성과를 거둘 수 있다(Harrison and Smith, 2003).

과정적/기술적 접근은 정부운영 방식과 일의 흐름을 개선하는 데 주안점을 두는 정부개혁의 방법이다. 개혁의 대상은 주로 의사결정, 의사소통, 통제, 리더십 등의 방식, 절차, 흐름, 기술에 관한 것이다. 행정업무를 능률적으로 수행하기 위해 새로운 장비를 도입하거나, 관리과학 기법 및 정보기술을 활용하는 것 등이 과정적 접근방법의 예이다. 과정적 접근방법은 기술혁신을 통해 업무수행의 능률성을 제고할 뿐만 아니라, 궁극적으로는 정부관료의 행태에도 영향을 미치게 된다. 그러나 때로는 새로운 기술과 이를 사용해야 하는 사람들 간에 갈등이 발생할 수 있다(Murphy, 2009).

행태적 접근방법은 인간행태의 변화가 조직구조의 변화를 초래하고 새로운 관리기법의 적용을 가능하게 한다는 사고에 근거하여, 정부개혁의 초점을 사람 및 사람의 행태에 두는 것이다. 의사결정 참여, 감수성 훈련, 목표에 의한 관리, 행태과학 지식의 활용, 조직목표와 개인목표의 통합, 조직학습 등이 모두 행태적 접근방법에 의존하는 정부개혁 방안들이다(Hodder, 2012; Hupe and Hill, 2007). 행태적 접근은 정부관료제직의 근본을 변화시킬 수 있다는 장점이 있지만, 효과를 보기 위해서는 많은 시간이 필요하며, 권위주의문화가 지배하는 곳에서는 성공하기 어렵다.

통합적 접근은 그동안의 정부개혁의 접근방법들이 정부관료제의 어느 한 면 만을 강조한 데 대해 비판적이다. 실제로는 구조적, 과정적, 행태적 접근방법들은 상호 보완적으로 사용되어야 하며, 어느 하나의 접근방법만으로는 정부개혁의 성과를 거두기가 어렵다. 이 점에서 정부개혁의 방식으로 상기한 세 가지 접근방법들을 적절하게 통합하여 활용하는 접근방법이 장려된다.

3. 정부관료제 개혁의 단계

정부개혁은 의도한 목표를 달성하기 위해서 잘 계획된 절차와 단계에 따라 시행이 되는데, G. Caiden(2011)은 정부개혁의 단계를 다음과 같은 네 단계로 구분하고 있다.

첫째 단계는 정부개혁의 필요성을 인지하는 단계이다. 정부개혁은 객관적 상황의 발생과 개혁의 필요성에 대한 주관적 인식이 결합되어야 발동할 수 있다. 따라서 개혁주도 세력이 개혁의 필요성을 주관적으로 인식을 하는 것이 중요하다. 그러나 주도자 혼자서는 정부개혁을 성공하기 어려우며, 여러 관련자들 간에 개혁의 필요성을 공감해야 한다. 정부개혁이 성공하려면 개혁의 정당성을 확보하는 것이 중요하기 때문이다.

둘째 단계는 개혁안을 작성하는 단계이다. 개혁안은 내부성원이 작성할 수도 있고 외부의 전문가가 작성할 수도 있다. 개혁안을 내부에서 작성하면 실현가능성을 잘 고려할 수 있지만, 최소한의 개혁에 그칠 우려가 있다. 반면에 외부전문가의 경우는 과감하고 객관적인 개혁을 할 수 있지만, 실현가능성을 제대로 고려하지 못할 우려가 있다. 정부개혁의 범위는 전면적일 수도, 부분적이고 점증적일 수도 있다. 그리고 개혁안은 단일안일 수도 있고 여러 개의 안일 수도 있다. 무엇보다 개혁안은 실현가능성을 중시해야 하며, 개혁의 추진전략과 저항 극복 방안을 포함해야 한다.

셋째 단계는 개혁의 시행단계이다. 이는 입안된 개혁안을 실천하고 정착시키는 단계로서, 이를 위해 법안정비, 설비 및 장비 도입, 인적·물적 자원의 동원과 배분, 교육훈련 등이 필요하다. 시행과정에서는 입안된 개혁안대로 추진될 수 있게 해야 하며, 저항이 있으면 이를 극복해야 한다. 그리고 개혁의 시행과정에서는 처음의 안을 고수하는 것만이 능사는 아니며, 상황 변화에 따라 신축적으로 적용하는 융통성이 필요하다.

넷째 단계는 개혁의 성과를 평가하는 단계이다. 이는 정부개혁이 의도한 대로 시행되고 있는지, 의도한 성과를 달성하고 있는지를 확인하는 단계이다. 평가는 흔히 과정평가와 총괄평가로 나누어지는데, 과정평가는 시행과정에서의 문제점을 발견하고 시정하는 과정이다. 반면에 총괄평가는 시행 이후의 성과를 목표에 비추어 평가하는 것이다. 그러나 어느 종류의 평가이든 적절한 평가기준이 설정되어야 하며, 평가결과가 환류되어 문제점을 개선하는 데 활용되어야 한다(Weimer and Vining, 2017).

4. 정부관료제 개혁과 저항

정부개혁은 현상을 의도적, 인위적으로 변화시키는 것이다. 따라서 그것이 전체적으로는 바람직한 것일지라도 특정 조직, 집단, 개인에게는 불이익을 초래할 수 있다. 따라서 정부개혁에는 필연적으로 저항이 수반되며, 정부개혁이 성공하기 위해서는 저항의 원인을 파악하고 대처방안을 마련하는 것이 중요하다. 정부개혁에 대한 저항의 원인은 다양하며, 실제에서는 여러 원인들이 복합적으로 작용하는 경우가 많다(Caiden, 2011). 우선, 정부개혁으로 인해 기득권이 심하게 침해되는 경우에 관련 조직, 집단, 개인은 저항을 하게 된다. 그런데 정부개혁이 일부의 기득권을 침해하는 것은 불가피한 경우가 있기 때문에 강제나 설득 등 다양한 방식을 동원하여 저항을 줄여야 한다.

정부관료제의 현상유지적이고 보수적인 타성으로 인해 저항이 발생한다. 이러한 타성은 반드시 정부관료들의 기득권 유지와 관련이 있는 것은 아니며, 보통의 조직이나 사람들이 일반적으로 가지는 성향이기도 하다. 현재의 제도나 위상에 대해 특별한 기득권이 있지는 않지만, 변화가 두렵고 성가실 수 있다. 개혁은 생각과 행동의 변화를 수반하기 때문이다.

정부개혁의 내용이 모호하거나 개혁의 성과가 불확실한 경우에도 저항이 발생한다. 정부개혁이 무엇을 의도하는지, 무엇을 변화시켜야 하는지, 개혁의 성과가 있을 것인지 등에 대해서 확신을 하지 못하는 경우에 저항이 발생하는 것은 당연하다. 이러한 원인에 따른 저항을 극복하기 위해서는 정부개혁의 목표, 의도, 내용 등을 명확하게 하며, 정보의 전달과 의사소통을 강화하며, 개혁의 성과를 구체화하고 홍보하는 것이 필요하다(Akib and Ihsan, 2017).

성원들이 정부개혁으로 인한 변화를 감당할 능력이 없는 경우에 저항을 하게 된다. 정부개혁은 새로운 지식과 기술의 도입과 성원들의 행동변화를 필요로 한다. 따라서 이에 적응할 수 있는 능력이 부족한 성원들은 정부개혁에 저항하게 된다. 이러한 형태의 저항을 극복하려면 성원들에게 필요한 교육을 제공하고 성원들의 행동변화를 설득하는 전략이 필요하다.

정부개혁 주도세력의 정당성이 부족한 경우에 저항이 발생한다. 정부개혁은 미래의 바람직한 상태를 추구하는 규범적 성격이 강하다. 따라서 주도세력은 그 자신이 도덕성과 정당성을 확보해야 한다. 그렇지 못한 경우에는 내·외부로부터의 저항에 직면하게 된다(Bowornwathana and Poocharoen, 2010). 비록 적극적으로 저항을 하지 않더라도, 냉소적으로 될 수 있다.

마지막으로, 정부개혁의 방식에 문제가 있으면 저항이 발생한다. 정부개혁의 방식이 일방적, 강압적, 비현실적인 경우에 대상자들은 저항을 하게 되는 것이다. 우리의 경우, 상당수의 정부개혁이 사정(司正)의 방식을 앞세웠는데, 이렇게 되면 성원들은 무사안일주의의 방식으로 소극적인 저항을 하게 된다.

그런데 정부개혁에 대한 저항을 부정적으로만 볼 수는 없으며, 저항의 원인을 살펴서 정부개혁의 전략과 방식을 보완하고 수정하는 융통성이 필요하다. 그러나 저항이 지나치면 정부개혁이 표류하고 궁극적으로는 실패하게 된다. 따라서 정부개혁을 행하는 데서는 적절한 저항극복 방안을 마련해야 한다. 정부개혁에 대한 저항을 극복하기 위한 전략에는 흔히 강제적, 공리적·기술적, 규범적 전략이 언급되고 있다(Frederickson et al., 2018; Henry, 2015).

강제적 전략은 물리적 제재나 위협 등과 같은 강제적 방식으로 정부개혁에 대한 저항을 극복하는 것이다. 여기에는 인사 불이익 혹은 재정지원 삭감 등과 같은 불이익을 주거나 줄 것이라고 위협하는 것, 조직 내에 의도적으로 긴장을 조성하는 것 등 다양한 방식이 있다. 그러나 강제적 방식은 단기적으로는 효과가 있지만, 장기적으로 효과를 거두거나 정부개혁의 정당성을 확보하는 데는 한계가 있다. 공리적·기술적 전략은 개혁으로 인해 이익이 침해되는 부분을 가급적 줄이고, 침해되는 이익에 대해서는 적절하게 보상을 함으로써 저항을 극복하려는 방식이다. 경제적 보상, 기술적 요인의 조정, 교육훈련 실시 등을 통해서 개혁에 대한 저항을 줄이고, 성원들로 하여금 개혁이 요구하는 변화에 적응하게 하는 것이다(Brunsson, 2006). 규범적 전략은 성원들에게 개혁의 정당성과 불가피성을 내면적으로 수용하게 하여 저항을 극복하는 것이다. 시간이 많이 소요되는 방식이지만, 장기적으로는 가장 바람직한 방식이다. 개혁과정에 대한 참여의 확대, 필요한 정보의 제공, 개혁의 당위성과 성과에 대한 홍보 등이 이에 해당한다. 때로는 적절한 상징을 조작함으로써 성원들로부터 사회적·심리적 지지를 확보하는 것도 한 방법이다.

제3절 정부관료제의 상시적 개혁 필요성

왜 정부관료제는 다른 분야보다 개혁의 필요성이 더욱 큰가? 여기에는 다양한 원인들이 있다. 우선 환경의 변화 정도가 다른 분야보다 크고 긴박하다. 민주화와 경제수준의 향상과 더불어 공공서비스에 대한 국민들의 욕구수준도 다양해지고 고품질화하고 있다. 과거에는 국민들은 대체로 정부에 대해서 순종적이었으며, 불만이 있더라도 약자의 입장에서 속으로만 삭혔다. 정부관료제가 행사하는 권력 즉, 공권력은 두려움의 대상이었기 때문이다. 그러나 현재는 사정이 다르다. 국민들의 권리의식이 강해지고, 정부에 대해 자기의 주장과 요구를 분명하게 말한다. 이러한 현상은 정치민주화가 달성되고 지방자치가 실시되면서 더욱 강화되고 있다. 기존의 정부운영 시스템이나 업무처리 방식으로는 정부관료제가 국민들의 이러한 다양하고 강력한 욕구에 대응하기 어렵다 (Gualmini, 2008). 따라서 정부개혁이 필요하다.

정부개혁에 대한 정치권력의 요구가 크다. 새로운 정치권력은 항시 정부개혁을 중요한 국정목표로 설정한다. 특히, 근래의 정치권력은 보수와 진보 간의 정권교체가 많기 때문에 이전 정권의 국가운영 방식과 정부조직을 개혁하고자 하는 욕구가 강하다. 그리고 국가의 경쟁력을 저하시키는 중요한 요인으로 정부관료제의 낮은 경쟁력이 지목되고 있다. 따라서 정치권력은 지속적으로 강도 높은 개혁을 추진하고자 한다. 이러한 정치권력의 힘과 의지 앞에 정부관료제는 자의든 타의든 개혁을 하지 않을 수 없다.

정부관료제의 본래적 속성 면에서도 정부개혁은 절실하다. 흔히 정부관료제는 한편으로는 현상유지적이면서 다른 한편으로는 이기적이고 팽창지향적인 속성이 강한 것으로 주장된다. 현상유지적이기 때문에 환경변화를 인지하는 속도가 느릴 뿐만 아니라, 환경변화에 대한 대응도 가급적이면 부분적이고 점진적인 방식으로 하려 한다. 따라서 정부개혁을 위해서는 외부로부터의 자극이 필요한 것이다(Eymeri-Douzans and Pierre, 2011). 다른 한편으로는 팽창지향적인 속성이 강하기 때문에 끊임없이 신규 사업을 벌이려 하고 조직을 확장하려 한다. 이 과정에서 많은 시행착오와 낭비가 발생할 수 있다. 더구나 정부관료제의 이러한 속성은 오랫동안 추구해 온 '작은 정부'를 향한 개혁과는 정면으로 배치된다. 따라서 정부관료제의 개혁은 상시적으로 필요하다.

정부관료제의 문화적, 행태적 토양도 지속적인 개혁이 필요한 이유이다. 다양성이 존중되지 못하는 획일주의, 내부고발자를 배신자로 간주하는 경직성, 외형과 절차에 매달리는 형식주의 등과 같은 정부관료제의 문화적·행태적 특성은 개혁과는 어울리지 않는 토양이다. 이러한 토양을 변화지향적, 창의적, 자율적인 것이 존중되는 토양으로 바꾸기 위해서는 의도적인 개혁이 필요하다.

마지막으로, 정부관료는 누구보다 부정부패에 노출되기 쉽다는 점이다. 부정부패는 상대방이 있으며, 이권이 있기 때문에 가능한 것이다. 공공서비스는 본래 어느 정도 이권을 함유하고 있다. 행정행위의 상당부분이 권력작용이기 때문이다. 따라서 뇌물을 공여하여 사적인 편익을 취하고자 하는 시민과 이를 거절하지 않는 정부관료가 부정부패를 만들어 내는 것이다(Maheshwari, 2002). 물론, 횡령, 인사 청탁 등 정부관료제의 내부적인 부정부패도 적지 않다. 부정부패의 개연성이 클수록 새로운 통제기재가 필요하며, 제도와 행태의 변화가 필요하다. 이 점에서 정부관료제는 상시적 개혁의 필요성이 다른 분야보다도 더욱 크다.

제4절 현행 정부관료제 개혁방식의 문제점

1. 부실, 불투명, 모방, 단기적 개혁

정부관료제는 개혁의 필요성이 크며, 따라서 그동안 이를 위한 많은 노력들이 있었다. 이들 중에는 특기할 것들도 있고 일상적이고 반복적인 것들도 많다. 아직도 정부관료제가 많이 변해야 한다고 주장하지만, 지방정부를 예로 보면 과거에 비해 많이 변하였음을 실감할 수 있다. 정부관료는 훨씬 친절해지고, 신속해지고, 책임감이 높아졌다. 부정부패도 많이 줄었다. 높은 문턱의 관청, 멀리 떨어져 있던 자치단체장, 고압적이던 관료들이 열린 관청, 친근한 자치단체장, 서비스지향의 공무원으로 바뀌었다. 인지하지 못하는 사이에 정부관료제는 많은 개혁을 한 것이다. 어떤 분야에서는 환골탈태한 것도 많다.

그러나 아직 미흡한 것이 많으며, 정부개혁을 계속해야 할 것이 많다. 정부개혁의 후유증도 크다. 정부개혁의 방식에도 문제가 많다. 본래 정부개혁은 내용과 방식의 두 가지가 중요하다(Caiden, 2011). 이 장에서는 현행 정부개혁의 구체적 내용을 지적하고 평가하기에는 지면이 부족하므로, 주로 현재 진행되고 있는 정부개혁의 방식 면에서 비판적으로 점검해 보려 한다.

첫째, 정부개혁의 청사진이 부실하다. 정부개혁 과정은 개혁의 필요성을 인지하고, 개혁안을 작성하고, 이를 집행하고, 마지막으로 개혁의 성과를 평가하는 절차를 거친다. 현재 정치권력 차원이든, 중앙정부 차원이든, 지방정부 차원이든 다양한 개혁들이 진행되고 있다. 이는 정부개혁의 필요성을 잘 인지하고 있다는 의미이다. 그러나 누가 개혁을 주도하며, 개혁의 범위와 수준은 어디까지이며, 실현가능성은 어느 정도이며, 개혁의 우선순위는 무엇이며, 순응은 어떻게 확보하며, 성과는 누가 어떻게 평가할 것인지 등에 대한 종합적인 청사진이 없다. 그 결과, 정부개혁의 과정이 중구난방이며, 발표만 되고 시행은 안 되는 것들이 많으며, 국민과 정부관료들은 혼란스러워한다.

둘째, 정부개혁의 추진동기 및 목적이 불분명한 경우가 많다. 본래 정부개혁은 새로운 정치이념이 등장하거나 정치권력의 변동이 있을 때 대대적으로 추진된다. 이는 불가피한 면이 있지만, 이러한 정치적 동기에 의한 개혁은 인기위주의 비현실적 개혁이 될 소지가 있다. 지방정부 수준을 예로 보면, 민선단체장들이 개혁이라는 이름으로 목적 없는 일을 벌이고, 수습은 제대로 하지 않는 경우가 비일비재하다. 따라서 공직사회 개혁이 행정서비스의 질적인 향상을 도모하는 것과 연결되지 못하는 것이다.

셋째, 많은 정부개혁들이 외부주도의 개혁이거나 중앙정부 주도의 하향적 개혁이다. 정부관료제의 자발적 개혁의지와 능력을 불신하는 정치권력이 개혁을 설계하고, 지방정부의 능력을 불신하는 중앙정부가 시행계획을 수립하여 정부관료제 전체에 강제하는 방식의 개혁이 많다. 정부개혁을 추진하기 위해서 사정(司正)의 힘을 빌리거나 새로운 관변단체를 조직하거나 기존의 관변단체를 동원하기도 한다. 그러나 이러한 외부 주도적이고 하향적인 개혁은 대증요법(對症療法)에 그치는 경우가 많으며, 정부관료를 개혁의 객체로 배제하며, 현실에 맞지 않는 획일적 개혁을 초래한다. 필연적으로 개혁의 시행과정에서 애로에 봉착한다.

넷째, 제도와 편제를 변경하는 데 중점을 두고 있다. 본래 정부개혁의 접근 방법은 구조적 접근, 관리·기술적 접근, 행태적 접근 등으로 대분되는데, 바람직한 것은 이러한 접근방법들을 통합하는 총체적 접근방식이다(Chackerian and Mavima, 2001). 그러나 현재의 정부관료제 개혁은 중앙정부이든 지방정부이든 제도를 바꾸고 조직편제를 개편하는 것에 주안점을 두고 있다. 이것이 가시적인 성과가 쉽게 나타나기 때문이다. 그러나 국민들이 바라는 것은 정부관료제가 보다 전문적이고 신속하며, 책임성 있게 되는 것이다. 외형의 개혁이 내실로 연결되지 못한다면 형식적 개혁이 되는 것이다.

다섯째, 정부개혁이 정부관료들의 참여를 배제하고 비밀주의적으로 되는 경향이 강하다. 그 이유는 개혁안이 사전에 알려지면 정부관료들의 반발이 대두하여 개혁내용의 변질이 우려되기 때문이다. 그리고 정부관료들이 참여하면 저항과 로비행위로 인해 개혁의 과정이 왜곡될 수 있음을 우려하기 때문이다. 타당한 이유이다. 그러나 이러한 방식은 자칫 정부관료들의 냉소주의와 무사안일주의를 조장할 수 있음을 인식해야 한다. 불신에 기반을 두는 폐쇄적인 개혁이 개혁내용의 비현실성을 초래하고, 정부관료제를 동요시키는 중요한 요인이 된다. 더구나 개혁목표에 대한 합의과정이 부실하면 시행과정에서 많은 시행착오를 겪게 된다.

여섯째, 정부개혁의 추진체계가 체계적이지 못하다. 특히, 중앙정부가 주도하는 개혁이 그러하다. 이는 공직사회의 고질적인 할거주의와 관련이 있다. 개혁의 의제설정 및 내용구성에서 관련부처들 간에 횡적인 조정이 필요하며, 개혁의 시행과정에서 중앙정부와 지방정부 간에, 조직의 상·하 간에 조정이 필요하다. 그리고 합리적인 토론과 설득이 필요하다. 힘센 부처라고 혹은 중앙부서라고 일방통행으로 개혁을 추진하면 다른 부처나 지방정부에서는 겉으로는 수용하는 척하지만 실제로는 냉소적 반응을 보이게 된다. 이렇게 되면 개혁의 성과를 거두기 어렵다.

일곱째, 정부개혁의 내용과 결과가 불확실하다. 이것은 개혁의 동기가 불투명한 것과 상통한다. 개혁의 비전이 불확실하고 개혁의 종착지가 어디인지를 알수 없으며, 개혁의 일정표를 알 수 없는 상태에서 정부관료들은 개혁에 소극적일 수밖에 없다. 명예퇴직제나 연금개혁이 대표적인 예가 될 것이다. 이러한 사안들에서 많은 정부관료들이 개혁의 종착지를 알지 못해 동요하고 있다. 현재의 정부관료들은 명령이 내려온다고 해서 불확실한 일에 추종을 하지 않는다.

여덟째, 모방개혁이 많다. 즉, 개혁의 필요성은 인지하지만, 우리의 정부관료제 특성을 반영하는 개혁안을 만들어 내지 못하고 외국의 개혁사례를 모방하는 데 치중하고 있다. 그 결과, 개혁의 내용이 현실과 괴리되거나 획일적으로 되는 경우가 많다. 선진국의 모범사례는 수용하되, 우리의 정부관료제의 여건과 풍토를 먼저 분석한 이후에 취사선택하고 변용하는 것이 필요하다. 민간기업의 경영혁신기법을 도입하고자 하는 정부개혁도 마찬가지이다. 이러한 것들이 신공공관리론이라는 이름하에 정부개혁에도 그대로 도입되면서, 민간기업의 관리방식을 따르면 정부관료제의 경쟁력과 생산성이 높아질 것으로 생각하였다 (Neshkova and Kostadinova, 2012). 그러나 이 역시 민간부문과 정부관료제의 차이를 이해하고 신중하게 검토해야 한다. 이에 따라 근래에는 다시 정부관료제의 공익지향성을 강조하는 공공가치(public value)에 대한 관심이 높아지고 있다 (Osborne et al., 2013).

아홉째, 외형적 성과에 집착하는 단기적 정부개혁이 많다. 따라서 개혁의 전략도 속전속결이다. 정치권력은 국민들의 지지를 얻기 위하여, 중앙정부는 정치권력의 신임을 얻기 위하여, 지방정부는 중앙정부가 제시하는 일정표를 지키기 위하여 단기간에 개혁의 성과를 수확하려 한다. 따라서 개혁의 이름으로 편법이 동원된다. 그러나 개혁은 내용과 목표도 타당해야 하지만, 과정도 정당해야 한다(Fishman, 2013). 내가 아니면 안 되고, 내가 재임하고 있는 동안에 개혁을 마무리해야 한다는 사고를 버려야 한다.

열 번째, 정부개혁의 전략과 범위 면에서, 모든 문제를 일시에 고쳐야 한다는 사고가 강하다. 그러나 사실은 반대이다. 모든 것을 다 하려는 팔방미인이 사실은 어느 한 분야에도 정통하지 못하다. 개혁의 대상범위를 처음부터 좁혀서 시행착오를 수정해 가면서 개혁의 범위를 점진적으로 확대하는 단계적 전략이 바람직하다.

마지막으로, 정부개혁에 수반되는 저항을 어떻게 극복할지를 고려하지 않고 있다. 개혁에 저항하는 원인은 기득권의 상실이 두려워서, 개혁의 내용이 불확실하고 불명확해서, 개혁이 일방적이고 강압적이어서, 개혁이 요구하는 새로운 지식과 기술을 습득하는 것이 부담스러워서 등 다양하다. 따라서 정부개혁을 추진하기 위해서는 개혁에 대한 저항의 원인이 무엇이며, 어떻게 저항을 극복하고 개혁과정에 동참하게 하느냐를 파악해야 한다. 그리고 저항극복 전략에는 참여를 확대하고 정보를 제공하며 개혁의 당위성을 설득하는 규범적 전략, 기득권의 침해를 최소화하고 적절한 보상을 해주는 공리적 전략, 물리적 제재를 가하거나 불이익을 줄 것으로 위협하는 강제적 전략 등이 있다(Speer, 2012). 현재의 정부개혁은 저항하는 사람에 대해서는 압박과 사정의 방법을 주로 사용한다는 점에서 강제적 전략에 주로 의존한다. 그러나 이러한 방식만으로는 한계가 있다. 강제적 전략은 규범적 전략과 공리적 전력이 통용되지 않을 때 사용하는 최후의 수단이다. 처음부터 강제적 전략을 사용하면 공직사회의 불신과 무사안일주의가 심화된다.

2. 정부관료제 개혁의 후유증

정부개혁 방식 면에서의 이러한 문제점들로 인해, 그동안의 정부개혁은 성과가 적지 않지만, 동시에 심각한 부작용도 유발하였다. 하향적, 일방적, 사정위주의 정부개혁 방식이 파생한 후유증들을 살펴보면, 첫째, 정부관료제 내에 복지부동(伏地不動) 현상이 심화되고 있다. 적극적으로 일을 하려다가 법규를 위반하거나 시행착오를 하게 되면 불이익을 받게 되는 분위기에서 정해진 업무범위 내에서 법규에 정해진 수준의 업무만 수행하면 된다는 무사안일의 보신주의(保身主義)가 만연하는 것이다(이윤경, 2014).

둘째, 정부관료제에 대한 불신과 불만이 만연하고 있다. 조직이 더 이상 개인을 보호해 주지 않는다고 생각하며, 열심히 봉사해도 자신의 미래가 불확실하다고 생각한다. 따라서 조직과 업무에 대한 헌신과 충성심이 저하된다. 이러한 상황에서 양질의 공공서비스를 기대하기는 어렵다. 좋은 서비스는 이를 제공하는 사람이 행복하고 즐거워야 가능하다.

셋째, 정부관료의 무력감이 심화되고 자아정체성이 상실되고 있다. 현재의 정부개혁 방식은 부족한 부분을 채우고 부족한 사람을 더 잘하게 북돋우는 방식이 아니라, 결점을 밝혀내고 못하는 사람을 솎아내는 데 초점을 두는 방식이다. 본래 소수의 잘못으로 인해 다수가 매도되는 것이 일반적이지만, 그 정도가 심해지면 구성원들의 자부심과 몰입도가 저하된다. 반대로 냉소주의가 싹트고, 형식적으로 업무를 처리하게 된다. 공공서비스의 질은 떨어진다.

넷째, 정부관료들 간의 인간관계가 급속도로 파괴되고 있다. 경쟁력이 없으면 도태되는 방향으로 정부개혁이 진행되고 있지만, 아직 경쟁력의 개념이 무엇인지도 불명확하다. 창의성, 성실성, 학습능력 등 무엇이 경쟁력인지 대한 분간이 없는 것이다. 그저 남과 경쟁하여 이겨야 하는 것으로 생각하고 있다. 그 결과, 동료 및 상하 간의 인간관계가 악화되는 것이다. 인간관계가 좋지 않으니 업무협조와 정보공유가 잘 되지 않는다. 이는 행정낭비를 초래하며, 궁극적으로는 공공서비스의 질을 저하시킨다(Hegar, 2012).

다섯째, 정부개혁의 시행과정에서 많은 차질이 발생하고 있다. 획일적으로 정해진 기준이 현실과 맞지 않으며, 기준설정과 입안과정에서 배제된 정부관료들이 자발적으로 움직이지 않으니 시행에 차질이 생길 수밖에는 없다. 일선행정에서 결재단계를 줄이고 불필요한 관리 인력을 줄이려고 계장과 사무장 직제를 폐지하였지만, 과거에 결재 란에 날인을 하던 것이 지금은 협조 란에 날인을 하는 방식에 그치고 있다. 정부규제를 몇 퍼센트 줄여라, 일자리를 몇 퍼센트 늘려라 식의 지시가 보고서 상에는 달성되는 것 같지만, 실제로는 그렇지 않다. 현장에서는 정부규제가 줄었다고 생각하지 않으며, 번듯한(decent) 일자리가 늘어났다고 생각하지 않는다. 명령 지시적, 폐쇄적, 일방통행식 정부개혁은 시행과정에서 차질이 발생하는 것이다.

마지막으로. 정부관료들의 사기가 심각하게 저하되고 있다. 이들이 개혁의 주체가 아닌 개혁의 대상으로 지목되는 현실에서, 공직을 떠나더라도 잘할 수 있는 것은 별로 없다고 생각한다. 공직경험이 민간에서는 크게 환영을 받지 못한다. 특별한 기술과 노후대책이 부실하다. 이처럼 정부관료들의 사기 저하는 뿌리 깊고 다차원적이다. 물론, 이것이 모두 정부개혁 때문만은 아니지만, 정부관료들의 사기를 유지하면서 정부개혁을 하는 방안을 모색해야 한다.

정부관료제 개혁의 일상화와 내실화

오늘날 정부개혁에 대해서 비판하면 반개혁적이라고 비난받기 십상이다. 그러나 비판이 없으면 건강하고 올바른 개혁이 되지 않는다. 개혁의 이름으로 시행된 것들 중에는 오히려 국가적 낭비를 초래한 것들이 많다. 개혁은 찬성하거나 반대해야 할 것이 아니다. 개혁을 하지 않고 멈춰있는 조직은 살아남을 수 없다. 단지 개혁의 범위와 방식이 문제인 것이다. 그리고 개혁은 목표와 내용도 중요하지만, 과정, 전략, 수단도 중요하다(Neshkova and Kostadinova, 2012). 정부개혁이 성공하려면 개혁방식 면에서 많은 것들을 고려해야 한다.

첫째, 정부관료를 신뢰하는 가운데 정부개혁을 추진해야 한다. 정부관료를 부패하고 무능하며, 기득권에 집착하며, 자정(自淨)능력이 없는 집단이라는 전제 하에 외부의 충격요법을 주요 수단으로 하는 개혁은 성공하기 어렵다. 충격요법은 처음에는 효과가 있지만, 반복되면 면역성이 생긴다. 정부관료들이 움직이지 않으면 제도는 움직이지 않는다. 제도 개폐의 권한을 가지고 있는 정치권력이나 중앙정부가 제도만 바꾸면 정부개혁이 성공할 것이라는 생각은 자가당착이다. 이제 정부관료들을 신뢰하고 이들을 개혁과정에 동참시켜 개혁의 당위성을 공유함으로써 개혁을 일상화하는 방안을 논의해야 한다.

둘째, 제도 및 구조의 개혁도 단순한 기구개편이나 제도설정이 능사가 아니라, 일을 하는 시스템과 방식을 바꾸어야 한다. 유사 조직을 통폐합하면 정부관료제가 잘 작동할 것으로 기대를 하지만, 통폐합 이후에도 문제점은 끊임없이 나타난다. 시스템과 사고가 바뀌지 않았기 때문이다. 현재의 일하는 시스템과 방식이 급변하는 행정환경에 대응하는 데 부적절하며, 경직성, 할거주의, 느린 의사결정, 부족한 의사소통 등 많은 문제점들을 파생하고 있다(Cook, 2014). 절실한 것은 정부관료제가 작동하는 방식을 근본적으로 바꾸는 창의적 사고와 실천이다. 앞으로의 개혁방식은 제도개혁, 조직구조 개혁, 과정개혁, 조직풍토와 행태개혁이 유기적으로 연결되어야 한다.

셋째, 정부개혁의 역할분담이 필요하다. 외부 주도의 개혁만으로는 한계가 있으며, 참여지향의 상향적 개혁방식과 조화가 되어야 한다. 이를 위해서는 특정 집단이 개혁을 주도해야 한다는 사고는 바람직하지 않다. 정치권은 개혁의 필요성을 투입하고 제도화를 하며, 중앙정부는 개혁내용의 테두리와 기본전략을 설정하며, 해당 부서와 지방정부는 구체적인 내용을 기획하고 시행하며, 정부관료들은 담당업무와 일처리방식과 행태를 개혁하는 것이 필요하다.

넷째, 구호 중심의 형식적인 정부개혁에서 벗어나 내실 위주의 개혁이 되어야 한다. 지키지 못할 구호만 남발하는 것은 그 자체가 개혁의 대상이다. 정치지도자나 고위관료들이 자신의 치적을 홍보하기 위해 외형적 개혁에 치중하는 구태는 이제 근절해야 한다. 시간이 걸리더라도 정부관료제의 내실이 탄탄해지고 국민들의 일상이 편리해지는 개혁이 필요하다. 현장실정에 부합하고 다양성이 존중되는 개혁이 되어야 한다.

다섯째, 개혁을 일상화해야 한다. 이를 위해서는 정부관료제 내에 학습하는 분위기를 조성해야 한다. IT기술이나 어학 등 업무수행을 수월하게 하는 수단에 관한 학습은 물론, 업무의 전문성과 숙달을 제고하기 위한 본질적 학습이 필요하다. 이를 위해서는 외부 전문가와의 지속적인 대화와 교류가 필요하며, 개방적인 교육훈련이 필요하다(Senge, 2014). 인적자원에 대한 투자가 인색하면 개혁의 성과를 거두기 어렵다. 이제 새로운 개혁을 시도하는 것 못지않게 지속적인 학습을 통하여 진행 중인 개혁을 일상화하는 것이 중요하다.

여섯째, 정부개혁의 성과를 평가하는 것이 필요하다. 우리는 정권, 장관, 단체장이 바뀔 때마다 개혁이라는 이름하에 새로운 일을 벌인다. 그러나 개혁의 결과에 대해서는 평가를 하지 않고, 관심을 가지지 않고, 책임을 지지도 않는다. 전임자가 잘못한 것을 바꾸는 것도 중요하지만, 전임자가 잘한 부분을 계승하여 열매를 맺게 하는 것도 훌륭한 개혁이다. 이제 남을 부정하고 낮춤으로써 나를 높이려는 정치지향적인 개혁은 자제해야 한다.

일곱째, 정부개혁 과정에는 국민들의 참여도 필요하다. 현재 국민들은 개혁의 주체도 대상도 아닌 방관자 내지는 구경꾼이다. 그동안 국민들은 누가 개혁안을 만들어 공청회를 개최하면 참석하여 들어보며, 정부에 무슨 사건이 발생하면 흥분하고 한탄하는 정도였다. 물론 주민참여예산제도, 국민청원제도 등 일부 참여기제들이 있지만, 아직 정부개혁을 위한 투입기제로 체계적으로 작동하고 있지 못하다. 정부개혁의 목적이 결국은 국민을 편안하게 하려는 것인데, 국민이 배제되어서는 곤란하다. 이제 정부개혁도 국민과 더불어 행해져야 한다

(Eymeri–Douzans and Pierre, 2011).

　여덟째, 개혁과정에서 발생하는 저항을 극복하는 방안을 마련해야 한다. 정부관료들이 개혁에 저항하는 것은 대개 정부개혁 방식에 문제가 있어서이다. 정부관료를 불신하고 신분불안을 의도적으로 조장하며, 개혁의 목표가 불확실하고, 정부관료를 객체로 소외시키는 데서 저항이 발생하게 된다. 이러한 저항을 강제적 방식으로 극복하려니 복지부동과 같은 부정적 행태가 발생한다. 이제 동기부여 방안이 동시에 제시되어야 한다(Speer, 2012). 이를 위해서는 정부관료 특히, 하위직급들이 무엇을 바라는지를 숙지해야 한다. 우선 공직을 명예롭게 하고, 다음에는 승진적체를 해소해야 한다. 물론 승진문제는 현재의 인사시스템으로는 해결이 어렵다. 다른 방법을 찾아보는 것이 개혁인 것이다. 그리고 개혁으로 인한 부담과 비용을 최소화해야 한다. 신분을 인위적으로 불안하게 할 필요는 없다. 공·사부문의 업무특성이 어떻게 다른지를 인식하고, 정부관료에 대한 동기부여방안을 찾음으로써 이들을 개혁과정에 동참시키는 것이 현명하다.

제6절　맺음말: 개혁의 의미를 새롭게 새겨야

　오늘날과 같은 급박한 행정환경 하에서, 정부개혁은 선택사항이 아니며, 무엇을 어떻게 개혁하느냐를 선택할 수 있을 뿐이다. 이제 개혁으로 인해서 정부관료제가 동요하는 것은 마감해야 한다. 비용이 너무 크다. 사회의 어느 집단이고 개혁을 필요로 하지 않는 집단은 없다. 누구도 개혁이 필요 없을 정도로 완벽하지는 않다. 기득권자도 개혁이 필요하고 사회적 약자도 개혁이 필요하다. 이제 사람의 소속과 직업으로 편을 가르는 것은 그만두어야 한다.

　누구나 자기의 주변을 일상적으로 점검하고 고치듯이, 정부개혁도 이제 일상적인 것이 되어야 한다. 개혁을 해야 살아남는다는 것을 사회의 모든 분야가 공감하기 때문이다. 이제 개혁을 안정시키고 궤도(軌道)에 올려놓는 것이 필요하다. 요란스럽게 개혁을 추진하지 말고, 작은 조직단위로 개혁목표를 정해놓고 대화를 통해서 조용하고 지속적으로 추진하면 된다.

　정부개혁의 개념 역시 새롭게 정립해야 한다. 우선 개혁은 기득권과 상치되는 것이 아니다. 개혁은 새로운 편익을 창출하는 과정으로 인식해야 한다. 그리고 개혁은 현실과 적대적인 것이 아니다. 개혁을 하지 않고 생존할 수 있는 조직은 없기 때문이다. 또한 개혁은 환경변화에 적응하는 과정에서 일상적으로 어느 직급에서나 발생하는 것이다. 기간을 정해놓고 밀어붙이는 것만이 개혁은 아니다. 도로표지판을 알아보기 쉽게 바꾸어 다는 것이 개혁이다. 정치권력에는 거기에 맞는, 장관에게는 그에 맞는, 하위직 관료에게는 그에 맞는 다양한 내용과 수준의 개혁이 있다.

오늘날의 행정환경은 소용돌이의 장으로 정부관료제는 지속적으로 변화하지 않으면 생존할 수 없다. 정부개혁은 특정 순간에만 필요하거나 선택할 수 있는 것이 아니라, 항상 필요하다. 정부개혁은 정부운영 시스템을 바꾸는 전반적인 것도 필요하며, 외부환경의 변화와 내부기술의 발전에 따라서 점진적으로 적응해 가는 것도 필요하다. 그러나 어떠한 것이든 미래의 정부개혁은 다음과 같은 방향을 지향해야 할 것이다.

첫째, 투명한 정부를 지향한다. 즉, 의사결정과 일 처리가 투명하고 공정하게 처리되는 방향으로 정부관료제가 변해야 한다. 그동안 정부의 의사결정과정은 블랙박스(black box)와 같은 것이었다. 비밀주의를 특징으로 하면서 공개되고 비판받는 것을 두려워하였다. 그러나 이는 정부관료제에 대한 불신과 관료부패를 유발하였다. 이제 투명하고 열린 정부를 지향해야 한다.

둘째, 신뢰받는 정부를 지향한다. 이는 비밀주의와 밀접한 관련이 있다. 비밀의 장벽을 치고 있으면 국민들이 정부를 믿지 않으며, 이는 정부관료제의 신뢰성과 정당성 상실로 이어진다. 그동안의 공공관계는 선전의 수준을 벗어나지 못하다보니 국민들이 이를 신뢰하지 않는다. 이제 정부는 국민들과 쌍방향으로 소통하면서 정확한 정보를 주고받는 동반자관계가 되어야 한다.

셋째, 서비스하는 정부가 되어야 한다. 지금까지 정부관료제는 서비스정신이 부족하였으며, 정부규제와 행정지도에 치중하였다. 물론, 규제와 지도는 필요한 면이 있지만, 이것들이 중심이 되면 시민들은 정부를 부담스러운 장애물로 인식하게 된다. 이제 규제와 지도는 필요한 최소한에 그치고, 서비스 중심의 정부가 되어야 한다.

넷째, 현장행정 중심의 정부가 되어야 한다. 지금까지의 탁상행정 하에서 제도와 실제는 괴리되었다. 현장행정이 되지 못하면, 동일한 실수를 반복하게 된다. 앞으로는 현장에서의 문제해결 능력을 증진시키고, 같은 실수를 반복하지 않는 스마트한 정부가 되어야 한다.

다섯째, 참여하는 정부, 눈높이 행정이 되어야 한다. 지금까지 정부와 국민들 간의 관계는 정부가 우위에 있는 권위적인 것이었다. 가급적이면 국민들이 정부에 관심을 갖지 못하게 했으며, 일방적이고 독선적이었다. 물론 이것은 바람직하지 않다. 앞으로는 국민들을 정책과정에 참여시키며, 국민에게 책임을 지며, 국민의 수준에 서비스를 맞추어야 한다.

여섯째, 통제지향으로부터 성과지향으로 변해야 한다. 정부관료제의 존재 이유는 양질의 공공서비스를 제공함으로써 국민들의 요구에 부응하는 것이다. 그러나 지금까지는 성과보다는 과정과 절차에 치중해 왔다. 그 결과, 합목적성보다는 합법성이 중시되었다. 과정과 절차는 목적을 달성하기 위한 수단이다. 이제 과정에 집착하기보다는 성과지향형, 목표달성형 정부가 되어야 한다.

일곱째, 고객중심 나아가서는 고객감동의 행정이 되어야 한다. 이를 위해서는 고객의 욕구를 정확하게 파악하는 대응성이 필요하다. 그리고 공공서비스 제공과정에서 경쟁의 개념을 강화하는 것도 필요하다. 다수의 공급자가 경쟁하면 양질의 서비스가 공급될 개연성이 높다. 고객중심 행정이 되기 위해서는 공공서비스가 신속하고 정확하게 공급되어야 한다. 신속한 행정이 되기 위해서는 정부관료의 전문성이 향상되어야 한다. 정부관료들의 일처리가 미숙하면 신속하게 서비스를 제공할 수 없다. 그리고 고객중심의 행정이 되기 위해서는 국민들의 비판을 수용하고 결과에 대해서 책임을 져야 한다.

마지막으로, 정부관료제의 운영에서 능률성과 유연성을 제고해야 한다. 이를 위해서는 업무처리 상의 낭비적, 비합리적 요소를 제거해야 한다. 이를 위해 현재 다양한 관리혁신기법들이 민간분야로부터 도입되고 있는데, 주의할 점은 공사조직이 추구하는 목표와 업무처리방식이 상이함을 인식하는 것이다. 따라서 공공조직의 특성에 부합하는 것들을 중심으로 취사선택하여 적용하는 것이 필요하다.

제6장

정부관료제의 조직구조 개혁과 팀조직

제1절 머리말

　행정환경은 전례가 없이 동태적이다. 이에 따라 그동안 정부관료제의 경직화된 조직형태를 보다 유연하고 적응능력이 높은 조직으로 변화시키기 위한 다양한 개혁조치들이 단행되어 왔다. 정부조직 개편은 물론, 총정원제, 개방형임용제, 고위공무원단 등의 방안들이 도입되었으며, 민간위탁, 아웃소싱, 규제혁신 등도 추진되었다. 아직 성과를 평가하기는 이르지만, 이러한 개혁조치들이 침체되어 있던 공직사회에 활력을 불어넣는 데 기여한 것은 사실이다.

　그러나 주의할 것은 정부개혁은 법제의 개혁만으로는 한계가 있다는 점이다. 선진국의 개혁사례들을 아무리 벤치마킹 한다고 해도 이것이 우리의 실정에 맞지 않거나 정부조직의 형태와 작동방식이 변화하지 않는다면 법과 제도는 현실과 유리될 소지가 크다. 자칫 개혁과정에서 저항을 유발하고 무사안일주의를 조장하며, 궁극적으로는 정부관료제 개혁의 지향점인 공공서비스의 품질 향상에도 기여하지 못한다. 따라서 정부개혁은 법제의 개혁 못지않게 정부관료의 행태개혁, 조직형태개혁, 업무과정개혁 등도 중요하다.

　특히, 근래 들어서 정보통신기술의 급속한 발달로 이른바 지식정보화사회가 도래하면서 지식과 정보의 중요성이 커지고 있다. 지식정보화사회의 행정환경은 지금까지의 산업사회와는 비교되지 않을 만큼 동태적이다. 또한 공공서비스에 대한 국민들의 욕구는 보다 다양해지고 있다. 따라서 지식정보화시대의 급변하는 행정환경과 다양화되고 있는 서비스욕구에 대응하기 위해서는 정부관료제의 조직형태 개혁이 절실하다. 이제 느린 의사결정, 폐쇄주의, 부문할거주의 등을 조장하는 조직형태로는 지식정보화시대에 제대로 대처하기 어렵다. 유연하고 탄력적인 조직형태가 필요하다(Pollitt, 2009). 이 점에서 계층제를 근간으로 하는 전통적인 관료제조직은 한계에 봉착하였으며, 현재 대안적 조직형태로서의 탈(脫)관료제 조직형태에 대한 논의가 활발하다.

더구나 주민들과 직접 접촉하는 일선관료제는 기동력이 있고 유연한 조직형태가 더욱 필요하다. 지식정보화시대를 맞이하여 내부적으로는 창의적인 지식을 지속적으로 생산하고 활용하는 것이 중요하며, 지역민들과의 관계에서는 보다 다양해진 욕구를 충족시켜줄 수 있는 관리능력이 필요하기 때문이다. 따라서 지식정보화사회의 환경에 적합한 조직형태로 변화하는 것이 필요하며, 현재 계층제조직의 한계를 극복하기 위한 대안적 조직형태들에 대한 논의가 활발하다. 이러한 대안적 조직형태들은 대체로 환경변화에 대한 대응성과 내부운영의 유연성, 수평적인 조직형태 등을 지향하는바, 그 중에서도 가장 보편적인 조직형태가 팀조직(team organization)이다(Richter et al., 2011).

이러한 배경 하에서, 이 장에서는 지식정보화사회에서의 정부관료제 개혁방안의 일환으로서, 환경변화와 주민들의 서비스욕구에 보다 유연하고 신속하게 대응할 수 있는 탈관료제 조직형태로서의 팀조직의 성공적 도입 및 운영방안을 논의하고자 한다. 이를 위해서 우선 지식정보화사회의 의의를 포함한 관련 이론들을 소개하며, 정부관료제 조직의 새로운 형태로서의 팀조직에 대해서 살펴본다. 그리고 지식정보화사회에서 왜 새로운 조직형태가 필요하며, 기존의 계층제 조직이 어떠한 한계가 있는지를 고찰한다. 다음에는 이러한 논의들을 토대로 정부관료제 개혁방안의 일환으로서의 팀조직에 대해서 논의한다. 논의과정에서 염두에 두는 정부조직 단위는 주로 현장의 일선관료제이다.

제2절 지식정보화사회와 정부관료제 조직

1. 지식정보화사회의 의의와 특성

산업사회에서는 노동과 자본이 경쟁력의 원천이었다. 그러나 정보통신기술의 발달로 지식과 정보의 확산속도가 급속해짐에 따라 지금은 지식과 정보기술이 국가나 개인의 경쟁력을 좌우하는 핵심요소가 되고 있다. 따라서 현재 공사부문을 불문하고 지식정보화사회, 지식기반사회, 지식사회 등의 다양한 용어들이 회자되고 있다(Yigitcanlar, 2011).[1]

어떠한 용어를 사용하든 현재는 끊임없이 지식을 창출하여 발전시키며, 이를 재조직하고 현실의 문제해결에 적용하는 지식정보화사회이다. 즉, 지식과 정보기술이 부가가치를 창출하는 주요 요인이 되는 사회인 것이다. 많은 학자들이 주장하는 바대로 물질이나 에너지 대신에, 무형의 정신적 자원인 지식과 정보가 사회발전의 원동력이 되고 있는 것이다. 그리고 이러한 지식과 정보는 정보통신기술을 매개로 급속하게 확산, 재생산되고 있다. 말하자면 인공지능, 초(超)연결기술 등의 강력한 수단을 매개로 지식정보사회가 만개되고 있다. 지식정보화사회는 지식과 창의성의 중요성이 생산, 유통, 소비 등 경제활동의 영역뿐만 아니라, 사회·행정·문화 등 사회전반에 결정적 영향을 미치는 제4차 산업혁명의 사회이다(Skilton and Hovsepian, 2017). 따라서 지식의 습득, 교류, 활용 등 인간의 지식활동이 차지하는 비중이 더욱 커진다. 그리고 지식과 정보가 단순하게 생산활동을 지원하는 데 그치지 않고 부가가치를 직접 창출하고 있다. 이 점에서 체계화된 지식과 기술이 산업발전의 핵심역할을 수행하는 지식기반경제도 결국은 인간의 지식과 창의성이 노동, 자본 등의 전통적 생산요소보다 중시되는 지식정보화사회에 바탕을 둔다(Wu et al., 2008).

그런데 지식정보화사회의 원동력인 지식정보는 시간 및 장소에 구애를 받지 않는 탈(脫)제약성, 타인에게 양도하더라도 본인이 계속 소지할 수 있는 비(非)이전성, 필요로 하는 사람 누구에게나 가치를 발하는 무한가치성, 사용할수록 가치가 커지는 누적효과성, 분할에 의해서 새로운 가치가 생성되는 분할가치성 등의 속성을 갖는다(김문조, 2000). 따라서 지식정보는 이를 먼저 생산한 특정

---

1) 지식과 정보 간의 관계에 대해서는 지식을 보다 상위의 개념으로 이해하는 견해가 많다. 즉, 지식을 단순한 사실을 지칭하는 자료나 혹은 특정 목적을 위해서 자료를 가공한 형태인 정보보다 상위의 개념으로 보는 것이다. 따라서 지식은 체계화된 형태로서의 정보를 의미한다. 그리고 흔히 정보는 보다 구체적인 물리적 실체로서 전달과 재생산이 용이한 데 비해서, 지식은 추상성이 높은 정신적 의식으로서 전달과정에서 학습이 필요하고 복제가 어렵다는 특성이 있다(김문조, 2000; Nonaka and Takeuch, 1995).

개인이 비밀로 간직할 것이 아니라, 공유되어야 한다. 그리고 지식의 변화속도가 급속하기 때문에 공유의 속도도 빨라야 한다. 그래야만 보다 새로운 지식이 창출될 수 있다.

이러한 지식정보화사회에서는 기존의 산업사회와는 다른 조직형태가 필요하다. 지식의 창출, 공유, 확산을 가능하게 하는 신속하고 유연하며, 열린 조직이 필요하다. A. Toffler가 <미래충격(Future Shock, 1990)>에서 이미 오래전에 예측한 대로, 지식정보화사회는 정보의 유통속도가 매우 빠르고 극적인 상황변화가 발생하기 때문에 보다 신속한 반응이 가능한 조직형태가 필요하다. 본래 지식과 정보기술의 발달은 수평적 의사소통과 독립적인 권위구조를 특징으로 하는 업무단위를 창출한다. 수직적인 계층제 조직은 새로운 지식의 창조는 물론, 현재 보유하고 있는 지식마저 제대로 활용하지 못하게 한다. 지식정보화사회에서는 계층제의 경직성을 완화한 탈(脫)관료제적인 유연한 조직형태가 보다 효율적이다. 지능적이고 창조적이며, 성원들의 지적인 능력을 지속적으로 개발하며, 조직자체가 높은 지식수준을 갖추어야 한다(Styhre, 2008).

이러한 지식정보화사회에서 정부관료제도 새로운 도전에 직면하고 있다. 정보기술은 정부조직의 구조와 정보흐름의 재구조화를 촉진하고 있다. 조직 내의 지식과 정보가 신속하게 확산되기 위한 연성적(軟性的) 조직구조와 열린 조직문화가 형성되어야 한다. 다양한 종류의 지식을 활용하고 창조적 학습이 가능한 조직이 되어야 한다(Salaman, 2005). 지식정보화사회의 정부관료제는 문제해결능력, 미래예측능력, 통찰력 등의 역량을 갖추어야 한다. 선진국의 정부혁신의 방향도 경직적인 규칙을 토대로 문제를 해결하는 계층제조직으로부터 창조적 지식을 바탕으로 하는 유연하고 지능적인 조직형태로 전환하는 것이다. 따라서 산업사회의 관료주의행정과 지식정보화사회의 지식행정은 <표 2>에서 보는 것과 같이 근본적인 차이가 있다.

지식정보화사회로의 전환에 발맞추어 정부관료제의 역할은 지식관리자, 혁신 촉진자, 전략적 조정자로 변해야 한다. 이를 위해 정부관료제는 성원들의 능력을 지속적으로 개발하고 강화하며, 조직 내의 지식과 경험을 축적하고 이를 조직전체가 공유해야 한다. 이제 개인은 지식의 습득과 창출을 통해서 조직의 경쟁력 향상에 기여하며, 조직은 결집된 지식을 효과적으로 활용함으로써 경쟁

표 2 관료주의행정과 지식행정의 패러다임

	관료주의행정	지식행정
기본원리	합법 절차, 법적 평등, 공평무사	과학적 합리성, 전문지식, 통찰력
조직성원	법 원리, 선례 및 관습 탐색	불확실성 대처능력, 과학적 문제해결기법
기술	통제중심 기술	인간중심 기술
권력	자원 의존적	지식기반 의존적
조직	계층제	유기적 네트워크
프로세스	표준화된 규칙과 절차, 수직적 및 기능적 분권화	수직적 및 수평적 협업화
행정문화	내부지향의 행정편의 추구, 폐쇄적이고 독점적인 닫힌 문화	외부지향의 고객편의 추구, 개방적 경쟁의 열린 문화
인프라	법제적 기반	지식기반, 인적자원

자료: 한세억(1999)에서 발췌함.

력을 배가해야 한다. 이를 위해 정부관료제는 지식창출과 공유, 혁신, 자기개발, 문제해결능력을 도모하는 새로운 조직형태가 필요하다(Bolin and Härenstam, 2008). 지식을 성공적으로 습득, 창출, 공유, 활용하는 것이 지식정보화사회에서 정부관료제의 경쟁력을 배양하는 첩경이며, 이를 위해 개방적이고 유연하며, 일 중심으로 작동하는 새로운 조직형태가 필요하다. 이에 따라 정부관료제에서는 지리적 경계와 실물구조를 초월하는 가상조직, 낮은 수준의 공식조직화, 편평한 조직구조, 정보자원과 전문가역할 중시 등을 골자로 하는 다양한 조직형태들이 등장하고 있다(Eymeri-Douzans and Pierre, 2011).

2. 지식정보화사회와 전통적 관료제조직

19세기까지는 정부관료제에 대해 부정적인 사고가 팽배하였지만, 이러한 부정적 시각은 20세기에 들어와서 M. Weber를 기점으로 크게 변모하였다. Weber는 관료제를 선과 악, 부정과 긍정이라는 가치함축적인 의미로서가 아니라, 가치중립적이고 객관적 입장에서 이해하였다. 그는 정부관료제를 포함하는 근대의 합법적 관료제의 특성을 다음과 같이 언급하였다. ⅰ) 구성원 개개인의 직무는 다른 직무들과 구분되며, 잘 규정된 권한영역을 가지고 있다. ⅱ) 각 직무는 계층제 내에서 통제된다. 즉, 부하는 상급자의 감독 및 책임 하에 있다. ⅲ) 업무수행에서 공과 사는 구분되며, 권위관계는 공적인 의무에 제한된다.

iv) 관료는 객관적 자격에 의해 선발되며, 조직과의 계약으로 충원된다. ⅴ) 관료는 경력을 지향한다. ⅵ) 관료의 활동은 일반적인 규칙에 의해 규제된다. ⅶ) 애증(affection and hatred)을 수반하지 않는 비사인성의 정신으로 업무를 수행한다. 관료제조직은 이러한 특성들로 인해 고도로 능률적, 합리적, 안정적, 예측가능한 조직형태이다(Anter, 2014).

관료제의 이러한 특성들 중에서도 정부관료제의 조직형태를 가장 잘 특징 짓는 것은 계층제와 관련되는 부분이다. 즉, 정부관료제는 상하 간에 권한과 책임의 정도에 따라서 엄격한 위계질서를 형성하며, 이러한 계층은 사람이 아닌 직위로 구성된다. 각 직위에는 법규에 의해 명확하게 규정된 권한, 책임, 의무가 부과되며, 적절한 상징이 부여된다. 그리고 계층제 내의 상하 간에는 업무상의 지배와 복종의 관계에 서게 된다. 이러한 계층제는 명령과 복종체계의 확립으로 업무의 능률성을 제고하며, 조직 내의 질서유지와 조정이 용이하며, 상하 간의 수직적 분업을 도모할 수 있다(Henry, 2015). 그 결과 조직은 능률적이고 합리적으로 작동하게 된다. 따라서 L. Gulick, L. Urwick 등의 행정원리론자들은 계층제 원리를 가장 중요한 조직 원리의 하나로 간주하였다. 계층제 원리는 조직 내의 직무를 권한과 책임의 정도에 따라 등급화하여 상하 간에 명령과 복종의 관계에 서게 하는 것이다. 이를 통해 상하 간의 의사소통, 업무분담, 권한위임의 통로가 되며, 지휘감독을 통한 질서와 통일의 확보가 용이하며, 조직 내 갈등의 해결과 조정이 용이하며, 승진을 통해 구성원들의 사기를 앙양할 수 있다(Shafritz et al., 2015).

20세기 들어 계층제에 토대를 둔 관료제조직이 공사부문에서 가장 보편적인 조직형태로 고착되었지만, 다른 한편으로는 이에 대한 비판도 비등하였다. 특히, 계층제와 관련해서는 지나치게 엄격하고 다단계의 계층제가 조직 내의 의사소통을 왜곡, 지연, 교착시키며, 하급자로 하여금 상급자의 권위에 맹목적으로 의존하게 하며, 권력의 집중화를 초래하며, 하급자의 자기개발의욕과 동기부여를 저해하는 것으로 지적되었다(Olsen, 2006).

정부관료제의 엄격한 계층제에 대해서 비판의 차원을 넘어 대안적 조직형태를 제시하기 시작한 것은 이른바 탈(脫)관료제 이론가들이다. W. Bennis는 조직편제의 일시성, 권위가 아닌 능력에 의한 지배, 민주적 감독 등을 골자로 하는 비(非)계층제적 조직이론을 주창하였으며(Bennis et al., 2009), O. White는 시민들을 복종자와 객체가 아닌 동료와 주체로 취급하며, 역할의 유동성, 성원들 간의 협상과 사랑의 관계를 강조하는 변증법적 조직이론을 주창하였다. 그리고 F. Thayer는 분권화는 작은 계층제를 보다 많이 양산하는 데 불과하다고 비판하면서, 관료제의 문제를 해결하기 위해서는 계층제 원리를 근본적으로 타파해야 한다는 구조화된 비계층제이론을 주창하였다(Catlaw, 2008). 그리고 이러한 탈관료제 논의는 점차 구체화되어 다양한 이름의 조직형태를 창출하였다.

물론 현재도 정부관료제에는 일부 팀조직을 중심으로 하는 탈관료제 형태가 혼용되고 있지만, 여전히 정부관료제의 근간은 전통적인 계층제 조직을 근간으로 하고 있다. 업무는 부서별 및 개인별로 분장되어 있으며, 상하 간에는 지시와 감독, 보고와 복종의 관계를 형성하고 있다. 국장, 과장 등 중간관리자들도 담당부서를 관리·통솔하는 역할에 치중하며, 실무업무는 거의 하지 않는다. 그러나 지식정보화시대의 도래와 함께 이러한 계층제조직은 많은 한계점이 노출되고 있다. 이를 구체적으로 보면 다음과 같다.

첫째, 지식정보화사회의 행정환경은 매우 동태적이어서 보다 신속한 대응이 필요하다. 그러나 경직적인 계층제조직은 이러한 동태적인 행정환경에 신속하게 대응하기 어렵다. 계층제는 의사결정을 지연·왜곡시키며, 환경의 요구에 적시에 대응하기 어렵다. 즉, 계층제조직은 다단계 결재제도를 가지는 데, 이는 의사결정을 신중하게 하는 측면도 있지만, 의사결정을 지연시키고 왜곡시킨다. 그리고 계층제 내에서 일부 권한위임이 발생하지만, 궁극적으로는 권한과 책임이 상층부에 집중되어 있다. 따라서 실무자들은 중요한 의사결정을 행하지 못하며, 이는 의사결정의 지연으로 연결된다(Erhardt, 2009).

둘째, 계층제조직은 유연성이 부족하다. 급변하는 환경에 대응하려면 조직의 역할과 업무를 가변적으로 재설계할 수 있어야 한다. 그러나 현재와 같은 국과제(局課制)에 입각한 계층제조직은 조직편제와 업무분장의 고착화로 인해 조직운영 상의 융통성을 기하기 어렵다.

셋째, 계층제조직은 지식과 정보의 유통을 저해한다. 부서별, 개인별로 업무분장을 고정화시켜 놓아 부서들 간에는 물론, 동일 부서내의 개인들 간에도 정보와 경험이 제대로 공유되지 못한다. 수직적인 계층제조직에서 정보흐름을 촉진해 주는 사람이 없으며, 할거주의 풍토 하에서 횡적인 업무협조도 제대로 되지 않기 때문이다(Richter et al., 2011).

넷째, 직책과 직급을 분리하지 못하는 계층제조직은 저성장에 따른 자리부족으로 심각한 승진적체 현상과 이로 인한 동맥경화증을 유발한다. 따라서 계층제조직은 성원들의 승진욕구는 크지만, 이를 충족시켜줄 수 있는 자리가 한정되어 있어 성원들의 동기부여가 되지 않는다(Bolin and Härenstam, 2008).

다섯째, 계층제조직은 관리부문의 비대화를 초래한다. 계층제조직에서는 인력은 많으나 실무인력은 부족한 기(奇)현상이 나타나며, 그 결과 계층제는 능률성을 지향하지만 실제로는 비능률적인 조직이 된다(Kuhlmann and Wollmann, 2019). 따라서 지식정보화사회에 부합하기 위해서는 정원 내에서 관리인력은 줄이고 실무인력은 늘리는 효율적인 조직형태가 필요하다.

여섯째, 계층제조직은 업무수행에 필요한 개인의 자질과 행동, 성원들의 가치성향이 변화하고 있는 현실에 대응하기 어렵다. 이제 통제지향의 관리방식으로는 업무생산성 향상과 성원들에 대한 동기부여를 동시에 달성하기 어렵다. 오늘날의 조직성원들은 일방적 지시나 통제보다는 자율성에 입각한 자아실현욕구가 강하다(Grey and Garsten, 2001). 지시와 통제에 기초하는 전통적인 계층제조직은 성원들의 이러한 변화된 욕구를 충족시키기 어렵다.

마지막으로, 계층제조직은 일반관리자를 육성하는 데 적합한 조직형태로서, 개인의 창의성과 조직의 학습능력을 배양하는데 한계가 있다. 오늘날의 지식정보화사회에서는 창의성과 전문성을 동시에 갖춘 양질의 인적자원이 국가경쟁력을 좌우하며, 이에 따라 정부관료제에도 개방형임용, 다면평가, 전문직제도 등의 신인사제도가 확산되고 있다. 그러나 전통적인 계층제조직은 이러한 신인사제도를 지원하는 데 한계가 있다(Klingner, 2015).

결국, 기존의 계층제조직은 유연성, 신속성, 대응성 등을 필요로 하는 지식정보화사회에서 여러 면에서 한계에 봉착하고 있다. 지식정보화사회에서 정부관료제는 신속하게 업무를 수행할 수 있는 기동력이 있는 조직형태를 갖추고 새로운 지식을 지속적으로 창출할 수 있어야 한다. 성원들 모두를 업무중심으로 작동하게 하며, 불요불급한 관리인력과 관리업무를 줄이며, 성원들 간에 대화와 협력을 장려하며, 인력관리 면에서 보다 유연성이 높은 조직형태가 필요하다.

이에 따라 현재 가변적, 동태적, 수평적, 임시적 성향을 강조하는 다양한 대안적 조직형태들이 탈(脫)관료제라는 이름하에 등장하고 있으며,[2] 가장 보편적인 것 중의 하나가 팀조직이다(Beersma et al., 2003).

제3절 탈(脫)관료제로서의 팀조직

1. 팀조직의 의의

팀(team)이란 "공동의 목적을 달성하기 위해서 함께 일하는 통일적이고, 상호의존적이며, 응집적인 사람들의 집합체이다(Recardo et al., 1996: 6)." 팀은 소수의 사람들이 공동의 목표달성을 위해서 가치와 책임을 공유하며, 문제해결을 위해서 공동의 접근방법을 사용하는 조직단위이다. 팀조직(team organization)은 이러한 팀을 기본단위로 하여 구성된 조직형태로서, 조직의 하위단위들 간에 수직적·수평적 장벽을 허물고, 조직을 운영하는 데서 자율성과 유연성을 높이고자 하는 조직형태이다. 팀조직은 전통적인 계층제조직과는 대조적인 탈관료제적 조직으로서, 환경변화에 대한 적응성을 제고하며, 내부적으로는 자율성, 협동성, 개방성을 강화하고자 한다. 어떠한 조직이 팀조직이라고 불리기 위해서는 대체로 6~12명의 소수인원으로 구성되며, 성원들이 상호보완적이고 다양한 능력을 보유하며, 목표를 공유하며, 역할분담이나 의사결정과정 등의 업무수행 방식에

---

2) 탈관료제 조직의 특성으로는 고도의 수평적 분화, 분권적 의사결정, 지위가 아닌 전문성에 따른 영향력 발생, 낮은 수준의 공식화, 연결 장치의 중요성 등이 언급된다. <표 3>은 전통적인 관료제 조직과 탈관료제 조직의 특성을 비교한 것이다.

표 3 관료제 조직과 탈관료제 조직의 비교

관료제 조직	탈관료제 조직
고정된 권위와 공식적 판단	권위의 유동성(문제해결능력 중심)
명문화된 규칙	상황에 적응하는 조직
비사인성	고객을 동료로서 취급
계층제	편평한(flat) 조직구조
전문화	팀 단위 문제해결, 집단적 의사결정
직업공무원	직업의 이동성
영속성	일시적 편제
비밀주의	개방적 의사전달
조직내부에 관심	고객과의 협력관계 중시

표 4 전통적 관료제조직과 팀조직의 차이점

	전통적 관료제조직	팀조직
조직구조	계층제적, 개인중심	수평적, 팀 중심
직무설계	분업화(좁은 범위의 단순과업)	다기능화(다차원적 과업)
목표	상부에서 주어짐	스스로 설정
리더십	강하고 명백함, 지시적·하향적	리더십역할 공유, 후원적, 참여적
의사소통	상명하복, 지시, 품의	상호충고, 전달, 회의와 토론
정보흐름	폐쇄적, 독점적	개방적, 공유
보상	개인주의, 연공서열	팀 단위 보상, 능력중심
책임	개인책임	공동책임
평가	개인성과 평가	팀 단위의 성과 및 기여도 중시
업무통제	관리자가 계획·통제·개선	팀 전체가 계획·통제·개선
관리자 역할	지시, 통제	코치, 촉진자

출처: Klingner et al., 2015; Mohrman et al., 1995; Recardo et al., 1996 등에서 발췌하여 정리함.

대한 공통적 접근방식을 보유하며, 성원들 간에 상호신뢰와 협력이 있어야 한다 (Klingner et al., 2015). <표 4>는 전통적 관료제조직과 팀조직을 비교한 것이다.

2. 팀조직의 성공요건

탈관료제 조직으로서의 팀조직은 급변하는 환경에 대처하는 데서 장점이 많지만, 이것이 어느 조직에서든 쉽게 성공할 수 있는 것은 아니다. 그동안 공사부문 모두에서 앞다투어 팀조직을 도입하였지만, 제대로 성공을 거둘 수 없었던 것은 이러한 성공요건에 대한 이해가 부족하였기 때문이다.

팀조직의 성공요건이 무엇인지에 대한 주장은 학자들마다 다르지만, 이 장에서는 이를 토대적 요인의 구축, 적절한 도입방식의 선택, 내부운영체계의 정비, 제도적 지원체계의 확립이라는 네 가지 측면을 중심으로 보고자 한다. 토대적 요인 면에서는 첫째, 환경의 변화방향과 이에 대응하는 데서 현재의 조직형태가 문제가 있음을 인지해야 한다. 팀조직은 동태적인 환경변화 속에서 자기혁신능력이 있는 조직이 이러한 환경변화를 잘 인지해야 성공할 수 있다. 둘째, 우호적인 조직분위기가 형성되어야 한다. 팀조직이 성공하려면 조직의 분위기가 개방적 의사소통이 가능하고 성원들 간에 신뢰와 책임감이 형성되어야 한다 (Grey and Garsten, 2001). 셋째, 성원들의 의식과 발상의 전환이 필요하다. 팀조직 도입으로 인한 신분상실감이나 위기감을 해소하기 위해 성원들 스스로가 개방적, 수평적, 일 중심 사고로의 의식개혁이 필요하다. 그리고 성원들은 전문성, 효과적 의사소통, 집단의사결정, 갈등해결 등의 능력이 있어야 한다. 마지막으로, 다양한 제도적 뒷받침이 필요하며, 따라서 최고관리층의 지속적인 관심과 지원이 필요하다(Richter et al., 2011).

팀조직의 도입방식과 관련해서는 우선 팀조직을 어느 조직단위로 할 것인지를 결정해야 한다. 이에 관해 정해진 기준은 없지만, 팀조직의 도입 취지에 부합할 규모의 조직단위는 되어야 한다. 다음에 적절한 팀 유형이 선택되어야 한다. 팀 유형은 획일적이기보다는 업무특성 등에 따라서 다양하게 구성할 수 있는 데, 기본 전제는 고객편의성이 우선해야 한다는 것이다. 또한 팀조직을 도입할 대상 업무도 잘 고려해야 한다. 팀조직의 장점을 살릴 수 있는 업무분야를 중심으로 단계적으로 도입하는 것이 유리하다. 마지막으로, 성원들을 전문성에 입각하여 해당 팀에 배치하고, 적절한 자격과 전문성을 갖춘 사람을 팀장으로 선정해야 한다. 성원들을 배치하기 위해서는 업무량을 분석해야 한다(Recardo et al., 1996).

팀조직의 내부운영체계 구축과 관련해서는 첫째, 팀 목표와 비전을 명확하게 설정하고, 성원들이 여기에 공감하고 가치 있는 것으로 생각하고, 책임감을 공유해야 한다. 둘째, 팀 구조를 업무수행에 적절하게 정비하되, 상황변화에 기동력 있게 대응할 수 있도록 조직편제를 융통성 있게 설계해야 한다. 셋째, 성원들에게 적절한 권한과 업무를 할당한다. 업무분장은 일정량은 성원의 능력수준에 맞게 일정량은 능력수준을 다소 초과하도록 배분하는 것이 좋다. 권한은 관리 및 통제업무를 최소화하고, 성원들의 창의성을 극대화하도록 실질적으로 부여해야 한다(Richter et al., 2011). 넷째, 하향적이고 폐쇄적인 의사소통방식에서 개방적이고 솔직하며, 수평적이고 상향적인 방식으로 변해야 한다. 의사결정도 수직적인 다단계 방식을 폐기하고 자율과 책임에 기반을 두는 수평적이고 참여지향적인 방식으로 전환해야 한다. 마지막으로, 적절한 리더십을 확립해야 한다. 팀조직은 권위형 리더십보다는 민주적이고 지원·조장적 리더십이 필요하다(Erhardt et al., 2009).

팀조직을 위한 제도적 지원체계와 관련해서는 첫째, 적절한 평가 및 보상

그림 1 팀조직의 성공요건

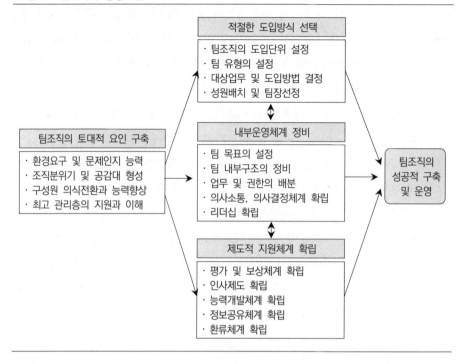

체계를 구비해야 한다. 평가는 개인별성과는 물론, 팀 전체의 성과도 적절하게 평가해야 한다. 보상체계는 개인별 차등보상과 팀 단위 보상을 병행하는 것이 필요하다(McDermott et al., 1998). 둘째, 팀조직의 특성에 부합하는 적절한 인사제도를 구비한다. 그 방향은 직급과 직책을 분리함으로써 승진적체를 해소하고, 성원들을 전문가로 양성할 수 있는 전보(轉補)제도를 통해 성원들의 경력관리를 체계화해야 한다. 셋째, 적절한 능력개발시스템이 필요하다. 팀조직은 성원들을 전문가로 양성하는 것을 지향하기 때문에 직급별 교육보다는 직무중심의 교육훈련이 필요하다. 넷째, 정보공유체계를 구축해야 한다. 정보공유를 통해 신속한 의사결정과 업무협조가 가능해진다. 마지막으로, 적절한 환류체계 구축이 필요하다. 팀 성과와 역량을 주기적으로 평가함으로써 환경변화에 대한 조직의 대응능력을 제고하는 것이 팀조직의 목표이다. <그림 1> 팀조직의 성공요건을 도식화한 것이다.

3. 지식정보화사회와 팀조직

산업사회를 기반으로 하는 계층제적 관료제조직은 여러 면에서 지식정보화사회와는 부합하지 못한다. 계층제조직의 지나친 공식성 추구로 인한 경직성, 기능적 전문화로 인한 할거주의, 다단계 계층으로 인한 느린 의사결정, 과다한 관리인력, 수평적 의사소통과 협력의 저해 등은 유연성, 신속성, 개방성, 공유, 다양성을 중시하는 지식정보화사회와 부합하기 어렵다. 따라서 수평적이고 개방적인 조직형태가 필요하며, 대표적인 것이 팀조직이다(Pollitt, 2009).

팀조직은 기존의 계층제조직에 비해서 장점이 많다(Bolin and Härenstam, 2008; Recardo et al., 1996; Wu et al., 2008). 첫째, 의사결정 단계의 간소화, 정보교류의 촉진, 자율적 의사결정 범위의 확대 등으로 보다 신속한 의사결정이 가능하다. 둘째, 신축적인 조직관리가 가능해짐으로써 환경변화와 고객의 요구에 보다 유연하게 대응할 수 있다. 셋째, 조직관리 상의 자율성이 증대함에 따라 성원들의 직무몰입도와 동기부여가 높아지며, 궁극적으로는 조직의 생산성이 증대한다. 넷째, 실무인력을 확대함으로써 소수정예의 인력운영이 가능하며, 인적자원의 효율적 활용을 가능하게 한다. 다섯째, 인재육성에 유리하다. 즉, 성원들을 다기능 전문가로 육성할 수 있으며, 업무중심적인 자기개발을 도모할 수 있다. 여섯째, 성원들 간의 원활한 의사소통을 장려함으로써 조직간 이기주의를 억제하고 조직분위기를 개방적으로 변화시키는 데 기여한다. 일곱째, 직책과 직급을 분리하여 운영함으로써 역(逆)피라미드 현상을 완화하고 승진적체 문제를 해소할 수 있다. 마지막으로, 성원들의 창조적 학습을 지속적으로 장려하는 학습조직의 구축에도 유리하다.

따라서 현재 팀조직은 지식정보화사회라는 동태적 환경에 당면하여 조직의 유연성, 조직의 간소화, 창조적 학습조직 구현, 성원들의 조직생활의 질 향상이라는 가치를 실현해 줄 수 있는 조직형태로 많은 관심을 유발하고 있으며, 기존의 계층제조직을 대체하는 조직형태가 되고 있다(Richter et al., 2011).

정부관료제에서의 팀조직의 실제

    수평적 조직으로서의 팀조직이 갖는 장점이 부각되면서 그동안 민간기업은 물론 정부관료제에도 팀조직이 보편적으로 도입되었다. 초창기에는 시정기획단, 경영혁신단 등의 이름으로 주로 정부개혁을 추진하기 위한 한시적 조직형태로 등장하였다. 이후에는 도로건설, 정보화 추진, 문화행사 등 특정사무를 추진하거나, 해외시장개척팀 등 지역경제 활성화를 위해 팀조직을 구성하였다. 그리고 생활민원처리반, 환경감시팀 등 민원처리 및 감시기능을 수행하기 위해서 팀조직을 구성하기도 하였다. 이후 팀조직은 정부조직 혁신의 일환으로 보편적으로 도입되었다.

    그러나 시간이 지나면서 수평적 문화에 기반을 두고 서구에서 개발된 팀조직이 수직적 위계문화가 강한 우리의 조직풍토와 마찰을 일으키는 경우가 많음을 확인하였다. 아무리 좋은 구조나 제도를 수입하더라도 이것이 해당 국가의 조직문화, 관료행태와 상치되는 부분이 많으면 제대로 성과를 도출하기 어렵다 (Zairi, 2010). 특히, 이러한 부정합은 민간기업보다는, 안정성, 명령 통일, 공식성 등을 중시하는 정부관료제에서 보다 현저하게 나타났다. 이에 따라 현재는 민간기업은 여전히 팀조직이 보편적으로 활용되고 있지만, 정부관료제 조직에서는 기존의 계(係) 단위 조직만 없어졌을 뿐, 실(室), 국(局), 과(課)제가 중심이 되는 계층제조직이 근간을 이루며, 팀조직은 일부 보완적으로 존속하는 정도에 그치고 있다.

    그러면 팀조직의 장점을 익히 알고 있음에도 불구하고, 정부관료제에 이것이 제대로 정착하지 못하는 이유는 무엇인가. 이를 보면, 첫째, 팀조직을 도입할 수 있는 토대요인이 제대로 구비되어 있는지에 대한 점검이 없이 의욕만으로 제도를 도입하는 관행이다. 우리의 경우 명칭만 팀조직이지 실제 운영은 계층제 조직과 다를 바가 없는 경우가 대부분이다. 팀조직을 정착시키려면 성원들의 의식이 수평적인 것으로 전환해야 하며, 환경변화에 대응하기 위해 조직형태를 바꾸는 것이 절실하다는 공감대가 필요하다(박원우, 2007).

    둘째, 전체조직을 대상으로 팀조직을 도입하고 있는 민간부문과는 달리, 정부관료제 조직에서는 기존의 계층제조직이 지배적인 채, 일부 부서나 특정업무에 국한하여 팀조직을 도입하였다. 그러나 왜 이러한 부서에 팀조직을 도입하는 지에 대한 명확한 기준은 없었다. 주민홍보용으로 도입하는 경향도 있으며, 각종 행사의 집행을 위한 한시적 용도로 도입하기도 한다. 어떤 면에서는 조직해체가 용이하도록 명칭을 일부러 팀이라고 붙인 경우도 있다.

셋째, 팀조직의 도입단위는 대체로 과(課)나 계(係)와 같은 작은 단위가 중심이 되었다. 이 점에서 주로 과거의 부(部) 단위 이상을 대상으로 팀조직을 도입하였던 민간기업과 다르다. 팀조직의 유형도 업무특성별로 어떤 형태의 팀조직을 도입할 것인지에 대한 기준이 없었다. 팀원의 배치는 최고관리자의 지시를 받는 인사부서에서 일방적으로 행하며, 팀장은 인사권이 거의 없었다. 성원의 배치는 전문성을 고려하기 보다는, 전반적 인사이동의 일부로 행해졌다. 팀장은 무조건 팀조직 내의 최상급자가 팀장이 된다.

넷째, 팀조직의 내부운영체계는 계층제적인 국과제(局課制)와 거의 차이가 없다. 업무는 개인별로 고정적으로 배분되며, 해당분야의 전문가를 선발하여 특별히 보임하는 것도 아니다. 대부분 중간관리자급인 4~6급으로 보임되는 팀장은 팀 내부의 조직운영, 인사, 예산배분 등에 있어서 별로 권한이 없다. 따라서 팀원들에 대한 리더십을 발휘하는 데 한계가 있다. 팀 내부의 의사소통과 의사결정방식도 과거와 다르지 않다. 명령, 보고, 결재제도는 그대로 유지되고 있다. 오히려 이중(二重)의 위계관계가 발생해 혼선이 야기되기도 한다. 호칭도 기존의 계층제적 호칭을 주로 사용하였다.

다섯째, 팀조직을 지원할 수 있는 인사관리체계가 확립되지 못하였다. 계층제조직과 동일한 방법의 평가, 보상, 승진, 전보체계가 이용되고 있다. 팀조직의 기본요건인 직책과 직급의 분리도 되어 있지 않다. 개인별 평가를 주로 하며, 평가방식도 여전히 상급자평가가 중심이다. 팀 평가는 되지 않는다. 급여체계는 여전히 연공급이며, 승진과 전보는 인사부서에서 시행한다. 그리고 전문화된 경력관리보다는 여전히 일반적인 순환보직 방식을 유지하며, 교육훈련은 직급별 교육이 중심이 된다. 개별적인 업무수행방식은 전산화되었지만, 팀원들 간의 정보공유는 여전히 잘 되지 않는다.

이렇게 보면, 우리나라 정부관료제에 도입한 팀조직은 진실한 의미의 팀조직이라고 보기는 어렵다. 팀조직을 도입한 목적자체가 기존의 계층제조직의 문제점을 충분히 인식하고 도입한 것도 아니다. 팀조직의 운영방식은 기존의 계층제조직의 운영방식과 다를 바가 없다. 심지어는 팀조직이 조직 확장의 수단으로 이용되기도 하며, 대외적으로 조직혁신을 홍보하기 위한 용도로 이용되는 경향도 있다. 따라서 정부조직에서 팀조직은 명칭만 팀이지 실제 운영이나 지원체계 면에서는 계층제조직 형태와 다를 바가 없다.

반면에 민간기업은 팀조직이 과거의 부과(部課) 조직을 대신하는 조직형태로 자리 잡았으며, 팀조직의 도입은 급변하는 기업환경에 적응하는 데 긍정적인 영향을 미쳤다. 조직의 상황대처 능력이 향상되었으며, 조직혁신에 대한 수용성이 제고되었다. 뿐만 아니라, 인력이동이 용이해짐으로써 인력운영의 탄력성이 증대하였으며, 결재단계의 축소를 통해서 업무처리 속도가 신속해졌다. 팀조직 내부의 의사소통이 보다 원활해졌으며, 팀 단위의 평가와 보상을 통해 성원들의 협력적 사고를 배양하는 데 기여하였다(김민정·신유형, 2013).

제5절 정부관료제 개혁과 팀조직의 활성화 방안

1. 팀조직 활성화의 장애요인

현재 계층제조직의 문제에 대해서는 인식을 공유하고 있지만, 대안적인 조직형태를 도입하려는 의욕이나 여건은 부족한 실정이다. 그리고 2000년대 초반에는 정부개혁의 일환으로 새로운 조직형태에 대한 관심이 컸으나, 갈수록 이러한 관심이 저하되고 있다. 관리계층을 축소하기 위해서 계장직제를 폐지하고 담당제를 도입하였으나, 실제로는 담당이 과거의 계장의 역할을 계속 수행하고 있는 등 정부관료제의 오랜 관행을 고치는 데는 진통이 크다. 따라서 민간부문처럼 계층제를 대신하는 일상적인 조직형태로 팀조직을 도입하는 데는 많은 장애요인이 있으며, 팀조직의 활성화 여부도 궁극적으로는 이러한 장애요인들을 어떻게 극복하느냐에 달려있다.

정부관료제에서 계층제조직의 문제점을 보완할 수 있는 대안적인 조직형태로서 팀조직의 활성화에 대한 장애요인으로는 첫째, 관리자급 간부들의 심리적 박탈감이 크다. 팀조직이 정착되면 대다수 관리자들은 실무인력으로 전환해야 한다. 그렇게 되면 사회적 평판, 결재권 등과 같은 직책의 상승이동에 대한 메리트가 반감되며, 관리자로서의 권한도 크게 줄어든다. 따라서 팀조직 하에서는 기존 관리자급들은 적지 않은 박탈감이 있게 된다.

둘째, 정부관료들이 직무가 아닌 직책에 과잉 집착하는 것도 장애요인이다. 국장이나 과장 등의 직책을 통해서 대외적인 명성과 신뢰도를 확인하며, 심지어는 대인관계까지 결정한다. 따라서 직책은 단순하게 조직 내에서만 의미를 갖는 것이 아니라, 공무원의 사회생활에까지 영향을 미친다. 팀조직이 직책이 가져다주는 메리트를 없애는 조직형태라고 생각하면 저항을 하게 된다.

셋째, 자칫 팀조직은 성원들로 하여금 승진에 대한 기대감을 반감시킬 수 있다. 그러나 사실은 팀조직이 앗아가는 것은 직책승진이지 직급승진은 아니다. 오히려 직책과 직급이 분리됨으로써 승진의 본래 의미인 직급승진은 더욱 용이해지는 면이 있다. 따라서 팀조직에 대한 오해를 불식시켜야 한다.

넷째, 정부관료제의 폐쇄적 업무관계와 부서할거주의도 팀조직의 활성화를 저해한다. 팀조직이 성공하기 위해서는 성원들 간에 신뢰와 협조의 관계가 구축되고, 의사전달과 정보교환의 통로가 개방적이어야 한다(Kristiansen and Bloch-Poulsen, 2006). 그러나 현재의 정부조직은 그러하지 못하다.

다섯째, 정부관료들의 전문성, 책임성, 자율성 등이 부족한 것도 팀조직의 활성화에 장애가 된다. 팀조직의 성원은 해당 업무분야에 고도의 전문가이며, 업무를 자기책임 하에 완결할 수 있어야 한다. 그러나 통제와 지시에 숙달되어 있는 정부관료제의 조직풍토에서 자율성에 입각한 다기능 전문가를 양성하는 데는 상당한 시간이 필요하다(Grey and Garsten, 2001).

여섯째, 정부관료제 조직에 지나치게 수직적 사고가 강한 것도 문제이다. 팀조직을 유지하기 위해서는 성원들 간에 수평적인 사고가 필요하다. 직급이 다르더라도 업무영역을 서로 존중하며, 수평적인 대화와 의사소통을 통해 정보를 원활하게 교환해야 한다. 그러나 아직 정부관료제는 직급의 차이에 따라 행동방식을 달리하는 수직적 사고가 강하다.

일곱째, 현행의 승진, 임금, 순환보직, 교육훈련 등의 인사제도가 팀조직을 지원하는 방향으로 작동하지 못하고 있다. 연공서열, 연공급, 비전문적 순환보직 등은 성원들로 하여금 창조적인 학습과 자기개발을 장려하지 못하고 있다.

더구나 공공부문은 인사제도를 변경하는 데는 많은 제약이 있다.

여덟째, 팀조직 하에서는 팀 단위의 보상체계, 목표설정, 평가 등이 중요하다. 그러나 정부업무는 팀 단위의 성과평가는 물론, 개인별 성과평가도 쉽지 않다. 따라서 팀 단위의 유기적 지원체계를 구비하기 어렵다.

마지막으로, 유능한 팀장을 발견하기도 어렵다. 그동안 정부조직의 관리자들은 지시하고 결재하는 데는 익숙해 있지만, 조직업무를 잘 조정하거나 지원할 수 있는 훈련은 제대로 되어 있지 못하다. 과거의 관리자로서의 사고를 버리지 못한다면, 플레잉 코치(playing coach)로서의 역할이 기대되는 팀장의 직무요구를 제대로 수행하기 어렵다(Salaman, 2005).

따라서 정부관료제에 팀조직을 활성화하기 위해서는 이러한 장애요인들을 잘 인식하고, 적절한 대응책을 구비한 이후에 팀조직의 성공전략 등을 논의해야 한다.

2. 정부관료제에서의 팀조직 활성화 방안

1) 환경변화의 인지 및 공감대 형성

팀조직이 성공하기 위해서는 여기에 적합한 토대적 요인들이 구비되어야 한다. 우선, 정부관료제 자체가 환경변화에 대한 인지능력이 있어야 한다. 환경의 요구를 파악하고, 현재의 조직형태가 가지는 문제점이 무엇인지를 제대로 인식해야 한다. 따라서 팀조직은 동태적인 환경변화 속에서 자기혁신 능력이 있는 조직이 위기상황에 대한 대응으로 도입할 경우에 성공할 수 있다.

그리고 조직분위기가 중요하다. 성원들 간에 개방적 의사소통, 신뢰, 책임감, 상호의존 등이 중시되는 조직분위기여야 한다. 그리고 환경변화에 유연하게 대응할 수 있는 팀조직이 필요하다는 데 대한 공감대가 형성되어야 한다. 민간기업은 무한경쟁시대에 살아남기 위해서는 조직이 새로운 방식으로 변해야 한다는 분위기가 자발적으로 형성되었지만, 정부관료제는 이러한 자극이 부족하다(Styhre, 2008). 혁신지향의 조직분위기를 유도하기 위해서는 민간부문과의 인사교류, 위탁교육 강화 등의 자극도 필요하다.

정부관료의 의식과 발상의 전환이 필요하며, 팀조직에 적합한 다기능 전문가로서의 능력이 필요하다. 팀조직 하에서는 조직성원들의 신분 상실감, 권한약화에 따른 위기감 등이 나타날 수 있다. 이를 해소하기 위한 성원들의 의식개혁이 필요하다. 그리고 성원들은 다기능을 수행할 수 있는 역량이 필요하며, 효과적인 의사소통, 집단적 의사결정, 갈등해결 등의 능력이 있어야 한다. 따라서 성원들의 자기개발 노력이 중요하다(Erhardt et al., 2009).

정부관료들은 여전히 과장이나 국장 등의 관리자가 되는 데 관심이 크다. 이는 정부관료들이 승진에 가장 큰 가치를 부여한다는 일반주장과도 일치하는 것으로, 조직혁신을 위해서는 정부관료들로 하여금 관리자지향의 사고보다는 전문가지향의 사고를 가지도록 유도하는 인사제도의 뒷받침이 필요하다.

2) 최고관리층의 관심과 지원

팀조직은 최고관리층의 지속적인 관심과 지원이 있어야 성공할 수 있다. 팀조직을 활성화하려면 권한위임, 인사체계 개편 등의 제도적 뒷받침이 필요하기 때문이다. 현재 정부관료제에서 팀조직을 활성화하는 데서의 큰 장애요인은 최고관리층이 정부개혁에 대한 관심은 있지만, 조직형태와 행정의 작동방식에 대한 관심은 크지 않다는 점이다. 짧은 임기 내에 가시적인 성과를 거두기 어렵기 때문이다. 따라서 팀조직이 성공하려면 최고관리층이 우선 지속적인 관심을 보여야 하며, 그렇지 못한 경우에는 조직관리 참모들이 현재의 계층제조직의 한계를 지적하고 새로운 조직형태가 필요함을 최고관리층에게 설득하는 작업이 필요하다(Hakim et al., 2007).

민간기업이 팀조직으로 전환하는 데는 최고관리자의 의지와 관심이 결정적이었다. 물론 이 과정에서 참모들의 적극적인 역할이 있었다. 이 점에서 최고관리자들은 정부조직의 작동방식을 바꾸는 것이 조직개편이나 규제완화 등에 못지않게 중요하다는 점을 인식해야 한다. 일처리 과정이 느리고 변화에 대한 대응능력이 없고, 정부관료들의 전문성이 부족하다면 이로 인한 비효율성과 낭비는 심각하다. 그리고 팀조직을 활성화하는 데는 리더십의 일관성이 중요한데, 중앙정부의 경우는 최고관리자의 잦은 교체가 문제가 되지만, 지방정부는 단체장의 임기가 보장되어 있어 팀조직을 활성화는 데 유리한 입장이다.

3) 적절한 도입단위 및 도입방법의 선택

팀조직의 도입 시에는 어느 조직단위에서 이를 시행할 것인지를 잘 결정해야 한다. 이에 대해 정해진 규칙은 없지만, 팀조직의 도입취지에 부합할 정도의 조직규모는 되어야 한다. 그리고 팀조직을 도입할 대상 업무와 도입방법도 잘 고려해야 한다. 팀조직의 장점을 살릴 수 있는 가능성이 높은 업무분야를 중심으로 단계적으로 도입하는 것이 유리하다(Kalimullah et al., 2015).

이와 관련하여 우선 정부관료제에서 팀조직의 도입단위는 과(課)단위가 현실적이다. 왜냐하면 팀조직은 구성원의 수를 과단위의 수준으로 하는 것이 적절하며, 현실적으로도 우리나라 정부조직의 작동이 대체로 과단위로 일체감을 갖고 작동하기 때문이다. 따라서 담당(과거의 계) 단위로 몇 명으로 구성하는 것은 팀조직의 장점을 살리기 어렵다. 그리고 과(課)가 팀조직으로 전환되면, 국장은 일종의 본부장으로서 소수의 직할인력을 두고 각 팀들의 일상적 활동을 조정하고 팀 성과를 평가하며, 기타의 지원업무를 담당할 수 있다.

팀조직의 도입순서와 관련하여 이론적으로는 조직의 전략목표를 수립하는 업무, 빈번한 상호작용을 요하는 업무, 여러 부서들이 결합하여 작업하는 것이 효율적인 업무, 한시적이고 구체적 성과가 있는 업무에 적합하다. 그러나 이는 추상적이어서 정부조직에 그대로 적용하기 어렵다. 현실적으로는 영향력 면에서 조직전체의 파급효과가 클 것으로 기대되는 내부관리부서부터 도입하며, 성과를 판단하고 문제점을 시정한 이후에 단계적으로 확대하는 방안이 적절하다. 그리고 내부관리기능 중에서는 기획관리, 감사 등의 참모기능이 강한 곳부터 우선적으로 도입하고, 다음에 계선조직으로 확대한다. 그리고 계선조직에 팀조직을 도입하는 경우에도 이를 전체에 일시에 도입하는 데 무리가 있으면, 단계적으로 도입하는 것이 좋다. 예로서, 국(局)단위의 경우에 전체 과(課)를 대상으로 일시에 도입하기보다는 정책분야를 중심으로 우선적으로 도입하고, 순차적으로 확대하는 것이다. 그러나 우리나라의 정부관료제는 이러한 것들에 대한 세심한 고려가 없이 획일적으로 팀조직을 도입함으로써 시행착오를 줄이기가 어려웠다.

4) 적절한 성원배치 및 팀장의 선정

팀조직을 활성화하기 위해서는 성원들을 전문성에 입각하여 배치하고, 자격과 전문성을 갖춘 사람을 팀장으로 선정하는 것이 중요하다. 그리고 업무량을 분석하고 성원 각자가 팀조직에서 수행할 역할과 권한을 규정하며, 팀장의 권한과 책임, 재량행위의 범위 등도 규정해야 한다(Mohrman et al., 1995).

팀조직의 성원들은 처음에는 인사부서에서 팀원들을 배치할 수밖에 없지만, 이 경우에도 성원들의 전문성이 발휘될 수 있게 해야 한다. 그리고 팀조직이 어느 정도 안정이 되면 본인의 의사와 팀장의 요구를 조화하여 성원들을 재배치해야 한다. 팀장은 이론적으로는 전문성과 조정능력이 가장 뛰어난 사람이 되어야 하지만, 우리나라 정부조직의 특성상 직급을 무시할 수 없으며, 이는 민간기업도 마찬가지이다. 즉, 민간기업도 대부분 상급자를 팀장으로 하고 있으며, 하급자가 팀장이 되는 경우는 거의 없다. 이러한 경우에 상급자는 퇴출대상이 된다. 따라서 특별한 하자가 없으면 우선은 상급자를 팀장으로 하되, 인사제도 등의 지원체계가 갖추어 지고 팀조직에 대한 조직분위기가 확산되면 점차적으로 능력과 전문성을 기준으로 팀장을 선발하는 것이 현실적이다.

팀장의 선정은 인사권자가 독단적으로 할 것이 아니라, 전문성과 능력에 대한 성원들의 의사를 확인하는 절차가 필요하다. 민간기업에서는 팀공모제를 시행하는 경우도 있는데, 이는 새로운 프로젝트 수행을 위한 팀이 구성될 때, 전체 직원을 대상으로 지원을 받아 일정한 기준에 따라 팀원을 선발한 다음, 팀원들이 전체 관리자를 대상으로 적합한 사람을 팀장으로 선정하여 이를 인사권자에게 추천하는 방식이다.

5) 팀 비전(team vision)의 설정 및 권한배분

팀조직이 성공하기 위해서는 조직운영체계가 기존의 계층제조직과는 다른 방식으로 작동해야 한다. 우선 팀조직의 목표와 비전을 명확하게 설정하고, 성원들이 이를 가치가 있는 것으로 생각하여 공감하며, 또한 책임감을 공유해야 한다. 다음에 팀 내부구조를 적절하게 정비하되, 상황변화에 대한 기동성을 높일 수 있도록 조직편제를 설계해야 한다(Hodgson, 2004).

그리고 성원들에게 적절하게 업무 및 권한을 배분해야 한다. 업무분장은 일정량은 자기의 능력수준에 맞게, 일정량은 자기의 능력수준을 다소 초과하도록 배분하는 것이 좋다. 권한배분은 관리 및 통제업무를 최소화하고 성원들의 창의성을 극대화하도록 실질적으로 행해야 한다(Grey and Garsten, 2001).

구체적으로, 팀 비전의 설정과 관련하여 우선은 팀 목표를 명확하게 설정해야 한다. 팀조직의 도입하는 데서는 대체로 상향적 목표설정방식인 목표관리제가 동시에 도입되어야 한다. 팀조직에서는 성원들 개개인이 업무목표를 설정하고 이를 팀 단위에서 조정하며, 다시 다른 팀들과의 목표를 조정하여 조직전체 목표로 통합하는 과정이 필요하다(Beersma et al., 2003). 물론, 이 경우에 각 팀들의 역할과 큰 틀의 방향은 상층부에서 설정해 주는 것이 좋다. 그렇지 않으면 기본적인 목표를 두고 성원들 간에 갈등이 발생하고, 많은 시간이 허비되기 때문이다.

그리고 해당 팀의 내부구조 설계, 팀원에 대한 업무배분, 팀원 내부이동, 예산집행 등은 팀장에게 권한을 부여하는 것이 바람직하다. 이렇게 하려면 조직편제와 업무분장에 관한 법제상의 제약을 완화해야 한다. 예산집행은 통제지향의 품목별 예산방식으로는 한계가 있겠으나, 일차적으로는 팀장에게 예산집행의 전결범위를 넓혀 주는 것이 필요하다. 팀장의 상급자는 팀장이 행사한 권한이 문제가 있는지를 사후에 점검하면 될 것이다.

6) 의사결정, 의사소통, 리더십의 확보

팀조직 하에서는 기존의 하향적, 폐쇄적 의사소통방식에서 개방적, 수평적, 상향적 의사소통방식으로 변해야 한다. 의사결정도 수직적인 다단계 의사결정보다는 자율과 책임에 기반을 두는 수평적이고 참여지향적인 의사결정이 필요하다. 그리고 팀장은 팀을 유기적이고 효율적으로 작동시킬 수 있는 리더십을 확립해야 한다(Kristiansen and Bloch-Poulsen, 2006).

구체적으로, 정부관료제의 경우 우선 의사소통은 현재의 명령과 보고체계를 줄이고, 횡적 의사전달방식인 회의방식을 활성화해야 한다. 특히, 민간기업의 경우처럼 다양한 방향의 의사소통 네트워크를 구축해야 한다. 이렇게 되려면 성원들의 사고와 조직분위기가 개방성과 수평적 사고를 중시하는 방향이 되어야 한다. 팀장은 팀 내의 의사소통을 촉진하는 데 관심을 두어야 한다.

팀 내의 의사결정은 팀장에게 전결범위를 넓혀주며, 팀원들에게도 가급적 많은 권한을 부여해야 한다. 그리고 결재단계를 축소함으로써 신속한 의사결정을 지원해야 한다. 호칭은 본래 팀조직에서는 팀장을 제외하고는 별도의 호칭이 없다. 그러나 현실적으로 정부관료들은 호칭에 대한 애착과 승진욕구가 강하다. 따라서 팀조직에 대한 저항을 줄이는 방편으로 호칭은 직급이나 직위 명칭을 사용하는 것이 현실적일 것이다.

리더십과 관련하여 팀장은 우선 과거의 감독자 역할에서 벗어나야 한다. 이론적으로는 성원들 간의 의사소통과 정보공유를 촉진하며, 갈등을 관리하며, 팀원들의 경력을 관리해 주며, 팀원의 능력을 신뢰하고 지원해 주는 플레잉 코치로서의 역할이 기대된다. 물론 업무에 대한 전문가로서의 역할도 필요하다(DeRue et al., 2010). 그리고 팀 활동에 필요한 인력과 예산 등의 자원을 적절하게 공급할 수 있어야 한다. 팀장의 리더십에 관한 김순양(2000)의 연구에 따르면, 정부관료들은 "합리적으로 지시하고 꼼꼼하게 감독하는 사람"보다는 "조정능력이 있고 부하의 업무수행을 지원해 주는 사람"을 선호하는 경향이 압도적으로 강하다. 따라서 팀장은 과거와 같은 지시자 내지는 감독자의 역할로부터 조정자 내지는 지원자로서의 역할로 전환해야 하며, 이를 위해서는 조직차원의 리더십 훈련은 물론, 본인 스스로의 노력이 있어야 할 것이다.

7) 적절한 인사관리체계의 구비

팀조직을 위한 인사관리체계와 관련해서는 우선 적절한 평가 및 보상체계를 구비해야 한다. 평가는 개인별 성과는 물론, 팀 전체의 성과도 적절하게 평가해야 한다. 보상체계는 개인별 차등보상은 물론, 팀 단위의 공동보상도 필요하다(McDermott et al., 1998). 다음에는 승진, 전보 등과 관련된 적절한 인사제도가 마련되어야 한다. 기본적으로 팀조직 하에서는 직급과 직책을 분리함으로써 승진적체를 해소할 수 있어야 한다. 팀조직의 중요한 장점 중의 하나가 여기에 있기 때문이다. 전보는 성원들을 전문가로 양성할 수 있는 경로에 따라 체계적으로 행해야 한다. 왜냐하면 팀조직은 팀 업무와 개인 업무를 유기적으로 통합할 수 있는 다기능 전문가를 필요로 하기 때문이다. 따라서 팀조직에서는 승진과 전보는 분리하며, 전보는 오직 성원들의 전문성을 지원할 수 있는 방향으로 운영해야 한다.

이와 관련하여, 정부관료제에서도 우선 평가체계는 연공서열보다는 능력중심의 평가체계가 확립되어 성원들의 전문성을 지원할 수 있어야 한다. 그리고 팀 전체의 성과를 평가하고 이에 따른 차등적 보상이 되어야 하며, 이를 위해서는 팀별 목표관리가 필요하다. 평가의 방향도 기존의 상사평가 중심의 단면평가를 탈피하여 다면평가를 실질화함으로써 팀원들에 대한 입체적 평가를 도모하고, 팀장에 대한 리더십평가도 강화해야 한다(Day et al., 2004). 평가는 팀장에게 많은 권한을 부여하되, 목표관리방식을 통해 자기계획을 평가에 적절하게 반영하며, 평가결과를 본인에게 공개하는 것이 필요하다. 보상은 개인별 능력에 따른 차등보상은 물론, 팀 공헌도에 따른 차등보상도 필요하다. 이를 위해서는 관련 법규의 정비가 필요하다. 승진제도는 궁극적으로는 직책과 자격을 분리하여 운영하며, 능력과 경력에 따라서 호봉과 직급은 올려주되, 호봉과 직급에 관계없이 해당직무에 적합한 사람을 임명한다. 그리고 전문직제도를 확대하여 전문가로의 승진경로를 마련해 주는 것이 필요하다.

8) 팀원들의 능력개발과 정보유통의 촉진

팀원들은 지속적인 능력개발을 도모함으로써 전문성을 축적하며, 어떠한 환경변화에도 대응할 수 있어야 한다. 따라서 성원들에 대한 적절한 능력개발체계를 구비해야 한다. 이와 관련하여 팀조직은 성원들을 전문가로 양성하는 것을 목표로 하기 때문에 직급별 교육보다는 직무중심의 교육훈련이 필요하다.

그리고 팀조직은 성원들 간의 유기적 연계와 상호의존을 중시하기 때문에 정보공유체계가 필요하다. 이를 통해 신속한 의사결정과 업무협조가 가능해진다. 그리고 팀조직의 성과에 대한 적절한 환류체계도 필요하다. 팀의 성과를 주기적으로 평가함으로써 정부관료제의 적응능력을 향상시키는 것이 팀조직의 목표이기 때문이다(Wu et al., 2008).

이와 관련하여 정부관료제에서도 이제 능력개발은 관리자교육에서 새로운 역할학습을 중시하는 전문가교육으로 전환해야 한다. 즉, 장기적인 관점에서 개인의 능력개발에 초점을 두며, 전문가를 양성할 수 있는 방향의 교육훈련이 되어야 한다. 그리고 외부 위탁교육과 현장실습 등을 강화하여 교육훈련의 내실화를 기해야 한다. 현재와 같이 승진점수를 따기 위한 용도로 이용되는 교육훈련은 문제가 있다. 그리고 정부관료들의 능력개발을 위해서는 민간전문가들과의 적극적인 대화와 토론을 장려해야 한다. 정부관료들이 관련 전문분야의 학회에 가입하고 발표나 토론에 참여하며, 학술지에 연구논문을 기고하는 등의 보다 적극적인 노력이 필요하다. 무엇보다 정부관료제는 이제 학습조직이 되어야 한다. 정부관료제 내에 학습이 일상화되는 조직분위기가 형성되고, 지식축적이 존중되고 문제해결 방식들이 잘 전승되어야 한다(Nickerson and Zenger, 2004). 이를 위해서 정부관료들 간에 업무개선 토론회, 경험공유 학습, 사례분석 모임 등을 적극적으로 장려하고 지원해야 한다.

그리고 팀원들 간에 정보를 공유할 수 있는 체계적인 지원이 있어야 한다. 정보공유는 단순한 업무협조 차원이 아니라, 체계적이고 상시적으로 개방되는 정보공유시스템에 기반해야 한다(Clarkson et al., 2007). 현재 성원들 간 혹은 고객과의 정보를 공유할 수 있는 정보공유시스템의 구축과 운영이 부실하여 정부관료들이 각기 자료와 정보를 수집하는 데 많은 시간을 허비하고 있다. 이는 행정낭비를 초래하는 것이다. 정부관료들이 동료 및 고객들과 업무정보를 공유하려는 이타적 사고를 갖도록 독려하며, 팀조직 단위로 웹사이트를 개설하여 업무정보를 상시적으로 공유하는 방안을 강구할 필요가 있다.

제6절 맺음말

전통적인 계층제에 기초한 조직형태는 지식정보화사회가 요구하는 유연성, 신속성, 개방성, 다양성 등의 가치에 대응하는 데 부적절한 점이 많다. 그리고 이러한 상황을 인식하여 탈(脫)관료제 조직의 일환인 팀조직을 도입하였다. 그러나 전반적으로 정부관료제에서의 팀조직 도입은 명칭만 팀으로 붙인 것이었지 실제 운영은 기존의 계층제조직의 작동방식과 큰 차이가 없었다. 팀조직에 부합하는 토대적 요인이 제대로 갖추어지지 않은 상태에서 대(對)국민 홍보용 내지는 시류에 편승하여 도입된 성격이 강하였다.

따라서 팀조직의 도입단위, 대상 업무 등에 대한 체계적인 고려도 없었다. 전반적인 내부운영체계와 인사제도들이 일반 계층제조직과 다를 바가 없었다. 따라서 팀조직을 도입하였지만, 팀조직의 다양한 장점을 제대로 살릴 수 없었다. 이 점에서는 팀조직을 전반적으로 도입하면서 내부운영체계나 제도적 지원체계를 과거의 부과제(部課制)와는 다른 방식으로 운영하고 있는 민간기업과는 차이가 있다.

민간기업은 최고관리자의 적극적인 관심과 지휘 하에 팀조직을 도입하였으며, 조직분위기도 대체로 변화에 대해 호의적이었다. 즉, 지식정보화사회에서 미국식 경영방식이 대세가 되면서 팀조직 도입의 불가피성을 수용하였다. 그리고 팀조직을 부(部)단위로 도입함으로써 팀을 대형화하여 실효성을 높일 수 있었다. 내부운영체계와 관련하여 팀장에게 상당한 권한을 부여하고 있으며, 의사소통도 횡적인 의사소통을 촉진하고 있다. 의사결정은 여전히 결재제도가 유효하지만 결재단계는 많이 줄었는데, 이는 팀제를 부단위에서 시행하였기 때문에 가능하였다. 팀장의 역할도 감독자의 역할이 여전히 남아있지만, 조정자나 지원자로서의 역할이 많이 가미되었다. 무엇보다도 중간관리자들이 실무 인력화하여 관리계층이 많이 축소되었다. 팀조직의 지원체계도 빠른 속도로 확립되었다. 능력중심의 평가 및 보상체계가 확립되었으며, 평가방식도 다면평가로 전환하였다. 직급체계는 단순화되고 직급과 직책의 분리가 가능해졌다. 능력개발도 직급중심에서 직무중심으로 변하고 있다.

정부관료제도 지식정보화시대의 급변하는 환경에 능동적으로 대처하고 국민들의 다양화된 서비스욕구를 충족하기 위해서는 팀조직의 재구축 및 활성화방안을 진지하게 검토해야 한다. 그 방향은 형식적이고 가시적인 것이 아니라, 팀조직의 장점을 극대화할 수 있도록 내실 있게 활용하는 것이어야 한다.

제7장

정부관료제 조직문화 개혁과 학습조직

제1절 머리말

　현재 정부관료제가 처해 있는 환경은 소용돌이의 장(turbulent field)과 같다. 정부 운영의 개방화, 투명화에 대한 압력이 쇄도하며, 경쟁과 선택의 원리를 도입하여 공공서비스의 품질과 효율성을 향상시켜야 한다는 주장도 거세다. 정부관료제가 수행하던 생산기능의 상당부분을 민간에게 위탁하지 않을 수 없게 되었으며, 정부규제의 철폐와 정부조직의 유연화에 대한 주문도 커지고 있다. 특히, 근래의 정보기술사회에서 미국의 지배력이 더욱 커지면서 공공조직의 관리방식도 능력주의에 입각한 미국식 관리방식의 영향력이 커지고 있다. 미국식 관리방식의 기본은 경쟁의 원리를 통해 조직의 생산성과 효율성을 극대화하는 것이다. 1990년대는 민간조직에서, 2000년대 이후는 정부조직에서도 본격적으로 논의되기 시작한 리엔지니어링, 리스트럭처링, 벤치마킹, 신인사제도, 전사적 품질관리(TQM), 시간기준경쟁 등 많은 혁신기법들이 모두 미국식 관리방식을 구현하려는 것들이다. 공공부문에서는 이들이 신공공관리론(New Public Management)이라는 이름 하에 유행하고 있다(Pollitt and Bouckaert, 2017).

　가시적인 생산성 향상으로 입증되기 시작한 미국식 관리방식의 유행을 정부관료제도 거스를 수 없게 되었다. 정부관료제는 이제 경쟁과 변화가 일상화된 조직이 되지 않고서는 생존이 불가능하게 되었다. 어차피 겪어야 할 변화라면 타율적으로 행하기보다는 정부관료제 스스로가 개혁의 주체가 되는 것이 바람직하다. 즉, 환자의 입장에서 의사의 처치를 기다릴 것이 아니라, 스스로 건강과

활력을 회복하는 능동적인 개혁의지가 필요한 것이다.

그럼에도 이러한 변혁의 시기에서 정부관료제는 여전히 구태(舊態)로부터 벗어나지 못하고 있다. 오래전부터 경쟁하는 행정, 서비스행정, 경영행정, 고객지향 행정, 기업가적 행정 등을 행정목표로 설정하였지만, 여전히 정부관료제는 과거의 방식을 탈피하지 못하고 있다. 아직도 정부관료에게 경쟁은 친숙하지 않은 용어이며, 정부조직은 여전히 경직적인 계층제에 집착하면서 유연성과 탄력성을 갖추지 못하고 있다. 비밀주의, 연공서열, 절차만능주의, 법규만능주의, 권의주의 등은 여전히 정부관료제의 특성을 나타내는 용어로 인식되고 있다. 이제 이러한 부정적인 이미지를 탈피하지 못하면 정부관료제는 살아남기 어렵게 되었다. 급변하는 행정환경, 무엇보다 고객인 국민들이 정부관료제의 환골탈태를 요구하고 있다(Osborne et al., 2013).

이러한 배경 하에서, 이 장은 급변하는 행정환경에 대한 정부관료제의 대처방안을 정부조직 개혁의 측면에서 제시하려는 것이다. 특히, 정부조직을 작동시키는 가장 기본적인 토대에 해당하는 조직문화(organizational culture)의 측면에 초점을 두고 정부관료제가 지향해야 할 조직문화의 방향을 제시하며, 아울러 새로운 조직문화 구축의 한 방편으로 학습조직(learning organization)의 구축방안에 대해서도 논의한다.

제2절 정부관료제와 조직문화

1. 조직문화에 대한 관심의 대두

가시적이고 외형적인 법적, 제도적, 구조적 장치들만 바꾼다고 해서 정부관료제의 개혁목표를 달성할 수는 없다. 이러한 장치들의 근간이 되는 기초적 토대가 변해야 하는 것이다. 즉, 변화, 개방, 경쟁을 두려워하지 않는 창의적이고 적극적인 조직문화를 우선적으로 형성해야 하는 것이다. 소프트웨어가 변하지 않는, 하드웨어 중심의 정부개혁은 사상누각에 불과한 것이다. 정권이 바뀔 때마다 추진된 정부개혁들이 성과를 거두지 못한 이유는 법, 제도, 구조의 개혁이라는 하드웨어 개혁에 치중하였기 때문이다.

조직문화에 대한 관심은 민간부문에서 먼저 시작되었다. 1980년대 중반 이후 미국의 경영학자들은 미국경제의 침체요인을 미국기업들이 출발 당시에 가지고 있던 강한 조직문화가 퇴색하고 있는 데서 찾고자 했다. 이후 일본에서는 사풍(社風)이라는 형태로 기업내부의 유대강화의 일환으로 조직문화에 대한 연구가 시작되었다(Schultz, 2012). 우리의 경우는 1990년대 들어 일부 대기업들에 기업문화부 등이 설치되면서 건전환 조직문화 창출이 기업의 경쟁력과 생산성 향상에 큰 영향을 미친다는 인식이 확산되었다. 그리고 민간부문에서는 조직문화에 대한 이러한 관심이 기업이미지 통합(CI, Corporate Identity)으로 나타나고 있다. 여기서 CI는 단순하게 외형적인 상징물을 조성하는 것이 아니라, 기업이념의 재구축(MI, Mind Identity), 기업이념의 시각적 표현 즉, 로고의 설정(VI, Visual Identity), 기업이념의 행동양식으로의 확산(BI, Behavior Identity)이라는 세 가지 요소의 복합적 실체이다(Frandsen and Johansen, 2011). 말하자면, 민간부문에서는 점차 삶의 질과 일 자체에 대한 관심이 증대하고, 신입직원들의 이직이 증가하는 상황에서 전통적인 관리방식으로는 성원들의 만족감도 조직의 생산성도 향상시킬 수 없다는 판단 하에, 조직문화에 대한 관심이 나타난 것이다.

2. 조직문화의 의의

조직문화의 개념에 대해서는 다양한 정의들이 있으나, 대체로 조직문화는 조직성원들이 공유하는 가치관과 신념, 이념과 관습, 규범과 전통, 그리고 지식과 기술을 포함하는 종합적인 개념으로, 조직성원들의 행동에 영향을 주는 기본요소를 의미한다(Denison et al., 2014). 조직문화는 오랜 세월에 걸쳐서 형성된 조직특유의 성격으로 이에 대한 연구가 활성화된 것은 "조직을 움직이는 것은 결국은 사람이다"는 가정 즉, 사람이 결국은 조직의 생산성을 좌우한다는 것을 깨달은 결과이다(Alvesson, 2012).

조직문화는 조직분위기(organizational climate)와는 상이한 개념이다. 조직분위기는 구성원들의 심리적 자각에 비중을 두는 개념인 데 비해, 조직문화는 조직전체의 문화적 성격에 초점을 둔다. 즉, 조직문화는 조직구성원과 전체조직의 행동에 영향을 미치는 기본가치와 전제를 강조하며, 조직성과의 향상을 위한 구성원과 전체조직의 행동개발을 강조한다. 따라서 조직문화는 조직분위기보다 포괄적인 개념으로, 조직의 객관적인 작업환경에 영향을 미치는 기본적인 전제가 되는 것이다. 이에 비해 조직분위기는 조직문화를 반영하는 표출물이며, 조직성원 개개인의 인지와 자각에 초점을 둔다(Ehrhart et al., 2013).

조직문화는 다양한 기능을 수행한다. 첫째, 조직문화는 구성원들에게 조직에 대한 정체성(identity)을 심어준다. 즉, 조직문화를 공유함으로써 구성원들 간에 동질감을 갖게 되는 것이다. 둘째, 조직에 대한 충성심과 몰입을 높여준다. 조직문화는 구성원들의 행위에 대해서 정당성을 부여함으로써 조직을 결속시키고 협력 체제를 강화시켜 주는 것이다. 셋째, 조직문화는 성원들의 행동에 대한 표준을 제공함으로써 조직의 통합을 촉진한다. 넷째, 조직문화는 조직의 안정성과 계속성을 증진하는 수단이 된다. 즉, 강한 조직문화의 특성이 나타나는 조직에서는 이직률과 결근율이 비교적 낮다는 실증적 연구가 적지 않다(Schultz, 2012). 다섯째, 조직문화는 조직성원들의 행위를 지도하고 형성시키는 의미부여 및 통제기재의 기능을 수행한다. 조직문화는 구성원들에게 행동지침을 제공하고 게임규칙을 설정해 주며, 행동에 일관성을 부여해 준다.

물론, 조직문화가 긍정적 기능만 수행하는 것은 아니다. 자칫 조직문화는 조직의 경직성을 초래하며 조직효과성을 저해할 수 있다. 뿐만 아니라, 현상유지적 조직문화는 개혁에 대한 제약요인이 된다. 그리고 조직문화는 개인적 창의성을 개발하는 데 장애가 될 수 있다. 따라서 우리가 정부개혁을 위한 근간으로 조직문화를 논의하는 것은 조직문화가 초래할 수 있는 역기능을 불식하고, 건강한 조직문화를 형성함으로써 개방과 개혁을 능동적으로 추진하기 위한 것이다(Glisson, 2007).

조직문화는 구성원들의 인식수준을 기준으로 세 가지 요소로 구성된다. E. Schein(2010)은 조직문화를 세 개의 계층으로 나누었는데, 제1계층은 조직의 기본전제로 조직성원들이 인식하지 못하는 선험적 가치이다. 즉, 조직성원들이 당연한 것으로 받아들이는 기본적 믿음이다. 예로서, 기업조직은 수익을 창출해야 한다는 것과 정부조직은 공익을 추구해야 한다는 것은 각 조직성원들의 당연한 믿음이다. 제2계층은 가치이다. 이는 성원들이 일반적으로 인식하고 있는 행동지침으로 기본적인 믿음이 표출된 것이다. 제2계층은 제3계층의 가시적 수준의 인공적 창조물을 지배하는 요소로 "어떻게 해야 한다"는 당위성을 내포하는 개념이다. 제3계층은 인공물과 창조물(artifacts and creation)이다. 이는 표면적으로 나타나고 눈으로 볼 수 있는 물질적, 상징적, 행동적인 인공물로서, 가치가 표출되어 만들어진 것이다. 기술, 제품, 도구, 규칙, 문서, 의례, 행동유형 등이 그것이다(Hogan and Coote, 2014).

3. 조직문화의 유형

조직문화를 유형화할 때는 단순하게 조직문화 자체의 존재 여부를 중심으로 강한(strong) 조직문화와 약한(weak) 조직문화로 구분하기도 하며, 혁신적 조직문화와 보수적 조직문화, 개방적 조직문화와 폐쇄적 조직문화, 인간중심적 조직문화와 과업중심적 조직문화 등으로 구분하기도 한다. 그러나 보다 구체적으로 구분하기 위해서는 몇 가지의 변수를 도입하는 것이 필요하다. T. Deal and A. Kennedy(1982)는 조직활동과 관련한 위험추구 정도와 결과에 대한 환류 속도라는 두 가지 차원에 따라 조직문화를 네 가지로 유형화하였다(Ogbonna and Harris, 2002; Willcoxson and Millett, 2000).

첫째 유형은 '일 잘하고 잘 노는 문화'(work hard/play hard culture)이다. 이러한 조직문화는 팀워크를 중시하고 통합을 위한 의례(儀禮)를 많이 가진다. 그리고 친절하고 우호적인 사람을 높이 평가한다. 두 번째 유형은 '거친 남성문화'(tough guy, macho culture)이다. 이러한 조직문화에서는 높은 위험을 부담하며 결과를 신속하게 알게 된다. 그리고 인내심보다는 속도가 중시된다. 따라서 장기적인 투자나 계획은 어렵게 된다. 또한 개성이 강한 자를 높이 평가하기 때문에 응집력이 있는 조직문화를 구축하기는 어렵다. 세 번째는 '과정문화'(process culture)로서, 위험추구 정도가 낮으며 환류속도가 느리다. 성원들은 자기가 하는 일의 결과를 알기 어렵고, 일의 과정이나 절차에 집중한다. 기술적 완벽성을 지향하며, 질서 있고 세밀한 사람을 존중한다. 전통적인 정부관료제의 문화는 대체로 여기에 가깝다. 네 번째 유형인 '운명을 거는 문화'(bet-your company culture)는 위험추구 정도는 높으며, 환류속도는 느리다. 올바른 의사결정이 중요하므로 신중성이 강조되며, 기술적 권위와 능력을 가진 사람이 존중된다.

D. Denison and G. Spreitzer(1991)는 조직문화에 영향을 미치는 조직환경과 이에 대한 조직의 적응행동을 중심으로 조직문화를 네 가지로 유형화하였다. 첫째, 위계문화는 조직내의 통일성을 중시하고 안정성과 조정을 강조한다. 그리고 규칙의 준수를 독려한다. 리더는 보수적이고 통제지향적이다. 둘째, 합리문화는 조직의 생산성, 성과와 능률, 목표달성을 강조한다. 리더는 지시적이고 목표지향적이며, 기능적인 성향이 강하다. 셋째, 집단문화는 인간관계에 일차적인 관심을 두며, 유연성과 내부통합을 중시한다. 그리고 집단문화가 강조하는 가치는 집단보존이다. 리더는 온정적이며, 성원들 간의 신뢰와 팀워크가 중시된다. 마지막으로, 개발문화는 유연성과 변화를 강조하며, 조직의 성장과 외부환경에 대한 적응을 중시한다. 이러한 조직문화 속에서 리더는 기업가정신을 표방하며, 위험을 기꺼이 감수하고자 한다.

　　R. Quinn은 조직은 서로 모순되는 가치들을 동시에 충족시킬 수 있어야 높은 성과를 가져올 수 있다고 주장하면서, 조직문화를 내부통합지향성과 외부지향성, 신축성과 질서중시라는 두 축의 변수를 도입하여 조직문화를 역시 네 가지로 유형화하였다. 이는 기본적으로 전술한 Denison and Spreitzer의 조직문화 유형화와 맥락을 같이한다. 첫째, 위계질서문화는 내부통합지향성과 질서중시의 두 변수가 결합된 것이다. 공식적이고 영속적인 것을 중시하며, 예측가능성을 선호한다. 그리고 빈틈없는 계획을 강조한다. 둘째, 생산중심문화는 외부지향성과 질서중시가 결합된 것으로, 경쟁을 지향하고 생산성을 중시하며, 업적에 대한 평가와 감독을 강조한다. 셋째, 인적자원문화는 내부통합지향성과 신축성의 두 변수가 결합된 것으로, 가족과 같은 운명공동체, 구성원에 대한 배려, 팀워크와 합의를 강조하는 조직문화의 유형이다. 마지막으로, 개방체제문화는 외부지향성과 신축성이 결합된 것으로, 도전적이고 위험을 감수하고자 하며, 성원들 간의 차별성을 부각시키며, 혁신과 자유를 존중한다(Cameron and Quinn, 2011; Gray and Densten, 2005).

　　이상에서 조직문화에 관한 다양한 유형들을 소개하였는데, 어느 하나의 유형만이 강조되면 오히려 부정적 결과가 초래될 수 있다. 예로서, 생산성을 지나치게 중시하면 조직성원들 간의 팀워크가 붕괴될 수 있다. 따라서 각 문화유형들 간에 적절한 균형을 유지하는 것이 바람직하다.

지금까지 정부관료제는 조직문화에 대한 관심도 거의 없었지만, 있었더라도 어느 한 방향에 치우쳐 있었다. 우선 Deal and Kennedy의 유형화에 따르면 과정문화의 속성이 지나치게 강했다. 따라서 위험부담을 감내하기보다는 현실에 안주하고 무사안일적이며, 일의 절차에 치중하여 번문욕례(red tape) 현상을 유발하였으며, 업무성과는 환류가 되지 않거나 매우 느렸다. 따라서 정부관료제는 비밀주의, 폐쇄성, 안정지향성, 절차중시의 성향이 강하였다. 이러한 조직문화 속에서는 경쟁을 통한 생산성 향상과 공공서비스의 품질제고는 주요 관심대상이 되지 못하였다. 다음에 Denison and Spreitzer와 Quinn의 유형화에 입각할 경우에는 그동안의 정부관료제의 조직문화는 주로 위계문화(Quinn의 위계질서문화)의 속성이 강했으며, 부분적으로는 집단문화(Quinn의 경우는 인적자원문화)의 속성도 강하였다. 즉 안정성, 통제, 질서를 강조하는 기계적 조직구조의 속성이 강했으며, 외부와의 경쟁을 지향하기보다는 내부지향적이고 체제유지적인 속성이 강했던 것이다. 그러나 정부관료제의 이러한 조직문화는 지금과 같은 변화와 개혁의 시대에는 바람직하지 않다. 보다 유연하고 경쟁적인 조직문화의 구축이 필요하다.

4. 조직문화의 개발과정

정부관료제의 조직문화에 대한 바람직한 방향이 설정되었으면, 다음에는 조직문화를 변화시키기 위한 구체적인 전략을 수립해야 한다. 과거에는 조직문화를 주어진 것으로 인식하였으나, 오늘날은 조직문화는 얼마든지 전략적으로 변화시킬 수 있는 것으로 인식하고 있다(Deal and Kennedy, 2008).

조직문화의 개발과정은 크게 네 단계로 구성된다. 첫째 단계는 진단과 목표설정의 단계이다. 즉, 조직문화를 변화시키기 위한 준비단계로 현재 조직문화의 문제점을 진단하고 바람직한 조직문화는 어떠한 것이어야 하는지를 결정하는 것이다. 그리고 이 단계에서는 행동계획을 수립하고 상황을 철저하게 분석해야 하며, 조직문화 개발에 관한 최고위층의 결단과 공약을 표방해야 한다. 두 번째 단계는 분위기 조성의 단계이다. 즉, 조직성원들이 교육훈련과 토의를 통해 새로운 가치에 대한 공감대를 형성해야 한다. 이 경우의 새로운 공유가치는 과거지향적이거나 현상유지여서는 안 된다. 세 번째 단계는 조직문화 개발단계이다. 개인, 집단, 조직전체 수준의 바람직한 행동양식을 개발하고, 새로운 조직문화에 적합한 조직구조를 설계해야 한다. 현재 정부관료제가 처해 있는 환경 등을 고려할 때 정부조직 구조는 보다 수평적인 형태로 재설계하는 것이 바람직하며, 인력관리 방식은 능력개발을 도모하는 방식으로 전환하는 것이 필요하다(Maheshwari, 2002). 마지막 단계는 조직문화의 효과를 측정하고 평가하는 단계이다. 이 단계에서는 진행과정의 문제점을 점검하고 추가대책을 논의하며, 부족한 부분을 수정·보완해야 한다(Zheng et al., 2009).

정부관료제 조직문화의 개발과정은 대체로 이러한 단계들을 따르되, 구체적으로는 환경요인의 분석, 현행 조직문화의 진단과 평가, 바람직한 실행전략 마련, 바람직한 조직문화의 내용과 구조 확정, 조직문화에 대한 교육훈련과 워크숍 개최, 조직문화 실행프로그램 시행 등의 절차를 따르게 될 것이다.

제 3 절   정부관료제와 학습조직

1. 학습조직 개념의 등장배경

"아는 것이 힘이다"라는 말은 개인에게만 해당하는 것이 아니라, 정부관료제에도 해당하는 것이다. 지금처럼 급변하는 환경 하에서 정부관료제가 살아남기 위해서는 새로운 지식, 사고, 행동을 학습하고 같은 실수를 반복하지 않아야 한다. 이를 위한 정부관료제의 혁신은 단기적 대응책으로는 효과를 거두기가 어려우며, 지속적인 학습과 변화가 필요하다. 학습이 일상화되어야 정부관료제는 변화에 적응하고 고객의 요구에 부응할 수 있다. 이러한 학습조직의 필요성은 국민들과 접점에 있는 일선관료제에게 더욱 절실하다.

학습조직이라는 개념이 보편적으로 논의되기 시작한 것은 1990년 P. Senge의 저서 <The Fifth Discipline>이 발표되면서부터인데, 이후 이 개념이 주목을 받게 된 배경은 다음과 같다. 첫째, 환경이 급변하고 기술혁신이 가속화되는 상황 하에서 환경적응 능력과 신기술 습득 능력이 뛰어난 조직만이 생존할 수 있게 되었다. 이를 위해서 조직은 부단한 학습을 통한 자기변화가 필요하게 되었다. 둘째, 리엔지니어링, 다운사이징 등 하드웨어 중심의 단기적인 경영 혁신기법들만으로는 조직전체의 장기적이고 전략적인 계획을 도모할 수 없다는 인식이 확산되었다. 이에 따라 소프트웨어 중심의 보다 장기적인 경영혁신기법인 학습조직에 대한 관심이 높아졌다. 셋째, 미래지향적 관점에서 조직성원들의 참여를 조장하고 성원들의 창의성을 극대화시킬 필요성이 증대하였다. 이에 부합하는 것이 학습조직이다. 넷째, 지식의 중요성에 대한 인식이 높아졌다. 이제 지식의 부가가치가 토지, 자본, 노동을 훨씬 능가하고 있다. 지식을 과업과 연계시켜 활용할 수 있는 능력이 조직과 개인의 경쟁력을 좌우하는 요인이 되었다. 다섯째, 지식과 기술이 급변하는 시점에서 인적 자원의 효율적인 활용이 조직의 생산성 향상에 중요한 영향을 미치게 되었다. 이러한 인적 자원의 잠재적 능력을 극대화하기 위해서는 조직학습을 일상화하지 않으면 안 되게 되었다. 여섯째, 새로운 것을 배우는 문화를 체질화하지 않으면 치열한 경쟁에서 살아남기 어렵게 되었다. 이제 조직은 공사부문을 막론하고 끊임없이 학습하지 않으면 생존자체가 위협받게 되었다. 마지막으로, 조직구성원들 역시 학습을 통해 창의력을 도모하고 자아실현을 하려는 욕구가 높아지고 있다. 구성원들의 이러한 욕구를 충족시켜주기 위해서는 학습을 장려하고 조장해야 하는 것이다. 이러한 이유들로 인하여 현재 학습조직 관점은 조직혁신을 위한 쟁점으로 부상하고 있다 (Harrison and Leitch, 2000; Senge, 2006).

2. 학습, 조직학습, 학습조직

학습조직의 개념을 이해하기 위해서는 학습의 개념을 먼저 이해해야 한다. 학습(learning)은 환경변화를 지각하고 이에 반응하는 과정에서 발생하는 것으로, 새로운 행위능력을 더하거나 기존의 것을 재조합하는 것이다(Flood, 2002). 학습을 위해서는 외부환경과 부단하게 상호작용을 하는 개방성이 필요하며, 다양한 정보를 저장할 수 있는 기억능력이 있어야 한다. 학습은 단지 무엇을 배운다는 소극적 의미가 아니라, 변화에 적응하고 나아가서는 변화를 선도하는 것까지를 포함하는 적극적인 개념이다. 그리고 학습은 개인행동에서부터 시작하는데, 이러한 개별학습 행위가 조직 내에 확산되어 더 이상 특정 개인에게만 국한되지 않을 때 조직학습이 발생하는 것이다(Senge, 2014).

조직학습(organizational learning)은 어떤 조직이 환경에 대한 적응성을 제고하기 위해 새로운 지식, 가치, 신념, 능력 등을 탐색, 획득, 사용하는 과정이다. 조직학습이 되기 위해서는 개인학습이 선행되어야 하지만, 개인학습이 되었다고 해서 자동적으로 조직학습이 되는 것은 아니다. 따라서 개인학습은 조직학습을 위한 필요조건이지만, 충분조건은 아니다. 개인학습이 조직학습으로 전환하기 위해서는 한 사람의 행동변화가 조직 내의 다른 사람의 행동변화에 영향을 미쳐야 한다. 따라서 조직 내의 의사소통이 원활해야 하며, 조직의 개방성과 투명성이 확보되어 정보의 획득과 전파가 용이해야 한다. 그리고 개인학습을 조직학습으로 통합해 주는 기재가 마련되어야 한다(Schwandt and Marquardt, 1999). 이러한 조직학습이 습관적으로 반복되는 차원에까지 이르렀을 때 이를 학습조직이라고 한다.

Senge(2014)는 학습조직(learning organization)을 "조직성원 모두가 자신들이 달성하고자 하는 결과를 얻기 위하여 내부능력을 끊임없이 키우는 조직, 함께 학습하는 것을 끊임없이 배우는 조직"으로 규정하고 있으며, D. Garvin(2003)은 지식을 창출·획득·보급하는 데 능숙한 조직, 새로운 지식과 통찰력을 반영하여 행동을 수정하는 데 능숙한 조직, 잘못된 지식을 폐기하는 데 능숙한 조직을 학습조직이라고 정의하고 있다. 따라서 학습조직은 현재의 성공에 만족하기보다는 끊임없이 실험하는 조직이며, 과거의 행동유형에 집착하기 보다는 새로운 행동방식을 고안하는 조직이며, 문제제기를 꺼려하기 보다는 장려하는 조직이며, 침묵보다는 건설적인 논쟁을 장려하는 조직이다. 학습조직이 되기 위해서는 고객으로부터 학습하며, 우수한 경쟁조직의 업무기술을 벤치마킹하여 학습하며, 조직구성원들 상하 또는 수평 간에 상호 학습하는 것이 일상화되어야 한다(Laszlo and Laszlo, 2007). 그리고 학습조직은 역으로 개인학습과 조직학습을 촉진하게 되며, 그 결과 조직성원들을 그의 인생 전반에서 학습인으로 되게 하는 선순환의 고리를 만든다.

학습조직은 풍선과 같아서 학습한 내용이 많을수록 학습해야 할 영역 또한 증대되어 학습의 필요성을 더 절감하게 되며, 그 결과 더욱 빨리 학습조직화되는 경향이 있다. 그리고 학습조직에서는 습관적으로 학습이 반복되므로 어느 시점에서 학습조직이 완료되었다고 말할 수는 없다. 따라서 학습조직은 끝없이 추구하고 가까이 가기를 원하는 일종의 이상형이다. 또한 학습조직은 효과가 느리게 나타나기 때문에 단기적인 문제해결기법들에 비해서 효용성이 저평가되는 경향이 있다. 따라서 학습조직이 정착되기 위해서는 장기적인 안목을 가진 리더십 역할이 중요하다(Garvin, 2003). 그리고 학습조직에서는 스스로의 경험, 과거의 자료, 새로운 실험, 다른 조직으로부터의 학습 등 다양한 방법을 통해서 지속적으로 학습하고자 하며, 새로운 지식을 신속하고 효과적으로 조직전체에 전파하여 아이디어와 정보를 폭넓게 공유하고자 한다. 실수와 시행착오를 두려워하거나 질책하지 않으며 오히려 이로부터 배우고자 하며, 일정 기간 내에 임무를 완료하는 것이 아니라, 지속적인 학습과정을 통해 계속적인 변화를 도모한다(Senge, 2006, 2014). 구성원들의 잠재능력을 개발하고 다양한 견해를 수용하며, 대화를 장려한다. 구성원들은 위험부담을 기꺼이 감내하는 적극적이고 도전적인 자세를 가지며, 구성원 모두의 적극적인 참여를 조장하며, 학습을 촉진하는 보상체계를 수립한다. 이러한 점들에서 전통적인 관료제조직과는 큰 차이가 있다(Harrison and Leitch, 2000).

3. 조직학습의 방법과 단계

개인이나 조직이 학습을 하는 방법은 다양하다. 가장 손쉬운 것이 경험학습(experiential learning)이다. 이는 과거의 경험이 지식과 능력으로 전환되는 것이다. 경험이 축적됨으로써 성원들의 능력이 증대하는데, 이를 위해서는 경험 중에서 성공한 것과 실패한 것을 검토하고 이를 체계적으로 평가해야 한다. 다음에는 실험학습(experimental learning)의 방법이 있다. 이는 새로운 실험적 행동으로부터 계획적으로 학습하는 것으로 새로운 기회를 모색하고 조직의 활동영역을 확대하는 데 이용된다. 이를 위해서는 새로운 행동의 시도를 관용하는 조직분위기가 조성되어야 한다. 그리고 대리학습(vicarious learning)이 있다. 이는 다른 조직들의 성공적인 업무수행을 참고하여 수용함으로써 학습하는 것이다. 즉, 경쟁적인 조직들의 전략적 행동이나 신기술의 도입을 관찰하고 모방하는 학습이다. 대리학습은 모방뿐만 아니라 창조도 가능하게 한다. 즉, 대리학습을 통해서 타 조직보다 더 나아질 수도 있다. 벤치마킹(benchmarking)은 대리학습의 한 형태로서, 조직의 능력을 향상시키기 위해 우수한 조직의 성공사례를 평가하고 학습하는 것이다. 마지막으로 공유를 통한 학습(learning by sharing)이 있다. 이는 조직의 하위단위나 개인이 갖고 있는 부문적 지식을 의도적으로 노출시키고 이를 재구성하거나 공유하게 함으로써 발생하는 학습이다. 즉, 조직 내의 특정 개인이나 집단이 가지고 있는 신념, 지식, 전략, 정보 등을 적절한 기재를 통해서 조직의 전체성원이 공유하는 과정이다. 이를 위해서는 조직 내의 의사전달이 용이하고, 적절한 교육제도가 구비되어야 하며, 전략적 순환보직 등의 지식전달체계가 필요하다(Lewis, 2003; Linnenluecke and Griffiths, 2010).

조직학습은 대체로 지식창출단계, 지식공유단계, 지시저장단계, 지식폐기단계라는 순환과정을 거친다(Deal and Kennedy, 2008; Gray and Densten, 2005). 첫째, 지식창출단계는 개인이나 조직 내 특정 집단이 새로운 지식을 습득하는 단계이다. 지식을 창출하는 방법은 다른 조직으로부터의 학습, 과거의 실패나 성공 경험으로부터의 학습, 실험을 통한 학습, 문제해결을 통한 학습 등 다양하다. 이 단계에서는 개인의 지적인 호기심과 조직성원들 간의 의사소통이 중요하다. 둘째, 지식공유단계에서는 창출된 지식을 조직 내의 다른 개인이나 집단과 공유하게 된다. 따라서 정보와 지식의 공유를 위한 신뢰성을 확보하고 정보공유체계를 구축하는 것이 중요하다. 셋째, 지식저장단계는 조직 전체에 공유된 지식을 공식화하며 항구적인 사용이 가능하도록 저장한다. 이 단계에서는 조직성원들이 업무수행과정에서 쉽게 사용할 수 있도록 지식을 체계적으로 분류하여 저장한다. 넷째, 지식폐기단계는 기존의 지식 중에서 불필요한 지식을 폐기하는 단계이다. 그러나 변화에 대한 두려움, 기존지식의 상실에 따른 위기감 등으로 지식폐기에 저항할 수 있다.

4. 학습조직의 구축단계

조직 전체적으로 학습하는 것 즉, 조직학습이 일상화된 조직인 학습조직을 구축하기 위해서는 일반적으로 준비단계, 변화단계, 동결단계의 세 단계를 거치는 것이 바람직하다. 우선 준비단계는 변화를 준비하기 위해서 현재의 태도와 행동 가운데서 잘못된 부분들을 확인하는 단계이다. 이 단계에서는 변화에 대한 구성원들의 저항을 극복하고 적극적인 참여를 유도해야 한다. 이를 위해서는 적정수준의 긴장과 위기의식을 조성하는 것도 필요하다. 즉, "이대로는 안 된다"는 공감대를 형성하여 자기 허물기에 들어가야 한다. 주의할 것은 위기의식을 지나치게 조장하면 오히려 역효과가 있다는 점이다. 왜냐하면 높은 수준의 위기의식을 극복하고 나면, 조직이 자칫 자만과 나태에 빠지기 쉽기 때문이다. 그리고 이 단계에서는 새로운 학습조직의 비전을 만들고 이를 조직 전체에 공포하는 것이 필요하다(Alvesson, 2012).

변화단계는 인력, 구조, 기술 등의 모든 면에서 실질적 변화를 일으키는 단계이다. 변화는 중간수준을 기점으로 해 위·아래로 혁신의 물결이 퍼져 나가도록 하는 것이 좋다. 학습은 자발적이어야 하므로 명령·지시적으로 되어서는 안 되며, 개개인을 중심으로 학습조직이 구축되는 것도 바람직하지 않다. 왜냐하면 학습조직이란 개개인의 학습역량 유무보다는 조직전체에 확산·공유되어 있는 집합적인 학습능력 유무가 중요하기 때문이다(Ehrhart et al., 2013).

동결단계는 변화를 통해서 형성된 새로운 가치관, 태도, 행동을 강화함으로써 항구적인 조직역량을 정착시키는 단계이다. 일회적인 적응과 위기극복에 만족하여 다시 이전의 상태로 회귀하지 않도록 학습행위가 조직문화로 정착되도록 유도해야 한다. 그리고 이 단계에서는 학습조직의 성과가 발현되어야 하며, 이를 측정할 수 있어야 한다. 또한 정기적인 조직진단을 통해 모니터링과 환류가 발생해야 한다(Schein, 2010).

5. 학습조직의 성공요건

학습조직이 성공적으로 뿌리내리기 위해서는 다양한 요건들이 충족되어야 한다. 우선 조직 내의 권한부여(empowerment)를 통해 구성원들의 창조성을 이끌어 내어야 한다. 그리고 아이디어, 지식, 경험의 전파와 공유가 가능하도록 개방적이고 수평적인 의사소통체계를 구축해야 한다. 또한 실패와 성공을 체계적으로 평가하고 기록하여 모든 구성원들이 참고할 수 있게 해야 한다.

P. Senge는 학습조직이 성공하기 위한 다섯 가지 요건을 제시하고 있다,

첫째는 시스템적 사고이다. 즉, 학습조직이 성공하기 위해서는 조직성원들의 근본적인 발상전환이 필요하다. 사물에 대한 단선적이고 평면적인 접근태도를 버리고, 문제를 전체적인 유기체로서 파악하는 것이 필요하다. 사안을 판단할 때 인과관계들 간의 고리를 연결하여 총체적으로 파악할 수 있어야 한다. 둘째, 개인적인 숙련이 필요하다. 열린 생각을 하도록 스스로 노력 하며, 자아실현을 위해 자신의 비전을 명확하게 하고 집중력을 기르며, 현실을 객관적으로 볼 수 있도록 훈련을 해야 한다. 셋째, 정신적 모형(사고모형)이 필요하다. 사물에 대한 종합적인 인식을 해야 하며, 이를 위해 기존의 선입견을 버려야 한다. 개인들 간의 관계를 어떻게 개선하여 상호이해의 폭을 넓힐지를 사고해야 한다. 넷째, 비전을 공유해야 한다. 조직 전체에 걸쳐 목표, 가치, 사명 등에 대한 공감대가 형성되어야 하는데, 이를 위해서는 리더의 역할이 중요하다. 그리고 개인의 비전과 공유비전을 조화시켜 개인들로 하여금 공유비전에 몰입하게 해야 한다. 다섯째, 팀 학습(team learning)이 되어야 한다. 학습조직이 되기 위해서는 성원들 간에 팀워크가 필요하며, 이를 위해서는 의사소통이 중요하다(Garvin, 2003; Senge, 2006, 2014).

제4절 정부관료제의 조직문화 형성과 학습조직 구축

1. 정부관료제의 조직문화 형성 전략

현재와 같은 위계적이고 현상유지적인 조직문화로는 변화와 개혁에 대한 국민들의 요구에 부응하기 어려우며, 급변하는 행정환경에 탄력적으로 대처하기 어렵다. 보다 개방적이고 유연하며, 경쟁지향적인 조직문화를 형성해야 한다. 보다 바람직한 방향으로 정부관료제의 조직문화를 형성하기 위한 구체적 전략을 제시하면 첫째, 최고관리층의 리더십이 무엇보다 중요하다. 최고관리층은 조직성원들의 행동변화를 자극하고 새로운 비전과 이념을 제시해야 한다. 따라서 최고관리층은 개방적이고 미래지향적인 사고를 가져야 하며, 현상유지자가 아닌 변화주도자로서의 역할을 수행해야 한다(Salaman, 2005).

둘째, 국장이나 과장 등의 중간관리층의 역할 또는 어느 때보다 중요하다.

이들은 조직문화 개발의 세부목표를 설정하며, 추상적인 조직문화를 이해하여 업무현장에 구체적으로 적응시킬 수 있어야 한다. 즉, 중간관리층은 새로운 조직문화의 개발과정에서 최고관리층과 하급 정부관료들 사이에서 연결고리(linking pin)의 역할을 잘 수행해야 한다(Mantere, 2008).

셋째, 하급 성원들의 입장에서는 도전의식을 일상화하며, 일에 대한 집념과 노력을 강화해야 한다. 그리고 학습과정을 통해서 지속적인 자기개발을 도모하며, 고정관념을 탈피할 수 있는 열린 자세가 필요하다. 개방과 개혁을 적극적으로 수용하며, 최고관리층과 중간관리층 그리고 다른 성원들과 협력하는 자세가 필요하다.

넷째, 원활한 의사소통이 장려되어야 한다. 조직문화는 오랜 시간에 걸쳐 형성되는 것이다. 이 과정에서 쌍방향적 의사소통 통로가 개설됨으로써 조직성원들 간의 이해를 증진할 수 있으며, 조직문화의 전파가 용이해진다. 의사소통을 활성화하기 위해서는 조직성원들의 참여를 적극적으로 조장하고, 조직성원들이 솔직하고 개방적인 태도를 배양하는 것이 필요하다(Pollitt, 2009).

다섯째, 계획적으로 변화를 유도한다. 본래 조직문화의 개발은 자발적으로 그리고 부지불식간에 이루어지는 것이 이상적이다. 그러나 실제에서는 적절한 충격과 의도된 계획이 필요하다. 그리고 적정수준의 긴장감을 조성할 필요도 있다. 의도적으로 위기의식을 조성하는 것이다. 따라서 조직문화의 개발과정에서는 외부전문가를 참여시키거나, 수시로 다른 조직들의 상황과 비교를 행하는 것 등이 필요하다(Cameron and Quinn, 2011). 예로서, 민간기업의 성공적인 조직문화 개발 사례를 공유하는 등의 자극이 필요하다.

여섯째, 조직성원들에 대한 적절한 교육훈련이 필요하다. 조직문화의 개발목표를 교육을 통해서 성원들에게 주지시켜야 하며, 필요하다면 전체적인 관리자 교육도 실시해야 한다. 이 과정에서 중요한 것은 주입식 교육보다는 창조적인 벤치마킹을 중시하는 것이다. 민간기업에서는 오래전부터 신바람운동, 활력경영운동, 행동변화운동, 전사적 혁신운동, 한마음운동 등 다양한 명칭의 조직문화 개발을 전사적으로 시행하고 있다. 또한 교육훈련 과정에서 중요한 것은 단기효과를 기대하기보다는, 교육결과를 실천에 옮길 수 있는 역량을 개발하고 의욕을 자극하는 것이다(Deal and Kennedy, 2008).

일곱째, 조직문화를 유지하고 강화하기 위한 방안을 모색한다. 적절한 상징을 개발하여 변화된 조직문화를 성원들이 실감하게 하며, 자기반성의 기회를 지속적으로 제공해야 한다. 또한 적절한 보상제도를 마련하여 변화된 조직문화에 적응한 성원들에 대해서는 선별적인 인센티브를 주어야 한다(Gray and Densten, 2005). 이렇게 해야만 조직문화가 긍정적으로 강화될 수 있다.

여덟째, 변화된 조직문화에 적합한 인력을 충원한다. 창의적이고 도전적인 자세를 갖춘 인력을 충원해야 정부관료제의 조직문화가 지속적으로 건강성을 유지할 수 있다. 그리고 신규인력들은 기존의 성원들에 대해서 자극제의 역할을 수행할 수 있다. 이 점에서 현행의 정부관료 충원방식은 '평균적 모범인'을 선발하는 데 특화된 제도이다. 따라서 실적제도의 근간을 흔들지 않는 범위 내에서 보다 다양한 충원방식을 도입해야 하며, 특히 면접제도를 보다 실질적으로 운영할 수 있는 방안을 모색해야 할 것이다.

2. 정부관료제의 학습조직 구축방안

조직의 모든 성원들이 학습하는 행위를 일상화한 학습조직이 구축되려면 근본적으로 조직의 전략 면에서 학습을 중시하고, 성원들의 참여를 조장해야 한다. 뿐만 아니라, 의사소통을 활성화되고 적절한 보상제도를 마련해야 한다. 조직 전체적으로 학습하는 분위기가 조성되어야 한다(Cavaleri, 2008). 정부관료제에 학습조직을 구축하는 데 필요한 방안들을 제시해 보면, 첫째, 정부관료제가 지향하는 가치체계를 재조정해야 한다. 기존의 정부관료제는 능률성과 생산성이라는 가치를 중시하였다. 이를 위해 통제지향의 계층제조직을 구축하였다. 그러나 학습조직은 새로운 지식을 창출하고 축적하여 변화된 행정환경에 대응할 수 있는 능력을 중시하는 것이다. 따라서 다소의 중복과 시행착오에 대해 관용이 있어야 하며, 조직성원들 간에 대화와 협력을 촉진해야 한다(Laszlo and Laszlo, 2007).

둘째, 학습을 통해서 구성원들의 자아실현을 도모하고 조직의 목표달성에 기여하도록 해야 하는데, 이를 위해서는 성원들의 잠재능력을 개발하도록 유도하며, 업무수행에서의 실수도 학습의 기회로 활용해야 한다. 그리고 구성원들 스스로가 학습내용을 계획, 집행, 평가할 수 있게 하며, 구성원들에게 자기경험을 발표할 기회를 제공한다.

셋째, 학습의 성과에 대한 적절한 보상체계를 마련해야 한다. 이를 위해서 구성원들의 조직학습에 대한 공헌정도를 구성원 평가항목에 포함하는 방안을 강구하며, 장기적으로는 정부조직 관리의 기준을 직무중심에서 지식중심으로 전환하는 방안을 강구해야 한다(Flood, 2002).

넷째, 학습을 촉진하는 조직문화를 유지해야 한다. 선의의 실수를 비난할 것이 아니라, 실수를 허용하고 심지어는 실수 자체를 권장해야 한다. 그리고 창의성, 경험, 협력, 신뢰성, 개방성 등이 존중되는 조직문화가 되어야 한다. 선진조직에 대한 정보를 부단히 유포시킨다(Garvin, 2003).

다섯째, 수평적 조직구조의 도입을 촉진한다. 복잡한 문제를 해결하는 데는 집단지식을 활용하는 것이 보다 효과적이다. 따라서 협력적 문제해결을 지향하는 수평적이고 동태적인 조직구조가 학습조직을 구축하는 데 보다 유리하다. 즉, 수평적 의사소통, 성원들 간의 밀접한 상호작용, 자율적 관리체계가 조직학습을 보다 잘 촉진할 수 있다(Maden, 2012).

여섯째, 조직내부의 경계를 완화해야 한다. 기존의 조직구조는 단위조직 간의 경계를 분명하게 하고 책임소재를 명확하게 규정하고자 했다. 그 결과 단위조직들 간의 의사소통이 어렵고 부처들 간에 할거주의가 팽배하였다. 그러나 이러한 폐쇄적인 조직구조는 학습조직을 구축하는 데 장애가 된다. 학습조직을 구축하는 데서는 구성원들 간에 조직의 경계를 넘나들면서 소통하는 개방성이 필요하다(Pollitt and Bouckaert, 2017). 이제 순환보직도 인사배치의 차원에서만 이해할 것이 아니라, 학습의 관점과 연계해야 한다.

일곱째, 외부 조직들과의 긴밀한 네트워크를 구축해야 한다. 다른 정부조직 혹은 민간조직들과의 공동연구, 전략적 제휴, 정보교환 등을 통해서 타 조직들의 앞선 지식과 기술을 적극적으로 학습해야 한다. 그리고 고객을 통한 학습도 중요하다. 이제 정부관료제는 고객으로부터 아이디어를 얻고 배우려는 자세가 필요하다(Cristofoli et al., 2011).

마지막으로, 별도의 지식관리팀을 구축할 필요가 있다. 현재 정부관료제 내에서 지식은 통합되지 못하고 있으며, 퇴직이나 순환보직 등으로 사멸되는 경우가 많다. 따라서 지식관리를 전담하는 기능이 필요하다.

이러한 큰 테두리 내에서 정부조직을 학습조직으로 만들기 위해 도입할 수 있는 구체적 실천방안들로는 첫째, 정부관료들의 1인 1학회 가입을 장려한다. 즉, 정부관료들로 하여금 업무 관련성이 있는 학회에 가입하도록 하고, 학술대회 참석을 교육학점 이수에 반영한다든지, 학술대회에서의 발표와 토론을 장려하는 것이다. 둘째, 파견근무 제도를 활성화한다. 즉, 관련 업무분야에서 성공적인 조직을 선정하여 구성원들을 파견 근무시키는 것이다. 역으로 다른 조직의 구성원들을 정부조직에 근무하게 하여 새로운 사고와 기술을 배우는 것도 가능하다. 셋째, 학습공간과 학습시간을 확보한다. 그리고 학습내용을 저장하는 학습창고를 마련한다. 공간 확보가 어려우면 현재의 자료실 혹은 도서실을 재설계하여 활용하며, 학습동아리 활동을 지원한다. 학습창고는 학습한 내용을 웹사이트에 저장하고, 정기적으로 출간하여 학습내용을 구성원들 간에 공유하는 방안을 생각한다. 넷째, 벽이 없는 조직을 장려하고 역할교류 등을 통해서 학습하는 것이 필요하다. 민간기업에서 운영하고 있는 비공식조직에 가까운 아이디어 개발팀이나 품질개선팀 등의 형태를 정부조직에도 활성화한다. 그리고 간부인턴제, 일일 과장 및 국장제도, 일일 공무직제도 등 구성원들 간의 역할교류를 통해 상호이해의 폭을 넓히는 방안을 시도한다. 다섯째, 도전과 실험정신을 조장한다. 이를 통해 실패사례를 부끄럼 없이 공유하며, 계산된 위험이나 실패를 경험해 보기 위한 학습용 프로젝트를 의도적으로 시도해 본다. 여섯째, 업무와 학습을 일체화한다(just-in-time-learning). 즉, 업무수행과 학습이 별개로 이루어지는 것이 아니라, 현장에서 실험을 하고 시행착오를 통해서 학습이 이루어지게 하는 것이다. 일곱째, 일일학습 및 월별학습 결산제도를 도입한다. 개개인이 당일의 학습내용을 기입하며, 부서별로는 매달 학습포럼을 개최하여 그달의 집단 학습 내용을 토의하는 것이다.

제5절 맺음말

이상에서 급변하는 행정환경에 대응하기 위해서 바람직한 정부조직 문화를 형성하고, 조직학습이 일상화된 학습조직을 구축하는 방안들을 논의하였다. 이를 통해 정부관료제가 보다 도전적이고 창의적인 조직문화를 배양하고, 지속적으로 배우고 실천하는 것을 일상화하기 위해서는 현재와 같은 닫힌 조직문화, 단기적인 조망, 할거주의, 능률성에 대한 과잉집착, 권위주의 리더십, 수직적 조직구조 등으로는 불가능함을 지적하였다. 정부관료제가 급변하는 환경에 적응하기 위해서는 개방적 의사소통, 장기적 조망, 상호격려와 대화, 정보공유, 민주적 리더십, 수평적 조직형태로의 혁신이 필요하다.

그리고 이러한 제도적, 문화적, 행태적 전환 위에서, 정부관료들이 변화에 도전하고 위험을 감내하며, 배움과 익힘을 즐거워하고 일상화해야 한다. 이러한 조직문화와 학습조직 하에서 정부관료들은 언제라도 새로운 환경에 대처하고 적응할 수 있어야 한다. 국민들의 불만과 제안에 대한 열린 자세를 가지며, 자신의 능력과 기술을 지속적으로 연마하며, 동료들부터 본받고 공동으로 학습하며, 이분법적 사고가 아닌 맥락중심의 사고를 가져야 한다. 획일성과 일사불란함보다는 다양성과 자율성을 선호하며, 행동의 경직성보다는 상황에 따른 유연성을 함양하며, 업무수행 자체를 학습과정의 일환으로 생각한다. 만약 정부관료 모두가 이러한 사고와 자세를 기진다면 정부관료제도 침체와 무활력에서 벗어나 생동감이 넘치게 될 것이며, 정부관료들은 국민을 고객으로 모시는 친절한 아이디어맨이 될 것이다. 그 결과, 공공서비스의 질이 향상되고, 국민들은 정부관료제와 정부관료들을 신뢰하게 될 것이다.

제8장

정부관료제의 능력개발과 신인사제도

제1절 머리말

근래 들어 민간부문에서 고안된 인사관리방식이 공공부문으로 많이 전파되고 있다. 공공부문에서 풍미하였던 신공공관리론(New Public Management)은 민간부문에서 개발된 조직관리 및 인사관리 방식을 공공부문에 도입하고자 한 것이며, 이 장에서 설명하고자 하는 인사관리 분야의 신인사제도의 도입도 그 일환이다. 민간부문에서는 이미 전통적인 인사관리의 틀을 깨는 관리방식들이 보편화되었다. 이른바 신인사제도가 기업의 경쟁력을 좌우하는 주요 결정요인이 된 것이다(Klingner et al., 2015). 그럼에도 정부관료제는 아직 전통적인 인사관리 방식을 대부분 온존시키고 있다. 정부 인사관리의 근거 규정들인 국가공무원법, 지방공무원법, 공무원임용령, 공무원보수규정 등의 주요 내용들이 여전히 크게 변하지 않고 있다. 부분적인 제도변화가 있다고 하더라도, 실제의 운영방식은 과거와 크게 다를 바가 없다.

그러나 이러한 인사관리방식으로는 동기부여를 할 수 없으며, 공공부문의 생산성을 기약할 수 없고, 무엇보다 동태적인 행정환경에 적응을 할 수가 없다. 왜냐하면 전통적인 인사관리방식은 첫째, 연공서열 원칙에 근간을 두고 있기 때문에 업무성과를 인사관리에 반영하기 어렵다. 따라서 성원들 간의 경쟁을 자극할 수 없다. 그 결과 인사관리와 조직의 생산성이 제대로 연계되지 못하며, 조직분위기의 침체를 초래한다. 둘째, 전통적 방식으로는 우수한 인재를 확보하고 유지하기가 어렵다. 다양한 업무특성에 따른 차별적 처우가 곤란하여 국제화,

정보화, 다각화라는 환경변화에 적합한 인재를 유인하기가 어려운 것이다. 셋째, 연공서열에 입각한 전통적 인사관리방식은 승진정체 현상을 유발한다. 과거의 조직팽창 시기에는 연공서열방식으로도 성원들의 승진욕구를 충족시킬 수 있었으나, 지금과 같은 감축관리의 시기에는 성원들의 승진욕구를 충족시킬 직책이 극히 부족하다. 이제 자리 위주의 승진관리방식은 한계에 직면한 것이다. 넷째, 능력과 업무성과에 무관하게 대우받는 전통적인 임금체계에 대한 불만이 커지고 있다. 개인별·업적별 차별보상이 되지 않으며, 승진이 되어야 급여가 증가하는 기존의 급여체계에 대한 불만이 확산되고 있는 것이다. 마지막으로, 전통적인 인사관리방식은 경쟁과 기술혁신이 가속화되고 있는 환경적 변화에 능동적으로 대처하기가 어렵다. 성원들의 창의성을 자극하지 못하기 때문이다. 그리고 전통적인 관리방식은 신세대 성원들의 의식변화를 제대로 쫓아가지 못한다. 이제 정부관료제는 급변하는 환경에 직면하여 전통적인 인사관리방식의 틀을 과감하게 탈피하고, 새로운 인사관리방식으로의 전환이 시급한 시점이다.

제2절   신인사제도의 의의와 특성

1. 신인사제도의 의의 및 등장배경

신인사제도란 직급체계, 평가체계, 승진체계, 임금체계, 교육훈련체계를 능력주의를 강화·지원하는 방향으로 변화시킴으로써 인사제도의 전체적인 틀을 개편하려는 시도이다. 이를 통해 궁극적으로는 성원들의 잠재능력 개발과 조직의 생산성 증대를 동시에 달성하려는 것이다(Snell et al., 2015). 이처럼 인사제도의 틀을 능력주의를 강화하는 방향으로 전면적으로 개편하고자 하는 시도인 신인사제도의 등장배경은 무엇인가. 첫째, 전통적인 연공서열주의가 인사적체를 유발하고 인재의 적재적소 배치를 저해하며, 성원들 간의 경쟁을 저해하기 때문이다. 둘째, 세계화시대의 무한경쟁 환경에서 살아남기 위해서는 창의성, 재능, 지식에 대한 의존이 심화되었다. 즉, 인적자원의 육성과 활용이 어느 때보다도 중요해진 것이다. 셋째, 1990년대 이후 미국경제가 호황을 구가하면서 종신고용의 일본식 경영방식 대신에, 능력주의에 근간을 두는 미국식 경영방식에 대한 관심이 급증하였다. 넷째, 조직내부 요인으로 공정성에 대한 요구가 커지고 있으며, 자신의 능력에 비례하여 보상을 받고자 하는 풍조가 확산되고 있다. 다섯째, 전문화에 대한 요청에 부응하기 위해서다. 성원들의 전문성을 제고하기 위해서는 성장경로에 따른 체계적인 능력 육성을 도모해야 하며, 발휘된 능력에 따른 적절한 처우와 보상을 해야 하고, 업종이나 직무특성을 감안한 탄력적인 인력관리가 필요하다(Van Dooren et al., 2010).

이러한 배경 하에서 등장한 신인사제도는 단순하게 능력에만 의존하여 임금이나 승진의 서열을 정하려는 것이 아니다. 성원들의 인간적 성장을 도모하며, 잠재적 능력을 최대한 개발하게 하며, 능력을 적극적으로 활용하고 공정하게 평가하려는 것이다. 이를 위해서 능력에 합당한 차별적 보상을 해주려는 것이다. 따라서 신인사제도는 유능한 성원만이 아니라, 능력을 발휘하지 못하는 성원들에게도 함께 관심을 둔다. 즉, 무능자를 도태시키기 위한 제도가 아니라, 유능자는 더욱 능력을 발휘할 수 있게 하며 무능자는 유능자로 전환시키려는 것이다. 이 점에서 신인사제도는 "사람은 평소에 자기가 가진 잠재능력의 3분의 1밖에 발휘하지 못한다"는 명제를 실천하는 것이다(Llorens et al., 2017).

그리고 신인사제도는 기존의 사정(査定)주의형 고과(考課)제도가 가지고 있던 소수 엘리트 중심의 조직관리에서 탈피하여 전체성원들의 능력향상을 통해서 고부가가치 업무를 개발하며, 궁극적으로는 성원들의 능력개발, 능력 활용, 보상 등 인사관리 전반에 걸쳐서 유기적으로 결합된 인사관리체계를 지향하는 것이다. 이 점에서 신인사제도는 인력의 질을 높이는 육성형 인사제도이며, 개개인의 희망과 적성을 존중하는 인간적인 인사제도이며, 능력과 업무특성을 결합하는 탄력적인 인사제도인 것이다.

궁극적으로 신인사제도는 성원들의 잠재력을 지속적으로 개발하며, 능력과 실적에 따른 차등적 보상을 통해서 성원들의 만족감을 제고시킴은 물론, 조직의 경쟁력을 강화하기 위한 새로운 인력관리제도이다. 그러나 여기서 능력주의와 성과주의를 혼동해서는 안 된다. 성과주의는 단순하게 보상적인 측면만을 의미하는 것이다. 따라서 육성형 개발주의를 동시에 내포하는 능력주의 신인사제도의 한 부분에 불과한 것이다.

2. 신인사제도의 특성

능력주의 신인사제도는 다음과 같은 특성을 갖는다. 첫째, 전체성원들의 정예화를 추구한다. 신인사제도는 전체성원들의 학습능력을 제고하며, 소수의 엘리트집단이 아닌 정예화된 인재집단에 의한 관리를 추구한다. 이 점에서 신인사제도는 가급적 성원들이 장기간 근무하면서 자신의 능력을 지속적으로 발휘해 줄 것을 요구한다. 반면에 전통적인 인사제도는 고위관리자급으로 승진하는 소수의 엘리트 성원에게 적합한 인사관리였다(Gomez-Mejia et al., 2007).

둘째, 신인사제도는 능력주의를 심화하고자 한다. 능력과 업적에 따라서 차별적인 대우를 행하며, 특히 성원들의 발휘된 능력을 중시한다. 따라서 정원(T/O)에 관계없이 일정한 능력을 가진 사람들은 승격하도록 하며, 임금도 능력에 따라 차별적으로 지급하고자 한다. 그리고 과거와 같은 직급 위주의 승진제도 운영을 지양하고, 능력에 따라서 진급이 가능하도록 기존의 직급체계를 직능자격을 기준으로 하는 자격체계로 전환한다. 즉, 직급과 직책을 분리하여 이원적으로 운영함으로써 인사관리의 근간을 신분관리 중심에서 능력관리 중심으로 전환하는 것이다(Snell et al., 2015).

셋째, 가점주의 인사관리 방식으로의 전환을 도모한다. 신인사제도는 신상필벌(信賞必罰)이라는 전통적 인사관리 원칙에서 탈피하여, 벌보다는 상을 우선적으로 부여함으로써 자발적인 능력개발을 유도한다. 따라서 신인사제도를 채택하는 곳에서는 평정등급을 배분하는 데 있어서 상위등급 비율은 대폭 상향조정하고 하위등급에 대한 배분율 적용을 철폐하는 경우가 많다.

넷째, 신인사제도는 평가기준을 명확히 함은 물론, 평가를 통해서 개인의 능력개발을 지원하고자 한다. 따라서 "상급자가 하급자를 평가한다"는 전통적인 인사관리방식의 고정관념을 깨뜨리고 하급자도 상급자를 평가하는 다면평가제를 도입한다(Maylett, 2009).

다섯째, 신인사제도는 근무연한이 충족되어야 승진할 수 있다는 전통적인 인사관리에서 탈피하여 과감한 발탁인사를 도모한다. 일정한 자격요건만 갖추면 능력 있는 성원들은 몇 단계씩의 상승이동도 가능하다. 이 점에서 발탁인사는 한 두 단계의 가(加)호봉을 해주던 과거의 특진제도와는 다른 것이다.

그림 2 신인사제도의 체계도

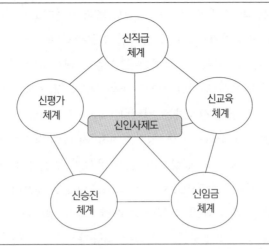

여섯째, 신인사제도는 연공급(年功給)에 기초한 현재의 임금체계를 직능급 체계로 전환하여 능력과 업적의 차이가 임금에 반영되도록 한다. 그리고 이러한 차별적인 임금체계를 유지하기 위해서 연봉제를 도입하고 있다.

마지막으로, 신인사제도는 신교육훈련체계를 지향한다. 강의실 중심의 교육으로부터 현장 중심의 교육으로, 강사 중심의 교육으로부터 상사(上司) 중심의 교육으로 전환한다. 말하자면 작업현장이 교육장이며, 업무상의 상급자가 교육자인 것이다. 그리고 '목표에 의한 교육'(EBO, Education By Objective)을 지향한다. 부족한 부분을 스스로 발견하고 스스로 보충하는 것이다. <그림 2>는 이러한 특성을 가지는 신인사제도의 체계를 도식화한 것이다.

제3절 신인사제도의 구체적 내용

1. 신직급체계

1) 직능자격제도

과거에는 직급의 의미는 능력과 업적에 따른 자격단계라기보다는 일정한 근무연수 즉, 연공을 기준으로 정해지는 신분서열의 의미가 강했다. 그러나 신인사제도 하의 신직급체계에서는 직급의 의미를 업무능력 향상단계로 간주하고 있다. 따라서 직급과 직책이 분리되는 직능(職能)자격제도가 신직급체계의 핵심을 이루고 있다. 직능자격제도는 동양적인 연공주의와 미국식의 능력주의의 장점을 절충한 것이다. 성원들의 능력은 근속을 통해서 높아진다는 전제 하에서 직무수행 단계에 따라서 적절한 자격등급을 설정하고, 이를 기준으로 성원들의 능력을 개발하고 임금을 결정하는 것이다(Varma and Budhwar, 2013).

이러한 직능자격제도는 고도 성장기에서 저(低)성장기로 이행하는 과정에서 발생하는 자리(post)부족 현상으로 인해 유능한 성원들이 제대로 능력을 발휘할 수 없는 한계를 극복함으로써 지속적으로 인재를 육성하려는 것이다. 일정 수준의 근속연수를 채운 자로서 해당 자격의 직무수행능력이 있다고 판단되면 자리가 없더라도 능력의 정도를 표시하는 직능자격을 부여하는 제도인 것이다. 따라서 직책과 직능자격을 분리하여 직책승진은 안 되더라도 직능자격의 상승에 의한 급여인상으로 보충해 주는 것이다. 이는 물론 개인의 능력에 따라 공정한 처우를 함으로써 성원들의 잠재능력을 발휘하게 하려는 취지이다. 직능자격제도를 도입하면 능력이 있음에도 불구하고 T/O 부족으로 승진이 제한되던 현상을 극복하며, 능력에 따른 차등적인 보상과 신축적인 조직운영이 가능해진다. 이제 직급은 신분등급이 아닌 능력등급을 의미하는 것이 되었으며, 직급과 직책이 분리되기 시작한 것이다(김삼수, 2018; 박우성, 2006).

2) 직급체계의 일원화 및 개방화

신직급체계는 과거에는 사무직과 기능직 등으로 신분체계형으로 분리되어 있던 직급구조를 단일 직급체계로 일원화한다. 왜냐하면 이원적, 다원적 직급체계는 기능직 사원들로 하여금 열등의식을 갖게 하며, 승진에 대한 메리트를 제공할 수 없기 때문이다. 그리고 단일 직급체계의 도입과 더불어 단일 호봉제도 동시에 적용하고 있다. 그러나 신인사제도에서는 직급체계를 일원화하는 동시에 직군을 전문화하고 있다. 다원적 육성체계를 채택하여 직군별로 고용과 임금형태를 차별화하며, 인재육성과 능력발휘의 기회를 다양화하고 있다.

그리고 직급과 직책을 분리하면서 과거에는 동일 직급 내의 체류연수를 길게 하여 직급단계를 적게 하였지만, 체류연수를 줄임으로써 직급단계를 다단계화하고 있다. 이는 조직성원들의 신분을 안정적으로 유지해 주면서도 이들의 능력개발을 독려하고 이에 부합하는 동기부여를 하기 위한 것이다.

신직급체계는 직군들 간에 문호를 개방한다. 즉, 과거의 폐쇄적 직군체계에서 탈피하여 적성과 능력 심사를 통해 직군이동을 쉽게 하는 개방적 직군체계를 지향한다. 또한 신규성원들은 공통직군을 거치게 하여 관리자급 이상부터 전문화된 직군을 선택하게 하는 경우도 많다. 즉, 하위직급에서는 공통 직군으로 관리하고 상위직급으로 승진하면서 자신의 능력과 적성에 따라서 특정 직군으로 배속하는 것이다. 이는 신입기간 동안에는 조직의 전반적인 업무를 숙달시키고 자신의 적성직종을 광범위하게 탐색하게 하여, 관리자로 승진할 때 자신에게 최적의 직군을 선택하게 하는 것이다. 물론 관리자급 이후에도 자신이 선택한 직군이 자신과 부합하지 않으면 직군이동이 가능하도록 개방한다.

그리고 신직급체계를 도입하는 조직들 중에는 주로 하위직급을 중심으로 자동승격연한제를 도입하는 경우가 많다. 이는 하위직급을 대상으로 동일직급 내에서 일정기간 이상을 근무하면 자동적으로 직급을 승격시켜 주는 것으로, 하급 직원들의 승진욕구를 충족시켜 주기 위한 것이다. 그러나 동시에 자격등급(직급)정년제를 병행하여 해당 직급 내에서 규정된 최장기간 내에 상위직급으로 승격을 하지 못하면 승격자격을 박탈하는 것이다. 이는 능력개발을 촉진하고 경쟁 심리를 유발하기 위한 것이다(윤대혁, 2001).

마지막으로, 신직급체계는 팀조직과 결합되어야 그 효과가 배가된다. 기존의 계층제조직은 산업혁명 이후의 대량생산체제 하에서 대규모조직을 효율적으로 관리하기 위한 것이었다. 따라서 환경이 안정적일 때는 매우 능률적인 조직구조였다. 그러나 계층제 조직은 유연성이 결여되어 있어 환경적응력이 낮으며, 다단계 명령계통을 거쳐야 하고 관리업무에 상당부분이 할애되어야 하는 등 오늘날은 경쟁력을 저해하는 조직형태로 인식되고 있다(Erhardt et al., 2009). 이에 비해서 수평적 조직구조를 지향하는 팀조직은 자리 중심으로 작동하는 것이 아니라, 조직 내의 업무과정별로 과업이 할당된다. 따라서 프로젝트별로 팀조직을 해체하거나 재결합하는 것이 용이하기 때문에 가변적인 환경에 유연하게 대응할 수 있다. 그리고 팀원들 모두를 실무 인력화하기 때문에 효율성이 높다. 또한 팀조직을 도입하면 직급과 직책의 분리가 용이하기 때문에 신직급체계를 강력하게 뒷받침할 수 있다(DeRue et al., 2010).

현재 민간부문에서는 빠른 속도로 신직급체계를 정착시켜 가고 있다. 그러나 여전히 정부조직의 직급체계는 신직급체계와는 여러 면에서 차이가 있다. 우선 정부조직은 직급과 직책이 강력하게 결합되어 있다. 경력직 공무원의 대다수를 차지하는 일반직의 경우를 예로 들면, 1급에서 9급까지 아홉 개의 계급으로 구분되며, 각 계급마다 직급 명칭이 부여되어 있으며, 직책도 계급과 직급명칭에 결부하여 고정되어 있다. 이러한 직급체계 하에서는 직급과 직책이 분리되는 직능자격제도가 발을 붙이기 어렵다.

그리고 정부조직은 직급체계가 상당히 다원화되어 있다. 가장 크게는 직업공무원인 경력직과 비직업공무원인 특수경력직 공무원으로 구분하고 있으며, 경력직은 다시 일반직과 특정직으로, 특수경력직은 이를 정무직과 별정직으로 구분하고 있다(국가공무원법 제2조). 직군 구조 역시 신직급체계에서는 전문화의 방향으로 나아가고 있는 데 비해서, 정부조직의 직군체계는 다양화되어 있지만, 여전히 대다수가 행정직군 행정직렬에 속해 있어 행정관리 상의 전문화 추세에 부합하지 못하고 있다. 그리고 정부조직의 직급구조는 현재 일반직의 경우는 1급부터 9급으로 되어 있는데, 이는 자격등급을 의미하는 것이 아니라 신분계급의 성격이 강한 것이다. 또한 정부조직은 선발 시부터 일정한 직렬별로 채용을 하며, 채용 이후에도 직렬 간 이동을 하려면 일정한 조건을 구비하여 전직시험을 치르게 하는 등 까다로운 절차를 거치게 한다. 반면에 직군 간 이동은 거의 불가능하다. 따라서 민간기업처럼 공통직군을 이수하고 일정한 시일이 경과한 이후부터 특정 직군으로 진출하는 것이 매우 어렵다.

민간기업에서 하위직을 대상으로 실시하는 자동승격연한제는 정부조직에서도 시행하고 있다. 즉, 지방공무원은 하급직급의 경우 일정 기간이 지나면 근무능력이나 상위직급 보직유무에 관계없이 자동 승진하도록 규정하고 있다. 그러나 직급정년제는 아직 도입하지 않고 있다. 신인사제도 하의 팀제와 관련하여, 정부조직의 경우는 여전히 강력한 계층제의 형태로 운영되고 있다(정병걸·하민철, 2013). 물론 명칭이나 외형적으로는 팀제를 도입하고 있지만, 여전히 근간은 계층제를 중심으로 하고 있다. 따라서 이러한 계층제 조직 하에서는 직급과 직책이 분리되는 신직급체계를 적용하는 데 한계가 있다.

2. 신평가체계

신인사제도 중에서도 핵심적인 것 중의 하나가 신평가체계이다. 왜냐하면 승진, 훈련, 교육훈련 등 인사관리의 주요 부분들이 모두 성원들의 발휘된 혹은 잠재된 능력에 대한 정확한 평가에 의존해야 하기 때문이다. 흔히 공공부문에서는 근무성적평정, 민간 기업에서는 인사고과라고 불리는 인사평가는 본래 조직성원 개개인의 능력, 업적, 근무태도를 객관적으로 평가하여 성원들이 조직에 기여할 수 있는 현재적, 잠재적 능력과 유용성을 체계적으로 관리하기 위한 것이다. 따라서 인사평가를 통해서 적재적소의 인력을 확보할 수 있으며, 성원들에게 능력과 자질에 부합하는 직무를 할당할 수 있다. 즉, 평가를 통해서 인사관리를 위한 기초자료를 얻을 수 있는 것이다. 또한 인사평가는 교육훈련의 수요를 추정함으로써 성원들의 잠재적 능력을 개발하기 위한 정보를 얻을 수 있다. 뿐만 아니라 개개인의 능력과 근무태도를 적절하게 평가함으로써 이에 기초한 보상과 처벌이 가능하다. 따라서 어느 조직이든 인사평가는 인사제도의 핵심에 해당한다(Cascio, 2015; Dixit, 2002).

그러나 지금까지 정부관료제의 평가체계는 위계서열을 중시하고 타인을 평가하는 데 익숙하지 못한 문화적 전통 등으로 인하여 매우 형식적으로 운영되어 왔다. 그리고 인사평가의 목적도 성원들의 능력개발보다는, 주로 신상필벌을 위한 정보를 제공하기 위한 것이었다. 따라서 인사평가가 능력주의를 지원하는 방향으로 활용되지 못하였다(Flynn, 2012).

이제는 기존의 평가체계로는 인사평가의 본래 목적을 달성하기 어렵게 되었으며, 능력주의를 지향하는 여타의 인사제도들과도 조화할 수 없게 되었다. 따라서 평가체계도 새로운 형태의 신평가체계가 되어야 하는바, 이의 기본방향은 다음과 같다. 첫째, 사정(査定)주의에서 개발주의로 전환한다. 본래 인사평가는 두 가지의 목적을 가진다. 하나는 평가를 통해 성원들이 자신의 현재 위치를 파악하며, 평가를 보상과 승진결정의 자료로 활용하기 위한 것이다. 사정주의 인사평가는 주로 이것을 지향한다. 다른 하나는 개발목표로서 성원들의 성과를 개선하고 잠재력을 개발하며, 성원들 간에 평가를 매개체로 하여 대화를 촉진하며, 성원들의 동기를 유발하기 위한 것이다. 개발주의 인사평가는 주로 이것을 지향한다(Brewer and Kellough, 2016). 지금까지 정부관료제의 인사평가는 주로 흠을 지적하고 처벌과 경고의 메시지를 전달하기 위한 사정주의 인사평가였으며, 사정의 대상은 전적으로 과거에 관한 것이다.

둘째, 상대주의에서 절대주의로 전환하고 있다. 상대평가는 성원들의 발휘된 능력을 등급별로 강제 할당하는 것으로 선별의 논리에 입각하고 있다. 이는 관대화 현상 등 사람을 평가하는 데서 발생하기 쉬운 결함들을 방지하기 위한 것이었다. 이에 비해서 절대평가는 육성의 논리에 입각하고 있다. 즉, 성원들 간에 우열을 가리기보다는 성원들의 잠재능력 육성에 초점을 두는 것이다. 따라서 성원들은 자신의 능력에 대한 기대치를 명확하게 할 수 있으며, 강제할당에 관계없이 실제의 업무성과라는 사실에 기초하여 평가를 받을 수 있다. 그러나 절대평가의 문제는 관대화 경향이 발생한다는 것과 평가대상자의 기대 상승으로 평가결과에 승복하지 않을 수 있다는 점이다. 따라서 절대평가를 위해서는 평가결과를 공개하며, 평가자를 지속적으로 훈련시키는 등의 조치를 병행해야 한다 (Savaneviciene and Stankeviciute, 2013).

셋째, 비밀주의에서 공개주의로 전환하고 있다. 지금까지는 평가결과의 선부른 공개로 인한 부작용을 방지하기 위하여 평가결과를 비밀에 부치고자 했다. 그러나 비밀주의 내지는 비공개주의는 성원들로 하여금 부족한 점과 개선할 점에 관한 정보를 제공해 주지 못한다. 따라서 평가결과가 능력개발에 활용되지 못한다. 뿐만 아니라, 평가결과를 비밀에 부치는 것이 오히려 성원들 간의 알력을 조장하고 상급자를 불신하게 하는 원인으로 작용해 왔다(Snell et al., 2015). 따라서 평가결과를 성원의 개발목표 달성에 활용하기 위해서는 적극적인 공개주의 평가방식이 필요하다. 그러나 공개주의는 자칫 조직의 혼란과 인간관계의 단절을 초래할 우려가 있으므로 적절한 대비책이 필요하다. 방법으로는 평가자와 평가대상자 간의 면접을 통해서 평가결과를 공유하고 토론하는 방법, 평가대상자가 평가결과에 대해 의견을 기술하게 하는 방법 등을 생각할 수 있다 (Badawy, 2007).

이러한 방향으로 전개되고 있는 신평가체계는 다양한 내용들로 구성되어 있는데, 첫째, 신평가체계는 육성형 평가체계를 강화하고자 한다. 이는 인사평가를 교육훈련을 통한 자기개발의 수단으로 삼으며, 목표관리와 배치이동 등에 활용함으로써 능력개발에 도움이 되도록 하기 위함이다. 따라서 단순한 근무경력보다는 실제로 발휘된 혹은 잠재적 능력을 중시한다.

둘째, 신평가체계는 평가자가 다원화된 다면평가(multiple appraisal)를 지향한다. 즉, 기존의 평가방식이 상급자에 의한 하향적이고 단면적인 평가였던 데비해, 여기에다 부하에 의한 상향평가(부하평가 혹은 리더십평가), 동료에 의한 수평적 평가(동료평가), 스스로를 평가하는 자기평가, 외부로부터의 고객평가 등이 가미된 다면평가가 정착하고 있는 것이다. 이는 평가대상자의 전체적인 모습을 다양한 각도에서 평가함으로써(360도 평가) 궁극적으로는 평가대상자의 능력개발을 지원하기 위한 것이다. 물론, 다면평가는 평가대상자에게 무리한 부담을 줄 수 있지만, 진정한 목적은 평가의 공정성과 신뢰성을 제고하며, 다양한 각도의 환류를 통해서 평가대상자의 능력발전을 도모하고 자기반성의 기회를 제공하기 위한 것이다(Van der Heijden and Nijhof, 2004).

셋째, 신평가체계는 기존의 상벌주의로부터 탈피하여, 능력육성을 장려하기 위한 가점주의 방식 내지는 포인트(point) 시스템을 도입하고 있다. 이는 최소한의 자격요건을 구비한 자를 대상으로 능력에 따라 가점을 부여하며, 궁극적으로는 누적된 점수를 통하여 조기승진을 가능하게 한다. 평가항목은 기본항목과 가점항목으로 구분하되, 점차로 가점항목의 비중을 높임으로써 성원들의 능력개발을 지원하고자 한다.

넷째, 신평가체계에서는 합의에 의한 목표설정과 평가방식을 채택하고자 한다. 즉, 평가자와 평가대상자 간의 합의를 통해서 달성할 목표를 설정하고 각자의 책임한계를 설정하며, 이를 토대로 업무를 수행하고 정해진 목표에 입각하여 업적을 평가하는 목표관리 평가시스템을 도입하고 있다. 따라서 평가자와 평가대상자 사이에는 목표면담과 평가면담이 이루어지며, 주기적으로 목표달성 여부를 관리하기 위한 면담을 행한다. 심지어 사기업에서는 자기 스스로 달성가능한 목표를 설정하며, 성과평가도 자기평가를 중심으로 하는 자기(自己)목표관리 방식을 채택하기도 한다.

마지막으로, 신평가체계는 업적평가를 강화하고 있다. 대체로 평가요소는 업적평가, 능력평가, 태도평가의 세 가지로 구성되는데, 이들 중에서 업적평가를 강화하는 것이다. 그리고 평가요소의 내용이나 가중치 면에서 직급별 차등을 강화하는데, 상위 직급으로 갈수록 업적평가의 비중을 높이고 있다. 그리고 신평가체계는 업무수행 상의 팀워크를 유지하기 위해서 팀 업적평가를 중시하고 있다. 업적평가 시에 팀 업적과 개인 업적으로 구분하여 양자를 동시에 반영하고 있다(Riccucci, 2017).

물론 현재의 정부관료제의 평가체계는 이러한 신평가체계와는 거리가 멀다. 다면평가를 도입하고 있지만, 여전히 상급자에 의한 평가가 주로 행해지며, 평가결과가 구성원들의 능력개발로 연결되지 못하고 있다. 권위주의적 행정문화 속에서 상하 간의 대화를 통한 평가목표의 설정도 어렵다. 설사 제도는 구비되어 있다고 해도 현실은 그러하지 못하다. 여전히 업적보다는 연공서열이 중요한 평가기준이 되며, 객관적인 성과평가가 어려운 하위직으로 갈수록 더욱 그러하다. 그러나 이러한 현실은 신평가체계의 이상과는 동떨어진 것이며, 이러한 평가관행으로는 동태적인 행정환경에 능동적으로 대처할 수 있는 유능한 정부관료를 충원하고 유지하기가 어렵다. 이제 평가는 능력을 중심으로 하되, 평가과정에서의 공개와 대화, 평가자에 대한 훈련 강화 등을 통해 평가의 공정성과 신뢰성을 제고해야 한다. 그리고 신평가체계가 정부관료들 개개인에게 침투되도록 이에 대한 비전을 정립해야 한다(Brown and Osborne, 2012; Fernandez and Rainey, 2006).

3. 신승진체계

승진(昇進 promotion)은 직급의 상향이동을 의미하는 것으로, 조직성원들에 대한 동기부여와 능력향상을 위한 중요한 자극제가 된다. 따라서 승진의 결정은 개인의 능력을 정확하게 평가하고, 능력개발을 지속적으로 자극할 수 있도록 운영되어야 한다(Llorens et al., 2017). 그럼에도 지금까지 정부관료의 승진 결정은 원만주의를 강조하는 행정문화와 능력평가를 위한 객관적 기준이 미흡하다는 이유로 주로 연공서열 방식에 의존해 왔다. 그러나 이러한 연공서열 방식은 유능한 인력에 대한 차별적 보상을 하지 못하여 정부조직의 활력과 생산성을 저해하는 주요 원인이 되어 왔다(Flynn, 2012). 따라서 능력주의의 심화를 지향하는 신인사제도 하에서는 이른바 신승진체계로 불리는 다양한 개선방안들이 제시되고 있다.

신승진체계의 내용은 다양하지만, 핵심은 발탁인사제도이다. 이는 승진연수가 부족하더라도 자격이 있다고 판단하면 과감하게 발탁승진을 단행하는 것이다. 조기승진에 대한 제도적 장애를 제거함으로써 유능한 자에게 더 많은 능력발휘의 기회를 제공하며, 인재를 적재적소에 활용하며, 세대교체를 통해 조직의 활성화를 기할 수 있다. 즉, 발탁인사제도는 최소한의 기준만 충족한다면 직급체류 연한에 관계없이 승진대상에 포함시킴으로써 개인의 능력을 상시로 발휘하게 하며, 특히 업적평가에 따른 특별 호봉승급자에게 조기승진의 길을 열어놓은 것이다. 그리고 발탁인사제도는 전시효과가 크기 때문에 당장은 발탁대상이 되지 못하는 성원들에 대해서도 상당한 동기부여의 효과가 있다(손기칠, 2013). 그러나 발탁인사는 자칫하면 성원들 간에 극심한 갈등과 혼란을 유발할 수 있다. 따라서 조직의 구조나 분위기 등이 이를 지원할 수 있어야 하는데, 이상적으로는 직급과 직책이 분리되어 발탁인사가 상시적으로 가능한 팀조직으로 조직구조를 전환하는 것이다.

신승진체계에서는 단일직급제도가 확산되고 있다. 단일직급제도는 승진이 제한되어 있던 생산직 및 기능직의 불리함을 없애기 위해 기존의 다원적 직급체계를 가급적 단일직급체계와 단일호봉제로 전환하는 것이다. 이를 통해서 사무직과 생산직, 일반직과 기능직 간의 경계를 허물고 있다(하재룡 외, 2015). 이는 궁극적으로 이제 조직의 경쟁력은 제품 및 서비스의 품질에 의존하며, 이를 위해서는 신분제형 직급체계를 폐기하여 모든 조직성원들에게 골고루 동기부여를 하려는 것이다. 이에 따라 정부조직도 기존의 공직분류체계를 재편하여 기능직 제도를 폐지하였다.

신승진체계는 승진심사기준을 직급별로 세분화하며, 승진(직급의 상향이동)과 진급(직책의 상향이동)을 분리하고 있다. 우선 승진심사기준은 고급관리자일수록 근무연수보다는 실적, 교육평가 등의 비중을 높이고 있다. 그리고 과거에는 승진기준과 진급기준이 분리되지 않아서 승진과 진급이 동시에 이루어짐으로써 자리가 없어 승진을 못하는 경우가 많았다. 그러나 이제 직급과 직책을 분리함으로써 직책 티오(TO)에 관계없이 유능한 성원들의 발탁승진이 가능하게 되었다(Farazmand, 2006).

신승진체계는 이른바 졸업방식의 승격제도를 지향한다. 과거에는 직급별 체류연수를 정해놓고 이를 충족한 자 중에서 승진대상자를 선정하였으나, 최근에는 직능자격제도의 도입과 더불어 일정한 자격요건만 충족되면 자동적으로 승격대상이 되는 자격취득방식이 확산되고 있다.[1] 이 역시 발탁인사제도를 뒷받침하는데 적절한 제도이다.

그러나 아직 정부관료제에서 신승진체계를 도입하는 데는 제도적 장애가 많으며, 현실의 인사관리도 능력주의를 지향하는 신승진체계와는 괴리가 있다. 특히, 정부관료제는 관련 법규의 제약이 많기 때문에 민간 기업처럼 신평가체계를 쉽게 도입하기가 쉽지 않다. 또한 신승진체계를 구성하는 것들 중에는 정부관료제에 당장 도입하기가 어려운 것들도 있다. 따라서 정부업무 및 정부조직의 특성을 잘 고려하여 신승진체계의 내용들 중에서 가능한 것들부터 점진적으로 도입하는 것이 현실적일 것이다.

4. 신임금체계

신임금체계의 핵심은 연봉제이다. 연봉제(年俸制 annual salary system)는 개인의 능력·실적·공헌도에 대한 평가에 입각하여 계약의 방식으로 연간 임금액을 결정하는 능력중시형 임금체계이다. 연봉제는 능력과 실적에 상응하여 차별적으로 임금을 지급함으로써 우수 인력을 지속적으로 확보하고 이들의 능력개발을 독려할 수 있는 새로운 임금체계이다(박우성·조한제, 2012). 연봉제를 도입할 경우에 기대되는 효과로는 우선은 잠재적인 유능인력을 육성할 수 있는 조직환경을 구축할 수 있다는 점이다. 그리고 성과지향의 목표관리제도를 강화할 수 있으며, 전문기술인력 등에 대한 과감한 인재기용을 가능하게 한다. 또한 조직성원들의 자기개발 의욕과 목표달성 의식을 고취한다. 그리고 연봉제는 기존의 각종 수당을 통합하여 급여체계를 단순화할 수 있다. 뿐만 아니라 연봉제는 능력과 업적에 따른 공정한 보상을 행함으로써 이른바 배분적 정의를 구현하는

---

1) 직능자격제도는 연공주의와 능력주의 인사제도의 장점을 결합한 것으로, 직무수행능력의 발전단계에 따라 일정한 자격등급을 설정하고 이를 기준으로 평가, 보상, 능력개발을 행하는 것이다(박우성, 2006).

데도 기여하며, 조직 내에 경쟁풍토를 조성할 수 있다(차성호, 2003). 따라서 연봉제는 능력주의 신인사제도의 중요한 실현도구로서, 조직생산성을 향상시키는 강력한 인센티브제도라고 볼 수 있다.

그런데 연봉제는 민간부문에서 강화되고 있지만, 장점만 있는 것은 아니다. 자칫 성원들로 하여금 단기적인 업적성취에 치중하게 하여 장기적 시계(視界)와 자기개발을 소홀하게 할 수 있다. 성원들 간의 반목을 유발하여 조직성원들 간에 협력과 인간관계를 저해할 수 있다. 그리고 연봉제는 양적인 능력발휘에 한계를 느끼는 고령자들에게는 근무의욕을 저하시키는 요소가 될 수 있다. 더구나 성과의 객관적 평가가 어려운 공공부문에서는 연봉책정에 어려움이 있어 신뢰성이 낮으며, 그 결과 불만을 야기할 수 있다(Riccucci, 2017).

따라서 현재 민간조직에서도 연봉제를 일시에 도입하는 데는 한계가 있으며, 대체로 기존의 연공급과 병행하여 실시하고 있다. 즉, 임금전체를 능력급만으로 지급하는 것이 아니라, 기존의 연공급적인 성격의 기본급(생활급)에다 개인의 평가결과에 따라서 차등적으로 지급되는 능력급이 결합된 형태인 것이다. 이점에서 프로스포츠에서 시행되는 연봉제와는 상이한 것이다. 그리고 연봉제의 대상범위도 모든 직원에 대해서 일시에 적용하는 것이 아니라, 관리직과 전문직 등에게 우선 실시하고 단계적으로 확대하는 방안을 택하였다(김동배, 2010). 선진국에서도 아직 연봉제는 대부분 엄격한 직무분석과 능력평가가 필요한 관리직과 전문직에 국한하며, 일반사무직은 주급제 내지는 월급제, 생산직은 시간급 형태가 보편적이다. 정부관료제에서 신임금체계인 연봉제를 도입하는 데서는 더욱 한계가 크며, 따라서 세심하게 설계를 한 이후에, 연공급과 결합하는 형태로 단계적이고 제한적으로 도입하는 것이 현실적이다.

연봉제가 성공하기 위해서는 다양한 요건들이 구비되어야 한다. 첫째, 가장 민감한 적용대상과 관련하여, 객관적 평가가 비교적 용이한 대상을 우선적으로 선정해야 한다. 왜냐하면 연봉제는 연봉책정을 위한 납득할 만한 성과측정이 가능하다는 것을 전제하기 때문이다. 이 점에서 정부관료제에 연봉제를 정착시키는 데는 상당한 어려움이 있을 것이다. 그러나 관리업무의 성과라는 것이 반드시 양적인 것만을 의미하지는 않으므로, 수용가능한 질적 성과지표를 개발하고, 이에 입각하여 공정하게 평가할 수 있다면 연봉제의 정착이 불가능한 것은 아니다(Park J. G., 2018). 정부관료제도 적용대상을 우선은 전문직과 고위관리직부터 점진적으로 적용하는 것이 바람직하다.

둘째, 연봉제와 신분과는 무관한 것임을 주지시켜야 한다. 대체로 연봉제를 도입하면 신분안정이 위협받을 것이라고 불안해하여 이에 저항하게 된다. 그러나 연봉제와 신분안정은 별개의 것이다. 즉, 연봉제는 무능력자를 도태시키거나 임금을 삭감하기 위한 제도가 아니라, 성원 전체의 능력을 지속적으로 개발하기 위한 제도이다. 따라서 기존의 고용관계를 파괴하는 것은 아니다. 따라서 연봉제에 대한 공감대 형성을 위해서 연봉제의 순기능에 대한 적극적인 홍보가 필요하다(Van Dooren et al., 2010).

셋째, 상하 간에 상호이해와 신뢰를 구축하기 위한 솔직한 의사소통이 필요하며, 평가결과에 대해서 승복하는 조직풍토가 조성되어야 한다. 이를 위해서는 개인의 능력과 실적에 대한 공정한 평가가 이루어져야 하며, 평가결과가 적절하게 공개되어야 한다(Farazmand, 2006). 평가 및 연봉책정 과정의 면담제도를 강화하고, 평가자 훈련이 필요함은 물론이다.

넷째, 개인의 연봉수준은 기밀로 유지하는 것이 바람직하다. 동기부여이론 중의 형평성이론에 따르면 불만은 자기에게 주어지는 보상과 타인의 보상을 비교하여 이것이 형평성에 맞지 않는다고 생각할 때 발생한다(Leete, 2000). 정부조직은 완벽하게 공정한 평가를 하기는 어렵다. 사람은 항시 자기에게 유리하게 해석을 하는 성향이 있어 다른 사람의 능력을 잘 수용하지 않는다. 따라서 연봉수준의 섣부른 공개는 성원들 간에 반목과 갈등을 유발할 수 있다.

그러나 이러한 요건을 구비하더라도 연봉제는 근본적으로 혁신적인 임금지급방식이다. 기존의 임금체계는 직급과 호봉을 중심으로 매년 승급을 하며, 이에 따라서 자동으로 임금도 인상되던 형태였다. 연봉제는 이러한 제도를 일시에 허무는 것이다. 그 결과, 연봉제를 도입하는 데는 상당한 저항이 수반된다. 따라서 연봉제가 효과를 거두기 위해서는 대체로 다양한 부수적인 임금체계를 동시에 도입하고 있다. 이러한 제도들 역시 신임금체계를 구성하는 중요한 요소들이다. 우선은 연봉제에 집단성과급제도를 가미하고 있다. 집단성과급제도는 능력급을 중심으로 하는 연봉제가 성원들 간에 지나친 경쟁의식을 자극하며, 그 결과 단기업적 위주의 조직풍토를 조성한다는 비판에 대한 대응책으로 고안된 것이다. 개인의 성과뿐만 아니라, 개인이 속한 집단 전체의 성과를 측정하고 그 성과를 개인의 연봉에도 반영하는 것이다. 이는 집단성과를 측정하는 것이 개인성과 측정보다 비교적 용이하며, 성원들의 수용도를 높일 수 있으며, 무엇보다 성원들 간의 협력분위기를 유도할 수 있다는 측면에서 장려되고 있다(Balkin and Montemayor, 2000).

일시보너스 제도를 연봉제와 병행하고 있다. 이는 탁월한 성과등급을 받은 사람에게 이를 연봉에 반영하는 것이 아니라, 연봉과는 별개의 추가적인 현금보너스를 일시에 지급하는 방식이다. 이 방법은 상여금이 기본연봉에 누적되지 않기 때문에 언제든지 성원들 간의 패자부활이 가능하며, 다음 연도의 연봉책정에도 영향을 미치지 않아 조직으로서도 부담을 줄일 수 있다.

기능급(skill-based pay)제도를 병행하는 경우도 많다. 기능급은 수행하는 역할에 대한 보상이 아니라, 소유하고 있는 직무관련 기능 및 지식의 정도에 따른 보상이다. 이는 기술과 지식축적에 대한 강한 인센티브를 제공하는 것이다. 예로서, 일정한 자격증 소지자에게 별도의 가급(加給)을 해주는 것이다.

또한 연봉제를 실시하게 되면 대부분 기존의 급여체계를 정비하게 된다. 실적에 입각하는 능력급과는 별도의 기본급을 두되, 이를 기초급과 직능급으로 구분하고 고정화된 수당은 모두 기본급으로 흡수하며, 기본급 중에서는 직능급을 강화한다. 그리고 상여금체계도 과거에는 대부분 고정상여였지만, 이를 고정상여와 업적상여로 구분하며, 점차 업적상여의 비중을 강화하고 있다.

심지어는 기존의 연공서열식의 호봉 개념을 폐지하는 경우도 있다. 이는 다소 급진적인 방식으로 호봉 대신에 일정범위를 포괄하는 자격등급을 설정하고, 각 자격등급별로 연봉의 상한선과 하한선만을 설정하며, 이러한 범위 내에서 개인의 평가결과에 따라 연봉을 차등적으로 책정하는 것이다.

5. 신교육훈련체계

조직성원들의 능력을 적극적으로 개발하고자 하는 신인사제도의 목적을 달성하기 위해서는 유능한 인력은 물론, 능력이 다소 미흡한 인력에 대해서도 적절한 교육훈련을 시행하는 것이 무엇보다 중요하다. 이를 위한 신교육훈련체계와 관련한 현재의 추세는 우선 교육훈련기관 중심으로부터 탈피하여 직무중심의 교육훈련을 강화하는 것이다. 이는 단순한 비용 및 시간 절감의 차원이 아니라, 교육훈련의 효과성과 적실성을 높이기 위한 것이다. 따라서 현장교육(OJT, On-the-job Training)이 중시되고 있다. 이를 통해 업무수행과 교육훈련을 병행함으로써 교육훈련의 적실성을 제고함은 물론, 교육훈련으로 인한 업무단절을 방지할 수 있다. 그리고 이러한 직무현장 중심의 교육훈련은 교육훈련을 전사(全社)중심 교육에서 부서중심의 교육으로 전환시킨다. 이제 순서를 정해놓고 교육훈련기관에 입소하기보다는, 각 직무부서를 단위로 담당직무를 교재로, 상급자를 교관으로 하여 상시적인 교육훈련이 이루어지는 것이다(Haelermans and Borghans, 2012).

그러나 이러한 현장중심, 부서중심의 교육훈련이 문제가 없는 것은 아니다. 우선은 현장에서 할 수 있는 교육훈련은 제한적이다. 현장교육은 기능과 직무에 대한 교육훈련은 가능하지만, 정신교육, 체험교육, 이론교육 등은 어렵다. 그리고 상급자가 반드시 유능한 교관이 될 수 있는 것도 아니다. 더구나 상급자가 자신의 업무수행에 바쁜 상황에서 부하를 위해 체계적으로 현장교육을 실시하기도 어렵다. 뿐만 아니라, 피교육자의 입장에서도 교육훈련에 집중적으로 시간을 투입하기 어려워 교육효과가 적을 수 있다(Albert et al., 2010). 따라서 직무현장에서의 교육훈련이 교육훈련기관 교육을 전적으로 대체하기는 어려우며, 보완적인 것으로 이해해야 할 것이다. 그리고 현장교육의 효과를 높이기 위해서는 직근(直近)상급자와 하급자를 중심으로 이른바 마스터와 도제의 관계를 설정하여 상시적인 교육훈련이 가능하게 할 필요가 있다.

신교육훈련체계는 이른바 교육목표관리제도를 강화하고 있다. 과거에는 상급자가 교육훈련 수요를 결정하였으며, 교육훈련 내용은 교육훈련기관의 직원이나 강사가 결정하였다. 그리고 교육훈련 결과의 평가는 교육훈련 종료 시에 시험을 치르고 그 결과를 교육훈련점수에 반영하는 수준이었다. 따라서 교육훈련이 조직성원들의 잠재능력을 개발하고 부족한 능력을 보충하는 데 제대로 기여하지 못하였으며, 승진요건을 충족하기 위한 교육에 그쳤다(Cascio, 2015). 그러나 교육목표관리제도 하에서는 교육훈련 수요를 개인이 중심이 되어 부서장과 협의하여 결정하며, 개인의 능력개발계획을 수립하여 사전에 목표점을 제시하며, 목표달성 정도에 따라 인사평가에 차등적으로 반영하는 것이다. 심지어는 교육훈련과정도 자신이 직접 설계한다. 이는 부족한 점이 무엇인지는 자신이 가장 잘 알고 있다는 전제 하에서 행하는 것이다.

이밖에도 사내(社內)교육훈련과 평생교육훈련을 강화하고 있다. 사내에 자체적인 실무형 MBA과정이나 대학과정을 개설하거나 직원들의 대학원교육을 일반대학에 위탁하기도 한다(박조현·오정록, 2015). 또한 재충전(refresh) 연수제도를 도입하여 일정 연수 이상의 근속자들을 대상으로 현업에서 완전히 탈피하여 재충전을 위한 국내외 연수를 받게 한다. 그리고 직급별 의무이수과정 제도를 도입하여 각 직급에 필요한 교육과정을 미리 제시하고, 지정된 교육과정을 사내 및 사외의 교육훈련기관에서 자신이 직접 선택하여 해당 직급 재직기간 중에 의무적으로 이수하게 하며, 이를 인사평가에 반영한다.

이상에서 다양한 신교육훈련체계를 소개하였는데, 기본방향은 교육훈련을 현장에서 일상화하며, 사내외를 불문한 다양한 교육훈련기관을 활용하며, 교육훈련의 수요결정 및 과정을 선택하는 데서 개인의 자율성을 확대하며, 교육훈련의 목표설정과 성과평가를 강화하는 것이다. 이 점에서 현행의 정부관료제의 교육훈련체계는 신교육훈련체계와는 상당히 유리되어 있다(신민철·박성문, 2019; 조경호 외, 2019). 즉, 그동안의 교육훈련은 대체로 각급 교육훈련기관에 수용하여 교육을 행하는 방식이었으며, 교육방법은 교관이나 외래강사에 의한 강의방식이 대부분이었고, 강의내용도 주로 이론과 법규중심이었다. 현재 중앙교육훈련기관을 포함하여 각 부처별로 교육훈련기관을 설치하고 있으며, 광역단체 단위로 지방공무원 교육훈련기관을 설치하고 있다. 그러나 이러한 교육훈련기관 중심의 교육훈련에는 여러 가지 문제점이 있다. 우선은 교육훈련을 위해서 직무로부터 이탈하는 데서 오는 업무단절과 시간 및 비용 상의 문제이다. 그리고 많은 사람을 시설에 수용하여 교육을 하다 보니 일방통행식의 강의식 교육이 주를 이루게 된다. 교육훈련의 내용도 실습과 사례분석보다는 이론과 법규 중심의 교육이 되고 있으며, 평가 역시 시험위주의 방식으로 이는 인사관리를 위한 교육이라는 비판을 야기한다. 더구나 교관들이 장기근무를 기피하여 전문성을 갖춘 유능한 전담강사를 확보하기 어렵다. 따라서 개선방안을 제시하면 다음과 같다.

첫째, 다양한 교육훈련 방식을 도입하되, 기본방향은 참여중심의 교육훈련을 강화하는 것이다. 이론교육과 정신교육의 비중을 축소하고, 체험과 실습 위주의 교육훈련을 강화해야 한다. 여기서 체험과 실습은 교육과정별로 관련되는 현장시설을 방문하여 현장체험을 강화하는 것이다. 다음에 교육훈련기관 내의 교육시간 중에도 토론과 참여를 장려하기 위해 사례발표, 세미나, 역할연기 등의 다양한 교육훈련 방식을 도입해야 한다. 그리고 교육방법과 관련하여 주목할 것으로 성취동기훈련이 있는데, 이는 피교육자의 성취동기를 강화시켜 주기 위한 교육방식으로, 조직성원들의 성취동기가 조직의 생산성을 결정한다는 전제에 입각해 있다(임선아·강성은, 2013).

둘째, 교육훈련 결과의 평가를 강화한다. 현재 교육훈련 결과의 평가는 교육과정 중의 교육태도, 과제연구, 시험평가 등을 위주로 하고 있다. 따라서 단기적 성과평가가 주가 되며, 장기적인 관점에서 교육훈련이 업무수행에 미치는 영향은 제대로 평가하지 못하고 있다. 그나마도 관대화 경향으로 인해 변별력이 부족하다. 따라서 향후의 평가는 업무복귀 이후의 업무수행능력에 대한 평가를 중심으로 하며, 이 경우에는 부서장의 역할이 필요하다. 교육훈련기관으로서도 현지지도나 간담회를 통해 교육내용과 업무연계성을 점검하는 등의 교육수료자에 대한 추수(追隨)지도(follow-up service)를 강화해야 한다.

셋째, 정부관료들이 부족한 부분을 스스로 점검하고, 이를 자발적으로 보충할 수 있는 여건을 마련한다. 이를 위해서 정부관료들은 자신의 업무와 관련이 있는 학회에 가입하여 참여하며, 세미나 등에서도 적극적으로 발표를 하며, 외부 전문가와의 정기적인 소통통로를 마련해야 한다. 또한 연구모임 활동을 장려하여 업무개선방안 발표회, 사례집 발간 등의 분위기를 조성한다.

넷째, 외부의 다양한 교육기관을 적극적으로 활용해야 한다. 정부업무를 수행하는 데서 필요로 하는 지식은 다양하다. 이를 모두 정부의 교육훈련기관에서 가르칠 수는 없다. 어학이나 컴퓨터교육 같은 것은 퇴근 이후에 사설학원 등에서 배울 수 있게 비용을 지원하는 것이 효과적이다. 최근의 제도나 이론의 추세와 관련한 교육은 대학에서 배우는 것이 효과적이다. 정규교육 과정을 출장강의 및 위탁교육 형태로 설치할 수도 있으며, 기업들처럼 사내교육제도를 활성화할 수도 있다.

다섯째, 민간교육기관에의 파견교육 및 민간부문과의 교류근무를 장려한다. 과거에는 민간부문이 군(軍)이나 정부로부터 관리기법을 배웠으나, 지금은 민간부문이 앞서가고 있다. 따라서 민간교육기관으로의 파견교육을 통하여 조직운영, 고객응대, 심지어는 근무행태 등을 배우는 것이 필요하다. 그리고 민간인력과의 교류근무도 시행한다. 이를 통해 상호이해의 폭을 넓힐 수 있으며, 자신의 단점을 발견하고 개선할 수 있다.

마지막으로, 교육훈련과 관련하여 무엇보다 중요한 것은 배우고 실천하는 것을 일상화하는 학습조직으로 변모하는 것이다. 학습을 통해서 업무성과 향상과 자아실현을 추구하는 조직문화를 창출하며, 업무와 학습을 일체화하는 것이 필요하다. 그리고 궁극적으로는 공무원 누구나 학습을 즐거워하고 습관화하는 학습인(學習人)이 되어야 한다. 학습행위가 일상화된 학습인은 언제라도 새로운 환경에 적응하기가 용이하며, 자신의 능력을 지속적으로 연마하며, 업무과정 자체를 학습의 장으로 인식한다(Laszlo and Laszlo, 2007). 따라서 학습이 일상화되면 사실상 별도 교육훈련의 수요는 많이 줄어든다.

제4절 맺음말

지금까지 신인사제도의 의의, 특성, 구체적 내용을 소개하였다. 기본적으로 신인사제도는 조직성원들의 발휘된 현재 능력만 중시하는 것이 아니라, 이들의 잠재능력을 최대한 끌어내는 데 초점을 두는 능력개발형 인력관리제도이다. 신인사제도는 현재처럼 정부관료제의 환경이 동태적이고 예측불가능하며, 공무원의 사고와 행태가 과거 조직우선주의, 명령과 통제에 숙달되어 있던 데서 탈피하여 개인주의와 자율성을 중시하게 됨에 따라 필요성이 더욱 커지고 있다. 과거의 인력관리제도가 현재의 행정환경 및 조직성원들의 특성과 부합하지 않는다는 점에서 신인사제도는 규범적 필요성이 있는 것이다.

그러나 신인사제도는 기존의 인사제도와는 상치되는 내용이 많으며, 수익성과 효율성을 추구하는 민간부문에서 개발된 내용들이라는 점에서 정부관료제에 적용하는 데는 적지 않은 문제점과 혼란이 있을 것이다. 기존의 인력관리방식에 숙달된 정부관료들의 저항도 클 것이다. 따라서 신인사제도는 공공가치를 중시해야 하는 공공부문의 속성에 부합할 수 있는 내용을 중심으로 취사선택하여 도입해야 하며, 전략 면에서도 정부관료제의 부처특성, 업무특성, 직급특성, 법규상의 제약 등을 감안하여 신중하고 점진적으로, 그리고 맞춤형 방식으로 도입을 추진해야 한다. 법률 개폐의 권한을 가지고 있는 의회와의 협력, 제도도입에 저항할 수 있는 정부관료 및 공무원단체에 대한 설득과 홍보, 직무분석이나 조직진단 등을 통한 사전준비 등이 병행해야 한다.

그러나 이러한 난관에도 불구하고, 현재의 정부관료제가 처한 상황을 고려하면 신인사제도의 장점에 관심을 가지지 않을 수 없다. 급변하는 국내외의 행정환경, 공공서비스의 질에 대한 기대수준 상승, 조직성원들의 가치관 및 특성 변화 등을 감안하면, 계층제, 연공서열, 상명하복, 안전제일주의, 비공개주의 등에 기반을 둔 전통적인 인력관리방식으로는 이러한 시대적 요청에 부응하기가 어렵기 때문이다. 따라서 새로운 변화 앞에서 우려와 불만으로 일관하기보다는 적극적인 수용태세를 갖추고 내용과 방식을 사전에 숙지하여 대비하는 것이 필요하다. 특히, 인력관리 담당자들은 신인사제도의 장점뿐만 아니라 제약요인들을 잘 숙지하여 신인사제도의 역기능을 최소화할 수 있는 방안을 고안해야 한다. 그리고 관리자들은 새로운 인사제도를 충격요법으로 도입할 것이 아니라, 우리의 정부관료제 풍토를 고려하여 합리적으로 활용하는 방안을 모색함으로써 새로운 제도의 도입에 따른 시행착오를 최소화해야 한다.

제9장

정부관료제의 인사개혁과 다면평가(多面評價)

제1절 **머리말**

전통적 인사관리방식의 한계가 분명해짐에 따라 능력주의를 심화시키는 방향으로 인사제도의 전체적인 틀을 개편하려는 이른바 신(新)인사제도에 대한 관심이 고조되고 있다. 이러한 신인사제도는 성원들의 능력을 공정하게 평가하고 적절한 보상과 교육훈련을 행하며, 성원들의 잠재능력을 지속적으로 개발하는 것이 조직의 생산성과 성원들의 동기부여를 제고하는 길이라고 믿고 있다. 따라서 현재 민간부문에서는 신인사제도가 빠르게 정착되고 있으며, 공공부문에서도 정부개혁 및 인사개혁의 차원에서 신인사제도가 논의되고 있다.

그런데 신인사제도의 구성요소들 중에서도 요체는 능력주의 평가체계 즉, 신(新)평가체계이다. 그 이유는 승진, 임금, 교육훈련 등 여타의 인사제도들은 모두 적절한 평가가 전제되어야 하기 때문이다. 그리고 신평가체계는 육성형평가주의, 공개주의, 목표관리평가, 가점주의 등의 다양한 내용들로 구성되어 있으나, 그 중에서도 많은 관심을 끌고 있는 것이 다면평가(多面評價)이다. 왜냐하면 신평가제도를 구성하는 내용들의 대부분이 다면평가제도에 기반을 두거나 연계되어 있기 때문이다.

이러한 배경 하에서, 이 장은 정부관료들의 능력개발을 위한 수단의 일환으로 신평가체계의 핵심요소인 다면평가제도의 활성화 방안을 모색하려는 것이다. 이를 위해서 우선 신인사제도, 신평가체계, 다면평가제도 등을 이론적으로 논의하며, 이를 토대로 적절한 연구의 틀을 개발한다. 다음에는 정부관료제의 현행 평가방식의 한계점을 분석하며, 이를 토대로 다면평가제도의 필요성을 논의한다. 마지막으로 다면평가제도의 장애요인 극복방안을 제시한다.

제2절 이론 논의 및 연구의 틀

1. 신인사제도와 신평가체계

신인사제도는 직책 중심의 승진제도를 지양하고 능력에 따라서 상승이 가능하도록 직급체계를 보완하며, 신상필벌(信賞必罰)의 인사관리 원칙에서 탈피하여 자발적인 능력개발을 유도하기 위한 가점주의(加點主義) 인사관리로 전환하고자 한다. 그리고 유능한 성원들은 몇 단계씩의 상승이동도 가능하도록 과감한 발탁인사를 단행한다. 뿐만 아니라, 능력과 업적의 차이를 제대로 반영할 수 있는 보수체계인 연봉제를 도입하며, 현장중심 교육과 상급자교육을 강화하고 '목표에 의한 교육'(EBO)을 지향한다. <표 5>는 신인사제도의 주요 구성요소와 내용을 요약한 것이다.

표 5 신인사제도의 주요 내용

구성요소	주요 내용
직급체계	직능자격제도, 직급체계의 일원화, 공통직군제, 자동승격연한제, 직급정년제, 팀제와의 결합 등.
평가체계	육성형 평가주의, 공개주의, 가점주의, 다면평가, 목표관리 평가체계, 절대고과, 업적 및 능력고과 강화, 팀업적 중시 등.
승진·승급체계	육성형 승진관리, 발탁인사, 전문직제, 졸업방식의 승격제도, 승진기준의 다양화 및 직급별 세분화 등.
임금체계	차별보상주의, 직능급제, 업적상여제, 집단성과급제, 연봉제 등.
교육훈련체계	현장중심 교육, 교육목표관리제, 직급별 의무이수제, 부서중심 교육, 재충전(refresh) 연수 등.

신평가체계는 신인사제도의 핵심요소이다. 승진, 임금, 교육훈련 등의 인사관리가 모두 성원들에 대한 정확한 평가결과에 의존하기 때문이다. 평가는 성원의 능력과 근무성적, 자질 및 태도 등을 객관적으로 측정함으로써 성원들의 직무수행능력, 조직기여도 등을 체계적으로 가늠하는 것이다. 따라서 평가를 통해서 적재적소의 인력을 확보하고 성원들에게 적절한 직무를 할당할 수 있다. 또

한 평가를 통해서 교육훈련의 수요를 추정하고, 성원들을 동기부여 할 수 있다 (Gomez-Mejia et al., 2007).

그러나 지금까지는 평가가 엄격하지 못하였으며, 평가목적도 주로 신상필벌을 위한 정보제공에 국한되었다. 그 결과 평가가 능력주의를 지원하지 못하였으며, 능력주의를 지향하는 여타 인사제도들과도 결합되지 못하였다. 따라서 현재는 신평가체계로의 전환이 모색되고 있는바, 신평가체계는 우선 사정(査定)주의에서 개발주의로, 상대주의에서 절대주의로, 비공개주의에서 공개주의로, 상벌주의에서 가점주의로 전환코자 한다. 그리고 육성형 평가체계를 강화하고자 하는데, 이는 평가를 자기개발의 수단으로 활용하기 위함이다. 또한 합의에 의한 목표설정과 평가를 중시하기 때문에 목표관리(MBO) 평가시스템을 도입하고자 하며, 업무수행상의 팀워크를 유지하기 위해서 팀단위 업적평가를 중시하고 있다. 그리고 평가자가 다원화된 다면평가를 중시하고 있다(Sholihin and Pike, 2009; Snell et al., 2015).

2. 신평가체계로서의 다면평가

다면평가(multiple appraisal)란 다수의 평가자가 여러 방면에서 평가에 참여하는 것이다. 즉, 상급자에 의한 일방적이고 하향적인 단면평가(單面評價)에 비해 다면평가는 기존의 상급자평가(downward appraisal) 외에 부하평가(upward appraisal), 동료평가(lateral appraisal), 자기평가(self-appraisal), 고객평가(customers evaluation) 등을 가미함으로써 평가대상자의 전체 모습을 파악하려는 것이다.[1] 이점에서 다면평가는 상·하·좌·우의 모든 관련자들이 평가에 참여하는 360도 평가이다(Toegel and Conger, 2003).

다면평가는 여러 가지 장점이 있다(DeNisi and Kluger, 2000; Wright and Noe, 1996). 첫째, 평가의 객관성, 공정성, 신뢰성을 높일 수 있다. 평가자가 많아져 평가가 신중해지며, 비교를 통해서 평가결과의 공통점을 찾기가 쉽기 때문이다. 그리고 평가자의 주관과 편견을 줄일 수 있으며, 평가대상자로 하여금 평가가

---

1) 실제로는 이러한 평가방식들을 모두 사용하기는 어려우며, 이러한 것들 중에서 둘 이상을 종합하여 실질적으로 사용하는 경우에 흔히 다면평가라고 일컫는다.

공정하다는 느낌을 갖게 한다. 따라서 평가결과에 대한 수용도가 높아진다. 둘째, 다면평가를 통해서 조직 내의 다양한 계층들 간의 의사소통 기회가 확대되며, 이는 인간관계의 개선에 도움이 된다. 셋째, 평가대상자의 능력발전을 도모하고 자기반성의 기회를 제공한다. 따라서 다면평가는 성원들의 자기개발을 촉진하는 교육효과가 크다. 특히, 동료로부터의 환류가 근무행태를 바꾸는 데 크게 영향을 미친다. 넷째, 평가의 효과성을 높일 수 있다. 자기평가를 통해서 자신을 보다 깊이 있게 판단해 볼 수 있는 기회를 갖게 되며, 동료평가를 통해서 자신이 미처 깨닫지 못한 부문들을 점검할 수 있다.

그러나 다면평가는 평가 작업이 번거로우며, 평가자의 분산으로 책임소재가 불명확할 수 있다. 상급자는 부하의 평가능력을 불신하며, 부하는 평가결과에 따라서 상급자로부터의 보복을 우려한다. 또한 다면평가는 평가대상자로 하여금 만능인이 되어야 한다는 부담을 주며, 부하통솔이 어려워질 수 있으며, 인화를 해치고 파벌을 형성할 우려도 있다. 그리고 능력보다는 인간관계 중심의 평가가 될 수 있으며, 평가자들 간에 평가기준이 상이함으로써 평가결과의 형평

표 6 다면평가를 구성하는 각 평가방식들의 장·단점

평가방식	장 점	단 점
상급자 평가	-업무요구사항 및 평가대상자의 행태에 친숙함 -부하의 복종을 유도하기 용이함 -성과에 따른 보상을 통제하기가 용이함 -실시가 용이함	-부하에 대한 인식 상의 편견이 존재할 수 있음 -정실과 주관의 개입 우려가 있음 -부하에 대한 정보가 제한됨
부하평가	-상급자에 익숙해 있고 직접관찰이 가능함 -상급자에게 자기개발을 위한 정보를 제공함 -상하 간 의사소통 기회를 제공함	-평가대상자인 상급자의 보복에 대한 두려움이 있음 -상급자에 대한 편견이 개입할 수 있음
동료평가	-업무의 요구사항에 친숙하고 충분한 관찰이 가능함 -업무성과의 원인에 대한 통찰력을 제공함 -동료들 간의 의사소통을 촉진함	-경쟁과 개인적 갈등으로 인한 편견이 개입함 -정보제공을 서로 꺼려함 -친근함이나 우정 등으로 인해 영향을 받을 수 있음
자기평가	-자신의 행위와 능력을 가장 잘 알 수 있음 -결과에 대한 수용가능성이 높음	-객관적 평가가 어려우며, 업무성과를 과장하여 추정할 우려가 있음 -신뢰성이 낮음
고객평가	-서비스에 대한 만족지표가 됨 -편견에 치우치지 않음 -업무성과의 지속적 개선을 촉진함	-불충분하고 편향된 정보에 그칠 우려가 있음

자료: Alden et al., 2010; Mabey, 2001; Wright and Noe, 1996 등의 내용을 토대로 재구성함.

성이 저하될 수도 있다(Mabey, 2001).

따라서 다면평가의 긍정적 기능을 살리기 위해서는 우선, 평가자에 대한 적절한 평가훈련이 필요하며, 평가의 익명성이 보장되어야 한다. 그리고 평가자와 평가대상자 모두에게 다면평가의 의의, 목적, 내용, 절차 등에 대한 상세한 정보가 제공되어야 한다. 또한 평가대상자의 업무특성과 과업목표가 평가자에게 정확하게 알려져야 한다. 태도 면에서 평가자는 다면평가를 통해서 평가대상자의 능력발전을 돕는다는 사고를 가져야 하며, 평가대상자는 평가결과를 자기개발에 활용하려 해야 한다(Wright and Noe, 1996). <표 6>은 다면평가를 구성하는 각 평가방식의 장·단점을 기술한 것이다.

3. 연구의 틀

이 장은 크게 현행 정부관료제 평가제도의 문제점 진단과 다면평가제도의 성공적 정착방안이라는 두 부분으로 구성되어 있다. 물론 양자는 유기적으로 연결되지만, 동일한 변수로 논의하는 것은 필요한 정보를 생산하는 데 부적절한 점이 있다. 따라서 이 장에서는 두 부분을 서로 다른 논의의 틀에 입각하여 분석한다. 우선 현행 평가제도의 현황과 문제점을 분석하기 위해서는 근무성적평정의 구성요건으로 흔히 언급되는 평가의 타당성, 객관성과 공정성, 평가결과에 대한 수용성, 평가의 유용성이라는 네 가지를 중심으로 연구의 틀을 구성하였다. 타당성(validity)은 평가내용이 평가의 목적을 얼마나 잘 반영하고 있느냐는 것이다. 즉, 평가의 타당성이 높기 위해서는 평가내용들이 인사관리를 위한 적절한 정보를 제공해야 한다(Varma and Budhwar, 2013). 객관성과 공정성은 측정하고자 하는 내용이 얼마나 객관적인 기준에 입각하여 어느 정도 공정하게 측정되느냐는 것이다. 대체로 객관성은 평가요소의 내용과 평가대상자의 업무특성이 영향을 미치며, 공정성은 평가자 요소가 영향을 미친다. 수용성(acceptability)은 평가결과에 대해서 평가대상자들이 이를 공정하다고 믿고 정당한 것으로 수용하며, 평가결과의 활용에 대해 동의하는 것을 의미한다(Cascio, 2015). 평가에 대한 수용도가 높아야 평가로 인한 불신과 잡음이 적다. 평가의 유용성은 평가결과가 어느 정도 본래 의도하는 평가목적에 활용되느냐에 관한 것이다. 평가결과는 관리적 목적, 전략적 목적, 개발적 목적에 동시에 잘 활용될 수 있어야 한다(Wright and Noe, 1996).

다음에 정부관료제에서 다면평가제도를 성공적으로 정착하는 방안과 관련해서는 이를 다면평가의 각 방식별로 주로 성과평가의 내용을 구성하는 요소들을 중심으로 연구의 틀을 구성한다. 우선 도입목적과 용도인데, 이는 크게 인사관리의 목적과 성원들의 자기개발 목적으로 구분할 수 있다. 다음에 도입방식은 다면평가제도를 전면적 혹은 단계적으로 도입하느냐와 단계적으로 도입할 경우에는 어떠한 평가방식을 우선하느냐는 것이다. 평가대상자와 관련해서는 다면평가제도를 어떠한 부서와 직급을 대상으로 시행하느냐는 것이다. 평가자와 관련해서는 평가자의 범위와 수, 평가자의 선정방법을 중심으로 분석하며, 평가요소는 각 평가방식별로 어떤 내용과 항목들로 구성하느냐는 것이다. 마지막으로 평가결과는 이의 공개여부와 공개할 경우에는 누구에게까지 공개할 것이냐는 것이다.

제3절 현행 상급자평가의 실태와 문제점

현재 정부관료제에서 다면평가를 부분적으로 시행하고 있지만, 여전히 공무원에 대한 평가는 상급자평가가 중심이 되고 있으며, 승진심사 등에서는 주로 상급자평가에 의존하고 있다. 따라서 현행 성과평가의 문제점도 대부분 상급자평가의 문제점으로 귀착된다고 해도 과언이 아니다.

첫째, 평가의 타당성 면에서, 본래 평가는 성원들의 활동과 조직목표를 연계시키기 위한 전략적 목적, 평가를 통해서 인사관리 정보를 제공하기 위한 관리적 목적, 평가를 통해서 성원들의 잠재력을 개발하기 위한 개발적 목적이라는 세 가지 목적을 갖는다(Riccucci, 2017). 물론 이 중에서도 현재는 개발적 목적이 중시된다. 따라서 평가내용도 이러한 목적을 달성할 수 있도록 구성되고 운영되어야 한다. 현재 공무원에 대한 평가는 외형적으로는 업무추진실적과 내용을 기재하게 하고, 직무수행능력 관련사항을 관리하고 있다. 그러나 실제로는 업무목표가 제대로 수립되지 못하는 데다, 평정요소들이 모호하고 제대로 정의조차 되지 못하고 있어 평가의 잣대로 부실하다. 그 결과 평가내용이 조직 목표달성이나 성원들의 자기개발 목적에 부합하지 못함은 물론, 인사관리 상의 목적에도 부합하지 못하고 있다(Llorens et al., 2017).

둘째, 객관성과 공정성 면에서, 우선 객관성이 낮다. 이는 주로 공공서비스의 본질적 속성과 평가요소의 추상성에서 연유한다. 공공서비스는 주로 질적인 영역이기 때문에 객관적 기준으로 평가하기 어렵다. 더구나 평가요소들이 매우 추상적이다. 현재 공무원에 대한 평가의 가장 큰 부분을 차지하는 근무실적은 실적의 질, 실적의 양, 적시성, 업무개선도 등을 통하여 평가하지만, 구체적인 성과목표가 제대로 설정되지 못하는 상태에서 실적의 질과 양을 파악하기는 어렵다(백종섭, 2018). 그리고 적시성은 개별업무에 대한 목표달성도를 측정할 수 있어야 가능하다. 그리고 두 번째 중요한 비중을 차지하는 직무수행능력은 정보화능력, 업무숙지도, 판단력, 기획력, 업무추진력 등을 평가한다. 이 가운데 정보화능력은 어느 정도 측정이 가능하지만, 나머지 요소들은 그렇지 못하다.

뿐만 아니라, 각 평가요소별로 부여하는 평정점수도 상당히 주관적이다. 가령 탁월과 우수의 차이는 평가자의 판단에 의존하는 경우가 많다. 그리고 확인자에 의한 평가는 우선 확인자가 평가대상자를 제대로 숙지할 수 없다. 따라서 대체로 확인자는 평가자와 유사한 점수를 부여한다. 그리고 객관적 평가가 어려운 결과로 평가의 공정성도 저하된다. 평가요소가 구체적이지 못하니까 평가과정에서 평가자의 주관이 많이 개입된다. 각종 연고관계가 평가에 작용하는 경우도 많다. 학연 등의 전통적 연고관계는 물론, 지방자치 이후에는 선거요인도 큰 영향을 미친다(경상북도 C군 국장과의 인터뷰).

셋째, 평가결과에 대한 수용도가 낮다. 이는 평가의 객관성 및 공정성이 낮다고 생각하기 때문에 평가결과를 불신하기 때문이다. 더구나 평가대상자들은 대체로 평등주의적 공평성 인식이 팽배해 있으며, 자신의 성적을 관대하게 평가하는 경향이 있다.[2] 이 역시 평가결과의 수용도가 낮은 이유가 된다.

넷째, 평가의 유용성 문제이다. 현재 공무원의 평가는 역량평가라는 용어를 주로 사용하고 있는데, 공무원임용령(제10조의 3)에 따르면 조직의 장은 공무원

---

[2] J. Larkey와 P. Caulkins는 어느 집단을 막론하고 직원의 80%는 자신의 성적이 상위 20% 안에 든다고 믿는다면서, 이를 '80/20 rule'로 표현한다(하상묵, 1998).

이 직무를 성공적으로 수행하기 위하여 필요한 능력과 자질(즉, 역량)을 설정하고 이를 기준으로 소속 공무원을 평가(즉, 역량평가)하여 승진임용과 보직관리 등 인사관리에 활용할 수 있음을 규정하고 있다. 따라서 상급자평가의 결과는 주로 승진임용, 특별승급, 특별상여수당 지급, 교육훈련 등 다양한 인사관리 목적에 활용하기 위한 것이다. 이 중에서도 가장 중요한 것은 평가를 승진결정이라는 용도에 이용하는 것이다. 따라서 현재 상급자평가는 주로 승진결정 자료를 생산하는 소극적 용도로 이용되며, 공무원의 자기개발 목표라는 보다 적극적인 용도에 활용되지 못하고 있어 평가의 유용성이 제한적이다.

그런데 승진은 현실적으로 공무원들의 최대 관심사이다. 따라서 인사 불만을 줄이는 방법은 연공서열을 중시하는 것이다. 그 결과 현재 상급자평가는 주로 승진결정의 용도에 이용되고 있음에도 불구하고, 실제로는 사전에 예측된 승진결정 순위를 합리화하는 수단으로 이용되는 경우가 많다. 특히, 지방행정에서 그러하다. 그리고 이는 공무원들로 하여금 승진대기자가 적은 부서를 주로 선호하는 폐단을 낳기도 한다.

결국, 현행의 공무원에 대한 상급자평가는 이것이 조직목표 달성이나 조직활동의 개선에 연결되지 못하며, 성원들의 잠재능력 개발에도 제대로 이용되지 못하고 있다. 주로 인사관리의 목적에 이용되고 있으며, 차등급여 체계가 미흡한 실정에서 주로 승진결정에 이용되고 있다. 그나마도 형식적으로 운영되어 승진예정자에게 의도적으로 높은 점수를 부여하는 역산제(逆算制)가 만연하고 있다. 따라서 조사를 해보면 현행 상급자평가에 대한 공무원의 전반적 인식은 대체로 부정적이다(권향원, 2017; 조성대, 2003). 이는 기본적으로 현재 공무원에 대한 평가의 중심이 되고 있는 상급자평가의 한계 때문이다. 이를 구체적으로 보면 다음과 같다.

첫째, 상급자평가에 대한 불신이 조직전체에 대한 불만으로 연결되며, 조직성원들 간에 불신을 심화시킨다. 공정하지 못하다고 생각하는 평가결과를 상벌의 용도에 이용하게 되면, 불신이 유발될 수밖에 없다. 둘째, 상급자평가에 주로 의존하면 평가대상자로 하여금 상급자에게 잘 보이는 데 치중하게 하며, 조직전체의 목표달성보다는 상급자의 의도를 추종하는 행태를 만연시킨다. 셋째, 평가의 타당성이 낮기 때문에 이에 입각하여 운영되는 승진, 승급, 급여책정, 교육훈련 등 다른 인사제도까지 파행적으로 운영되게 한다. 넷째, 상급자평가가 중심이 되면 성원들의 자유로운 의견개진을 저해하고, 통제지향의 조직풍토를 지속시킨다. 평가결과가 상벌의 용도에 주로 이용되는 현실에서 상급자는 평가를 무기로 성원들을 통제하려는 권위주의적 속성을 불식시키기 어렵다. 다섯째, 상급자평가의 결과가 성원들의 능력개발을 조장하는 데 활용되지 못하고 있다. 평가결과가 승진결정의 자료로 활용되는 데 그치기 때문이다(오석홍, 2016; Varma and Budhwar, 2013).

결국, 상급자평가에 주로 의존하는 단면평가는 평가목적을 제대로 달성하지 못함은 물론, 조직 내의 인간관계를 저해하며, 성원들에 대한 동기부여를 제대로 못하며, 조직의 생산성을 제고하는 데 기여하지 못하는 등의 부정적 결과를 파생한다. 따라서 평가를 통해 성원들의 동기를 부여하고 자기개발을 촉진하며, 조직의 활성화에 기여하기 위해서는 평가대상자를 다양한 각도에서 조망하는 다면평가를 활성화하는 것이 필요하다.

제4절 **정부관료제에서의 다면평가의 활성화 방안**

1. 다면평가의 필요성

사회의 전반적인 추세는 평가를 기존의 상급자평가 중심의 상벌 용도의 평가방식으로부터 관련되는 모든 사람들이 평가에 참여하는 다면평가의 방향으로 진행되고 있다. 이는 오늘날과 같은 동태적인 조직환경 하에서 성원들의 자기개발 노력 정도가 조직의 경쟁력을 좌우하는 주요 요인이 되기 때문이다(Klingner et al., 2015). 특히, 공공부문은 다면평가제도의 성공적 정착이 시급한 실정이다. 그 이유는 다음과 같다.

첫째, 공공서비스의 질에 대한 요구가 점증하고 있다. 따라서 공무원들의 서비스정신이 중요함은 물론, 고객들로부터의 불만을 적절하게 수렴할 수 있어야 한다. 이를 위해서는 고객을 포함한 다양한 관련자들이 평가에 참여하는 다면평가의 성공적 정착이 필요하다(Peiperl, 2001).

둘째, 정부경쟁력의 제고가 시급하다. 그런데 정부조직의 경쟁력은 인력의 경쟁력에서 나오는 것이다. 지금까지의 정부조직에서의 평가는 인력의 질을 제고하는 데 활용하기보다는, 승진결정을 위한 자료를 제공하는 수준에 그쳤다. 성원들도 자신의 능력을 객관적으로 파악할 수 없었다. 따라서 성원 개개인의 능력을 제대로 파악하여 부족한 부분을 보충함으로써 정부의 경쟁력을 높이기 위해서는 다면평가의 정착이 절실하다(Toegel and Conger, 2003).

셋째, 그동안 공무원의 평가방식이 공정성이 떨어진다는 지적이 많았다. 이는 행정의 조직풍토가 온정적인 경향이 강하기 때문이다. 그러나 평가의 공정성 부족은 공무원들로 하여금 평가의 신뢰성, 수용성, 유용성를 저하시키는 부정적 결과를 초래한다. 그리고 무엇보다도 공무원들의 사기에도 부정적인 영향을 미친다. 따라서 평가의 공정성을 제고함으로써 성원들의 사기를 앙양하기 위해서는 보다 객관적인 평가방식인 다면평가의 성공적 정착이 필요하다(이황우·전은주, 2008).

넷째, 현실적으로 다면평가의 성공가능성이 낮지 않다. 특히, 지방행정이 그러하다. 그 이유는 집행업무라는 것이 동료들 간의 팀워크를 요구하는 데다, 지방공무원들 간에 상호작용의 빈도가 높아 동료평가의 실효성을 높일 수 있다. 그리고 집행업무는 업무목표를 설정하고 업무성과를 평가하는 것이 중앙정부의 기획 및 결정업무보다는 용이하다. 그리고 지방행정의 상당부분이 고객과의 접점에서 발생하기 때문에 공공서비스의 고객을 어느 정도 한정할 수 있다. 따라서 고객평가의 실시도 보다 용이할 것이다.

마지막으로, 상급자의 리더십을 평가하기 위한 부하평가가 특히 중요하다. 그것은 대부분의 집행업무는 부서장의 책임과 역할이 보다 크며, 집행업무의 성격상 국장과 과장 등의 중간관리자의 역할에 따라서 서비스 수준이 크게 달라질 수 있기 때문이다. 따라서 상급자의 능력을 적절하게 평가하고 개발하는 것이 무엇보다도 중요하다.

결국, 다면평가는 단면평가에 비해서 평가의 공정성을 확보하기가 쉽다. 따라서 평가에 대한 신뢰도와 수용성이 높아진다. 무엇보다도 단면평가는 평가대상자의 일면만을 평가하는 데 비해서, 다면평가는 전체 모습을 평가할 수 있다. 상급자의 눈에 비친 능력과 태도만이 아니라, 인간관계능력, 부하통솔능력, 친절도 등을 종합적으로 평가할 수 있다. 또한 다면평가는 평가결과를 능력개발

용도에 활용하는 데 보다 용이하다. 다양한 정보를 제공하기 때문이다. 다양한 관점에서의 평가는 적절한 의사전달 과정이 구비된다면 성원들의 잠재능력을 개발하는 데 보다 효과적이다(이희태, 2003; 조경호, 2008).

2. 다면평가의 활성화 방안

상급자평가만으로는 공무원의 성과를 제대로 평가하여 이를 다양한 평가목적에 활용하는 데 한계가 있다. 따라서 상급자평가 외에 부하평가, 동료평가, 자기평가, 고객평가 등을 포함하는 다면평가를 보다 적극적으로 활용할 필요가 있다. 이 장은 연구의 틀에서 제시된 평가 시의 유의사항들에 입각하여 다면평가의 도입목적과 용도, 도입방식, 평가대상자, 평가자, 평가요소, 평가결과의 공개 여부 등을 중심으로 적절한 방안들을 제시하고자 한다.

1) 도입목적과 용도

다면평가는 도입목적과 용도가 분명해야 한다. 성과평가는 지금까지는 주로 승진, 승급 등의 상벌의 성격을 띤 인사관리에 이용하였다. 그러나 현재 성과평가의 목적이 인사관리뿐만 아니라, 교육훈련과 자기개발 등의 다목적 용도로 전환하고 있다. 즉, 목적별 평가로 전환하고 있다. 따라서 평가목적에 따라서 평가방식, 평가자, 평가요소 등을 달리해야 할 필요가 있다(Cascio, 2015). 이와 관련하여 상급자평가는 기존대로 평가대상자의 근무실적과 직무수행능력을 중심으로 평가하고, 이를 주로 관리적 용도에 활용한다. 그러나 나머지 평가방식들은 자기개발의 용도에 주로 활용하는 것이 바람직하다.

우선 부하평가는 주로 관리자의 리더십 개발 차원에서 활용하고, 평가문화가 성숙된 이후부터 이를 단계적으로 인사관리에 반영한다. 이렇게 함으로써 부하로부터 평가를 받는 것에 대한 상급자들의 반발을 단계적으로 흡수할 수 있다. 동료평가는 직무수행태도를 중심으로 평가를 행하되, 이를 평가대상자에게 적절하게 환류 하여 자기개발의 기회로 활용하게 한다. 그리고 동료평가를 의식하여 조직 내에 지나친 원만주의가 조장되지 않도록 동료평가의 의의와 목적을 정확하게 홍보하는 것이 필요하다(Peiperl, 2001). 자기평가 역시 주로 자기개발의 수단으로 사용한다. 이를 위해서는 개인별 업무목표 설정을 선행함으로써 자신에 대한 과대평가를 방지할 수 있는 방안을 마련해야 한다. 고객평가는 대상범위가 제한되어 있는 현실에서 이를 관리목적에 이용하는 데는 한계가 있다. 그리고 고객평가가 소기의 목적을 달성하려면 고객들에게 해당 공무원에 대한 정확한 정보를 제공해야 하며, 평가에 참여하는 고객들 역시 감정적 요인이 평가에 개입되지 않도록 해야 한다(Alden et al., 2010).

따라서 기존의 상급자평가를 제외한 나머지의 다면평가 방식들은 적어도 건전한 평가문화가 정착될 때까지는 주로 자기개발의 용도에 국한하는 것이 적절하다. 다만, 관리적 용도와 관련해서는 이를 상급자평가의 참고자료 정도로는 활용할 수 있으나, 이 경우에도 적절한 원칙과 기준이 있어야 할 것이다.

2) 도입방식

다면평가제도의 도입방식과 관련하여, 이를 전면적으로 도입할 것인지 혹은 단계적으로 도입할 것인 지를 우선 결정해야 한다. 중앙정부의 사례는 대체로 동료평가와 부하평가를 우선적으로 도입하였다. 다면평가 방식의 도입순서에 관한 조사결과도 대체로 동료평가, 부하평가, 고객평가, 자기평가의 내실화의 순으로 나타나고 있다. 여기서 고객평가의 우선순위가 낮은 것은 여전히 공무원들이 행정의 고객인 시민들에 대해서는 평가능력을 의심하기 때문인 것으로 보인다. 자기평가의 순위가 낮은 것은 이미 자기평가가 일정부분 행해지고 있지만 제대로 정착되지 못하고 형식화되고 있는 데서 오는 반응일 것이다.

그러나 이러한 조사결과에도 불구하고, 자기평가를 우선적으로 내실화하는 것이 보다 현실적이다. 자기평가가 자기개발의 기회를 제공하려는 성과평가의 본래 용도를 실현하는 데 가장 적합한 것이기 때문이다. 물론, 이를 위해서는 현재의 추상적이고 주관적인 자기기술은 보다 측정 및 점검이 가능한 형태가 되어야 한다. 업무목표설정이 선행되어야 하며, 이 과정에서 상급자와 협의하여 달성할 목표와 방법을 선택하고 적절한 환류를 해야 한다.

다음에는 관리자의 리더십 개발차원에서 부하평가를 활용하되, 이 경우에는 관리자에게 부하평가의 용도를 분명히 공지해야 한다. 그리고 부하가 상급자를 평가하는 데 따른 인사상의 불이익에 대한 우려를 불식하기 위해서 적절한 홍보, 관리자 교육 등을 행해야 한다. 동료평가는 승진경쟁이 치열한 현 상황에서 부정적 결과를 초래할 우려가 있으므로 평가문화의 정착과 병행하여 사용해야 한다. 그리고 동료평가 시에 주의해야 할 것은 업무능력보다는 인간관계 측면에 지나치게 편향된 평가가 되지 않도록 평가자 교육을 적절하게 실시하고, 평가결과를 사후 점검하는 절차가 필요할 것이다. 고객평가는 적절하게 활용하되, 고객의 범위를 외부고객에만 한정할지 아니면 내부고객도 포함할지를 결정해야 한다. 공공서비스의 속성상 고객과 일상적으로 접촉하는 부서를 중심으로 외부고객에 의한 평가를 우선 활용하는 것이 현실적일 것이다. 그리고 고객평가를 위해서는 고객들의 평가능력을 제고하는 것이 선행되어야 할 것이다(Alden et al., 2010; Peiperl, 2001).

3) 평가대상자의 범위

평가대상자의 범위는 평가방식에 따라서 상이해야 한다. 현실적으로 부하평가는 처음부터 대상범위를 넓히는 데는 많은 부작용이 있을 것이다. 그리고 부하평가는 성격상 리더십평가의 성격이 강하다. 따라서 공식적인 관리자인 과장급 이상부터 먼저 적용하여 보고, 대상범위를 단계적으로 담당급 정도까지 확대하는 것이 필요하다.

동료평가의 평가대상자는 역으로 부하평가가 적용되지 않는 하급직부터 활용하는 것이 필요하다. 특히, 지방정부는 관리직이 적기 때문에 상급자평가나 부하평가 정도만으로도 사실상 평가가 가능하다. 그리고 관리직은 한정된 보직을 두고 동료와 치열한 경쟁을 해야 하는데다, 동료의 숫자도 적기 때문에 평가결과가 왜곡될 수 있다. 따라서 관리직에 대한 동료평가는 면밀한 점검 이후에 활용하는 것이 바람직하다. 자기평가는 전면적으로 실시하지만 자기개발의 용도에 도움이 될 수 있는 실질적인 것이어야 할 것이다. 고객평가는 우선 외부고객과의 일상적인 접촉이 발생하는 부서를 중심으로 적용하며, 단계적으로 내부관리부서에 대한 내부고객평가를 활용하는 것이 좋을 것이다.

4) 평가자의 범위와 선정방법

다음에는 평가자의 범위와 수, 그리고 평가자의 선정방법을 결정해야 한다.

우선 평가자의 범위는 부하평가는 평가대상자가 과장이더라도 과장이 속해있는 국(局)단위 정도로 평가단위를 확대해야 한다. 특히, 지방정부는 과(課)단위의 인원이 별로 많지 않은데, 과장에 대한 부하평가의 범위를 과단위의 직원에게만 한정하면 익명성이 제대로 보장되지 않는다. 따라서 평가자의 심리적 부담이 크다. 그리고 평가자의 범위에서 해당 국(局)내의 모든 성원들을 포함시키기는 방안도 있으며, 직급별로 몇 명씩을 선발하는 방안도 고려할 수 있다.

동료평가는 평가자가 평가대상자의 업무내용과 행태를 잘 이해하고 관찰할 수 있어야 한다. 따라서 평가자의 범위를 같은 부서 내의 동료들로 한정하는 것이 바람직하다. 그러나 이 경우에도 과단위보다는 국단위 정도로 확대하고, 유사직급의 동료 전부를 평가자에 포함하는 것이 좋다. 다만, 동료평가는 평가자들 간의 담합우려와 일부 평가자들의 편견이 개입하면 형평성이 저하될 수 있다. 이 경우에는 지나치게 관대하거나 박한 평가를 제외하는 트림(trim)방식을 사용하는 등으로 평가성향으로 인한 차이를 조정하는 것이 필요하다. 그리고 잦은 보직이동 등을 고려할 때, 평가자를 평가대상자와 일정기간 이상 함께 근무한 사람으로 제한하는 것도 고려할 수 있다.

고객평가는 평가자가 불특정 다수인 경우가 많기 때문에 평가자의 범위를 제한하기 어렵다. 따라서 방문고객 전체를 대상으로 설문조사를 행하는 방법 등을 생각할 수 있으나, 전술하였듯이 용도는 극히 제한될 것이다.

다음에 평가자의 수는 평가자가 많을수록 익명성이 보장되고 개인책임을 경감할 수 있으나, 평가비용과 평가 가능자의 범위 등을 적절하게 고려해야 한다. 평가자의 수를 늘리는 데 치중하여, 평가대상자를 제대로 파악할 수 없는 사람을 포함시키는 것은 부적절하다(Ghorpade, 2000).

평가자의 선정방법은 인사부서에서 일방적으로 선정하는 경우, 평가대상자가 선택한 이후에 상급자의 확인을 받는 경우, 성원전체가 자동으로 평가자가 되는 경우 등이 있다. 그러나 대체로 부하평가는 부서장이 당사자이기 때문에 인사부서에서 선정하며, 동료평가와 고객평가는 인사부서와 부서장이 협의하여 선정하는 것이 좋을 것이다.

5) 평가요소

어떠한 평가요소를 구성할 것인가는 각 평가방식들이 평가와 관련하여 어떠한 정보를 잘 제공해 줄 수 있느냐는 점이 고려되어야 한다(<표 7> 참조). 대체로 부하평가는 상급자의 업무추진능력과 부하통솔능력 등의 리더십을 중심으로 평가요소를 구성하되, 각 평가요소들을 구체적으로 정의하고 객관화하며, 변별력이 있는 평가척도를 구성함으로써 인간관계에 의해서 평가결과가 좌우되지 않도록 해야 한다. 동료평가는 동료의 직무수행태도와 부서목표 기여도 등을 중심으로 하되, 이 역시 평가요소를 구체화함으로써 업무능력보다 인간관계에 의해서 평가결과가 좌우되지 않도록 해야 할 것이다. 고객평가는 업무수행 상의 친절도나 적극성 등을 중심으로 하되, 고객 수준의 다양성을 감안하여 평가요소를 쉬운 내용으로 구성해야 하며, 업무수행보다는 감정적 요인에 의해서 좌우되지 않도록 주의해야 한다(Alden et al., 2010). 그리고 고객에게 제공할 수 있는 평가정보의 내용도 고려하여 평가요소를 구성해야 한다. 그렇지 못할 경우 자칫 고객평가는 감(感)에 의한 형식적 평가가 될 소지가 크다. 자기평가는 자신의 장단점 파악과 업무목표달성도 등을 중심으로 평가요소를 구성해야 한다. 그리고 평가요소를 자신의 업무달성목표 및 달성도와 연계할 수 있도록 함으로써 과대평가의 가능성을 줄여야 한다.

따라서 평정요소와 관련해서는 평정요소별로 어느 정도 객관적인 측정이 가능하도록 구체적 개념을 제시하고 하위 평가지표를 개발하며, 이에 입각하여 평가가 이루어지도록 하는 것이 중요하다. 그리고 평가요소별로 평가결과를 사용할 용도를 지정해줄 수도 있다. 그리고 가급적이면 주관적 서술보다는 체크리

표 7 평가자별 평가내용에 대한 정보보유 정도

평가내용 \ 평가자	현재능력	잠재능력	적성	태도	작업행동	성과
상급자	+	△	△	−	+	+
본인	+	△	+	+	+	+
동료	−	△	△	+	△	−
부하	△	△	−	−	−	−
고객	−	−	−	△	△	−

* +(많음) △(중간정도) −(적음)
자료: 박경규(1998: 265)를 토대로 연구자가 재구성함.

스트 방식으로 구체적인 평가항목을 제시하는 것이 평가의 객관성과 형평성을 높이는 데 유리할 것이다.

6) 평가결과의 공개여부

평가결과는 비밀주의에서 공개주의로 전환하는 추세이다(Van Dooren et al., 2020). 상급자평가를 제외한 다면평가 방식들이 대체로 관리 목적보다는 개발 목적에 활용될 것으로 기대되기 때문에 평가결과를 우선 본인에게 적절하게 공개해야 한다. 그리고 부서장에게도 공개하여 적절한 상담과 조언을 통해서 자기개발의 용도에 적극적으로 활용할 필요가 있다. 그러나 평가결과를 조직전체에 공개하는 것은 평가가 승진과 밀접하게 연계되어 있으며, 평가의 공정성에 대한 신뢰성이 아직 낮은 현실에서 상당한 부작용이 우려된다.

그러나 평가결과는 공개도 중요하지만, 이를 목표설정과 적절하게 연계시킬 수 있어야 한다. 목표치와 다면평가 결과를 대비하여 부족한 부분에 대해서는 수정목표치를 제시하게 하고, 이러한 수정목표치를 다음 연도의 평가결과와 다시 비교하는 등의 방안을 강구해야 한다.

3. 다면평가 활용상의 유의점

다면평가는 장점이 많으며, 상급자평가의 문제점을 상당부분 보완할 수 있다. 그러나 실험적인 면도 많다. 따라서 아직은 상벌의 용도에 관해서는 다면평가를 보조자료 정도로만 이용하고 있다. 특히, 공무원은 객관적인 실적평가가 어렵기 때문에 이를 다양한 용도로 활용하는 데는 한계가 있다.

무엇보다도 다면평가를 시행하는 데서는 공무원들의 불만과 저항이 적지 않다. 부하평가와 관련해서는 부하들로부터 평가를 받는 데 대해서 상급자의 심리적 저항이 있다. 또한 부하평가가 자칫 상급자의 업무능력 보다는 인간관계능력에 치중할 우려가 있는 상황에서 상급자는 평가를 의식하여 부하에게 지나치게 관대해질 수 있으며, 이는 상급자의 리더십을 약화시킬 수 있다(Maylett, 2009). 동료평가에 대해서도 불만과 저항이 있다. 인간관계능력에 의해서 지나치게 영향을 받을 수 있으며, 경쟁자 관계인 동료를 지나치게 박하게 평가를 하게 되면 조직의 분위기를 해칠 우려가 있다. 자기평가는 과대평가가 우려되는데다 업무목표 설정이 형식적인 상태에서 자신의 능력과 업무달성도를 제대로 평가하는 것 자체도 어렵다. 따라서 자기평가의 실효성에 대해서 많은 의문이 제기된다. 고객평가는 고객이 과연 정확한 평가정보와 적절한 평가능력을 가지고 있느냐는 점이 문제이다(Alden et al., 2010). 친절도 정도는 평가할 수 있지만, 밀착된 관찰이 어렵고 행정업무를 잘 이해하지 못하는 상태에서 제대로 평가하기가 어렵다. 그리고 고객에 대한 지나친 원만주의를 조장하고, 고객의 눈치를 보느라 행정이 엄정성을 상실할 위험도 있다. 또한 공무원들이 민간의 능력을 여전히 불신하는 상황에서 고객평가의 결과에 대한 수용도가 낮을 수 있다.

따라서 정부관료제에 다면평가를 효율적으로 활용하기 위해서는 다음과 같은 점들을 특히 유의해야 할 것이다. 첫째, 다면평가를 활용하는 데 대한 부처장의 의지를 가시화하고, 이를 수용할 수 있는 내부 분위기를 조성해야 한다. 이를 위해서는 다면평가의 취지를 지속적으로 홍보함은 물론, 역량평가의 목적과 용도에 대한 성원들의 인식을 제고하기 위한 교육도 필요하다.

둘째, 민간부문에서의 다면평가제도 성공사례를 벤치마킹의 차원에서 적절하게 연구함으로써 다면평가를 정부부문에 활용하는 데서 시행착오를 최소화해야 한다. 물론 이 경우에는 민간부문과 공공부문의 특성 차이를 잘 인식하고 사례연구를 행해야 할 것이다.

셋째, 다면평가를 성원들의 자기개발 목표에 부합시키는 제도적 장치를 마련해야 한다. 즉, 평가의 결과를 자기반성과 개발의 기회로 활용하게 하며, 교육훈련의 수요를 스스로 파악하여 자기설계 방식으로 교육훈련에 참여하는 등의 방안을 강구할 필요가 있다.

넷째, 다면평가의 종류별, 직급별, 업무분야별 등 단계적으로 활성화하는 것이 저항을 줄이고 실효성을 높이는 방안일 것이다. 평가자의 범위설정 등도 점진적인 방식이 유용할 것이다. 왜냐하면, 행정업무는 아직 적절한 평가지표가 개발되지 못한 부분들이 많기 때문이다.

마지막으로, 다면평가의 공정성을 높일 수 있는 제도적 장치를 마련하는 것이 중요하다. 부하평가는 상급자의 리더십 능력을 공정하게 평가하기 위한, 자기평가는 평가의 객관성을 높이기 위한, 동료평가는 동료의 업무수행능력을 공정하게 평가하기 위한, 고객평가는 고객의 평가능력을 향상시키기 위한 제도적 방안들을 마련해야 한다.

맺음말

이상에서 정부관료제의 인사평가의 현황과 문제점을 상급자평가를 중심으로 평가의 타당성, 객관성과 공정성, 수용성, 유용성의 측면에서 살펴보고, 이를 토대로 공무원에 대한 다면평가의 활성화 방안을 구체적으로 논의하였다.

현재의 공무원에 대한 평가는 여전히 상급자평가에 주로 의존하고 있는데, 평가내용의 타당성 면에서 제대로 성원들의 능력개발을 조장하지 못하며, 평가의 객관성과 공정성이 낮아 평가결과에 대한 성원들의 수용도가 낮다. 그리고 평가결과는 승진순위를 결정하는 데만 이용되고 있어 평가를 통해서 조직의 목표달성이나 활동을 개선한다거나 평가대상자의 자기개발을 도모하는 방향으로 활용되지 못하고 있다.

따라서 현재의 공무원 평가체계는 평가목적을 제대로 달성하지 못함은 물론, 성원들의 총체적인 업무역량을 파악하는 데도 한계가 있으며, 성원들 간에 불신과 갈등을 유발하고, 통제중심의 조직풍토를 심화시키고 있다. 그리고 성과평가가 성원들에게 자기개발의 기회를 부여하거나 동기부여를 자극하지 못하며, 조직의 생산성 향상에도 별로 도움을 주지 못하고 있다.

따라서 신평가체계의 일환인 다면평가를 잘 활용함으로써 평가의 본질적 목적을 달성할 수 있어야 한다. 그러나 정부관료제의 속성상 민간기업의 방식대로 다면평가를 시행할 경우에는 적지 않은 부작용이 우려된다. 따라서 다면평가의 각 방식별로 예상되는 장애요인들을 잘 점검하여 대처해야 한다.

이와 관련하여, 우선 도입목적과 용도 면에서는 상급자평가만 인사관리의 용도에 활용하고 나머지 방식들은 주로 자기개발의 목적으로 활용하는 것이 바람직하다. 그리고 도입방식은 우선 자기평가를 내실화하고, 직급별로 점진적으로 부하평가를 행하며, 동료평가는 하급직에서부터 활용하며, 고객평가는 현장부서를 중심으로 시행하는 것이 적절하다. 평가자의 범위와 수는 각 평가방식별로 차등적으로 적용하며, 평가자의 선정은 각 평가방식에 따라서 다양할 수 있으나, 가급적 인사부서, 부서장, 평가대상자의 삼자가 협의하는 것이 필요하다. 평가요소 역시 각 평가방식별로 평가의 속성과 목적에 부합하는 요소들을 선정하며, 가급적이면 직급별, 부서별, 근무지별 등으로 차등적인 평가요소를 구성하는 방안을 고려한다. 평가결과의 공개여부는 주로 인사관리의 용도에 활용되는 상급자평가를 제외하고는, 공개하는 것이 바람직하다. 그러나 다면평가의 궁극적 목적이 평가대상자들의 자기개발을 지원하는 것이라면, 평가결과를 조직전체에 공개하기보다는 본인과 상급자 등 일부 관련자에게만 공개하여 부족한 부분을 보충하고 잠재능력을 개발하는 수단으로 활용하게 하는 것이 바람직하다.

제10장

정부관료제의 행태(行態)개혁

머리말

　　정부관료제의 혁신을 도모하기 위해서는 정부관료제를 둘러싼 환경의 변화를 정확하게 파악하고, 이에 대처할 수 있는 정부개혁의 방향을 설정하고, 정부조직과 정부관료들의 가치체계를 새롭게 정립해야 한다. 그리고 이러한 정부개혁 방향과 새로운 가치체계에 부합할 수 있도록 정부관료들의 행태를 근본적으로 개혁해야 한다. 어떠한 조직이든 혁신을 도모하기 위해서는 조직성원들이 개혁의 필요성을 인지하고 개혁을 실천하는 것이 중요하다. 정부관료제의 개혁도 궁극적으로는 구성원인 정부관료들이 보다 쇄신적인 가치관을 정립하고, 보다 진취적이고 창의적인 행태를 보여야 한다. 따라서 정부개혁의 핵심요인은 정부관료의 행태를 개혁하는 것이다.

　　본래 조직으로서의 정부관료제와 인간으로서의 정부관료는 권한과 기구를 확대하려는 팽창지향의 속성을 가지고 있으며, 혼란을 유발할 수 있는 변화보다는 안정과 질서를 중시하는 경향이 강하다. 이에 더해 정부관료제와 그 구성원인 정부관료는 행동의 경직성, 위계서열의 중시, 무사안일주의, 번문욕례(red tape), 법규만능주의, 절차에 대한 집착, 선례답습주의, 연고주의 등의 속성을 가지는 것으로 인식되고 있다. 아직 국민들은 정부관료제에 대해 대체로 부정적인 관념을 가지고 있으며, 민간부문과 비교해 볼 때 이러한 비판이 완전히 잘못된 것이라고 치부하기도 어렵다.

　　정부관료제의 개혁은 국민들이 정부관료제에 대해서 가지고 있는 이러한 부정적인 관념들을 불식하는 방향이어야 하며, 이를 위한 가장 근본적인 접근방법이 정부관료제를 구성하고 작동시키는 정부관료의 행태(이하, 관료행태)를 개혁하는 것이다. 이를 위해서는 우선 우리나라 관료행태의 특성이 어떠하며, 어떠한 부정적 결과를 초래할 수 있는지를 파악해야 한다.

따라서 이 장의 목적은 정부관료제를 개혁하는 데서 가장 기초적 단위인 정부관료들에 대한 개혁과제를, 이들의 행태적 특성에 초점을 두고 분석하려는 것이다. 이를 위해 우선은 특정 국가군(國家群)의 관료행태에 영향을 미치는 환경적 특성을 고찰하고, 이어서 특정 국가군의 사회문화, 행정문화의 맥락 하에서 정부관료제와 정부관료의 행태적 특성을 진단한다. 다음에는 이러한 행태적 특성들이 어떤 부정적 결과를 초래할 수 있는지를 점검하며, 마지막으로는 관료행태 개혁의 방향에 대해서 제언한다.

제2절 정부관료제의 환경적, 문화적 특성

1. 사회문화적 특성의 위치 매김

정부관료제와 이의 구성주체인 정부관료의 특징적 행태는 갑자기 나타나는 것이 아니라, 보다 넓은 환경적, 문화적 맥락 하에서 형성되고 표출된다. 즉, 정부관료의 행태는 사회문화 → 행정문화 → 조직분위기 → 관료행태라는 순차적 맥락 속에서 발현하는 것이다. 이 점에서 관료행태에 관한 연구는 기본적으로 특정 국가가 속해 있는 환경적, 문화적 토양을 중시하는 생태론적 접근(Ecological Approach)의 영향 하에 있는 것이다(Heady, 2001).

관료행태를 제약하는 광의의 맥락으로서 사회문화는 다양하게 분류할 수 있다. 지리적 기준으로는 서구(서양)문화와 동양문화로 구분할 수 있으며, 종교 및 사상적 관점에서는 기독교문화권, 이슬람문화권, 불교문화권, 유교문화권 등으로 구분할 수도 있다(Oswell, 2006). 다른 한편으로는 선진국, 발전도상국, 후진국의 사회문화로 구분할 수도 있다. 이는 경제발전 단계에 따라 문화수준도 차이가 발생한다고 보는 것으로, 서구적 편견이 개입된 것이지만, 사회문화를 유형화하는 데서 많이 사용된다.

우리나라가 동양문화권이며 유교문화권이라는 데 대해서는 견해가 일치하겠으나, 환경적 맥락요인 면에서 우리가 선진국인지 발전도상국인지에 대해서는 견해가 다를 수 있다. 경제적 관점에서만 볼 때는 경제규모나 1인당 국민소득 등의 지표에서 선진국에 가깝다고 볼 수 있겠으나, 정치적, 사회적, 문화적, 행태적 측면에서는 우리가 선진국을 특징짓는 중요 요소들을 갖추었는지는 단언하기 어렵다. 비교정치론이나 비교행정론의 관점에서 보면, 우리나라는 오히려 발전도상국의 특성을 많이 가지고 있다고 해도 무리가 아니다.

이 장에서는 선진국, 발전도상국, 후진국의 구분을 각기 단절된 블록이 아니라, 연속선상에 있는 것으로 이해하며, 사회문화적, 행태적 측면에서 우리의 위상은 발전도상국에서 선진국으로 나아가는 연속선 상에 위치한다고 본다. 경제나 기술발전이라는 하드웨어 측면의 발전이 선행하고, 문화, 행태, 가치관 등과 같은 소프트웨어 측면은 시차를 두고 따라가는 속성이 있다. 물론, 문화나 행태는 정치민주화 등과 같이 보편적인 선악의 관점에서 평가할 수 있는 것이 아니며, 문화상대주의 관점에서 이해해야 할 것이다(Adorno, 2018).

이 장에서는 사회문화와 행태를 객관적으로 위치 매김 하는 것이 한계가 있음을 인정하면서, 우리나라의 위치를 발전도상국의 환경적, 사회문화적 특성으로부터 선진국의 특성으로 나아가고 있는 연속선(continuum) 상에서 파악하고자 한다. 따라서 우선은 선진국과 발전도상국의 환경적 특성과 이에 영향을 받아서 형성되는 정부관료제의 특성을 살펴본다.

2. 환경적 특성과 정부관료제

경제적으로 보든 정치적으로 보든 선진국의 판단기준은 불명확하지만, 사회문화, 행정문화, 관료행태 등과 관련하여 분류하는 선진국은 대체로 서구 즉, 서유럽과 북미 국가들을 지칭한다고 볼 수 있다. 이러한 선진국의 환경적 특성은 우선 정치권력의 정통성이 높으며, 정치문화 면에서 합리적이고 세속적인 성향이 강하다. 국민들의 정치에 대한 관심과 참여도 높다. D. Easton의 개방체제론의 관점에 따르면, 정체행정체제에 대한 투입기능 즉, 요구와 지지가 활발하다. 각 영역별로 이익집단이 발달해 있으며, 이들은 정치행정과정에 활발하게 이익투입활동을 행한다. 시민사회단체 등 공익집단도 잘 발달되어 있다. 물적, 인적 자원이 풍부하며, 경제행위의 투명성이 높다. 따라서 정경유착과 관료부패가 상대적으로 적다. 법규에 의한 지배와 삼권분립도 비교적 잘 유지된다(Easton, 1990). 따라서 선진국의 환경적 특성은 정치적 민주화, 경제활동의 투명성과 경제발전, 사회세력의 활성화, 합리주의에 입각한 사회문화 등으로 요약할 수 있을 것이다.

이러한 환경적 맥락의 영향 하에서 정부관료제는 개방성과 민주성의 정도가 높으며, 실적주의와 직업공무원제도가 잘 확립되어 있다. 공무원 충원 등의 인사관리 과정에서 정실주의나 연고주의가 적게 개입하는 것이다. 따라서 정부관료제의 안정성과 전문직업화 정도가 높다. 그리고 정부관료제에 대한 외적, 내적 통제가 잘 이루어지고 있다. 구체적으로, 외적 통제 면에서는 삼권분립 차원에서의 정치에 의한 통제와 사법통제는 물론, 언론, 시민단체, 일반국민 등으로부터의 통제가 잘 되고 있다. 내적 통제 면에서는 윤리규범의 정착, 법규의 내면화, 내부고발자 보호, 투명한 감사제도 등을 통해 정부관료제의 자기통제가 잘 되고 있다. 또한 정부관료제는 중립성과 비권력적 성향을 띠며, 따라서 공익에 대한 헌신 정도가 높다(Heady, 2001; Jreisat, 2019).

반면에 발전도상국의 환경적 맥락은 우선 정치적 환경면에서, 서구에서 이식한 정치제도가 제대로 정착되지 못한데서 오는 부작용이 크며, 군사 쿠데타 등이 빈번하여 선거를 통한 민주적 정권교체가 안 되는 경우가 많으며, 정치지도자는 카리스마적 지배의 형태를 보이는 경우가 많다. 따라서 정치적 안정성이 낮다. 정치행태 면에서 권위주의적 특성이 강하며, 국민들의 정치참여 제도가 부실하다. 그리고 정치이념 면에서 민족주의를 강조한다(La Palombara, 2015). 경제적 환경면에서는 대체로 성장제일주의에 심취해 있으며, 분배기재가 취약하다. 시장의 작동방식에서 가격의 부정가성 정도가 높다. 즉, 정찰가격이 없고 거래 시마다 개별적으로 가격이 형성되는 경우가 많으며, 구매자의 권력과 친분관계에 따른 특혜가격이 형성된다. 기업가는 천민자본주의의 속성을 가지며, 따라서 장기투자보다는 단기적 투기사업에 몰두하며, 고리대금업이 횡행하며, 기업가들은 정계진출 유인을 많이 가지고 있다. 정경유착 등 경제 및 기업 관련 비리행위가 빈발한다(Johnston, 2017). 사회적 환경면에서는 우선 다분파성의 특성을 갖는다. 연고관계에 입각한 소규모 집단이 형성되며, 붕당이 형성되고 사회적 특권계급이 존재한다. 그 결과 국민형성이 제대로 되지 않으며, 사회통합이 저해된다. 그리고 사회적 이동이 급격하게 발생한다. 지리적으로 도시로의 인구 집중이 나타나며, 사회경제적 지위의 이동도 급격하게 발생하다. 그리고 사회규범 면에서 다(多)규범성이 강하며, 교육과 경험의 상치로 인한 사상적 방랑자들이 많다(Oswell, 2006; Tischler, 2013).

3. F. Riggs의 살라모형과 발전도상국 정부관료제

F. Riggs는 생태론적 접근방식을 통해 비교행정론을 개발하였는데, 처음에는 경제, 사회, 이념, 의사소통, 정치 등의 변수를 토대로 농업사회(agraria)와 산업사회(industria)로 구분하고, 각 사회의 특성을 비교하였다. 두 형태의 사회는 일종의 이념형으로, 농업사회는 전근대적 특성을 보이는 후진사회를 묘사하기 위한 것이며, 산업사회는 구미(歐美) 선진국의 정치, 경제, 사회적 선진사회의 특성을 묘사하는 것이다(Riggs, 1964). 국가와 사회의 발전은 농업사회로부터 산업사회로 진전되는 것이다. 따라서 비교행정론이나 비교정치론은 궁극적으로 특정 국가나 사회가 발전한다는 것은 서구 선진국의 정치, 사회, 문화적 특성에 다가간다는 것을 의미하는 서구중심의 이론이다(Stepan, 2001). <표 8>은 Riggs의 농업사회와 산업사회의 특성을 비교한 것이다.

표 8 Riggs의 농업사회와 산업사회의 비교

	농업사회	산업사회
경제	자급자족적, 정부는 징세에 주로 관심, 정부 관료의 중간착취	시장제도, 상호의존적, 정부관료는 비사인적이고 중립적
사회	1차 집단 중심, 공사 불분명, 귀속적 지위, 특권계급	2차 집단 중심, 공사 준별, 획득적 지위
이념	육감과 직관, 권력만능주의, 특수주의, 의식주의	경험주의, 합리주의, 보편주의, 실질주의
의사소통	국민과 정부 간 의사소통의 부족, 하의상달 부족	개방적 의사소통, 하의상달, 횡적 의사소통이 활발
정치	권력의 기초는 천명, 지배자 관념, 통제지향	권력의 기초는 국민의 동의, 공복(公僕) 관념, 자율성의 존중

이후 Riggs는 기존의 농업사회와 산업사회의 구분이 너무 단순하여 다양한 사회형태를 반영하지 못한다는 비판을 수용하여, 사회형태를 융합사회, 전이사회, 분화사회라는 세 형태로 구분하였다. 융합사회와 분화사회는 두 극단에 있는 사회형태로 일종의 이념형에 해당하며, 전자에서 후자로 나아가는 것을 발전과 진보라고 보았다(Riggs, 1973). 대체로 융합사회는 기존의 농업사회, 분화사회는 산업사회의 특성과 유사하다. 반면에 전이사회는 융합사회로부터 분화사회로 나아가는 도중에 있는 사회이다. 대체로 사회문화적 관점에서 볼 때의 발전도상국은 전이사회의 특성에 가깝다. Riggs의 살라모형은 이러한 전이사회의 행태적 특성을 설명하기 위한 것으로, 흔히 Riggs의 비교행정은 살라모형을 중심에 두고, 세 가지 사회형태를 비교하는 것이다(Peng, 2008).

세 가지의 사회형태를 구체적으로 살펴보면(<그림 3> 참조), 융합사회(fused society)는 행정이 발생하는 장소가 안방(chamber)으로서, 이는 정부관료제의 작동에서 공사(公私)가 제대로 구분이 되지 않는 후진적 양태를 표현하기 위한 상징적 용어이다. 사적 공간인 안방에서 공적 행위인 공공업무가 동시에 행해진다는 것이다. 융합사회는 정부관료제의 권력은 큰지만, 효율성은 낮다. 즉, 권력은 독점하면서 국민에게 봉사하고 능률적으로 관리하지는 못하는 후진적인 정부관료제이다. 반대로 분화사회(diffractive society)는 선진행정의 특성을 나타내는 것으로, 행정이 발생하는 장소가 사무실(office)이다. 이는 공공업무를 수행하는 데서 공사(公私)가 엄격하게 구분된다는 것을 표현하는 것이다. 행정행위가 객관적, 합리적, 합법적으로 이루어지며, 관료부패가 적으며, 연고주의가 개입하지 않으며, 정부관료제의 객관성, 형평성, 중립성이 높은 것이다. 정부관료

그림 3 전이사회의 위치와 특성

융합사회	전이사회	분화사회

→

안방(chamber)	사랑방(sala)	사무실(office)
관료권력 대(大)		관료권력 소(小)
정부관료제의 효율성 소(小)		정부관료제의 효율성 대(大)

제의 권력은 적지만, 효율성은 높다(Heady, 2001). 분화사회는 바람직한 행정의 모습을 나타내는 규범적 특성이 강하다. 전술하였듯이, 이러한 융합사회와 분화사회는 이념형으로 이해하는 것이 현실적이다. 즉, 어느 국가의 행정체제나 정부관료제도 융합사회 혹은 분화사회의 특성을 완전하게 갖는 경우는 거의 없다. 선진국이라고 해서 분화사회의 특성을 완전하게 갖는 것은 아니다. 분화사회의 특성에 보다 가깝다고 볼 수 있을 따름이다.

전이사회(transitional or prismatic society)는 융합사회로부터 분화사회로 발전해 가는 중간단계에 있는 사회이다. Riggs는 후진적 전통사회의 특성으로부터 벗어나 서구 선진국의 정치, 경제, 사회적 특성들을 쫓아가는 단계에 있는 발전도상국들의 위상을 대체로 전이사회로 보았다. 이러한 전이사회에서 공공업무가 행해지는 곳이 사랑방(sala)이다(Chapman, 1966). 주거공간 상에서 보면 사랑방은 집의 대문(大門) 가까이에 위치해 주로 손님접대 등의 기능을 수행하는 공간이다. 따라서 안방보다는 훨씬 공식적, 대외적 기능을 수행하는 공간이지만, 그렇다고 분화사회의 사무실 같이 집으로부터 완전히 분리된 공간은 아니다. 사랑방은 안방과 사무실의 중간단계 있는 것을 상징적으로 표현하는 개념이다. 정치나 행정이 공사 준별(峻別)이 되는 것은 아니지만, 그렇다고 완전한 공사무분별 상태에 있는 것도 아닌 중간단계에 있는 것이다.

Riggs의 사랑방모형(sala model)은 이러한 전이사회의 정치행정 특성의 특징적 측면들을 기술하기 위하여 사용한 개념인데, 대체로 구조적 특성보다는 행태적 특성에 관련되는 것들이다. 전이사회의 정치행정 특성을 구체적으로 보면 다음과 같다(Riggs, 1969, 1973; Stepan, 2001).

- 형식주의(formalism): 법규의 비현실성, 내실보다는 형식을 중시하는 전통 등으로 인하여 형식과 실제 간에 괴리가 발생하는 것이다.
- 표리부동성(double talks): 의사소통의 표면과 실제의도 간에 괴리가 발생하는 것이다.
- 이질혼합성(heterogeneity): 제도운영, 생활방식, 사고방식 등에서 전통적 요소와 현대적 요소가 혼재하는 것이다.
- 다분파주의(multi-factionalism): 사회에 적대적이고 배타적인 집단들이 많

이 형성되며, 이들은 붕당(朋黨)의 성격을 띠면서 다른 집단에 대해서는 차별하고 배척한다.

- 다규범주의(multi-normativism): 서로 양립하기 어려운 여러 개의 규범이나 목표가 존재한다. 따라서 국가전체 혹은 큰 단위에서의 합의형성이 제대로 되지 않는다. 결국에는 어느 규범을 따를지 몰라 모든 규범을 무시하는 무규범상태에 빠질 수 있다.
- 연고주의(nepotism): 공공업무의 수행이 객관적 기준이나 절차가 아닌 혈연, 지연 등과 같은 개인적 연고관계에 의해서 좌우되는 현상이다.
- 가격의 부정가성(price indeterminacy): 시장에서의 상품가격뿐만 아니라, 공공서비스의 수준이 대상자의 신분이나 친소관계에 의해서 차별적으로 형성되고 제공되는 현상이다.
- 통제의 불균형(imbalance of control): 기본적으로 정부관료제에 대한 외적인 통제가 미흡하며, 외적 통제 중에서도 공식통제는 형식적이며, 군부 등 비공식적 사회세력에 의해서 실질적인 통제가 이루어진다.
- 상향적 적하(滴下)체계(upward trickling system): 국가 재정의 세입과정 상에 부정이 만연하여 징수는 많이 하지만, 실제 국고는 빈약하다.
- 하향적 적하체계(downward trickling system): 국가재정의 지출과정 상에 부정이 만연하여 지출은 많이 하지만, 중간착복이 많아 실제의 공공서비스는 빈약하다.
- 전략적 지출(strategic spending): 정부관료제 내에서 공식적인 지출이나 급여 외에 비공식적이고 전략적으로 지출되는 금전과 편익이 많다. 비자금을 조성하여 전략적으로 지출하는 것을 예로 들 수 있다.

제3절   우리나라 정부관료제의 행태적 특성

관료행태는 공무원의 행동양식으로 넓게는 사회문화, 좁게는 행정문화, 더 좁게는 조직문화 내지는 조직분위기(organizational climate)의 영향 하에서 형성된다. 즉, 우리나라의 관료행태는 넓게는 동양사회의 사회문화적 특성 특히, 유교

사회의 특성에 의해서 제약되고 영향을 받는다. 따라서 서구에서 개발한 각종의 유사 법제들을 사용하지만, 합리주의와 세속주의 특성이 강한 서구의 관료행태와는 다른 특성을 보이는 것이다(Lichbach and Zuckerman, 2009). 다음에 행정문화도 관료행태를 제약하고 영향을 미친다. 같은 유교문화권에서 자란 사람도 민간기업에 오래 근무한 사람과 정부조직에 오래 근무한 사람의 행동양식이 다른 것은 정부조직은 민간부문과 다른 사회문화적 특성을 유지하고 있기 때문이다. 마지막으로 조직문화나 조직분위기가 영향을 미친다는 것은 같은 정부조직이라 하더라도 부처나 부서의 특성에 따라 다른 문화적 특성을 보인다는 것이다(Cameron and Quinn, 2011). 예로서, 정부조직이라고 하더라도 검찰조직과 문화담당 조직은 조직문화 면에서 다른 특성을 보일 수 있는 것이다. 따라서 관료행태는 이러한 맥락적 틀 속에서 형성되며, 흔히 행정행태, 조직행태, 관료행태 등의 개념을 혼용해서 사용하고 있는 것이다.

물론 정부관료 개개인의 행태는 같은 정부조직, 같은 부서 내에서도 천차만별일 수 있지만, 이를 모두 개별적으로 취급할 수는 없다. 따라서 이 장에서의 관료행태는 전술한 사회문화, 행정문화, 조직문화의 제약과 영향 하에서 형성되며, 우리의 경우는 밑에서 언급하는 특성들을 상대적으로 많이 보인다고 이해해야 할 것이다. 그리고 이러한 특성들이 망라적인 것은 아니며, 대체로 관련 연구들에서 공통적으로 언급하는 것들을 취사선택한 것에 불과하다.

1. 가족주의 및 파생된 관료행태

가족주의(familism)는 가족집단의 유지와 번영이 다른 모든 가치에 우선한다는 사고방식으로, 사회의 구성단위는 집(家)이며, 개인은 집으로부터 독립하지 못한다. 가족집단 내에서는 가부장을 중심으로 하는 종적인 위계질서가 형성되며, 가부장은 가족성원들의 안위를 책임지고 무한정으로 보호한다. 이에 대해 가족성원들은 가부장에 대해 무한정으로 복종하는 의무를 진다. 그리고 가족성원들 간에는 밀접하게 상호 의존한다(김해동, 1985). 이러한 가족주의 사회문화는 행정문화에 영향을 미쳐 다음과 같은 관료행태를 파생하게 된다.

- 가족주의 문화는 정부관료제 내에 내집단(內集團) 성향을 심화시킨다. 내집단 성향은 개인이 소속집단에 매몰되는 현상으로 성원들 간에 화목과 단합을 강조하고 상호의존도를 높이며, 상부상조를 조장하는 장점이 있다. 그러나 내집단 성향이 지나치면 정부관료제 내에 폐쇄적인 부문할거주의를 초래하여 다른 집단이나 동료에 대해 배타적이고 적대적으로 된다. 그리고 조직성원들 간에 지나친 경쟁의식을 초래한다(조석준, 2004).
- 귀속(歸屬)주의를 파생한다. 귀속주의는 사람과의 관계에서 실적이나 능력보다는 연고관계와 특수관계를 중시하는 것으로, 공식조직에서 귀속주의가 만연하면 변칙과 특수규범이 조장되며, 대국민 관계에서는 가격의 부정가성 현상이 초래되어 공공서비스 배분의 형평성을 저하시킨다.
- 공사(公私)무분별 현상을 초래한다. 가족주의는 자칫 사인(私人)주의를 조장하여 법규, 표준절차 등을 무력화하며, 그 결과 행정행위의 합리성과 객관성을 저하시킨다. 또한 공직을 사유시(私有視)하는 풍조를 만연시켜 관료부패를 초래할 수 있다.
- 가족주의는 집단우선주의를 조장하여 개인의 창의성과 자율성 저해하며, 이는 새로운 사고의 개발과 자아실현욕구 발현을 저해한다(김원정, 2020).
- 가족주의는 온정주의적 상하관계를 낳게 되는데, 이러한 상하관계에서 상급자는 부하를 무한정으로 보호하고 부하는 상급자의 의도를 맹목적으로 추종하게 된다. 이것이 잘못되면 상급자는 부하의 잘못을 눈감아주고, 부하는 상사에게 상납(上納)을 하는 관례를 초래한다(최재석, 1994).

물론, 가족주의 사회문화 및 행정문화가 관료행태에 부정적인 영향을 미치는 것만은 아니다. 가족주의는 장점이 많으며, 오히려 오늘날과 같은 원자화되고 고립되는 사회에서 유교문화권에서 강조되었던 가족주의 가치관을 복원해야 한다는 주장도 적지 않다. 가족주의는 조직성원들 간의 협력과 상부상조, 밀접한 상호작용을 통한 심리적 안정감 제고, 조직성원들 간의 책임성과 신뢰성 제고 등에 긍정적으로 작용할 수 있다(신수진, 1998; 양옥경, 2002). 무엇보다 가족주의는 정부관료들로 하여금 맡은 업무에 대한 전인격적 참여(total participation)를 가능하게 하여 행정능률성의 향상을 촉진하고, 나아가서는 공공서비스의 질과 만족도를 향상시키는 데 기여할 수 있다.

2. 권위주의 및 파생된 관료행태

권위주의는 직위, 신분, 연령, 금력 등 개인의 사회적 지위를 중심으로 한 계층적 인간관계 설정을 순리로 인정하는 성향이다(김해동, 1978). 정치학적 의미에서 권위주의(authoritarianism)는 대체로 정치과정에 국민의 참여를 배제하고 의회를 경시함으로써 집권자가 독주하는 정치적 독재를 의미하지만, 사회문화 현상으로서의 권위주의는 인간이 가지는 위계주의적 사고와 이로 인한 차별적 성향을 묘사하기 위한 것이다(Kemmelmeier et al., 2003).

우리나라는 전통적으로 권위주의 사회문화가 강하였는데, 이의 연원에 관해서는 다양한 원인들이 지적되고 있다. 대체로 유교문화권에서 형성된 역사적, 문화적 요인에 주목을 하는데, 유교의 가부장주의 전통과 예규(禮規)에 대한 집착 등이 많이 언급된다. 그리고 왕조시대까지는 중앙집권적 군주국가에서 권력이 집중화되어 정치사회적 위계질서가 강화되었으며, 사회적으로 반상(班常)의 구별이 심하고 사회이동이 제한되어 권위주의 풍토가 심화되었다(Tan, 2003). 정부관료제가 민간을 지배하는 현상 역시 관존민비(官尊民卑)의 권위주의적 폐단을 유발하였다. 일제강점기에는 식민지 지배를 용이하게 하기 위하여 일왕을 정점으로 한 권위주의체제를 심화시켰다. 신분사회의 전통도 온존하였다. 해방이후에는 서구식 자본주의가 도입되어 금력(金力)에 의한 서열주의가 강화되었다. 반면에 전통사회의 특성이 강한 곳에서 평등주의 사고는 이식되기가 어려웠다(최재석, 1994). 전통적으로 권위의 원천이었던 가문, 연령, 성별 등의 요소는 약화되고 있지만, 지위, 직업, 학력, 금력 등에 기인한 서열주의는 오히려 심화되고 있다. 즉, 시기에 따라 서열과 권위를 결정하는 요소는 변하였지만, 인간의 서열본성, 차별본성이 없어지지 않는 한 권위주의적 사회문화는 없어지기 어려운 것이다. 이러한 권위주의 사회문화와 행정문화는 관료행태에도 그대로 전이된다. 구체적으로 보면 다음과 같다.

• 권위주의 문화는 정부관료제 내에 그리고 중부와 국민들 간에 서열의식

에 기초하는 종적 질서체계를 파생한다. 이에 따라 정부관료제 내적으로는 분권화, 권한위임, 민주적 리더십, 하의상달 등이 저해된다(Box, 2015). 정부관료제와 국민들 간의 관계에서는 획일주의와 일방주의가 조장되는 반면에, 시민참여, 반응성, 책임성, 쌍방향 의사소통 등이 실현되기 어렵다.

- 정부관료제 내에 가부장적 권위주의를 파생한다. 이러한 가부장주의는 상하 간의 밀접한 인간관계 형성을 통한 심리적 안정감, 내부 단합, 상호 배려 등을 제고하는 장점도 있지만(허재홍, 2009), 자칫 상급자는 부하에 대한 무한정의 배려의식으로 인해 부하의 비리행위나 무능력을 덮어주거나, 인사관리에서 지나친 연공서열주의를 중시하는 등으로 조직운영의 엄정성과 효율성을 저하시킬 수 있다. 부하의 입장에서는 상급자의 의도를 무조건적으로 추종함으로써 상급자의 권한남용을 방치하거나 의사결정의 합리성을 저해할 수 있다. 상급자의 부당하거나 불법적인 지시조차도 수용하게 된다. 그리고 조직 내에 눈치문화를 만연시켜 상급자의 의도를 살피고 이에 추종하는 데 숙달됨으로써 조직운영의 합리성을 저해한다.

- 상급자의 체면의식을 조장함으로써 자신의 과오를 인정하고 수정하려 하지 않는 독단성을 강화시킨다. 이는 상급자의 착오나 잘못된 의사결정으로 인해 발생하는 위험성을 방지하는 데 장애가 된다.

- 정부관료제 내의 의사소통이나 의사결정에서 참여가 배제된다. 의사소통은 상명하복(上命下服)의 수직적, 일방적 의사소통이 되며, 의사결정이 집권적으로 이루어져 성원들의 참여가 배제된다. 시민과의 관계에서도 원활한 의사소통이 저해되고, 의사결정에서 시민참여가 배제된다(박희봉, 2006).

- 이견(異見)이나 이설(異說)을 배척함으로써 조직운영이 배타적으로 될 수 있다. 이는 정통과 사이비라는 이분법적인 권위주의 문화가 반영된 것으로, 새로운 견해나 사고의 수용을 저해하고, 소수의견을 배척할 수 있다. 비판과 견제를 통해 조직의 긴장과 건강성을 유지할 수 있는 가능성을 줄인다.

- 의사결정이 즉흥적으로 될 수 있다. 최고관리층은 자신의 견해와 판단이 항상 옳다는 교조주의에 빠지며, 따라서 부하나 시민들의 의견을 인정하지 않고 독단적으로 의사결정을 하게 된다. 이는 의사결정에서 중의(衆意)

를 모으지 못함으로써 의사결정의 합리성을 저해할 수 있다(Kim S., 2014).

• 행정책임과 행정통제의 약화를 초래한다. 특히, 외부통제가 미흡하다. 권위주의적 관료행태는 정부관료제와 시민 간에 관존민비의식을 심화시켜 외부통제를 수용하지 않으려는 생각을 갖게 한다. 반대로 시민들은 정부관료제에 대한 시혜의식을 갖게 됨으로써 권리나 통제에 대한 의식이 줄어든다.

3. 사인주의 및 파생된 관료행태

사인주의(私人主義 personalism)는 공적인 업무를 객관적인 절차나 기준이 아닌 사적인 관계에 기초하여 수행하는 현상으로, 특수주의, 연고주의 등과 유사한 개념이다. 사인주의는 전술한 가족주의의 영향을 많이 받은 것으로, 가족성원들 간의 관계가 가족 바깥의 사회생활이나 대인관계에서도 확대되는 것이다(김해동, 1985). 사인주의에서는 개인적인 연고나 친밀성이 있는 사람과는 서로 돕고 편의를 제공하는 반면에, 연고관계나 친밀성이 없는 개인이나 집단에 대해서는 배타적인 성향을 보이게 된다. 우리사회의 이러한 사인주의 문화는 관료행태에 많은 영향을 미치고 있는데, 이러한 사인주의가 정부관료제의 경직성을 보완하는 기능도 일부 수행할 수 있지만, 대체로는 부정적인 영향을 많이 미치게 된다(조석준, 2004).

• 사인주의는 조직관리 및 업무처리에서 표준절차를 따르지 않게 함으로써 행정행위의 객관성 저해, 재량권 오남용, 자의적 권한행사 등을 초래한다. 이는 공공서비스의 형평성을 저해하며, 궁극적으로는 행정행위의 정당성 위기를 야기하고 국민들의 정부에 대한 불신을 초래한다.

• 행정행위를 하는 데서 이중의 기준을 적용하게 된다. 이는 규정과 실제 행정행위 간의 괴리 현상을 초래한다. 특히, 인허가 등의 규제행정에서 민원인과의 관계에 따라 규제권한을 차별적으로 적용하게 되면 규제대상자에게 큰 불이익을 주게 된다.

• 정부관료제 내의 상하관계에서 공식적 지위와 계통이 아닌, 개인적 연고

나 신임에 따른 권리의무 관계를 발생시킨다. 이는 지휘명령과 의사소통 체계를 문란시킴으로써 행정질서를 파괴하며, 조직의 안정성을 저해한다. 즉, 정부관료제 내에서 연고관계에 따라 파당을 형성하게 되면 조직분위기가 문란해지고 조직성원들 간에 갈등과 대립이 발생한다. 공식적인 계선체계와 무관한 특정 권력자를 추종하는 행위도 사인주의의 변형된 병폐이다.

- 정실주의로 인한 인사관리의 공정성을 저해한다. 사인주의가 내포하는 공사무분별과 사적 관계 우선주의는 역량평가, 전보, 승진 등의 인사관리 과정에서 실적주의를 저해한다. 그 결과, 인사관리의 객관성과 공정성을 해치게 되며, 이는 조직성원들의 불만과 불신을 유발하게 된다.

- 사인주의로 인한 공사무분별은 공무수행에서 사익추구 행태를 만연시키며, 그 결과 관료부패를 구조화시킨다. 이러한 문제점은 인사관리나 재무관리 등 정부관료제 내적으로는 물론, 공공서비스 수급자인 국민들과의 관계에서도 발생할 수 있다. 내부차원에서 발생하는 부정부패와 사익추구 행위는 인사부정, 횡령, 정보유출 등 다양한 방식으로 나타날 수 있으며, 대외적으로는 뇌물수수, 향응 및 접대, 재량권 오남용 등으로 나타날 수 있다.

4. 의식주의 및 파생된 관료행태

의식주의(儀式主義 ritualism)는 실질적 요인보다 형식적 요인과 절차, 선례, 관습 등을 지나치게 존중하는 것으로, Riggs가 언급한 공식적인 규범과 실제 간의 괴리 현상인 형식주의(formalism)와 일맥상통하는 것이다.[1] 우리나라에서 이러한 의식주의 문화가 강한 것은 선례(先例), 절차, 외관(外觀)을 중시하는 의례(儀禮)존중 사고와 상고주의(常古主義) 전통이 큰 영향을 미쳤다(최재석, 1994). 의식주의 문화는 사회성원들 간에 위치차이의 확인과 수용을 통해 사회질서 유지 및 정형화된 행동양식 습득에 기여하는 등의 긍정적 측면도 있다(이규태, 1995).

---

1) 이종범(2008)도 형식주의라는 용어를 사용하여 이를 법과 제도가 요구하는 행동과 실제 행동 간의 불일치 현상으로 보고 있다.

그러나 의식주의 역시 부정적으로 작용할 개연성이 큰데, 관료행태와 관련해서는 다음과 같은 부정적 현상을 파생할 수 있다.

- 의식주의 문화는 정부관료제의 경직성을 초래할 수 있다. 선례와 형식을 중시하는 의식주의 문화는 환경변화에 창의적으로 적응하기가 어려우며, 국민들의 다양한 서비스 요구에 대해서 유연하게 대응하기 어렵다. 이에 따라 정부관료제의 융통성과 문제해결능력을 저하시킨다.
- 법규에 대한 동조과잉(over-conformity) 현상을 초래한다. 의식주의는 절차와 규칙의 제정 동기나 목표를 실현하기보다는, 이러한 절차와 규칙을 지키는 데 치중함으로써 법규만능주의와 번문욕례(red tape)를 초래한다. 이는 수단과 목표를 전치시키는 목표전환 현상이다. 그리고 정부관료의 책임성 면에서도 실질적인 책임보다는 법적, 형식적 책임을 중시하는 경향을 초래한다. 이러한 현상은 정부관료제의 효과성, 적실성, 능률성을 저해한다(Stillman, 2009).
- 정부관료로 하여금 타인지향(other-oriented) 내지는 외부지향 인간형을 형성하게 한다. 즉, 내실을 다지고 자아실현을 추구하기보다는, 다른 사람들에 대한 체면과 위신을 중시하며, 외부의 평판에 집착하게 된다(Browne, 2005). 그 결과, 주체적 자아형성이 저해되며, 공무수행 에서도 내실보다는 외형 즉, 하드웨어 중심으로 작동하게 된다.
- 의식주의는 무사안일주의를 초래한다. 무사안일주의는 해야 할 일을 하지 않는다는 것이 아니라, 규정에 정해진 최저수준까지만 일을 한다는 것이다. 의식주의 문화 속에서 절차와 법규의 준수 즉, 법적 책임성을 지나치게 강조하면, 이러한 무사안일주의 이른바 복지부동(伏地不動) 현상이 나타나는 것이다. 이렇게 되면, 정부관료의 적극적인 문제해결 의지가 저하되고 고객과의 관계에서 책임회피 성향 등이 나타나게 된다(이윤경, 2014).

5. 분파주의 및 파생된 관료행태

분파주의(分派主義 factionalism, sectionalism)는 모(母)집단 내의 특정 소집단

성원들이 자신의 목표달성이나 특수이익을 추구하기 위해 다른 소집단의 성원들에 대해서는 경쟁적이고 배타적인 성향을 갖는 것이다. 이는 우리나라의 문벌 중심의 배타적 출세지향 성향, 혈연·지연·학연 등에 근거한 일차집단 연고주의, 유교의 명분론에 입각한 흑백논리와 배타성 등의 역사적, 사회적 요인들이 큰 영향을 미쳤다고 보인다(김해동 1985; 최재석, 1994).

분파주의 행정문화는 정부관료들이 집단유대감을 통해 정서적 안정감을 가질 수 있으며, 소속 단위에서 성원들 간에 단합된 역량을 발휘하여 조직의 생산성을 높일 수 있는 등의 긍정적인 측면이 있다. 그러나 분파주의는 공공조직인 정부관료제에 투영되어 다음과 같은 문제점을 조장할 수 있다.

- 분파주의 문화는 소집단 귀속주의와 지나친 친소구분 의식을 조장함으로써 조직전체의 협력과 단합을 저해하며, 그 결과 조직 내 할거주의 내지는 칸막이 현상을 조장한다. 이는 타 부서와의 관계에서 횡적인 의사소통을 저해하며, 업무협력과 조정을 저해한다(Alexander et al., 2016).
- 한정된 자원의 배분과 인사관리를 둘러싸고 비정상적 방법을 동원한 경쟁의식을 조장하며, 정도가 심하면 다른 소집단의 성원들과 적대의식을 갖게 된다. 그 결과, 부서나 집단들 간의 갈등으로 초래하여 조직전체의 생산성을 저하시킨다(박동서, 2002).
- 소속집단 내지는 소속부서의 하위목표를 더욱 중시함으로써 조직전체의 목표달성에 지장을 초래하게 된다. 이는 목표와 수단을 전치하는 현상 중의 하나로 바람직하지 못한 것이다.
- 정부관료제의 정치화 현상을 초래한다. 즉, 분파주의는 정부관료제 내에서 연고관계나 친소관계에 따라 파당을 형성하여 조직의 주도권을 장악하기 위해 서로 대립하는 정치화 현상을 초래한다. 지방정부에서는 단체장선거 등을 둘러싸고 정부관료의 정치적 중립을 저해할 수 있다(최동훈, 2012).

6. 운명주의 및 파생된 관료행태

운명주의(運命主義 fatalism)는 숙명주의와 유사한 개념으로, 인간생활이 자신의 능력과 노력에 의해 결정되는 것이 아니라, 인간능력 밖의 초자연적인 힘에 의해서 결정된다고 믿는 사고방식이다. 우리의 경우, 주술주의(呪術主義 shamanism)의 성행, 귀속적 요인에 기인한 엄격한 신분질서의 고착화 등의 전통적 요인의 영향으로 운명주의 문화가 강하다. M. Weber는 근대 서양사회에서의 자본주의 발달의 원인을 합리성에서 찾으면서, 반대로 동양사회가 정체된 원인을 주술문화에서 찾은 바 있다(전태국, 2013). 이러한 운명주의 문화는 정부관료제에 투영되어 여러 가지 부정적 관료행태를 파생할 수 있다.

- 운명주의는 적극적, 쇄신적, 도전적 사고를 저해하고, 현상유지에 만족하게 한다. 이는 정부관료제의 혁신을 저해하고, 성원들의 창의성을 사장시킨다.
- 의사결정을 하는 데서 직관적 판단과 선험적인 초(超)경험을 중시함으로써 과학적, 분석적, 합리적 의사결정을 저해한다. 그 결과, 의사결정의 질이 떨어지고, 예측가능성이 저하되고 위험성이 증가한다.
- 카리스마적 리더십을 조장한다. 카리스마적 리더십은 전통적 요소, 법규, 제도보다는 지도자 개인의 천부적 자질에 기인하여 리더십이 형성되는 것이다. 이러한 리더십 하에서는 조직의 목표설정이나 주요 의사결정이 조직성원들의 의사를 반영하여 합리적으로 되는 것이 아니라, 특출한 능력을 가진 개인에게 의존하여 행해진다(Levay, 2010). 이러한 카리스마적 리더십은 조직운영에서 합리성을 저해하고, 법규가 아닌 지도자 개인에 의존하기 때문에 예측가능성이 낮고 불안정성이 높은 리더십 유형이다.

7. 비(非)물질주의 및 파생된 관료행태

비(非)물질주의(anti‒materialism)는 부(富)나 풍요와 같은 물질적 가치를 경시하고 명예 등의 정신적 가치를 중시하는 성향이다. 비물질주의는 도덕적·규범적 가치와 경제적 가치가 양립할 수 없다는 사고로서, 청빈주의(淸貧主義)와 유사한 의미를 갖는다. 우리의 경우, 유교적 선공후사, 멸사봉공 정신에 입각하여 공인(公人)이 사리사욕을 추구하는 것을 경계하고, 청백리(淸白吏) 정신에 입각하여 공공가치에 봉사하는 것을 높게 평가하였다(이상호·박균열, 2019). 물론 이러한 가치는 오늘날에도 공무원들에게 장려되어야 할 가치이지만, 지나친 경우에는 다음과 같은 부정적 관료행태를 파생할 수 있다.

- 비물질주의 문화는 지나친 결백주의를 갖게 함으로써 노동에 대한 정당한 보수 관념을 결여하게 한다. 비물질주의 행정문화의 영향으로 오랫동안 공무원이 보수의 다과(多寡)에 대해서 불만을 토로하는 것은 자제되었다. 현재도 공무원노조가 설립되어 있지만, 여전히 민간부문 노동조합들이 보수의 인상을 최우선시하는 데 비해, 공무원노조는 그렇지 못하는 실정이다.
- 비물질주의는 오히려 비공식적으로 물질을 추구하게 함으로써 관료부패를 조장할 수 있다. 오늘날은 누구나 물질적으로 충족되어야 경제생활이 가능하다. 따라서 지나치게 청빈주의를 강조하여 적정수준의 보수를 지급하지 않으면, 음성적으로 물질을 추구하게 되며, 이는 관료부패로 연결된다.
- 물질추구를 세속적인 행태로 간주하다보니, 대신에 명성이나 권력에 집착하는 현상을 초래한다. 부, 권력, 명예는 인간이 추구하는 세 가지 중요한 가치들인데, 부의 추구가 좌절되면 명예나 권력의 추구에 더욱 집착하게 되는 것이다. 그 결과, 정부관료들은 승진에 집착하며, 규제권한과 재량권을 놓치지 않으려 한다. 고위공무원의 경우는 정치권에 진출하려는 성향이 나타난다(이병량·김서용, 2019). 이러한 현상은 일을 중심으로 작동해야 하는 정부관료제의 본질을 왜곡시키게 된다.

제4절 정부관료제의 가체체계 및 관료행태 재정립

1. 정부관료제의 가치체계 정립

지금까지 우리나라의 정부관료제는 능률성, 효과성, 합법성 등을 중심적 가치로 삼으면서, 이를 뒷받침하기 위해 획일주의, 집권화, 비밀주의를 지향하였다. 그러나 이러한 가치를 추구함에도 불구하고, 외부통제가 부실하고 국민들에 대한 책임감이 부족한 상황에서 실제로는 제대로 능률적이지도, 효과적이지도, 합법적이지도 못하였다. 반응적이지도, 신속하지도, 서비스 지향적이지도 못하다. 이는 그동안의 정부관료제의 가치체계가 문제가 있었음은 물론, 그나마 지향했던 가치들도 실제로는 제대로 추구되지 못하였음을 의미한다.

이제 정부관료제의 가치체계가 근본적으로 변해야 할 시점이다. 그 이유들로는 행정환경의 개방화와 세계화, 정보기술사회의 심화, 행정 및 정책과정에 대한 국민들의 참여욕구 급증, 정부관료제의 책임성·반응성·공공봉사성에 대한 요구 증가, 개발과 분배의 조화 필요성 등을 포함한다. 따라서 정부관료제의 가치체계 역시 이러한 시대적 변화에 적응하여 새롭게 정립되어야 한다.

정부관료제 내부적으로는 여전히 적정수준의 능률성, 효과성, 합법성을 중시하되, 그동안 등한시하였던 다른 가치들도 중시해야 한다. 즉, 능률성과 형평성, 효과성과 민주성, 합법성과 유연성이 조화를 이루어야 한다. 그리고 권한과 책임을 합리적으로 배분하고 참여를 장려하며, 중복(overlapping)과 번문욕례(繁文縟禮 red tape)를 억제해야 한다. 부서들 간 칸막이를 허물고 협력과 정보공유를 촉진해야 한다. 정부관료제의 생산성을 향상시키기 위해 정부조직에 적정한 수준의 경쟁 개념을 도입하며, 감시와 불신의 관리방식에서 벗어나 조직성원들의 자율성과 자기책임성을 고양하여 이들을 동기부여해야 한다(Bevan, 2015; Wilson, 2019).

대외적으로는 첫째, 반응성을 중심적 가치로 고양해야 한다. 그동안의 행정과정은 독단적이어서 국민들의 요구와 참여욕구를 제대로 수용하지 못하였다. 이제 이러한 '행정의 하극상'을 마감해야 한다. 둘째, 봉사하는 행정이 되어야 한다. 정부관료제는 그동안 규제중심의 권력행정을 지향하였다. 정부규제를 없애는 것을 민간에 대한 통제권을 상실하는 것으로 보았다. 이제 지원하고 봉사하는 행정이 되어야 한다(Box, 2015). 셋째, 경쟁하는 행정이 되어야 한다. 지금까지의 정부관료제는 공공성을 이유로 서비스공급을 독점해 왔으며, 그 결과 효율성과 서비스 질이 저하되었다. 이제 행정은 민간부문과 과감하게 경쟁함으로써 민간의 앞선 기술, 모험심, 창의성을 수용해야 한다(Henry, 2015). 넷째, 책임지는 행정이 되어야 한다. 지금까지의 정부관료제는 상급기관과 상사에게만 책임을 졌을 뿐, 정작 주인인 국민들에 대해서는 무책임하였다. 그러나 이제 정부관료제는 국민들로부터 통제와 질책을 기꺼이 수용하고 이를 통해 보다 투명한 행정을 실현해야 한다. 마지막으로, 참여하는 행정이 되어야 한다. 이제 몇몇이 탁상에서 공공업무를 주무르던 시대는 지나갔다. 국민들의 요구를 적극적으로 수렴하고, 국민들을 실질적으로 참여시키며, 국민들과 책임을 공유해야 한다. 행정정보를 적극적으로 공개하고 공유해야 하며, 정직하고 투명한 공공관계가 필요하다. 오늘날의 정보화시대에서 닫힌 행정이 설 자리는 없다(Christensen and Lægreid, 2017).

2. 정부관료제의 행태 전환

정부관료제를 개혁하기 위해서는 상기한 가치체계에 부합하도록 관료행태를 쇄신해야 한다. 본래 조직으로서의 관료제와 인간으로서의 관료는 생래적으로 확대지향, 권력지향, 자기이해 추구의 속성을 가지고 있는 것으로 인식되고 있다(Dunleavy, 2014). 그러나 이러한 속성의 정도는 사회문화 및 행정문화의 특성에 따라 국가마다 그리고 조직마다 상이하다. 말하자면 사회문화 → 행정문화 → 조직문화 → 관료행태로 이어지면서 가변적으로 되는 것이다. 이하에서는 우리나라의 정부관료제 개혁에 장애가 되는 관료행태를 중심으로, 그 폐단과 개선책을 제시하고자 한다.

첫째, 가장 빈번하게 지적되는 것이 권위주의적 관료행태이다. 전술하였듯이, 권위주의는 사람들 간의 관계를 위계적인 서열 속에서 인식하려는 성향을 말하는데(김해동, 1985), 우리나라의 정부관료제는 강력한 중앙집권화와 관존민비의 영향으로 정부관료제 내의 상사와 부하 간에, 행정과 국민 간에 전자가 후자를 낮추어 보는 권위주의적 성향이 강하였다. 지금은 행정과 국민들 간에 권위주의적 관계가 많이 해소되었지만, 정부관료들이 민간부문을 불신하는 것은 여전하다. 그러나 이제 이러한 권위주의 행태로는 변화하는 행정환경에 대처하기 어렵다. 무책임 행정, 교조적 행정으로는 국민들의 요구를 존중하고 작지만 효율적인 정부를 달성하기 어렵다. 따라서 방향은 권위주의적 행태를 민주적 행태로 전환해야 한다(김병섭, 2009). 이를 위해서 정부관료제 내부적으로는 그동안의 권력지향, 확대지향 행태로부터 업무지향, 참여지향, 합리주의 행태로 전환해야 한다. 외적으로는 규제지향, 통제지향, 책임회피 행태로부터 서비스지향, 지원·조장, 책임지는 행태로 전환해야 한다.

둘째, 형식주의적이고 절차중심적인 관료행태로부터 실질적이고 결과중심적인 관료행태로 전환해야 한다. 특히, 우리는 형식을 갖춘 문서주의와 품의제도를 선호하는 조직풍토 하에서 이러한 형식주의 사고는 심한 행정낭비를 초래한다(권보경 외, 2018). 불요불급한 회의, 다단계 결재, 문서 만들기 관행, 의전(儀典)행정 등을 혁파하고 실질을 중시하는 실용주의 행정으로 전환해야 한다. 이를 통해 업무량을 줄이고, 예산낭비를 막고, 불필요한 인력을 감축하여 작지만 강한 정부를 구현해야 한다.

셋째, 할거주의, 배타주의 관료행태로부터 목표 중심적이고 개방적인 관료행태로 전환해야 한다. 할거주의와 배타주의는 전체목표를 등한시하고 목표와 수단을 뒤바꾸는 목표전환 현상을 유발하는 것으로 비판을 받고 있다(Gimpel and Schuknecht, 2009). 이러한 관료행태는 정부관료제 내부적으로는 소속부서 혹은 개인의 보존을 위해서 규모 확대와 권한축적을 지향하게 한다. 이러한 확대 지향성으로 인해 정부관료제는 감축압력에 사활을 걸고 저항한다. 그리고 할거주의와 배타주의는 조직성원들 간에 지나친 친소(親疎)구분 의식을 배양하며, 비정상적인 방법을 동원하면서 적대의식을 자극한다. 이것은 정부관료제에 비생산적인 긴장과 갈등을 초래하며, 궁극적으로는 목표달성을 저해하고 행정낭비를 초래한다(권인석, 2011). 국민과의 관계에서도 할거주의는 공공서비스 제공을 복잡하고 느리게 만든다. 조직성원들 간에 업무협력이 되지 않는 풍토 하에서 민원해결이 통합적으로 되지 못하며, 업무처리도 느리게 된다. 이는 불필요한 행정낭비를 초래할 뿐만 아니라, 국민들의 공공서비스 만족도를 저하시킨다. 따라서 정부관료제의 개혁을 위해서는 정부관료들이 부문목표, 개인목표보다는 전체목표를 중심으로 작동하게 하고, 부서들 간에 칸막이를 허물어 개방과 협력 관계를 유도해야 한다.

넷째, 법규만능주의, 무사안일주의 관료행태로부터 합목적적(合目的的)이고 신속하며, 적극적인 행태로 전환해야 한다. 법규만능주의는 민원해결을 어렵게 하고 불필요하게 행정업무를 복잡하게 하며, 정부관료와 국민들 간에 마찰을 심화시킨다. 무사안일주의는 정부관료의 복지부동(伏地不動) 행태를 조장하여 업무수행의 능률성과 효과성을 저하시킨다. 그리고 국민들에 대해서 양질의 공공서비스를 제공하지 못한다. 따라서 관료행태를 보다 신축적이고 유연하게 함으로써 민원의 소지를 줄이며, 적극적인 사고로 보다 심도 있게 일을 하게 함으로써 정부관료제의 효율성을 제고해야 한다.

다섯째, 사인주의(私人主義) 관료행태를 보편주의 행태로 전환해야 한다. 사인주의는 공공서비스의 형평성 저해, 행정절차의 객관성 저해, 관료부패의 조장 등 여러 가지 폐단을 초래할 수 있다. 따라서 M. Weber는 근대적 관료제의 중요한 장점으로 사인주의를 극복한 비사인성(impersonality)을 주장한 것이다 (Shafritz et al., 2015). 그리고 사인주의 행태는 개인적 연고나 신임에 따른 권리의무 관계를 발생시켜 정부조직 내의 질서를 문란하게 할 수 있다. 또한 국민들과의 관계에서도 자의적, 편파적 행정으로 인해 공공서비스 제공의 형평성을 저해함으로써 정부불신을 조장하게 된다(Hudson and Claasen, 2017). 따라서 이제는 정부관료제 내부적으로는 표준절차와 명령체계를 존중하는 객관주의 행태, 국민과의 관계에서는 모든 국민을 동등하게 대우하는 보편주의 행태로 전환해야 한다.

여섯째, 운명주의 행태를 적극적이고 합리적인 행태로 전환해야 한다. 운명주의는 정부관료로 하여금 적극성을 결여하게 하며, 과학적이고 합리적인 사고를 저해한다. 직관적 판단을 중시하는 풍토 하에서 정부관료의 실수와 낭비행위가 반복될 수 있다. 그리고 숙명주의는 패배주의, 현상유지주의 사고를 배태하여 혁신적 사고를 함양하는 데 장애가 된다(김해동, 1978). 이제 정부관료는 운명주의의 굴레로부터 벗어나 보다 적극적이며, 분석력과 미래예측능력을 중시하는 합리적이고 과학적인 사고로 무장해야 한다.

마지막으로, 지나치게 청빈주의나 비물질주의를 강조하는 것도 이제는 지양해야 한다. 공인(公人)이라고 하여 물질적 부를 추구하지 않아야 한다는 것은 비현실적인 주문이다. 자본주의사회에서 지나친 청빈주의는 오히려 음성적인 부패행위를 조장할 수 있다. 이제 정부관료의 보수수준을 현실화하고, 성과에 비례하여 차등적으로 보상하는 것이 필요하다. 이를 통해 정부관료들의 동기를 부여하는 것이 정부관료제의 효율성 제고에 도움이 되는 것이다.

지금까지 우리나라 행정문화의 특성과 이로 인한 관료행태의 특성을 논의하고, 보다 전향적인 견지에서 정부관료제의 가치체계를 정립하고, 관료행태를 변화시키는 방안에 대해서 논의하였다. 실제에서는 정부관료제의 가치체계를 정립하는 것과 관료행태를 쇄신하는 것은 선후가 있는 것이 아니라, 동시에 추진되어야 한다. 이를 위해서는 정부관료제에 새로운 규범과 윤리의식의 내면화, 조직분위기를 바꾸려는 리더의 노력, 국민들의 통제와 감시가 필요하다. 또한 관료행태를 변화시키기 위한 새로운 교육훈련방식도 필요하다. 민간기업에 위탁교육을 한다든가, 민간부문의 행태혁신기법을 벤치마킹하는 것 등이다.

주의할 점은 가치체계와 행태를 변화시키는 데는 긴 시간이 필요하며, 정부관료제와 정부관료들의 열린 마음과 학습하는 자세가 선행되어야 한다는 것이다. 가시적이고 양적인 목표달성에 몰두하는 리더와 정부관료들의 지표(指標)맹종적인 가치관과 행태를 우선적으로 쇄신해야 한다. 눈에 보이지 않기에 자랑할 수 없고, 오랜 시간을 요하기에 당장의 평가에 도움이 되지는 않지만, 정부관료의 가체체계와 공무원의 행태를 전환시키지 않고서는 어떠한 정부관료제 개혁노력들도 성공하기 어렵다. 정부관료의 가치체계와 행태에 대한 개혁이 없이 추진되는 정부관료제의 개혁은 선거와 리더를 위한 정치적 개혁이지 결코 국민을 위한 개혁은 되지 못할 것이다.

제3편

정부관료제의
대외적 개혁과제

제11장

정부관료제의 개혁과 신뢰 회복

제12장

정부관료제의 재량행위 개혁

제13장

정부관료제의 행정지도 개혁

제14장

정부관료제의 권력확대와 정치적 통제

제15장

정부서비스의 민간위탁 개혁

정부관료제의 개혁과 신뢰 회복

머리말

공무원은 안정성이 높은 직종이며, 강력한 신분보장, 폐쇄적 승진시스템, 직업공무원제도 등은 이를 보장해주는 수단들이다. 공직을 존중하는 전통적인 국민정서로 인해 사회적으로도 존중을 받고 있다. 따라서 정부관료제는 안정된 조직이며, 민간부문에 비해서 동료들과 경쟁을 할 필요성도 낮은 조직이다. 그리고 공익을 추구하는 직종이기에 자부심도 상대적으로 높다.

그러나 근래 들어 정부관료제는 큰 변화에 직면해 있다. 일자리 창출의 차원에서 일시적으로 충원을 늘리고 있지만, 인구감소, 자동화 및 정보화의 진척, 부서통폐합 등이 본격화되면서 공무원의 신분도 불안해질 수밖에 없다. 명퇴(名退)·용퇴(勇退) 등의 미사여구로 분장되지만, 마지못해 퇴직하는 경우가 비일비재하다. 연공서열에 의한 승진방식이 무너지고 있어 시간이 흐른다고 저절로 승진이 되는 것도 아니다. 개방형임용제 하에서 외부의 전문가가 고위직에 채용되고 있다. 승진할 자리가 적어진 만큼 승진경쟁은 치열해지는 것이다. 뿐만이 아니다. 근무연수에 비례하여 급여가 인상되던 연공급체계도 무너지고 있다. 능력과 실적에 따른 차등상여금제는 물론, 성과결과에 따라 급여총액을 계약방식으로 차등적으로 지급하는 연봉제도 논의될 수 있다.

더구나 정부개혁은 정권이 바뀔 때마다 나타나는 화두이다. 그간 새로운 정권은 모두가 정부개혁을 시도하였다. 정부개혁은 사회개혁의 지렛대로서, 새로운 정권이 출범하면 얼마간 사회개혁과 정부개혁을 단행하는 것이 관례이다.

그러나 이러한 정부개혁이 과거와 다른 것은 이제 일과성 행사가 아니라, 언제 끝날지 기약할 수 없이 지속적으로 추진되어야 한다는 점이다. 제4차 산업혁명 시대를 맞이하여 이제 정부개혁은 공직사회의 관습 자체를 바꾸어야 하는 것이다. 따라서 공직사회에 던지는 충격은 클 수밖에 없다. 임용과 승진, 성과평가, 신분보장, 급여, 퇴직의 패턴 자체를 바꾸는 개혁이 요구되는 것이다.

이러한 배경 하에서, 이 장은 근래에 몰아치고 있는 행정환경의 변화와 이에 대응하기 위하여 우리의 정부관료제가 어떻게 대응해야 할지를 다양한 방면에서 제언하고자 한다. 이는 궁극적으로는 정부관료제가 동태적인 환경의 요구에 적응하는 것을 넘어, 사회변화를 선도함으로써 보다 충실한 공익의 수호자가 되게 하기 위함이다.

제 2 절   정부관료제에 대한 변화의 요구

소용돌이치는 행정환경 하에서 정부관료제는 어떻게 대응할 것인가. 환경변화를 피하려고만 하는 것은 현명하지 못하다. 정부관료제는 환경변화에 정면으로 대응하여 예상되는 문제와 난관을 사전에 제압해야 한다. 행정환경의 변화에 적절하게 대응하기 위해서는 정부관료제에 불어 닥친 변화의 바람이 어떤 방향과 내용인지에 대한 정보가 필요하다.

1. 행정조직과 인력의 거품제거

문재인 정부 들어 일자리 창출의 차원에서 주로 사회복지, 치안 등의 분야를 중심으로 공무원의 충원을 늘리고 있지만, 이는 지속될 수는 없는 추세이다. 이와는 별개로 방만하게 운영되던 정부조직의 거품제거는 불가피하다. 즉, 기구개편과 인력감축 내지는 재배치가 필요한 것이다. 기구개편은 중복기능을 조정하고 통폐합하여 정부조직의 효율성을 도모하려는 것이다(Henry, 2015). 인력감축 및 재배치는 불요불급한 인력을 줄이거나 인력수요가 많은 분야로 자리를 이동시키는 것이다. 인력감축을 위해서는 명예퇴직제, 총정원제, 표준정원제 등 다양한 수단을 동원할 수 있다(Aswathappa, 2005). 그런데 이러한 변화 앞에서 누구도 완벽하게 생존할 수 있다고 장담하기는 어렵지만, 그래도 길이 있다면 정부조직이 꼭 필요로 하는 경쟁력을 갖추는 것이다.

관리 인력이 축소되고 있다. 정부조직의 형태가 기존의 키가 큰(tall) 형태의 계층제적 조직에서 수평적인(flat) 조직형태로 바뀌고 있다. 계층제가 의사전달을 왜곡하고 의사결정에 많은 시간을 소모하게 하며, 실무인력보다는 관리인력이 많은 비능률을 야기하기 때문이다(Akib and Ihsan, 2017). 탈(脫)관료제적인 조직형태가 정착되면 국장, 과장 등과 같은 직급의 중요성이 줄어든다. 심지어는 계급파괴도 가능할 것이란 예측이다. 일에 관한 한 위·아래가 따로 없는 것이다. 일을 중심으로 작동하는 조직에서 살아남기 위해서는 업무능력이 뛰어나야 한다.

2. 능력과 성과에 따른 차등적 처우

정부관료제의 성과평가 시스템이 변하고 있다. 공무원에 대한 기존의 평가는 상급자가 부하를 평가하는 하향식의 일면평가였다. 따라서 평가를 잘 받기 위해서는 업무능력 못지않게 상급자와 좋은 인간관계를 맺는 것이 중요하였다. 그러나 이제 평가방식이 변화하고 있다. 기존의 상급자평가는 물론, 공무원이 스스로를 평가하는 자기평가가 가미되었다. 물론, 현재 자기평가는 형식적인 측면이 강하지만, 앞으로는 목표관리제(MBO) 방식을 가미한 명실상부한 자기평가 방식이 정착될 것이다. 뿐만 아니라, 동료평가도 가미되고 있다. 따라서 상급자와의 인간관계 못지않게 동료와의 인간관계도 중요하며, 특히 동료들과의 업무 협조 능력이 중요하다. 그리고 부하가 상급자를 평가하는 부하평가 즉, 리더십 평가도 시행한다. 이제 상급자라고 해서 부하 위에서 군림하던 시절은 지나가고 있다. 뿐만이 아니다. 고객평가도 가미된다. 행정이 고객에게 양질의 서비스를 제공하기 위한 것이라면, 서비스를 받는 고객이 공무원을 평가하는 것은 어쩌면 당연하다. 고객에는 외부고객뿐만 아니라, 내부고객도 포함된다. 결국 이제 공무원에 대한 평가방식이 기존의 단면평가에서 다면평가(multiple appraisal)의 방식으로 전환하는 것이다(Snell et al., 2015). 따라서 공무원은 누구에게나 좋은 평가를 받는 전(全)방위적인 경쟁력을 갖추어야 한다. 그리고 지금까지의 개인에 대한 평가와 병행하여 집단평가도 가미되고 있다. 동료나 조직성원들과 팀워크를 잘 유지하는 것도 공무원의 경쟁력이다.

성과급제도의 도입이 확대되고 있다. 지금까지 공무원의 보수는 계급과 근무연수에 따라서 지급되는 연공급(年功給)이었다. 그러나 이러한 연공급은 성과와 보수를 연결시킬 수 없어 공무원을 동기부여 하는 데 한계가 있었다. 따라서 연공서열에 의한 승진과 함께 연공급은 정부관료제를 정체시키는 대표적 원인으로 지목되었다(Dixit, 2002). 물론, 현재도 성과가 우수한 사람에 대해서는 수당에서 차이가 있지만, 형식적인 면이 강하다. 앞으로는 업적평가에 따라 실질적으로 차등적인 보수가 지급될 것이며, 연봉제의 도입도 논의될 수 있다. 이렇게 되면, 공무원의 능력도 급여수준으로 차별화되며, 승진도 급여수준과 연동될 수 있다. 어차피 승진이나 급여의 평가 잣대가 같을 것이기 때문이다. 따라서 이제 공무원은 몸값을 올리기 위한 경쟁력을 갖추어야 한다.

3. 유연하고 열린 행정

공무원의 고용방식이 고용의 유연성을 제고하는 방향으로 변하고 있다. 지금까지는 신분을 보장하는 정규직이 대부분이었다. 그러나 이제는 정규직 외에도 다양한 고용방식이 등장하고 있으며, 이렇게 되면 정부관료제의 분위기도 바뀔 것이다. 선진국에서는 고용관계에서 정규직과 비정규직의 이원화가 보편화되고 있다. 신분보장이 되는 정규직과는 별도로, 시간제채용(part-time appointment), 1년 이내의 단기간 채용형태인 임시채용(casual appointment), 5년 이내의 범위 내에서 어느 정도 신분안정을 시켜주며 임시승진도 시켜주지만 신분은 보장하지 않는 한시채용(fixed-term appointment), 업무성과에 따라서 임용관계를 결정하는 조건부채용(conditional appointment), 연중 일정기간만 반복하여 채용하는 수시반복채용(recurring temporary appointment) 등 다양한 형태의 채용이 확산되고 있다.

정보화사회와 더불어 전자정부를 토대로 한 '열린 정부'(open government)가 빠르게 다가오고 있다. 전자정부는 공공서비스의 전달에서 종래의 전통적 전달

수단들 대신에 보다 발전된 정보기술을 사용하여 서비스의 질을 향상시켜 나가는 것이다. 이러한 전자정부는 그동안 폐쇄적 행정을 조장하던 시간, 공간, 사람의 벽을 무너뜨림으로써 열린 정부를 앞당겨 놓았다. 그리고 공공서비스를 보다 신속하게 제공할 수 있게 되었다(Brunsson, 2006). 오늘날은 정보기술의 발달과 더불어, 민원을 한 장소에서 단번에 해결하는 원스톱(one-stop) 행정, 시간에 구애 없이 해결하는 논스톱(non-stop) 행정, 장소에 구애 없이 해결하는 원격행정 등이 가능하게 되었다. 전자정부는 단순한 공공정보의 제공은 물론, 조세징수, 물품구매, 민원처리, 내부결제 등 각종의 행정행위들을 정보기기를 통해서 관리할 수 있게 하였다. 그런데 이런 열린 행정 하에서는 정보기기의 사용능력뿐 아니라, 열린 마음(open mind)을 갖는 것도 공무원의 경쟁력을 좌우하는 중요한 요인이다.

4. 민간과 경쟁하는 행정

개방형임용이 정착되고 있다. 이는 과거 주로 내부승진으로 충원되던 폐쇄형 인사제도를 근간에서부터 흔드는 것으로, 일정 직위를 개방형직위로 설정하고 현직자와 민간전문가를 경쟁시켜 임용하는 것이다. 의도는 전문성을 많이 요하는 직위에 유능한 전문가를 임용하기 위한 것으로(최순영·조임곤, 2014), 영국의 경우는 일정직급 이상의 고위공직은 개방형으로 임용하되, 계급 자체를 폐지하고 보직만을 부여하는 데까지 진행되고 있다. 개방형임용제는 공개경쟁을 통한 우수인력의 확보는 물론, 성과에 바탕을 둔 유연한 보수체계를 실현할 수 있으며, 계약고용의 방식을 통해서 인력관리의 유연성을 취할 수 있어 대상 직급의 범위가 더욱 확대될 수 있다. 즉, 개방형임용 대상 직위의 직급이 하향 조정될 수 있으며, 이미 지방자치단체의 경우는 그렇게 하고 있다. 따라서 개방형임용제 하에서 살아남는 길도 민간전문가를 능가하는 경쟁력을 갖추는 것밖에 없다.

책임집행기관(executive agency) 제도가 확대되고 있다. 정부기능을 정책기능과 집행기능으로 구분하여 집행기능은 계층제적인 관리구조에서 분리하여 독립적인 행정단위로 조직화하는 것이다. 책임집행기관은 기존의 정부조직과는 다른 조직형태를 취하며, 운영상에서 광범위한 자율성을 부여하며, 업무성과에 따라 책임을 지게 하는 방식으로 운영된다. 매년 경영목표치를 설정하고 실적에 따라 평가와 보상을 한다. 그리고 계약에 의한 임용이 보편화된다(하태수, 2019).

정부사업의 민영화(privatization), 민간위탁(contracting-out), 아웃소싱(outsourcing) 등이 보편화되고 있다. 이러한 것들은 모두 공공서비스의 질과 경제성을 제고함으로써 행정 효율성을 높이고 국민들의 서비스요구에 보다 잘 반응하기 위한 것이다. 공공서비스의 성질이 정부가 공급하는 대신에 민간이 책임지고 공급해야 할 것이면 민영화를 시키며, 정부가 책임은 계속 지되, 생산은 민간이 하는 것이 바람직한 것이면 민간에게 위탁시킨다(김순양, 2006). 그리고 공공서비스를 계속 정부책임 하에 공급하되, 그 기능 중의 일부를 민간부문에서 구입하는 것이 바람직하면 아웃소싱을 행한다. 어느 방식이든 공공서비스 공급에서 민간참여를 촉진하고 경쟁의 개념을 도입함으로써 공공서비스의 질을 제고하기 위한 것이라는 점에서 앞으로 더욱 확산될 전망이다.

강제경쟁입찰(Compulsory Competitive Tendering) 제도도 도입되고 있다. 즉, 집행적 성격이 강한 정부기능은 이를 민간과의 경쟁 입찰에 부치며, 입찰에서 탈락하면 해당 부서의 존재마저 위협받게 되는 것이다(Milne et al., 2012). 따라서 이제 공무원도 민간부문보다 좋은 서비스를 제공할 수 있는 경쟁력이 필요하다.

5. 고객중심의 행정

시민헌장(Citizen's Charter)제도가 도입되었다. 시민헌장은 정부가 고객인 시민에게 어느 수준까지의 서비스를 제공하겠다는 약속을 문서화한 것이다. 이는 시민들의 욕구에 반응함으로써 공공서비스의 질을 높이고, 서비스에 대한 책임성을 강화하기 위한 것이다(Drewry, 2005). 이미 각 부서별로 시민헌장을 제정하여 이행하며, 중앙부처는 서비스표준을 정하여 이를 독려하고 있다. 영국의 경우, 중앙정부 단위의 시민헌장만도 각 부처별로 승객헌장, 학부모헌장, 구직자헌장, 납세자헌장, 환자헌장, 여행자헌장 등 매우 다양하다. 우리도 유행처럼 많은 지자체들이 대민업무 관련 시민헌장을 제정하고 약속불이행 시에 보상을 한다고 표명하고 있지만, 근래 들어서는 흐지부지하다.

내부고객(internal customers)도 중요시되고 있다. 지금까지는 고객은 행정바

깥에만 있는 것으로 인식하였다. 따라서 민원부서만 고객을 취급하는 것으로 생각하였다. 그러나 고객은 행정조직의 내부에도 있다. 이제 관리부서도 공무원에 대한 관리권한을 가지고 군림해서는 안 되며, 내부고객인 다른 부서의 공무원들에게 봉사하고 서비스하는 자세로 임해야 한다. 따라서 이제 관리부서도 내부고객을 생각하면서 경쟁력을 갖추어야 한다.

제3절 정부관료제의 지향점 및 경쟁력 제고

지금까지 정부관료제에 불고 있는 변화의 실체를 살펴보았다. 이러한 변화가 요구하는 공통적 요소는 국가경쟁력을 회복하기 위해서는 정부경쟁력을 갖추어야 하며, 정부경쟁력을 갖추기 위해서는 공무원의 경쟁력을 높여야 한다는 것이다. 각종 국제기구들의 조사에 따르면 우리나라의 정부부문 경쟁력은 지속적으로 하락하고 있다. 이는 근본적으로 공무원 개개인의 경쟁력이 저조하기 때문이다. 이제 공무원은 국가경쟁력을 높이기 위해서는 물론, 자신이 살아남기 위해서도 경쟁력을 갖추어야 한다. 상품가치가 없는 공무원은 생존자체가 어려워진 것이다. 그런데 공무원의 경쟁력은 단순하게 업무능력만을 의미하는 것은 아니며, 매우 복합적이다. 이하에서는 정부관료제에 불어 닥친 변화와 개혁의 바람에 대응하기 위한 공무원의 경쟁력 제고방안을 공무원의 가치관, 업무수행 방식, 개인적 능력 등을 중심으로 논의한다.

1. 정부관료의 가치지향의 변화

무엇보다 공무원의 가치관이 변해야 정부관료제의 경쟁력이 높아진다. 부정적인 가치관은 과감하게 버리고 국가, 조직, 개인의 경쟁력 제고에 도움이 되는 건전한 가치관을 확립해야 한다. 이를 위해 첫째, 연고주의(緣故主義)를 불식해야 한다. 연고주의는 실적으로 정당하게 평가받고자 하는 동기를 무디게 한다. 건전한 자기연마 대신에 일차원적인 인간관계를 형성하는 데 주력하게 한다. 이제 객관성과 공정성에 입각하여 정당하게 업무를 수행하고 평가를 받으려는 자세가 필요하다.

둘째, 권위주의를 불식해야 한다. 능력으로 위치 매김 하지 않고 위계서열로 위치 매김 하려는 권위주의는 경쟁력 제고에 도움이 안 된다. 고객에 대해서도 마찬가지이다. 권위주의적 업무태도와 유능한 업무능력은 병립하기 어렵다. 이제 권위지향성 대신에 업무지향성이 필요하다.

셋째, 독점주의와 비밀주의를 불식해야 한다. 경쟁을 꺼리고 정보를 독점하려는 데서 경쟁력은 살아나지 않는다. 내부경쟁은 물론 민간과의 경쟁도 필요하게 되었으며, 정보공유도 불가피하게 되었다. 같은 조건 하에서 당당하게 겨루려는 자세가 필요하다. 그리고 업무수행은 투명해야 한다. 밀실행정에서 벗어나서 투명하고 건전한 경쟁이 필요하다.

넷째, 획일주의와 경직성을 불식해야 한다. 고객의 수요는 복잡하고 다양하다. 획일적이고 경직적인 업무수행 방식으로는 고객들로부터 좋은 평가를 받을 수 없다. 신축적이고 유연해야 한다. 민간부문에서는 생산방식마저 포디즘(Fordism)방식의 소품종 대량생산 방식에서 포스트 포디즘(Post-Fordism) 방식의 다품종 소량생산방식으로 변하고 있다(Thursfield, 2017). 고객의 다양한 요구에 대한 대응능력이 경쟁력의 요체이다. 물론, 이외에도 변해야 할 공무원의 가치관은 많다. 편파주의에서 평등주의로 사익추구 및 할거주의에서 공익우선주의로 변해야 하는 것 등이다.

2. 정부관료의 업무태도와 업무수행방식 변화

공무원이 업무에 임하는 태도와 업무수행 방식도 경쟁력이 있어야 한다. 그 방향은 "고객이 원하는 양질의 서비스를 신속하고 친절하게 제공하며, 서비스의 결과에 대해서는 책임을 지는 것이다." 여기서 '고객이 원하는' 바를 한다는 것은 반응성이 있어야 경쟁력이 있다는 의미이다. 반응성이 있으려면 공무원은 항시 외부의 자극에 민감해야 한다. 고객의 요구를 파악하기 위해서 고객과의 많은 대화가 필요하다. 정보는 공유해야 한다. 공무원의 입장이 아닌, 고객의 입장에서 이해해야 한다. 이 점에서 관찰이 아닌, 이해의 방법이 필요하다. 고객에 대해서는 "이 일은 안 된다"는 부정적인 반응보다는 "될 수 있도록 해 보겠다"는 긍정적인 답변이 필요하다. 그래서 문재인 정부 들어서 범정부 차원에서 적극행정을 독려하고 있다. 공무원의 반응성은 "고객은 나의 가족이다"라고 생각하면 저절로 향상된다. 교육훈련을 담당하는 공무원은 교육생들을 자기 자녀라고 생각하면 교육의 질이 저절로 향상될 것이다. 어떤 교재, 교육방식, 강사가 좋을 지를 적극적으로 찾을 것이기 때문이다.

'양질의 서비스'를 제공하기 위해서는 공무원의 전문성이 필요하다. 담당업무를 관통하지 못하면 좋은 서비스를 할 수 없다. 대체로 전화로 문의를 하면 속 시원한 대답을 듣기 어렵다. 애매모호한 답변이 대부분이다. 여기에는 책임회피 성향도 작용을 하겠지만, 담당업무를 정확하게 모르기 때문이다. 즉, 전문성이 부족하다는 것이다. 전문성이 없이는 양질의 서비스를 제공할 수 없으며, 그러한 공무원은 경쟁력이 낮다. G. Caiden(2011)의 말처럼, 공무원은 전문적인 훈련, 독특한 업무수행기술, 고도의 직업의식을 갖는 전문가이다. 전문가가 되기 위해서는 충원방식, 직렬, 보직, 교육훈련 등에 관한 제도적 뒷받침도 필요하지만, 기본적으로는 공무원 개인의 의지와 일에 대한 집착이 중요하다. 양질의 맞춤 서비스를 제공하기 위해서는 장인정신이 필요한 것이다. 그리고 본래 전문가는 전문성과 직업의식을 동시에 갖는다(Klingner et al., 2015). 이 점에서 공무원에게는 직업에 대한 소명의식이 중요하다.

행정서비스는 '신속하게' 제공되어야 한다. 지금은 시간이 생명인 시대이다. 오늘날 민간부문의 경쟁력은 상당부분 신속성에 의존한다. 그런데 신속한 행정도 결국은 공무원의 업무숙달을 전제로 한다. 따라서 공무원은 자기 나름의 일에 대한 표준운영절차(SOP)를 개발해야 하며, 적절한 대안목록을 잘 보존해야 한다. 그리고 신속하게 업무처리를 하기 위해서 동료와 업무협조를 잘 하는 것도 경쟁력이다(Hegar, 2012). 이를 위해서는 평소에 동료와 좋은 관계를 맺어야 한다. 인간관계 능력도 경쟁력이기 때문이다. 주의할 것은 신속성은 무조건적인 시간단축을 의미하는 것이 아니라, 정확성을 겸비한 것이다.

행정서비스는 '친절하게' 제공되어야 한다. 사실 고객 불만의 상당부분이 담당 공무원의 불친절에 기인하는 경우가 많다. 사람이 감정의 동물이기 때문이다. 따라서 많은 자치단체나 정부부처들이 항공회사에 직원을 파견하여 스마일 교육을 시키거나 전화 친절도를 평가하기도 한다. 그러나 교육이나 강요에 의한 친절성은 한계가 있다. 자발적인 발상전환이 필요하다. 고객을 동료나 이웃으로 생각하면 친절한 행정은 저절로 달성된다. 고객의 눈높이에 맞추는 눈높이 행정이 필요하다. 박차(泊車)금지, 비산(飛散)먼지, 민유(民有)총기류 등의 어려운 행정용어를 제대로 이해할 수 있는 사람은 많지 않다. 이제 행정은 고객을 행정의 주체로 보아야 하며, 공무원은 군림하는 관료가 아니라 고객을 위해서 봉사하는 공복(公僕 public servant)이어야 한다. 이렇게 되면 친절한 행정은 저절로 되며, 친절한 공무원을 싫어할 사람이 없으니 공무원의 대(對)시민 경쟁력은 저절로 높아지는 것이다.

그리고 공무원은 결과에 대해서 '책임을 지는' 자세가 필요하다. 공무원의 책임성을 확보하는 데는 여러 가지 방법이 있으나, 스스로 책임을 지는 자기책임성에 바탕을 두는 것이 바람직하다. 제도를 통하여 책임을 확보하는 데는 한계가 있다(Whitford, 2002). 업무수행과 관련하여 고객과 주기적으로 대화를 한다든지, 고객으로부터 평가를 받는다든지, 자율점검표를 만들어 스스로 점검을 한다든지 등의 방법으로 일에 대한 완결성과 책임성을 높여야 한다.

3. 정부관료의 개인적 경쟁력 제고

공무원이 살아남기 위해서는 개인적 경쟁력이 있어야 한다. 개인적 경쟁력은 실무능력, 어학능력, 정보화능력 등 실용적인 것만 잘한다고 되는 것은 아니다. 이것은 누구나 해야 할 기본이다. 다른 것이 필요하다. 우선은 사고의 전환이 필요하다. 이제 민간기업에 근무한다는 각오로 공무에 임해야 한다. 경쟁을 두려워하기보다는, 오히려 "그동안 능력발휘를 할 기회가 없었는데 잘 되었다"고 긍정적으로 생각해야 한다. 기업가적 관료란 말이 유행하고 있다. 이제 공무원도 위험을 기꺼이 감수하며, 행동 지향적이며, 기회를 놓치지 않고 포착하며, 전통에 얽매이지 않고 자신의 임무를 항상 재설정할 수 있어야 한다는 의미이다(Wilson, 2019).

지식을 지속적으로 확대 재생산해야 한다. 지식은 사물에 대한 판단능력을 키워준다. 지식의 축적을 위해서 공무원은 지속적으로 자기개발을 해야 하며, 민간전문가들과 지적인 교류를 확대해야 한다. 내부적으로 공부모임을 만들어 계속 업무관련 연구를 행하며, 외부적으로 업무관련 학회 등에 가입하여 학문적 교류를 해야 한다. 이제 공무원이 학회 등에서 적극적으로 논문도 발표할 수 있어야 한다.

그리고 승진에 대한 집착을 줄이고 일에 대한 집착을 강화해야 한다. 앞으로 승진이란 것이 별로 의미가 없는 때가 올 수 있다. 설사 승진이 계속 중요하다고 하더라도, 이것이 업무수행능력에 의해서 결정되는 정도가 커질 것이다. 후원자를 찾기보다는 개인적 경쟁력을 키우는 것이 긴요하다.

마지막으로, 좋은 인간관계능력도 개인적 경쟁력을 제고하는 길이다. 일차적 연줄을 동원하여 인간관계를 강화하려는 구태는 이제 그만두어야 한다. 타인을 배려하고 타인에게 신뢰감을 주며, 타인의 실수를 관용할 수 있음으로써 주변사람들과 좋은 관계를 맺는 것이 진정한 인간관계능력이다. 이것은 중요한 무형의 재산이다(Hegar, 2012).

제 4 절 정부관료제에 대한 신뢰의 위기

정권이 바뀔 때마다 정부관료제는 개혁대상 영순위였다. 그러나 그때마다 잘 버티어 왔으며, 시간이 지나면 정권초기의 개혁마인드는 실종되고 정부관료제는 본래의 모습으로 되돌아가곤 하였다. 개혁을 기치로 내걸고 출발한 정권들은 곧 정부관료제의 도움이 필요함을 인식하게 되고, 이 과정에서 정권도 정부관료제도 원상태로 복귀하였다. 그러나 이러한 악순환 속에서 정부관료제는 불신과 위기의 징후들을 누적하였다. 개혁의 성과를 바탕으로 새로운 개혁방향을 설정해야 하는데, 그러하지 못한 결과 현재 정부관료제는 외부로부터의 개혁압력에 크게 동요하고 있는 것이다.

경쟁개념에 토대를 두고 조직 및 인력관리 방식을 근본적으로 전환한 민간부문과는 달리, 지금까지의 정부관료제 개혁은 간헐적으로 정부조직 편제를 개편하거나 업무수행방식을 미세하게 바꾸는 정도에 불과하였다(김정렬·한인섭, 2008). 전자는 통폐합된 부처나 권한이 줄어든 부처의 불만이 있지만, 직위와 신분은 계속 유지할 수 있었기에 곧 반발이 무마되었다. 후자는 개혁이라기보다는 일상적인 업무개선이었다.

　따라서 정부관료제는 일시적으로는 외부압력을 잘 견디어 냈지만, 개혁을 내면화하고 일상화하는 데는 실패하였다. 그 결과 현재와 같은 불신과 위기가 초래되었다. 그러면 정부관료제에 불신과 위기가 팽배하고 있는 이유는 무엇이며, 이를 치유하기 위한 처방은 무엇인가. 크게는 이를 정부관료제에 대한 국민들의 불신과 정부관료제 내부에 만연하는 불신으로 구분할 수 있다.

1. 국민들의 정부관료제 불신

　정부관료제에 대한 국민들의 불신은 표면적으로는 잇따른 공직비리, 빈발하는 대형사고와 공무원들의 연루, 일부 고위공무원의 비윤리적 행위 등이 점화장치가 되었다. 그러나 이러한 사건들은 표면적 이유에 불과하며, 근저에는 정부관료제의 고질적 폐단에 대한 국민들의 뿌리 깊은 불신이 자리 잡고 있다. 불신은 오랫동안 누적되어 표출되는 것이지, 몇 가지 사건이 발생한다고 해서 어느 날 갑자기 나타나는 것은 아니다(Grey and Garsten, 2001).

　첫째, 규제만능의 행정으로 인한 누적된 불신이다. 행정규제와 행정지도는 공익을 달성하기 위해서 필요한 행정작용이다. 환경오염, 무단 증축, 소방시설 미비 등을 방치하면 공익이 침해되는 것이다. 그러나 문제는 서비스행정과 규제행정이 균형을 이루어야 하며, 행정편의주의와 권한유지를 위한 수단으로 행정규제가 빈발해서는 안 된다는 점이다. 규제관련 법규는 최소한의 기준과 절차를 정해 놓은 것이다. 외자유치를 희망하면서도 공장설립에서부터 제품생산에 이르기까지 까다로운 행정규제를 행하는 것은 행정에 대한 국민들의 신뢰를 저해하는 것이다. 편파적이고 과도한 행정지도 역시 행정에 대한 국민들의 불신을 유발한다(Epstein, 2016).

　정부관료제가 국민들의 신뢰를 회복하기 위해서는 이제 사전적인 절차규제는 과감하게 철폐하고, 사후규제는 엄격하고 공정하게 집행함으로써 불가결한 행정작용인 행정규제가 국민들의 신뢰 속에서 시행되어야 한다. 무엇보다 규제 위주의 행정보다는 서비스중심의 행정이 되어야 한다. 앞서서 기다리는 소극적인 행정이 아니라 찾아 나서는 적극적인 행정이 되어야 하며, 서비스는 사회적 형평성을 실현해야 한다(Shafritz et al., 2015). 세금을 내어도 아깝지 않다고 생각할 수 있도록 서비스행정을 구현하는 것이 정부관료제에 대한 국민들의 신뢰를 회복하는 길이다.

둘째, 탁상행정이 국민 불신을 유발하였다. 탁상행정은 행정과 현실이 괴리되어 있는 것이다. 목표와 계획은 그럴 듯하지만 현실을 반영하지 못하며, 문서처리는 그럴 듯하지만 이것이 현장 확인을 거치지 않은 것이다. 연중 반복되는 공공시설 화재와 이로 인한 대형 인명사고, 최근의 코로나 19 사태로 인한 마스크 대란과 재난기본소득 지급방식에 많은 국민들이 혼란스러워 하고, 소방행정 및 보건행정을 불신하게 되는 것도 현실을 제대로 점검하고 문제의 소지를 사전에 예방하지 못하는 탁상행정 때문이다.

이제 현장중심의 행정이 되어야 한다. 물론, 현장행정을 하기에는 인력이 부족하다. 그러나 공무원들이 국민들로부터 현장에서 비판받기를 두려워하지 않으며, 현장인력을 존중하는 풍토가 조성되면 이는 해결될 수 있다. 공무원의 몸과 마음의 절반은 현장에 가 있어야 한다. 탁상에서 업무를 보더라도 마음은 현장을 기준으로 해야 한다. 공무원들이 학자들이 행정현실을 모른다고 이들을 비판하는 것처럼, 국민들은 공무원이 국민의 현실을 모른다고 비판한다. 현장행정을 위해서는 우선 확인행정이 되어야 한다. 확인행정은 점검 난에 날인만 하는 형식적인 것이 아니라, 현장을 확인하고 현장에서 답을 찾기 위해 머리를 싸매는 것이어야 한다.

셋째, 획일적 행정도 국민들의 불신을 유발한다. 획일 행정은 서비스대상자의 속성을 고려하지 않는 행정을 하거나, 남을 답습하는 식의 행정을 하는 것이다. 이는 고객의 특성과 지역실정을 무시하는 적실성이 없는 행정을 초래하고, 그 결과 행정낭비를 초래한다. 획일주의 행정의 표본이 공원행정이다. 공원은 대체로 도시에 있으면서 도시민들에게 휴식 공간을 제공하는 곳이다. 그러나 우리나라의 공원은 대부분 획일적이고 용도가 불분명하다. 대형공원은 시민헌장비, 자연보호헌장비, 국민운동 기념비, 팔각정 등의 획일적 인공조형물들로 가득 차 있다. 많은 국민들은 이를 낭비적인 전시행정이라고 생각한다. 각 지방정부들이 관(官)주도로 엇비슷한 지역문화축제를 시행하고 있는 것도 그 실효성을 점검해 보아야 한다(이희경·안득수, 2012).

이제 다양성이 존중되는 행정이 되어야 한다. 지역특성별로, 서비스대상자별로 맞춤형 서비스가 제공되어야 한다. 행정의 편제도 행정의 내용도 다양해야 한다. 그리고 행정은 획일적인 목표를 향해 국민들을 따라오게 하는 것이 아니라, 일선에서 활동하는 국민들의 자발적인 활동을 이선(二線)에서 지원해야 한다. 요란하게 나서지 않고, 없는 듯이 일하는 행정이 선진행정이다.

넷째, 늑장행정 역시 국민 불신을 유발한다. 늑장행정은 문제의 발생소지를 사전에 예방하지 못하고 일이 발생하고 나서야 서두르거나, 행정서비스가 느려서 국민들의 요구에 둔감한 것이다. 무엇보다도 사후약방문식의 뒷북행정은 늑장행정의 전형이다. 국민들은 대형사고가 발생하면 문제의 뒤에는 또 부실한 행정이 있다고 생각한다. 그리고 대형 사고는 으레 몇 사람의 공무원이 사법 처리되는 것으로 끝을 맺고, 또다시 같은 실수가 반복된다. 행정의 예방기능이 허약하기 때문에 발생하는 폐단이다. 그리고 번잡한 결재과정도 늑장행정을 유발한다. 급한 사안에 대처하는 데서 다단계 결재라인을 거치게 되면 행정의 적기성이 상실된다. 그리고 인허가 절차를 까다롭게 하면서 많은 시간을 걸리게 하는 것도 늑장행정의 표본이다(이원우, 2008). 오늘날 제품의 수명주기가 1~2년으로 단축되고 있는데, 공장건축에 장시간을 소요하게 되면 해당 기업의 경쟁력은 유지되기 어려울 것이다.

국민들의 신뢰를 회복하기 위해서는 예방행정, 신속한 행정이 되어야 한다. 국민들의 불만을 사전에 예측하는 통찰력 있는 행정이 되어야 하며, 같은 실수를 되풀이하지 않는 학습하는 행정이 되어야 한다. 그리고 오늘날은 좀 못하더라도 빠른 것이 좋은 시절이다. 그만큼 환경이 동태적이기 때문이다. 행정이 신속하기 위해서 공무원들의 전문성을 향상시키며, 행정의 기동력을 높일 수 있는 조직체계를 갖추어야 한다.

다섯째, 권위주의행정이 불신을 유발한다. 오랫동안 우리는 국민과 행정 간에 거리를 유지해 왔으며, 여기에는 행정이 우월하다는 사고가 내재되어 있었다(전영상, 2009). 국민들은 공무원을 친근한 이웃이나 성실한 공복이 아닌, 경외의 대상으로 생각하였다. 그 결과 행정은 항시 계도행정 내지는 선도행정이었다. 우리가 비교적 좋은 이미지를 가지는 목민관(牧民官)의 의미도 '백성을 기르고 다스리는 벼슬아치'라는 것으로, 공무원과 국민의 관계를 수평적 관계가 아닌

관(官)우위의 관계로 보는 것이다. 이러한 계도행정은 요란한 현수막(placard)행정을 낳았다. 명절을 보내는 방식까지 현수막을 달아 행정이 계도하고 있다. 출처불명의 어려운 행정용어들은 권위주의적 행정의 발로이다. 이러한 가운데 행정과 국민이 소원해 지고, 친밀감을 느낄 수 없는 국민들이 정부관료제에 대한 불신을 키우게 되는 것이다.

이제 친절하고 가까이 있으며, 국민과 눈높이를 같이 하는 동반(同伴)행정이 되어야 한다. 어느 시(市)는 시민들이 접근하기 쉽게 시장실을 1층으로 옮기고 시민사랑방 형태로 전환하였다. 시민들이 수시로 방문하여 시장이나 공무원과 대화를 한다. 그리고 제대로 된 상담공간을 갖추지 못한 중소기업이 많은 지역특성을 고려하여, 외국 바이어들과 상담을 할 수 있도록 별도의 공간을 시청에 마련하고 있다. 이제 국민들과 함께 하는 동반행정이 확산되어야 한다. 무질서한 선도용 현수막은 더 이상 내걸 필요가 없다. 제4차 산업혁명 시대의 국민이 과거 관제(官製)운동의 대상이던 국민과 같을 수 없다. 행정용어는 일반국민의 눈높이에 맞고 친근한 것으로 완전히 바꾸어야 한다.

여섯째, 밀실행정이 행정 불신을 초래하고 있다. 정치민주화와 지방자치제가 달성되면서 참여행정 및 공개행정에 대한 요구가 높아졌다. 행정정보는 적기에 공개되고 정부의 의사결정과정은 투명해질 것으로 기대하였다. 그러나 아직도 많은 국민들은 행정과정을 들여다 볼 수 없는 블랙박스(black box)로 인식하고 있다. 여전히 공개되는 행정정보는 부실하고 의사결정과정은 불투명하다. 행정정보는 잘한 것만을 공개하는 선전의 수준에 그치고 있고, 많은 정부발주 공사들이 잘게 쪼개어져 수의계약 형태로 시행되며, 공공서비스의 민간위탁과정에서 제대로 된 경쟁이 되지 못하고 있다(현승현·윤성식, 2011).

이제 행정은 열린 행정, 투명한 행정, 대화하는 행정이 되어야 한다. 내실 있는 정보가 공개됨으로써 국민들의 정보접근성을 높여야 한다. 정확한 정보에 근거한 국민들의 비판만큼 훌륭한 환류(feedback)는 없다(Flynn, 2012). 중요한 의사결정기준은 사전에 공개하며, 결정과정에 관한 회의록도 공개한다. 정보를 갖지 못하는 국민들이 참석하는 각종 위원회나 공청회가 아무리 많아도 이는 큰 의미가 없는 것이다. 그리고 행정은 사회의 전문분야와도 기꺼이 대화하고 토론해야 한다. 이제 공무원도 관련 학회 등에 적극적으로 참여하여 이론과 실제를 접목시키려는 자세가 필요하다.

　이 외에도 정부관료제는 국민들의 불신을 유발하는 것들이 많다. 국민들은 아직도 정부관료제의 인사과정이 상당부분 정실과 연공서열에 의해 좌우되는 것으로 본다. 공직자의 능력을 불신할 수밖에 없다. 과거에는 행정이 민간부문의 능력을 낮게 보았지만, 이제 새로운 관리기법으로 무장한 민간부문이 행정의 문제해결능력과 전문성을 불신하고 있다. 계속되는 공무원 독직행위로 국민들은 공직자의 청렴성을 불신하고 있다. 그리고 외관을 중시하는 겉치레행정에 대해서도 불신을 보이고 있다.

2. 정부관료의 정부관료제 불신

　정부관료제 내부에 만연하는 불신도 정부관료제를 위기상태로 몰아넣고 있다. 우선 공무원들의 공직(公職)에 대한 불신이 커지고 있다. 그 결과 공직에 대한 충성심과 헌신도가 약화되고 공직에 대한 만족감이나 몰입도가 저하되며, 이직의도가 증가하고 있다(이영균·최인숙, 2013). 원인은 복합적이다. 우선 사정(司正)의 방법을 통해서 정부개혁의 목표를 달성하려는 데 대한 불만이다. 사정과 개혁은 동전의 양면과 같은 인상을 갖게 한다. 이는 개혁에 저항하거나 미온적이면 언제든 사정의 대상이 되며, 그렇게 되면 공직을 떠나야 함을 의미한다. 그 결과 공무원은 무력감을 자괴하고 공직에 대한 애착이 줄어든다. 이제 개혁은 목표도 중요하지만 절차와 방법도 중요하다. 정권이 바뀔 때마다 임기 내에 개혁을 완료해야 한다는 강박관념은 버려야 한다. 개혁은 학습되고 일상화되는 것이 중요하다. 충격요법은 이를 계속 사용하면 효능이 떨어진다. 그리고 개혁은 일을 열심히 하게 하는 것이어야지, 무사안일을 조장하는 것이어서는 안 된다(O'Flynn, 2007).

　신분보장이 약화된 것도 공무원의 공직불신을 심화시킨다. 정부조직에 신공공관리론적 관리가 보편화되면서 정부관료제의 안정성이 흔들리고 있다. 신분안정은 장·단점이 있다. 본래 의도는 이를 통해서 공무원이 전문성을 함양하고 공직을 평생의 보람 있는(worthwhile) 일로 생각하는 직업공무원제도를 유도하기 위함이었다(Riccucci, 2017). 그러나 지나치면 정부관료제에 나태와 무산안일주의를 조장한다. 따라서 정부관료제에 어느 정도의 긴장감은 필요하다. 그러나 문제는 신분불안이 너무 심각하면, 정부관료제에 대한 공무원들의 불신이 팽배해진다는 점이다. 그 결과 무사안일주의와 냉소주의가 만연하며, 조직과 동료를 배려하지 않는 이기주의가 팽배하며, 따라서 행정서비스의 질이 크게 저하된다. 이제 공무원의 신분을 새로운 방식으로 관리해야 한다. 인위적으로 잘라내기보다는 자연적으로 도태하게 하는 방식이다. 우선 경쟁의 결과에 따른 차별적 대우가 자연스러운 것이라는 조직풍토를 조성해야 한다. 그리고 공정한 경쟁이 보장되는 터전을 만들고, 경쟁의 결과를 객관적으로 평가하는 기준을 만들고, 이를 준수해야 한다(Brewer and Kellough, 2016).

공직에 대한 자부심과 명예의식, 조직일체감, 집단몰입감이 약화되고 있는 것도 공무원의 공직불신을 심화시킨다. 광역지자체 국장급의 어느 고위공무원은 "과거에는 밤을 새면서 일을 해도 보람이 있었는데, 지금은 일을 해도 흥이 나지 않는다"고 한다. 그리고 "자녀에게는 공직을 권유하고 싶지 않다"는 공무원이 태반이다. 이는 공직자로서의 자부심과 명예가 낮다는 것이다. 그리고 신세대 공직자들이 증가하고 경쟁의 개념이 잘못 투입되면서 공직과 조직에 대한 일체감이나 몰입감이 저하되고 있다. 수단과 방법을 가리지 않는 이기적인 경쟁의식이 만연하고 있다(김윤권 외, 2010). 경쟁은 공무원으로 하여금 도전의식을 일깨우고, 공과 사를 구분하여 공식 업무에서 공정한 경쟁을 하자는 것이지, 인간관계를 파괴하고 정글의 법칙으로 돌아가자는 것은 아니다.

그리고 공무원들에 대한 면담결과로는 예측하기 어려운 연금제도나 직권면직조항 등도 현실적으로 중요한 공직불신의 원인이다. 공무원연금의 미래에 대한 불신이 크다. 연금제도는 연금액수의 다과(多寡)도 중요하지만, 연금의 미래에 대한 예측가능성이 무엇보다 중요하다. 보다 과학적이고 정확한 추계를 통해 연금의 미래를 최대한 예측가능하게 해야 한다(김선빈·장현주. 2016). 그리고 인사관리에서의 직권면직조항은 상식선에서 합당하게 운영해야 한다. 필자는 오래전부터 자리가 없어지면 신분이 위협을 받는 식의 관리방식은 바람직하지 않다고 생각해 왔다. 정부관료제직 내의 자리배치는 공무원의 희망대로 되는 것이 아닌데, 인위적인 부서통폐합 등으로 자리가 없어졌다고 사람의 신분마저 박탈해서는 안 되는 것이다.

3. 상하(上下)불신, 동료불신, 자기불신

오늘날 불신은 정부관료제에 대한 공무원의 불신에 국한되는 것이 아니라, 상하 간에도 만연하고 있다. 정부관료제에 경쟁만능의 조직풍토가 만연하면서 신뢰와 책임감에 바탕을 두었던 과거의 온정주의적 상하관계가 붕괴되고 있다 (박동서, 2002). 상급자들은 부하들이 조직전체보다는 자기 몫을 먼저 챙기려는 데 대해서 불만이 크다. 부하들은 정보기술 등에 미숙한 상급자들의 업무능력을 불신하며, 보신(保身)에만 급급한 데 대해서 불만을 가진다. 이처럼 상하 간에 불신이 만연한 가운데 관리방식도 불신에 의한 관리로 변하고 있다. 전화를 얼마나 친절하게 받는지를 암행 조사하고, 자리를 얼마나 잘 지키는지를 불시 점검한다. 의사소통도 불신에 기반하고 있다. 무책임한 투서문화가 범람하며, IT기술의 발달은 이를 부채질하고 있다. 부하들이 상급자의 용퇴(勇退)를 은근히 종용하는 지경이라니 상하 간의 불신이 우려할 만한 수준이다.

위기의 정부관료제가 제자리를 잡으려면 불신의 상하관계는 존경과 신뢰의 관계로 바뀌어야 한다. 상급자는 부하 특히, 신세대 공무원들의 행태를 이해하려 하며, 인사는 공정하게 하며, 대화를 통해서 문제를 해결하려 해야 한다. 참여를 조장하고 권한을 위임하여, 군림하기보다 봉사하는 서번트(servant) 리더십을 발휘해야 한다(Van Dierendonck, 2011). 부하들은 상급자들의 그동안의 조직기여도를 인정하며, 상급자가 또 다른 능력과 경험을 가지고 있음을 인정해야 한다. IT나 어학 등은 여러 능력들 중에 하나에 불과하다. 익명의 투서문화는 근절되어야 한다. 이를 위해서 투서자를 가려내어 불이익을 주어야 한다. 대화는 상호책임성을 전제로 한 실명(實名)이어야 한다.

동료들 간에도 불신이 만연하고 있다. 현재 경쟁과 경쟁력이라는 개념은 사회전반을 지배하는 도도한 흐름이다. 정부관료제도 예외는 아니다. 그러나 정부관료제의 경우는 이것이 일시에 충격적으로 다가옴으로써 많은 문제를 파생하고 있다. 공정한 게임규칙에 입각한 경쟁이 아니라, 결과에만 집착한 경쟁이 됨으로써 동료들 간의 인간관계나 유대의식을 파괴하고 있다(한승주, 2014). 물론 이는 경쟁의 본래 모습이 아니다. 조직전체가 살아남을 수 있는 경쟁력과 개인이 살아남을 수 있는 경쟁력이 조화를 이루어야 하는데, 현재는 조직이야 어떻게 되든 혼자만 살면 된다는 경쟁이다. 이러한 가운데 업무협조나 정보공유가 잘 되지 않을 것임은 물론이다. 조직목표보다는 개인목표를 우선시할 것임도 물론이다. "오늘날은 인사이동이 있어도 회식한번 제대로 하지 않는다"고 면담하였다. 공직사회의 동료불신의 정도를 가늠할 수 있다.

그러나 정부관료제에서 동료관계는 매우 중요하다. 공무원 개인을 위해서, 정부조직을 위해서, 국민을 위해서 그렇다. 동료관계가 불신에 기반 하면 개인적으로는 스트레스가 누적된다. 정부관료제의 생산성은 저하되며, 서비스의 질은 떨어진다(Greenberg and Zhang, 2010). 해결책은 경쟁과 경쟁력의 개념을 새롭게 이해하는 것이다. 경쟁은 페어플레이에 기반을 두어야 하며, 동료로부터 좋은 평가를 받는 것이 경쟁력의 중요한 원천이다.

마지막으로, 공무원의 자기불신이 극에 달해 있다. 우선 자신의 지적 능력과 업무수행능력을 불신하고 있다. 기술정보사회가 도래하면서 행정의 수단은 IT기술로 대체되었다. 그리고 기술정보사회는 세계화를 앞당겨 놓았다. 필시 IT기술과 어학능력이 사람의 능력을 판가름하는 지표가 되었다. 그러나 이를 제대로 대비할 시간과 능력이 부족하였다. 자신의 정체성에 대한 불신도 커지고 있다. 공무원으로서의 자부심과 명예가 떨어지는 상황에서 자기무력감 내지는 자기상실감이 커지는 것은 당연하다. 그리고 미래의 자기모습에 대한 신뢰도 줄어들고 있다. 승진경로를 예측할 수 없고 신분불안이 커진 상황에서 자신의 목표를 설계하기는 어렵다. 그 결과, 많은 공무원들이 아노미(anomie) 상태에 직면해 있다. 지금까지 정부관료제를 지탱하는 힘이었던 공익에 대한 헌신, 명예, 자부심 등의 가치들이 무너지면서 나타나는 현상이다. 공직이 불신 받는 현실에서 상당수의 공무원들이 자기 확신을 상실하고 있다.

4. 위기의 정부관료제와 부정적 결과들

국민들로부터의 신뢰가 줄어들고 조직성원들 간에도 신뢰가 없는 정부관료제가 위기에 직면하는 것은 당연하다. 충격요법적인 정부개혁, 적발 위주의 사정, 과잉경쟁으로 인한 긴장감 등은 정부관료제를 불신이 만연하는 위기의 조직으로 만들어 놓았다. 그리고 이러한 위기상황은 정부관료제에 부정적으로 영향을 미치고 있다. 상하 간이나 동료 간에, 그리고 고객과의 관계에서 불신의 장벽이 높아가고 있다. 개인적 고충을 호소하기가 어렵게 되었으며, 상하 간에 인간적 대화가 어렵게 되었으며, 동료 간에 업무협조와 정보공유가 어렵게 되었다. 고객은 공무원의 친절도와 업무수행능력을 감시하는 사람으로 생각된다. 감동이 없는 상황에서 진정한 서비스가 될 수 없다(배현숙·김승리, 2016).

공무원의 사기는 우려할 만한 수준으로 저하되고 있다. 경쟁은 대다수를 유능한 사람으로 만들기 위한 것이어야지, 소수를 발탁하기 위해서 대다수를 탈락시키는 것이어서는 안 된다. 그리고 조직은 성원들에게 비전과 꿈을 제시할 수 있어야 한다(Fishman, 2013). 현재의 정부관료제는 공무원들에게 꿈과 비전을 주기에 역부족이다. 공직이 몇 사람에게 고액의 연봉을 줄 수 있겠으며, 몇 사람이 정무직 공무원이 될 수 있겠으며, 공직의 경험이 사회에서 어떻게 활용될 수 있겠는가. 민간기업은 성원들에게 이러한 것들을 줄 수 있기에, 성원들은 경쟁을 기꺼이 감수하고자 한다. 정부관료제도 성원들에게 제시할 수 있는 꿈과 비전이 무엇인지를 잘 생각하고 경쟁의 논리를 도입해야 한다. 오늘날 인간은 자아실현인간이라고 말해진다. 일에 대해서 흔쾌히 몰입하고 싶고, 꿈과 비전이 있어야 동기가 부여된다는 의미이다(Riccucci, 2017).

정부관료제의 분위기가 극도로 문란해지고 있다. 음해성 투서문화는 우리 사회의 고질적 병폐이다. 오늘날 다양한 매체를 통해 행해지는 투서풍조는 과거 중국 문화혁명 시기에 홍위병들이 행하던 폐단을 복제해 놓은 듯하다. 정부관료제 내의 투서와 비방은 조직에 대한 불신, 상급자에 대한 불신, 동료에 대한 불신에서 비롯되고 있다. 그리고 이는 조직 내의 위계질서와 동료들 간의 인간관계를 파괴하고 있다. 건전한 비판은 좋은 것이지만, 비판을 위한 비판이나 남의 침몰을 의도하는 비판은 나쁜 것이다.

공무원의 직무스트레스(job stress), 소진(burnout), 이직의도가 증가하고 있다. 파행적이고 지나친 경쟁은 공무원의 직무스트레스를 증가시키며, 이는 육체적·심리적으로 많은 부작용을 초래한다(Rainey, 2009). 현재 스트레스로 인한 수면부족과 의욕상실 등을 호소하는 공무원이 많다. 급기야는 공직을 떠나겠다는 공무원도 늘어나고 있다. 최근 엘리트공무원들이 공직을 속속 떠나고 있다는 보도가 자주 보인다. 물론 이는 일부 엘리트 경제관료에 해당한다고 볼 수도 있지만, 일반 하위직공무원들도 현실적인 생계문제 등으로 공직을 쉽게 떠나지는 못하지만, 공직을 그만두고 싶다는 사람은 많다. 이는 정부관료제가 위기상황이라는 확실한 반증이다.

맺음말: 신뢰에 기초한 정부관료제 개혁

위기와 불신의 정부관료제가 국민들로부터 그리고 내부로부터의 신뢰를 회복하는 가운데 안정 속의 개혁을 추진하기 위해서는 우선은 지금까지의 정부운영 방식을 바꾸어야 한다. 서비스행정, 현장행정, 다양성이 존중되는 행정이 되어야 한다. 신속하면서도 꼼꼼한 예방행정이 되어야 하며, 친절한 동반행정이 되어야 한다. 공개행정이 되고 학습하는 행정이어야 하며, 내실 위주의 행정이어야 하며, 문제해결능력이 있는 행정이어야 한다.

행정내부의 불신도 최소화해야 한다. 이를 위해서는 공무원의 신분은 어느 정도 보장해야 한다. 공직은 민간기업과 달리 직종 간 이동이 어려우며, 공직에서 배운 실무지식들이 민간부문에서는 별로 쓰일 곳이 없다는 특수성을 인정해야 한다. 가벼운 징계를 하나만 기록해도 명퇴나 자퇴 우선순위에 올라가는 냉철한 관리방식이 바람직한 것은 아니다. 이는 무사안일주의를 조장할 것이다. 그리고 조직일체감을 확립하고 조직몰입을 강화해야 한다. 조직과 나, 동료와 나는 별개이며, 혼자만의 힘으로 성과를 내어야 한다는 식의 업무수행은 조직의 목표달성에 보탬이 되지 않는다. 또한 인간관계와 경쟁이 양립할 수 없다고 생각하는 오늘날의 경쟁자극 방식은 재고되어야 한다. 특정인을 도태시키기 위한 경쟁보다는, 구성원들의 능력과 자질을 신뢰하고 이를 최고조로 발휘할 수 있게 하는 경쟁이 되어야 한다.

공무원들은 신분보장과 권한이라는 공직이 가진 기득권을 어느 정도 포기할 수 있는 자세가 필요하다. 이를 통해 변화를 적극적으로 수용하고, 개혁의 대상이 아닌 개혁의 주체가 되어야 한다. 그리고 지나친 수직적 사고를 버리고 수평적인 사고를 함양해야 한다. 국민과의 관계를 동료관계로 생각해야 하며, 승진이라는 상향이동에 대한 과잉집착도 줄여야 한다. 탈관료제적 구조 하에서,

이제 직급이 곧 신분을 의미하던 시대는 지나가고 있다. 직급중심의 사고에서 일중심의 사고로 전환해야 한다.

정부관료제 개혁의 방식과 관련하여, 지금까지 개혁은 항시 권력과 정치권이 주도하였다. 이 과정에서 사정이 병행하고 공무원의 부정부패가 드러나며, 국민들이 정부관료제를 불신하고 공무원들은 서로를 불신하는 악순환이 되풀이되었다. 물론 개혁은 지속되어야 하는 것이지만, 일회성 행사가 아니라 조직이 살아남기 위해서 필요한 것이다. 이를 위해서는 공무원이 개혁의 주체가 되어야 한다. 그리고 개혁의 방향은 매번 새 판을 짜는 개혁, 정부조직을 떼었다 붙였다 하는 짜깁기 개혁, 누구를 내리치려는 칠성판식 개혁이 되어서는 안 된다. 인간과 경쟁이 조화할 수 있는 개혁, 정당한 경쟁을 자극하는 개혁, 요란하지 않고 조용하게 행하는 개혁, 사람의 실수를 관용하는 개혁이 되어야 한다. 개혁은 필요하며 계속하되, 극단적이거나 요란하지 않아야 한다는 것이다. 이 점에서 오늘날의 정부관료제 개혁방식과 이로 인해 동요하는 공무원들을 보면 중용(中庸)의 지혜가 새삼 필요해 보인다.

제12장

정부관료제의 재량행위 개혁

머리말

정부관료제가 하는 일은 복잡다기하지만 기본적으로는 서비스행정(급부행정), 규제행정, 내부관리행정으로 구분할 수 있다. 이들 중에서 내부관리행정은 기획, 총무, 인사, 감사 등과 같이 주로 정부관료제 내부적으로 행해지는 업무인 반면에, 나머지 둘은 국민(시민, 주민)들과의 관계 속에서 행해지는 것이다. 내부관리행정은 그 자체가 목적이 아니라 서비스행정이나 규제행정을 위한 수단을 제공한다. 서비스행정은 정부관료제가 국민들에게 정책, 서비스, 현물, 프로그램 등을 시행하거나 제공하는 것으로, 주로 국민들에게 편익을 주는 것이다. 반면에 규제행정은 공익 실현자로서의 정부관료제가 일반국민이나 기업가 등의 권한행사를 제한하는 것으로 대부분 권리를 제한하거나 벌칙을 부과하는 등의 업무이다. 국민들에게 부담이나 불이익을 주게 되므로 일정한 기준에 입각하여 신중하게 행해야 한다. 규제행정은 행정의 권력작용에 해당하며, 따라서 법규에 의해서 엄격하게 규율된다.

그럼에도 정부관료제의 권력작용은 법규대로만 되기는 어렵다. 담당공무원의 재량행위가 필요한 경우가 많다. 이는 기본적으로 법규자체가 불완전한데다 현장상황이 매우 복잡다기하기 때문이다. 그리고 공무원의 권력은 주로 재량권에 기인하기 때문에 공무원은 재량행위를 하려는 유혹이 있다. 따라서 재량행위는 오남용의 소지가 있다. 이런 경우에는 규제행정의 형평성과 신뢰성을 저하시킨다. 반대로 재량행위가 필요한 경우에도 이를 회피하거나 지나치게 소극적으로 행하는 것도 문제를 야기한다. 규제행정의 적극성, 융통성, 창의성, 적기성을 저하시킨다. 따라서 규제공무원의 재량행위는 적정하고 시의 적절하게 행사되어야 한다. 이를 위해서는 규제공무원의 재량행위 실태를 심도 있게 분석해야 한다.

이러한 배경 하에서, 이 장은 규제공무원의 재량행위 실태, 영향요인, 행사방식 등을 종합적으로 분석하고, 이를 토대로 이들의 적정 재량행위 행사방안을 모색하려는 것이다. 이는 행정 특히, 지방행정의 상당부분이 규제행정이며, 규제행정을 규제법정주의의 틀 내에서 집행할 것으로 기대하고 있지만, 현실적으로는 법규의 모호성이나 비현실성 등 다양한 원인들로 인하여 재량행위의 여지가 적지 않기 때문이다. 그리고 규제행정의 속성 상 이들의 재량행위가 오남용되거나 반대로 지나치게 소극적으로 행사될 경우에는 규제대상자에게 심각한 불이익을 초래하기 때문이다.

그런데 재량행위는 대부분이 은밀하게, 부지불식간에 행해지고 있어 객관적 자료를 구하기가 어려우며, 설문조사 역시 인식조사에 그칠 개연성이 크다. 따라서 이장에서는 일선 규제공무원에 대한 심층 면접조사를 시행한다.

제2절 **재량행위 관련 이론 및 연구 틀**

1. 재량행위 관련 이론 논의

1) 재량행위의 의의 및 특성

재량행위의 개념과 관련하여 가장 빈번하게 인용되는 것은 K. Davis(1969: 4)의 정의인데, 그는 재량을 "작위(action)이건 부작위(inaction)이건 간에 여러 가지 방안 중에서 어느 하나를 선택할 자유를 가지는 것"으로 보면서, 특히 부작위를 중시하여 아무것도 하지 않는 자유도 재량의 중요한 부분으로 보고 있다(유훈 외, 1989). 그러나 이는 고전적인 정의이기는 하지만, 너무 느슨하게 정의되어 있어 광범위한 행정현상들을 대부분 포함하게 되는 단점이 있다. 이후 많은 학자들이 재량행위에 대한 개념정의를 하였는데, 몇몇을 소개하면 G. Bryner(1987)는 재량행위를 "권위 있는 기관이 결정한 정책을 집행함에 있어서 행정기관이 상당한 정도의 자유를 가지고 정책에 대해서 의견을 제시하는 것"으로 보고 있다.

G. Bouchard and B. Carroll(2002: 241)은 재량을 "공무원들이 자신의 판단권을 행사함으로써 정책이나 프로그램을 수정할 수 있는 권한"으로 정의하고 있다. 이들의 개념정의는 일선공무원의 재량적 판단권을 중시하며, 이를 통하여 이들이 정책이나 프로그램을 시행하는 과정에서 그 내용을 수정하거나 보완할 수 있는 권한을 가지는 것을 강조한다. B. Carroll and D. Siegel(1999: 73-74)은 재량을 "정책이나 프로그램을 상황에 적합하도록 적응시키는 능력이다. 재량은 공무원으로 하여금 프로그램을 고객, 어떤 의미에서는 공무원 자신에게 적합하도록 변화시키기 위한 판단 및 결정 전략을 사용할 수 있게 하는 과정이다"라고 정의한다. 이들의 정의는 재량을 공무원으로 하여금 환경에 대한 적응을 가능하게 하고, 선호하는 판단과 결정을 할 수 있게 하는 것으로 보는 것이다.

이러한 개념정의에서 보여 지는 재량행위의 특성은 다음과 같다. 첫째, 재량행위는 업무를 수행하는 데서의 모호성과 관련이 있다. 여기에는 법규나 지침의 모호성도 포함된다. 공무원의 업무범위, 행동경로, 선택이 법규 등에 분명하게 규정이 되어 있다면 재량행위의 여지도 거의 없을 것이다. 둘째, 재량행위는 다수의 대안들 중에서 어느 하나를 선택할 수 있는 자유(free to make a choice)를 갖는 것이다. 따라서 재량행위가 가능하려면 선택 가능한 대안이나 행동경로가 최소한 두 개 이상 존재해야 한다. 셋째, 재량행위는 공무원이 가지는 이중적 지위에 기인하여 발생한다. 공무원은 결정된 정책이나 법규를 성실하게 집행해야 하는 의무와 동시에 집행과정에서 현장실정을 고려하여 적절하게 수정하고 재해석하는 역할을 동시에 수행한다. 물론 재량행위는 기본적으로 정책목표나 법규의 테두리 내에서 합당하고 적법하게 행사되어야 한다. 그러나 이러한 테두리 내에서 공무원은 시행과정에서 업무를 자신의 판단에 입각하여 재해석하는 결정자의 기능도 수행한다(Ham and Hill, 1984).

이러한 제반 정의 및 특성을 종합하여 재량행위의 의미를 규정해 보면, 공무원의 재량행위는 "공무원이 시민들과 일상적으로 접촉하면서 행정업무를 수행하는 과정에서 법규나 관례가 용인하는 테두리 내에서, 자신의 자율적 판단에 입각하여 다수의 대안이나 행동경로들 중에서 어느 하나를 선택할 수 있는 행위를 하는 것이다." 그리고 재량, 재량행위, 재량권을 혼용하여 사용하지만, 구분하자면 재량(discretion)은 공무원이 보유하고 있는 재량적 판단 내지는 선택의 자유를 의미하며, 재량행위(discretionary acts)는 이러한 재량이 실제 행동으로 표출된 것이며, 재량권(discretionary power)은 이러한 재량행위를 행사할 수 있는 권한을 의미한다(김순양, 2001). 즉, 재량권이 있다고 해서 이것이 모두 재량행위로 나타나지는 않으며, 오히려 민원제기나 책임추궁 등을 우려하여 재량행위를 하지 않는 경우도 많다.

2) 재량행위의 구성요소

재량행위를 실체적으로 분석하기 위해서는 이의 구성요소를 밝히는 것이 필요하다. 이에 관해서 우선 F. Schmalleger and J. Worrall(2010)은 재량은 "개입을 할 것인가"와 "어떻게 가장 잘 개입할 것인가"라는 두 개의 의사결정으로 구성된다고 주장한다. 즉, 재량행위는 개입여부 결정과 개입방식 선택으로 구성된다. A. Ash(2013)는 재량행위의 구성요소로 의사결정에서의 담당공무원의 자율성 정도와 정책이나 지침의 모호성 정도를, L. Keiser(1999)는 재량적 판단권 보유, 업무수행의 자율성, 업무에 대한 전문성을 들고 있다. 국내연구로는 김순양(2001, 2002)은 재량행위의 구성요소로 상사(上司) 및 법규로부터의 자율성, 담당업무의 전문성 요구여부, 공무원의 전문성 보유여부, 독자적 판단권 보유를 들고 있으며, 나현민·하태수(2015)는 대(對)고객 관계에서의 주도권 행사, 업무량 조절행위, 고객에 대한 차별적 대응행위를 들고 있다.

이를 종합해 보면, 재량행위의 구성요소는 크게 다음과 같은 네 가지를 들 수 있다. 첫째, 재량적 판단권(discretional judgement)의 보유 및 행사 여부, 즉, 행위자가 선택상황에 직면하여 독자적으로 판단할 수 있는가이다. 이는 업무특성과 관련이 크다. 기계적 집행이 많은 업무는 재량적 판단권이 작다. 그리고 업무수행 절차나 방식이 세밀하게 규정되어 있는 경우에도 재량적 판단의 개연성이 줄어든다. 둘째, 업무수행 과정에서의 상급자 및 법규로부터의 자율성 여부이다. 상급자로부터 자율성이 있다는 것은 계층제 조직에서 상급자의 명령과 지시를 받고 보고를 행하지만, 실제의 업무수행과정에서는 달리 판단하고 행동할 수 있다는 의미이다.[1] 법규로부터 자율성이 있다는 것은 업무처리절차나 허

---

1) M. Lymbery(1998: 875)는 "관리자들은 규칙과 절차를 만들지만, 그들은 부하들이 수행하는 업무를 통제하는 것이 어렵다"고 주장하면서 자율성을 강조하고 있다.

용되는 행동방식에 대한 법규상의 제약에도 불구하고, 공무원이 이러한 법규를 해석 및 적용하는 과정에서 상당한 자율성을 가진다는 것이다. 셋째, 업무수행에서 전문성을 요하는 정도이다. 전문성을 많이 필요로 하는 업무일수록 담당자의 재량권이 크다. 예로서, 의료행위는 고도의 전문성을 요하는 행위이며, 따라서 의료인은 업무수행과정에서 재량이 많다. 넷째, 담당공무원이 업무관련 전문성을 보유하는 정도이다. 재량행위가 가능하려면 담당공무원이 업무에 대한 전문성이 높아야 한다(Evans and Harris, 2004).

이처럼 재량행위의 구성요소를 살펴보았지만, 문제는 이를 토대로 재량행위 정도를 실증하기가 어렵다는 점이다. 따라서 재량행위 관련 국내연구는 대부분 설문조사를 통한 인식조사에 머무르고 있다. 그리고 재량권을 가지는 것과 이를 행사하는 것은 다르다. 공무원들이 재량권을 가짐에도 불구하고 제대로 행사하지 않는 경우가 많다. 심지어는 동일인이 같은 업무를 처리하는 데서도 상황과 시점에 따라서 재량행위 정도가 다르다. 업무수행에 요구되는 전문성 정도 역시 객관적 평가가 어렵다. 그럼에도, 행정업무를 행하는 데서 전문성에 대한 요구가 크며, 그럴수록 공무원의 재량권이 커진다는 것은 사실이다. 업무의 전문성이 높아질수록 상급자나 시민들이 감시하기 어렵기 때문이다.

3) 재량행위의 기능

재량행위의 기능과 관련해서는 긍정적으로 보는 견해와 부정적으로 보는 견해가 대립한다. 따라서 재량행위에 대한 규제를 강화할지 아니면 폭넓게 인정해야 할지에 대해서도 논란이 있다(Evans and Harris, 2004). 재량행위를 긍정적으로 보는 주장들로 S. Maynard-Moody and M. Musheno(2000)는 대인서비스를 전달하는 정부주도의 관료적 조직과 민간주도의 참여형 조직에서 일하는 종사자들의 재량행위 결과를 비교하였는데, 일선종사자의 재량이 보다 큰 참여형 조직의 서비스결과가 보다 나은 것으로 나타났다. C. Goodsell(1981), H. Hogue(2001) 등은 재량행위가 서비스결과를 왜곡시킬 정도로 큰 영향을 미치지 않는다고 주장한다. K. Meyer(2007)는 일선공무원들이 정책의 모호함과 자원부족 등으로 재량행위를 많이 하지만, 이것이 부정적이라는 증거는 없다고 주장한다. 일선공무원이 행사하는 재량행위의 순기능을 보면 다음과 같다.

첫째, 재량행위는 획일적 행정을 방지하고, 행정의 유연성과 적실성을 제고하는 데 기여한다. 대체로 법규는 통일성을 전제로 하기 때문에 경직적이다. 따라서 행정은 어느 정도의 재량을 인정함으로써 불확실한 행정환경 하에서 적응적 집행이 필요하다.

둘째, 재량행위는 법규의 불완전성을 보완한다. 모든 상황에 대처할 수 있는 완전한 법규는 없다. 이는 법규의 포괄성과 관련되는 것이다. 그리고 법규와 현장상황 간에는 괴리가 있다. 이는 법규의 비현실성과 관련된다. 따라서 법규 적용에서 일정한 재량이 부여되면 법규의 불완전성을 보완할 수 있다.

셋째, 재량행위는 의사결정의 효율성을 제고하고 정책효과를 극대화하는 데 기여한다. 재량행위를 통하여 잘못된 지시사항을 수정하며, 보다 신속하게 업무를 처리할 수 있기 때문이다.

넷째, 재량행위는 행정의 적시성(適時性)을 제고하는 데 기여할 수 있다. 일선행정에서는 긴급한 상황이 발생하는 경우가 많은데, 이 경우에 법규 절차에 따라서만 행정행위를 하게 되면 적시성을 상실할 수 있다. 긴급 시에는 일선공무원들이 규정집에 의존하기 이전에 재량껏 응급조치를 먼저 해야 한다.

다섯째, 재량행위는 일선공무원과 시민 간의 갈등을 완화하고 타협과 협상을 가능하게 한다. 법규대로 하면 시민들과 마찰이 발생하는 경우가 많다. 시민들의 서비스욕구가 다양하여 표준화가 어렵기 때문이다.

여섯째, 재량행위는 일선공무원의 책임성을 제고하는 데 유용하다. 만약 재량행위가 없으면 일선공무원은 법규에 정해진 대로의 무사안일행정을 행하기가 쉽다. 이는 책임행정, 고객지향행정을 구현하는 데 바람직하지 않다.

마지막으로, 재량행위는 일선공무원의 전문성을 함양하는 데도 유익하다. 법규를 있는 그대로 집행하기보다는, 이를 재해석하고 현장상황에 맞게 변용하는 과정에서 법규의 내용이나 담당업무에 대한 이해도가 증가할 수 있다. 따라서 재량행위를 업무특성에 관계없이 획일적으로 통제할 것이 아니라, 업무특성 등을 고려하여 이를 탄력적으로 조정하는 것이 필요하다.

반면에 일선공무원의 재량행위가 공공서비스의 보편성과 형평성을 저해한다는 주장도 있다. M. Britnall(1981)은 일선공무원은 과도한 업무량으로 인하여 자신의 가치에 부합하는 사례를 선택적으로 개발하는데, 이는 서비스 결과를 체계적으로 왜곡시킨다고 주장한다. E. Dorch(2009)는 일선공무원들이 정책에 대한 정확한 지식과 정보가 부족하여 재량행위를 하며, 이로 인하여 정책이 의도한 대로 집행되지 않는다고 지적한다. 재량행위의 역기능을 구체적으로 보면 다음과 같다.

첫째, 재량행위는 횡포의 가능성과 사익 추구수단으로 악용될 수 있으며, 그 결과 부정부패를 유발할 수 있다. T. Evans(2013)는 관리주의의 발달과 더불어 일선공무원의 재량행위가 많이 규제되고 있지만, 여전히 이들의 재량행위와 전문적 판단은 불가피하다고 주장한다. 그리고 재량행위의 상당부분이 행정지도의 형태로 행해짐으로써 일선공무원의 권한이 확대되고, 자칫 횡포, 사익추구, 부정부패의 개연성이 있다.

둘째, 재량행위가 오히려 소극적 행정을 유발할 수 있다. 이는 일선공무원이 부작위(inaction)의 재량을 행사하는 경우에 문제가 된다. 때로는 적극적인 행정행위가 필요함에도 불구하고, 부작위의 방향으로 재량을 행사하면 이는 소극적 행정이 되어 적극적인 문제해결을 저해하게 된다.

셋째, 재량행위는 업무수행과정에서 과도한 주관성과 감성적 판단을 유발할 수 있다. 이는 일선행정의 객관성과 형평성을 저해한다. 일선행정의 상당부분은 질적 속성이 강하여 증거에 입각한 객관적 행정을 하기 어렵다(Evans, 2016). 법규대로 시행하기도 어렵다. 따라서 일선공무원의 주관과 감정에 근거하는 재량행위를 할 소지가 있다. 이것이 지나치면 재량남용, 서비스 중복, 부정수급 등으로 인한 낭비가 초래된다.

넷째, 재량행위는 자칫 일선행정의 법적, 도덕적 책임감을 저하시킬 수 있다. 일선행정은 체계적이고 세밀하게 집행될 필요가 있다. 따라서 법규나 정책은 구체적인 것이 바람직하다. 그러나 재량행위의 오남용 가능성을 제대로 탐지하지 못한다면 무책임한 행정이 될 수 있다.

이외에도 일선공무원의 재량행위는 행정의 독주를 초래하고, 정보와 의사결정의 왜곡으로 인해 자원배분의 비효율성을 초래할 수 있다. 정책의 목표와 내용을 자의적으로 변질시킴으로써 정책과 제도의 신뢰성을 저하시킬 수 있다. 그리고 재량행위가 편파적, 편의적으로 행사됨으로써 행정의 책임성과 신뢰성을 훼손할 우려가 있다.

이처럼 재량행위의 기능에 대해서는 논쟁이 있다. 법치주의 구현이라는 면에서는 재량행위의 여지가 적도록 법규를 구체화해야 하지만, 입법기술상의 한계가 있다. 집행과정의 융통성을 위해서도 재량행위가 불가피하다(Dorch, 2009). 따라서 지나치게 소극적으로 재량행위를 하거나 회피하는 것은 바람직하지 않다. 행정법에서도 구체적 사정에 적합한 행정행위를 할 수 있도록 일정한 재량행위를 허용하고 있다. 그럼에도 공무원의 재량행위는 시민들의 삶에 큰 영향을 미치며, 재량행위가 오남용 되면 행정의 정당성과 신뢰성을 훼손하기 때문에 적정수준에서 행사되어야 한다.[2] <표 9>는 재량행위의 순기능과 역기능을 비교한 것이다.

표 9 재량행위의 순기능과 역기능

순기능	역기능
-상황에 따른 융통성 있는 대응으로 행정의 적기성, 적실성을 제고한다. -법규의 불완전성을 보완할 수 있다. -의사결정의 효율성과 행정비용 절감을 통하여 행정능률성을 향상시킨다. -협상과 타협을 통하여 행정과 시민 간의 갈등을 완화하는데 기여한다. -적극적 행정행위를 촉진하여 무사안일주의 행정을 방지하는 데 기여한다.	-남용 및 부정부패를 유발할 수 있다. -행정의 공정성을 해칠 수 있다. -정보와 의사결정의 왜곡으로 인한 자원배분의 비효율성을 초래한다. -정책목표와 내용을 변질시킴으로써 행정의 신뢰성을 저하시킨다. -자의적, 편파적, 편의적 재량행위는 행정의 신뢰성, 책임성, 안정성을 훼손한다.

출처: Baldwin, 2017; Dorch, 2009; Schmalleger and Worrall, 2010 등을 토대로 필자가 작성함.

4) 재량행위의 영향요인

재량행위의 원인 혹은 영향요인과 관련해서는 다양한 견해들이 있지만(Bouchard and Carroll, 2002; Evans, 2016; Galligan, 2012), 대체로 환경특성, 법규특성, 업무특성, 사람특성 요인으로 구분할 수 있다. 첫째, 환경특성 요인에는 업무환경의 불확실성과 복잡성, 자원과 시간의 부족, 업무량과다, 업무환경의 이질성 등이 포함된다(Lipsky, 2010). 우선 업무환경이 불확실하고 복잡한 상황에서

---

2) 재량행위의 오용과 남용은 통상적으로 오남용으로 표현하지만, 구분되는 개념이다. 전자는 판단착오 혹은 자의적으로 재량행위를 잘못 행사하는 것이며, 후자는 재량을 통상적 수준을 넘어 과도하게 행사하거나 행사해서는 안 되는 데도 행사하는 경우이다. 그러나 양자를 엄격하게 구분하기는 어려우며, 모두 심각한 부작용을 초래할 수 있다는 점에서는 공통적이다.

다양한 고객의 요구에 직면하면 현지실정에 맞는 서비스를 제공하기 위해서 재량행위를 하게 된다. 그리고 자원이 부족하고 업무량이 과다하면 고객 및 업무범위를 조정하거나 변경하며, 이 과정에서 재량을 행사한다. 또한 업무환경의 이질성이 높으면, 각 사례들마다 적용할 수 있는 세밀한 지침이나 절차를 만들기가 어렵게 되며, 따라서 재량이 행사된다. 현장사례들은 장소, 대상 등에 따라서 이질적이기 때문에 이에 대응하기 위하여 일선공무원들은 법규의 내용과 기준을 현실에 맞게 적용하는 재량행위를 필요로 한다(Wangrow et al., 2015).

둘째, 법규특성 요인이다. 여기에는 법규의 추상성 내지는 모호성, 비현실성, 현실적용 상의 난점 등이 해당한다. 우선 법규 내용이 모호하고 추상적이면 일선공무원은 현실에 맞게 구체화해야 하므로 재량을 행사하게 된다. 법규의 비현실성은 결정자나 고위 집행자들이 전문성이 부족하거나 현장상황에 대한 이해가 부족한 데서 기인한다. 법규의 내용이 현실과 괴리되면 일선공무원들은 업무수행과정에서 취사선택의 재량을 행사한다. 법규의 현실적용상의 난점 즉, 법규의 수단이나 기준이 현실에 적용하기 어려운 경우에도 일선공무원의 재량이 증가하게 된다(Kadish and Kadish, 2012). 이는 전술한 비현실성의 문제와는 다른, 법규의 현실적합성의 문제이다.

셋째, 업무특성 요인이 재량행위의 원인이 된다. 현장업무의 종합성, 대면접촉성, 질적·주관적 특성, 인간적 대응 필요성 등이 이에 해당한다. 일선행정은 종합행정으로서 업무자체가 복합적이고 망라적(網羅的)이다. 따라서 이를 처리하는 데서 포괄적 전문성이 필요하며, 이는 일선공무원의 재량을 증가시킨다(Høybye-Mortensen, 2013). 그리고 일선업무는 대부분 다양한 대상자들과의 대면접촉을 필요로 하는데, 업무를 효율적으로 처리하기 위해서는 대상자들을 일정한 범주로 유형화하여 대처하게 되며, 이 과정에서 재량행위가 발생한다. 그리고 일선행정업무는 해석의 소지가 다양한 질적이고 주관적인 것들이 많다. 또한 일선행정업무는 인간적 차원의 대응을 필요로 하므로 법규대로 시행하기가 어렵다. 따라서 업무수행과정에서 유연성이 필요하다.

넷째, 사람특성 즉, 일선공무원 자체와 관련되는 요인이다. 일선공무원의 역할관심, 인도적 배려, 사적 관계에 의한 영향 등이 이에 해당한다. 재량행위는 일선공무원으로 하여금 자부심을 증대시키고 고객들로 하여금 이들이 중요한 존재임을 인식하게 한다(Lipsky, 1993). 또한 일선공무원의 역할관심의 하나는 자율성을 유지하고 확대하는 것이며, 이를 위하여 재량행위를 하게 된다. 그리고 일선공무원은 업무수행에서 고객의 특수사정이나 개인적 관계에 의하여 영향을 받을 수 있다. 일선공무원의 개인적 성향 즉, 고객에 대한 편견이나 선입견 등도 재량행위에 영향을 미친다(Dorch, 2009).

5) 행정규제와 재량행위

행정규제는 "국가나 지방자치단체가 특정한 행정목적을 실현하기 위하여 국민의 권리를 제한하거나 의무를 부과하는 것으로서, 법령 등이나 조례·규칙에 규정되는 사항을 말한다."(행정규제기본법 제2조). 행정규제는 규제대상자에게 불이익을 초래하는 경우가 많기 때문에 "법률에 근거하여 시행되어야 하며, 규제의 내용은 알기 쉬운 용어로 구체적이고 명확하게 규정되어야 한다"는 규제법정주의를 천명하고 있다. 행정기관은 법률에 근거하지 않고서는 국민의 권리를 제한하거나 의무를 부과할 수 없다(법 제4조). 행정규제는 국민의 자유와 창의를 존중하고 이의 본질적 내용을 침해하지 않아야 하며, 국민의 생명·인권·보건 및 환경의 보호와 식품·의약품의 안전을 위한 실효성이 있어야 하며, 규제의 대상과 수단은 규제목적 실현에 필요한 최소한의 범위에서 가장 효과적인 방법으로 객관성·투명성·공정성이 확보되도록 해야 한다.

규제행정은 이러한 행정규제를 일선행정에서 집행하는 것인데, 그 범위는 매우 넓다. 행정규제기본법시행령 제2조에 따르면 행정규제는 다음을 포함한다. 첫째, 일정한 요건과 기준을 정하여 놓고 행정기관이 국민으로부터 신청을 받아 처리하는 행정처분이다. 허가·인가·특허·면허·승인·지정·인정·시험·검사·검정·확인·증명 등이 이에 해당한다. 둘째, 행정의무의 이행을 확보하기 위하여 행정기관이 행하는 행정처분 또는 감독 사항이다. 허가취소·영업정지·등록말소·시정명령·확인·조사·단속·과태료부과·과징금부과 등이 이에 해당한다. 셋째, 고용의무·신고의무·등록의무·보고의무·공급의무·출자금지·명의대여금지 등과 관련하여 일정한 작위 또는 부작위 의무를 부과하는 것이다. 넷째, 기타 국민의 권리를 제한하거나 의무를 부과하는 행정행위이다.

따라서 규제행정은 광범위하고 일선행정 전반에 걸쳐 있기 때문에 이의 구체적 범위와 관련해서는 토의가 필요하다. 중앙행정은 정책기능에 치중되어 있어 주민들과의 직접적인 접촉이 별로 없다. 지방행정 역시 정책기능이나 내부관리기능을 가지지만, 대부분 주민들과 직접 접촉하는 행정이다. 지방행정의 본질은 일선행정이다(Tummers and Bekkers, 2014). 구체적으로, 지방행정은 내부관리행정과 대민접촉행정으로 구분할 수 있으며, 전자는 이를 다시 정책기능과 관리내지는 지원기능으로 구분할 수 있다. 대민접촉행정은 이를 서비스기능과 규제기능으로 구분할 수 있지만, 실제는 대부분의 업무들이 양자의 기능을 복합적으로 가지고 있다.3) 같은 공무원이 두 기능을 동시에 수행하는 경우가 대부분이다. 그리고 동일한 행정업무 내에서도 대상자가 누구인가에 따라서 서비스기능이 될 수도, 규제기능이 될 수도 있다. 예로서, 환경행정은 지역주민들에게는 중요한 서비스행정이지만, 사업주에 대해서는 규제행정이 된다. 이처럼 지방행정의 대민접촉행정 중에서도 서비스기능과 규제기능은 혼재되어 있으며, 대부분의 공무원들이 양자를 동시에 수행하고 있다. 다만, 지방행정 중에서 환경, 보건위생, 도시시설 관리, 안전점검, 법인관리, 교통 등의 업무는 규제기능이 상대적으로 크다. 즉, 지방행정에서 규제공무원이 특별히 지정된 것은 아니며, 대부분의 공무원들이 규제기능과 서비스기능 모두를 수행하지만, 대체로 규제업무의 비중이 큰 공무원을 규제공무원으로 볼 수 있다.

행정법적 측면에서, 행정규제는 국민의 권리를 제한하거나 의무를 부과하기 때문에 규제법정주의의 틀 내에서 수행되며, 따라서 원칙적으로 기속행위의 측면이 강하다(Galligan, 2012). 실제로 많은 규제공무원들은 이러한 생각을 가지고 업무에 임하고 있다. 규제행정은 법규준수에 대한 기대가 높다. 그럼에도 불구하고, 규제공무원의 재량행위 여지는 크다. 합법적 행정을 강조하지만, 종합행정인 일선행정은 일의적으로 정한 법규를 있는 그대로 준수할 만큼 단순하지 않다. 업무환경, 업무특성, 조직분위기, 단체장의 정책성향, 상급자의 리더십, 규제대상자의 반응 등 다양한 요인들에 의해서 영향을 받게 된다. 무엇보다도 법

---

3) 예로서, 사회복지 등 전통적으로 서비스기능으로 인식되던 업무들도 규제기능을 동시에 가지고 있다. 서비스를 제공하기 위해서는 인허가, 평가 등 규제가 필요하며, 서비스 실태를 감독하기 위해서도 규제가 필요하다. 위생업무나 환경단속업무의 경우 대표적인 규제기능으로 인식하지만, 실제로는 지도, 상담 등 서비스기능을 동시에 가지고 있다.

률과 현실행정을 구분할 필요가 있는 것은 "특정 규제업무가 법규에 어느 정도 재량행위가 허용되어 있느냐"는 것과 "실제로 규제공무원이 어느 정도 재량행위를 하느냐"는 것은 다른 차원이라는 점이다. 법규에 기속행위로 규정되어 있다고 해서 규제공무원이 재량행위를 하지 않는다는 보장은 없는 것이다. 예로서, 위생규제의 경우 식품위생법 등에 규제내용이나 기준이 세밀하게 규정되어 있지만, 현장에서는 법규의 테두리 내에서 다양한 형태로 재량행위를 하고 있다. 이는 마치 재판관이 법률에 따라 판단을 하지만, 실제로는 광범위한 재량행위를 하는 것과 유사하다.

더구나 재량행위는 암암리에(clandestinely), 부지불식간에 행해진다. 따라서 기록이 되지 않고 객관적 증거를 찾기가 어렵다. 그리고 규제행정은 합법성을 중시하기 때문에 규제공무원들은 재량행위를 부정적으로 보는 경향이 있다. 따라서 재량행위를 하더라도 자신이 재량행위를 하였다고 표명하지 않는 경우가 많다. 자신이 재량행위를 하였는지를 모르는 경우도 적지 않다. 물론, 재량행위는 대부분 법규를 벗어나지 않는 선에서 행해진다. 법규를 어겨가면서 적극적으로 재량행위를 하는 경우는 거의 없다. 따라서 법규의 위반여부를 다루어야 하는 행정법의 관점으로만 보아서는 재량행위의 실제를 이해하는 데 한계가 있다. 본서는 법규의 위반여부를 떠나서 현실적으로 행해질 수밖에 없는 재량행위를 행정학적인 관점에서 분석하려는 것이다.

이렇게 보면, 행정법적인 관점과는 별개로 재량행위는 규제행정의 실제를 이해하기 위한 중요한 연구주제이며, 규제공무원은 업무수행과정에서 재량행위를 해야 하는 상황에 직면하지 않을 수 없다. 규제권의 행사는 법규에 토대를 두지만, 문제는 규제행정이 항시 정해진 법규대로 행해지는 것은 아니라는 점이다(Ponnert and Svensson, 2016). 업무환경, 업무특성, 법규의 모호성과 비현실성 등 다양한 원인들로 인하여 정해진 대로 규제행정을 수행하기 어려운 경우가 많다. 재량행위가 발생하는 것이다. 규제공무원은 단순한 정책집행자가 아니라 재량행위를 통해서 정책을 재창조하고 법규를 재해석한다(Scourfield, 2013). 재량행위는 어느 공무원이나 조금씩은 행하지만, 규제공무원의 재량행위는 오남용 되면 특히 큰 문제를 유발한다. 규제대상자의 생업에 큰 영향을 미치기 때문이다.

규제공무원의 재량행위는 오남용 되면 당연히 문제이지만, 재량행위가 필요한 경우에도 지나치게 소극적이거나 회피하면 이 역시 바람직하지 않다. 무사안일행정으로 연결될 수 있다. 따라서 대부분의 연구들은 재량행위의 오남용이나 선별적, 차별적 행사를 문제 삼지만, 본서는 이에 못지않게 지나치게 소극적으로 재량행위를 하거나 회피하는 행위도 큰 문제로 보고 있다. 따라서 재량행위는 적정하게 행해져야 한다고 보며, 이러한 틀 내에서 실증적인 논의도 전개하고자 한다.

2. 연구 틀의 설정

이장은 규제공무원의 재량행위 실태를 영향요인과 행사방식을 중심으로 고찰하고, 이를 토대로 재량행위의 적정화 방안을 제언하려는 것이다. 따라서 이장은 크게 세 부분으로 구성되어 있다. 첫째, 규제공무원의 재량행위에 영향을 미치는 요인은 무엇인가? 둘째, 규제공무원은 어떠한 방식으로 재량행위를 하는가? 셋째, 이들의 재량행위를 어떻게 적정한 수준으로 행사하게 할 것인가?

우선 재량행위의 영향요인과 관련해서는 선행연구들을 참조하여 연구대상인 규제공무원의 특성을 반영할 수 있도록 재구성하였다.[4] 즉, 재량행위의 영향요인을 업무환경, 법규 및 지침, 업무특성, 인적 요인이라는 네 가지 요인으로 유형화하고, 이를 분석하기 위한 세부 구성요소를 설정하였다(<표 10>).

재량행위 행사방식과 관련해서는 이를 재량행위 정도와 연관하여 과도한 재량행위, 적극적 재량행위, 소극적 재량행위, 재량행위 회피의 네 가지로 유형화할 수 있다. 우선 과도한 재량행위는 재량행위 남용(abuse)에 해당하는 것으로 부정적인 경우가 많다. 공무원의 권한남용은 규제권 남용인 경우가 많으며, 이는 재량행위 남용에 기인하는 경우가 많다. 다음에 적극적 재량행위는 규제관련 정책이나 법규의 내용이 모호하거나 비현실적이거나 규제대상자가 처한 상황이 융통성을 필요로 하는 등의 경우에 정책집행이나 법규적용에서 적극적으로 재

---

4) 재량행위의 영향요인과 관련한 선행연구들로는 Galligan, 2012; Clark, 2005; Ellis, 2013; Evans, 2016; Lipsky, 2010; Lipsky and Hill, 1993; 김순양, 2001, 2002; 노기현, 2013 등을 참조할 수 있다.

표 10 이 장에서의 재량행위의 영향요인 및 구성요소

영향요인	구성요소	내 용
업무환경	업무환경의 특이 속성 (이질성, 복잡성, 불확실성)	규제행정은 장소, 시간, 대상에 따라 이질적이고 복잡하며, 규제 대상자의 요구가 다양하여 업무환경이 동태적이고 불확실하다.
	업무량 과다	규제공무원은 업무량이 과다하여 충분한 시간을 투입하여 심사 숙고하기가 어렵다.
	자원부족	규제공무원은 인적·물적 자원이 부족한 상황에서 업무를 수행 하므로 업무량의 조정이나 변경이 필요하다.
법규 및 지침	법규와 지침의 추상성 및 모호성	법규나 지침의 내용이 추상적이고 모호하여 현실에 맞추어 적용 해야 하는 경우가 많다.
	법규와 지침의 비현실성	법규나 지침의 내용이 현실에 맞지 않아 업무수행 시에 이를 재 해석하거나 취사선택을 해야 한다.
업무특성	업무의 질적·주관적 속성	규제행정은 객관적이고 정량적으로 처리하기 어려운 질적 업무 가 많아 주관이 개입될 소지가 크다.
	대면접촉 및 설득과 타협의 필요	규제행정은 규제대상자들과 직접 접촉해야 하며, 불이익을 초래 하는 경우가 많기 때문에 규제대상자의 반발이 커 설득과 타협 의 필요성이 크다.
	인간적 대응의 필요	규제대상자들이 처한 상황에 따라 이들을 보다 인간적 차원에서 대해야 하는 경우가 있다.
인적 요인	규제공무원의 역할관심	규제공무원은 자율성을 유지하고 규제대상자들에게 자신이 중요 한 존재임을 인식시키고자 한다.
	규제공무원의 사적관계	규제행정과정에서 규제대상자와의 개인적 관계에 의해서 영향을 받을 수 있다.
	규제대상자의 반응	규제대상자의 규제행정에 대한 반응이 다양하다.

량판단을 하는 경우이다. 이 경우에도 규제대상자에게 유리한 방향 혹은 불리한 방향으로 재량행위를 하는 경우로 구분할 수 있다.

소극적 재량행위는 기준적용이 모호하거나 법규를 다의적으로 해석할 수 있는 상황에서 가급적이면 재량적 판단을 하지 않으려는 것이다. 불가피하게 재량행위가 필요하더라도 최소한에 머무르고자 한다. 이러한 소극적 재량행위는 규제공무원의 무사안일주의를 초래하고 규제행정의 적극적 문제해결능력을 저하시킬 수 있다. 재량행위의 회피(avoidance)는 소극적 재량행위를 넘어 재량행위 자체를 하지 않으려는 성향을 말한다. 대체로 법규만능주의를 초래하여 규제행정의 경직성을 초래하고 효율성을 저해한다. <그림 4>는 재량행위 정도에 따라 재량행위 행사방식을 도식화한 것이다.

마지막으로, 규제공무원의 적정 재량행위와 관련해서는 <표 10>에서 언

그림 4 재량행위 정도에 따른 재량행위 행사방식

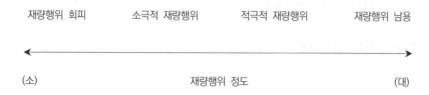

급한 재량행위 영향요인 및 구성요소를 참조하여 규제행정 환경, 법규 및 지침, 규제행정 업무특성, 제도적 측면, 인사관리, 규제공무원의 행태 및 전문성, 규제대상자 등 다양한 측면에서 제언을 한다. 이를 통하여 규제행정이 지역발전을 저해하는 것이 아니라, 지역발전과 및 주민편의를 촉진하는 방향으로 작동하게 하고자 한다.

이 장의 연구방법은 질적 연구방법인 심층 면접조사이다. 그 이유는 기본적으로 재량행위 자체가 객관적 자료를 산출하기 어려운 고도의 주관적 행위이기 때문이다. 재량행위는 어떠한 상황에서 어떠한 방식으로 어느 정도 하라는 지침이나 기준이 없다. 이에 대해 자료를 수집하거나 통계를 만드는 경우도 없다. 그리고 재량행위는 대부분이 은밀하고 비공식적으로 행해진다. 더구나 재량행위는 용어자체가 부정적인 성향이 강하여 공무원들은 본인이 재량행위를 한다는 것을 드러내는 것을 꺼리는 경향이 있다. 그리고 재량행위는 부지불식간에 행사되어 담당공무원 자신도 재량행위를 하는지를 모르는 경우가 많다. 이러한 이유들로 인하여 객관적 자료나 설문조사를 통하여 정확하게 재량행위 여부, 영향요인, 수준을 밝히기가 어렵다. 설문조사는 인식조사에 그칠 우려가 있다. 따라서 일반화에 한계가 있지만, 부득이 심층 면접조사의 방법을 택하였다. 면접조사 대상은 전국적 대면조사가 불가능하기 때문에 접근용이성, 협력가능성 등을 고려하여 대구·경북 관내의 규제공무원을 대상으로 하였다. 이들의 담당업무는 재해안전점검, 건설·토목, 환경, 위생, 도시계획, 주택, 국유재산관리, 법인관리 등이다.

정부관료제의 재량행위 영향요인과 행사방식
: 규제공무원의 경우

1. 재량행위 영향요인

1) 업무환경

업무환경 요인이 규제공무원의 재량행위 정도 및 행사방식에 영향을 미친다. 우선 규제행정은 업무환경의 이질성, 복잡성, 불확실성이 높다. 규제행정 현장은 장소, 시간, 규제대상에 따라서 이질적이고 변칙적인 상황이 많이 발생한다. 이에 따라 현장 실정에 최적화된 세밀한 지침이나 절차를 만들기 어려우며, 그 결과 법규나 지침을 적용하는 데서 재량행위가 필요하다(Booth, 1999). 그리고 규제행정은 복잡하다. 다른 행정 분야와 얽혀 있고 관련 법규도 복잡하다. 예로서, 환경규제의 경우 토지관리, 산림, 수자원관리 등과 연관되어 있으며, 관련 법규도 복잡하게 맞물려 있다. 따라서 담당공무원들이 이를 모두 이해하여 판단하기 어려우며, 재량행위의 여지가 발생한다. 그리고 규제행정 환경은 불확실성이 높다. 규제대상자는 종사업종, 성별, 개인성향 등에서 다양한 속성을 가지며, 규제행정에 대한 반응도 제각각이다. 순응하는 규제대상자가 있는가 하면 반대인 경우도 많다. 따라서 규제행정은 불확실성이 높고 법규를 획일적으로 적용하기 어려우며, 재량행위가 필요하다(Pires, 2009).

규제공무원은 또한 과다한 업무량과 자원부족 상황에서 업무를 수행하고 있다. 규제철폐를 주장하지만 실제에서는 규제행정이 줄어들지 않고 있다. 새로운 규제수요가 계속 발생하기 때문이다. 사회가 발달함에 따라 새로운 서비스 수요가 발생하게 되는데, 공공서비스는 대부분이 규제업무를 동반한다. 과학기술의 발달 역시 규제행정의 수요를 증가시킨다. 이처럼 규제의 수요가 지속적으로 창출되고 있기 때문에 규제의 총량이 줄어들지 않는다(Laegreid et al., 2008). 그리고 규제공무원은 자원부족 상황 하에서 업무를 수행하고 있다. 감축관리, 업무재설계 등의 정부혁신이 보편화되고 있어 규제행정을 위한 인력과 자원의 추가투입은 어려운 반면에, 규제행정 자체는 줄어들지 않고 있어 규제공무원은 만성적인 인적·물적 자원의 부족 속에서 업무를 수행하고 있다. 이러한 상황에서 자신의 업무범위와 규제대상자를 변경·조정하는 방식으로 재량행위를 한다.[5] 업무과부하로 인한 재량행위의 불가피성을 규제공무원은 다음과 같이 언급하고 있다.

> "원칙적으로 업무상 재량행위 수행 시에 법규와 무관한 환경요인들이 영향을 미쳐서는 곤란하지만, 실제는 그러한 부정적인 요인들이 만연해 있다. 충분한 검토를 할 수 있는 시간을 갖고 업무과부하를 줄일 수 있도록 인력을 추가배치 하는 것이 필요하지만, 이는 실제행정과는 거리가 멀다. 이에 대해서는 대다수 지자체 공무원들이 인지하고 있다. 이 경우 재량행위를 하고 싶지 않지만 어쩔 수 없는 경우가 많다."(20년, 6급, 여성, 위생업무)

과다업무 및 자원부족이 재량행위를 증대시킨다는 것이 통설이다(Carroll and Siegel, 1999). 그런데 흥미로운 것은 많은 규제공무원들이 과다업무 및 자원부족 상황에는 동의하지만, 이것이 오히려 재량행위의 여지를 줄인다고 응답하고 있다. 이는 시간과 인력이 부족하면 깊이 생각하면서 업무를 수행할 여력이 없기 때문에 오히려 법규대로 기계적으로 집행할 수밖에 없음을 의미하는데, 이론과는 상이한 현실이다.

> "시간과 인력의 부족, 과다한 업무량 등의 업무환경으로 인해 각각의 사례를 정밀하게 판단하여 적용하는 데는 한계가 있어 재량행위의 필요성이 있다. 그러나 일선행정에서는 비슷한 유형의 사례가 많아 지난 사례를 답습함으로써 재량행위는 크게 증대되지 않는다."(12년, 7급, 여성, 위생업무)

2) 법규 및 지침

규제행정은 법규에 근거해야 하기 때문에 규제공무원은 법규를 지키는 것을 중요한 가치로 생각한다. 그러나 법규는 만능도 완전한 것도 아니다. 대부분

---

5) D. Kirton et al.(2011)은 한정된 자원(시간, 인력, 재원 등)으로 많은 업무를 수행하는 경우에는 가용자원과 목표 간의 간격을 줄이기 위하여 조직목표와 자신의 직무개념을 임의로 정의하거나 변경하는 방식으로 업무상황을 통제한다고 주장한다.

의 행정법규들이 모호하고 추상적이며, 임의조항들이 많다. 뿐만 아니라, 실질적 가이드라인인 지침도 모호하게 서술된 경우가 많다(김경호·소순창, 2010). 물론 이는 입법가나 고위 정책결정자들의 책임이 크다. 이들이 법규를 모호하고 추상적으로 만드는 데는 현장상황에 대한 이해와 전문성 부족, 타협의 필요성, 문제상황의 복잡성, 정치적 고려 등 다양한 원인들에 기인한다(Keiser, 1999). 그리고 법규에 임의조항이 많은 것도 시행과정에서 모호성을 유발한다. 이처럼 법규의 내용이 모호하고 추상적이거나 임의조항들이 많으면 규제공무원은 이를 현실에 맞게 구체화시켜 적용해야 하므로 재량행위를 하게 된다(Vaughn and Otenyo, 2007). 많은 규제공무원들이 이에 동의하고 있다.

"규제관련 법 조항들 중에서 '~할 수 있다'라고 명시되어 있을 경우, 공익성이나 합목적성의 견지에서 업무를 처리하거나, 민원을 해결할 수 있는 방향으로 일을 진행하게 된다. 이 과정에서 재량행위는 불가피하게 행해진다."(25년, 6급, 여성, 법인설립업무). "관련 법규나 지침이 모호하거나 추상적이면 행정행위를 하는 데서 통일성이 없어지고 잘못 재량행위를 함으로써 행정소송의 대상이 된다. 현실적으로 보았을 때 법규가 모호하여 재량행위를 할 필요성이 높은 것이 사실이다. 그러나 실제로 어느 정도 재량행위를 하는지는 사람마다 달라 일률적으로 말하기는 어렵다."(25년, 6급, 남성, 재해안전관리업무)

그러나 이론과 실제가 다른 점은 법규나 지침의 모호성과 추상성으로 인해 재량의 여지가 많음에도 불구하고, 규제공무원이 단독으로 재량행위를 하기보다는 상급자나 중앙부처 등에 문의를 한 이후에 재량행위 여부를 결정한다는 점이다. 이는 신중한 재량행위를 위해서는 바람직하지만, 규제행정의 적시성을 저해할 수 있다. 대체로 질책을 피하거나 책임회피를 위한 수단으로 그렇게 하는 것으로 보인다. 그리고 규제공무원의 질의에 대해서 상급관청이나 중앙정부는 명확한 기준을 제시하지 못하는 실정이다. 현장상황을 잘 모르기 때문이기도 하지만, 그들 역시 책임을 피하려 하기 때문이다.

"각종 법규로 인한 과다하고 비현실적 제재로 민원인의 불만이 커지고 민원업무 처리가 지연되어 경제적 손실이 발생한다. 요구하는 민원에 대해 법규나 지침 등이 추상적이거나 애매한 경우, 업무담당자는 항상 행정감사와 상부기관을 의식하여 재량행위를 하지 않으려 한다." (27년, 6급, 남성, 환경업무)

법규나 지침이 현실과 부합하지 않는 경우도 많다. 이는 법규를 만들 때 현실을 제대로 반영하지 못하였거나 법규가 환경변화를 따라가지 못하기 때문이다. 전자는 입법가나 정책결정자들이 현장감각과 전문성이 부족하여 발생하는 것이다. 후자는 법규가 가지는 보수적 속성에 기인한다(Pires, 2009). 그러나 규제행정 환경은 동태적이다. 특히, 기술발달로 인하여 법규 내용이 현실을 규제하는 데 부적합한 경우가 많다. 규제대상자들이 규제를 벗어나기 위하여 다양한 방안을 고안하기도 한다. 그러나 법규를 이에 맞추는 데는 많은 시간이 소요된다. 이러한 원인들로 인하여 법규와 현실 간에 괴리가 있으면 규제공무원은 재량행위를 할 개연성이 커진다(Galligan, 2012). 또한 비현실적인 법규를 억지로 적용하면 규제대상자들의 저항에 직면하게 된다. 이러한 상황에서 규제공무원은 법규대로 하기는 어려우며, 취사선택의 상황 즉, 재량행위에 직면하게 되는 것이다. 이에 대해서는 많은 규제공무원들이 동의한다.

"현실의 다양성 및 급변으로 인해 법령, 조례 및 규칙, 지침 등이 현장의 복잡한 상황들을 충분히 반영하지 못하기 때문에 일정부분 재량행위를 통해 업무를 수행한다."(9년, 7급, 남성, 국유재산관리업무). "위법상황의 발생동기, 고의성 유무, 업소의 영세성 등 현장 상황을 고려하여 동일한 법조항을 일률적으로 적용하는 것이 과하다고 판단할 시 구두 개선조치 등의 재량행위를 하게 된다."(24년, 6급, 여성, 환경업무)

이처럼 법규나 지침의 비현실성으로 인하여 재량행위의 여지가 크지만, 많은 규제공무원들은 민원이나 감사가 두려워 재량행위를 회피함으로써 행정낭비를 초래하거나, 상급기관이나 해당 중앙부처에 유권해석을 의뢰하는 등의 번잡한 행정과정을 거치고 있다. 이는 행정의 번문욕례(red tape)에 해당하는 것으로, 이를 시정하기 위해서는 법규나 지침의 현실적합성을 제고하는 것이 근본적 해결책이지만(Henry, 2015; Hull, 2012), 차선책으로는 상급기관이나 중앙부처가 책임감을 가지고 적극적으로 유권해석을 하여 주고, 잦은 질의/응답(Q&A)을 취합하여 사례집 등을 만들어 배포하는 등의 노력이 필요하다.

> "최근 행정일선에서는 모호한 법규 등에는 능동적인 법해석을 통해 규제를 풀어가는 추세이지만, 실무자가 책임을 피할 수 있는 보호 장치가 만들어져야 시행에 옮겨지는 만큼, 가급적 재량행위를 하지 않으려는 추세이다."(35년, 4급, 남성, 환경 및 위생업무 총괄). "일부 법규가 추상적이며 비현실적이어서 업무를 볼 때 내규, 지침, 질의 회신 등을 업무에 참고하여 처리하고 있다. 질의 회신에 대한 답변도 답변자에 따라 상이하거나, 같은 상황인 경우에도 다른 해석을 하는 경우가 많아 최대한 재량행위를 하지 않으려고 한다."(2년, 9급, 남성, 환경폐기업무)

3) 업무특성

규제행정은 우선 질적이고 주관적인 속성이 강하다. 이는 대부분의 일선행정이 가지는 특성이지만, 규제행정은 특히 그러하다. 예로서 환경규제, 위생규제 등이 법규상의 기준에 의거하여 행해지지만, 실제 현장에서는 객관적 기준에 따르기 어렵다. 규제공무원이 판단을 해야 하는 영역이 많다.

> "업무가 복잡하고 엄밀한 기준이 없어 어려움이 있다. 예를 들어 농업인주택은 농지법시행령 제3조와 제29조 4항에 맞물려 항상 민원인과의 충돌을 조장한다. 민원인은 농업인이면 모두 농업인주택 대상이라고 말하고 업무담당자는 세부적인 사항 및 심사규정에 적합해야만 농업인주택이라 규정한다. 이런 세부적인 사항 및 심사규정은 시군구 및 담당자들 마다 달라 상당한 재량행위에 속한다." (22년, 6급, 여성, 주택업무)

규제행정은 규제대상자와 대면접촉을 해야 하며, 또한 불이익을 초래하는 경우가 많다. 따라서 규제대상자들은 저항하는 경우가 많다(Laegreid et al., 2008). 그 결과 법규에 정해진 대로 시행하기 어렵고 타협과 협상이 필요하다. 그리고 이러한 상황을 반복해서 직면하는 규제공무원들은 업무의 효율성을 높이기 위하여 규제대상자들을 일정한 범주로 유형화하여 대처한다.[6] 이처럼 규제행정은 규제공무원과 규제대상자 간에 타협, 협상, 융통성이 필요하며, 이는 모두 재량행위를 증가시키는 것들이다.

그리고 규제대상자들 중에서는 영세상인 등의 사회적 약자가 적지 않다. 따라서 행정규제가 오남용 되면 이들의 생존권을 위협한다. 물론 규제행정은 형평성을 중시하지만, 행정은 법규를 기계적으로 집행하는 것은 아니다. 더구나 오늘날은 사회적 약자의 배려, 인간적 가치의 실현 등 사회적 능률성이 강조된다(Frederickson et al., 2018). 따라서 규제행정도 인간적 차원의 대응이 필요하며, 이 과정에서 재량행위를 하게 된다.[7] 면접조사에 의하면, 규제공무원들은 규제행정의 상기한 업무특성들로 인하여 재량행위가 불가피한 경우가 많음을 인정하고 있다.

> "업무의 복잡성으로 인해 여러 개의 법을 해석해야 하지만, 해석하는 과정에서 담당자마다 해석의 의미가 다른 경우가 많다. 규제행정이 객관적으로 측정할 수 있는 것이 아니기 때문에 법규에 완전하게 의거할 수가 없어 재량이 필요하다. 그러나 부서협의의 어려움 등 문제도 있다."(6년, 7급, 남성, 토목업무)

그러나 대부분의 규제공무원은 규제업무의 특성으로 인한 재량행위의 필요성은 인정하지만, 적극적인 재량행위는 하지 않으려 한다. 따라서 규제행정의 업무특성이 규제공무원의 재량행위를 초래한다는 이론과 이를 회피하는 실제 간에는 괴리가 있다.

---

6) P. Scourfield(2013: 4)는 "규제공무원은 목표가 모순되거나 고객의 욕구를 충족하기 어렵게 되면 고객, 작업환경, 일의 개념을 조작한다. 이는 규제행정이 복잡하고 고객과의 대면접촉이 필요하여 제대로 감독을 하기 어렵기 때문이다. 이 과정에서 규제공무원의 재량행위가 증가하게 된다"고 주장하고 있다.

7) M. Lipsky(1980: 161)는 "공공서비스는 세밀하게 프로그램화할 수 없으며 인간적 판단을 요하므로 일선공무원은 재량행위를 하게 된다. 일선공무원은 고객의 상황에 반응해야 할 책임이 있다"고 주장한다.

"인·허가업무 특성 상 엄밀하게 기준을 적용하지 않으면 각종 민원이나 행정소송이 발생할 수 있어 재량행위를 하는 데 많은 제약이 있으며, 가능하면 재량행위를 하지 않으려는 생각들이 팽배해 있다."(8년, 7급, 여성, 산림환경업무). "업무를 하다보면 기준을 적용하기에 애매한 경우가 많다. 국유재산을 관리하다 보면 재량행위가 발생하여 이를 남용하지 않기 위해 노력하지만, 기준 외적인 영향으로 인해 재량행위의 범위가 줄어드는 경향이 있다."(9년, 7급, 남성, 국유재산관리업무)

4) 인적(人的) 요인

규제행정은 규제자와 규제대상자라는 사람 간에 행해지기 때문에 감정, 선호, 욕구 등이 개입하지 않을 수 없다. 우선 규제공무원 차원에서는 이들의 역할관심이 재량행위에 영향을 미친다. 대부분의 공무원들처럼 규제공무원도 권한, 부, 명예를 증대시키고자 하는 욕망을 가지고 있다. 이는 나쁘다기보다는 자연스러운 역할관심으로 볼 수 있다(Wilson et al., 2016). A. Downs(1967)에 따르면, 공무원이라고 하여 공익과 이타심에만 입각하여 행동할 것을 기대하는 것은 비현실적이다. 이들도 사익을 극대화하려 하며, 그것이 불법·부정한 것이 아닌 이상에는 막기도 어렵다. 그런데 오늘날은 규제공무원이 규제행정과정에서 사익을 취하거나 부패행위를 하기는 어렵다. 대신에 이들은 규제대상자에게 자신이 중요한 존재임을 부각시킴으로써 자부심을 유지하려는 욕구를 갖게 된다. 그리고 업무수행과정에서 자율성을 확대함으로써 자신의 권한을 유지하고자 하는 욕구가 있다. 이러한 역할관심을 충족시키기 위해서는 권력의 원천인 재량권이 필요하다(Hogue, 2001).

규제공무원과 규제대상자 간의 사적 관계 역시 재량행위에 영향을 미친다. 정부조직은 비사인성(impersonality)의 원리를 중시한다. 즉, 공무원은 오직 법규에 입각하여 객관적이고 중립적으로 업무를 수행하기를 기대한다. 그렇게 해야 행정의 형평성이 유지되고 고객의 불만을 줄일 수 있다. 물론 이러한 비사인적 행정은 자칫 행정을 지나치게 기계적이고 비인간적으로 만들 우려도 있다(Shafritz et al., 2015). 그러나 이러한 규범적 주장 이전에 규제행정은 사람들 간에 행해지기 때문에 사적인 친소관계나 애증(愛憎)의 감정이 개입되지 않을 수 없다. 사람은 기계나 법전이 아니기 때문이다. 특히, 우리처럼 연고주의(nepotism)가 강한 곳에서는 사적 관계가 큰 영향을 미친다(조석준, 2004). 더구나 같은 사람을 반복하여 접촉하면 친소관계는 물론, 그 사람이 처한 상황도 고려할 수 있다. 이러한 상황에서 객관적 기준으로만 규제행정을 할 것을 기대하기는 어렵다. 면접조사에 의하면 규제대상자와의 사적 관계가 재량행위에 영향을 미친다고 응답하지만, 주로 연고관계보다는 인간적 배려의 차원을 언급한다. 이는 연고관계는 부정적 이미지가 있어 이를 표현하는 대신에, 이타적 의미가 강한 인간적 배려라는 측면을 강조하는 것으로 보인다.

"사적관계나 친밀도는 재량행위에 거의 영향을 미치지 못하나, 사회적 약자에 대한 온정적인 배려가 필요할 경우에는 재량행위에 영향을 미치게 된다."(10년, 7급, 남성, 건설업무). "적법성에 위배되거나 공익을 벗어나지 않는 범위 내에서 인간관계 혹은 민원인에 대한 배려는 필요하지만, 더 이상은 청탁이나 뇌물 등으로 이어질 수 있으므로 경계하여야 할 부분이다."(25년, 6급, 남성, 건설업무)

규제행정에 대한 규제대상자의 반응 역시 재량행위에 영향을 미친다. 행정규제는 대부분 전체의 이익을 위해 특정 개인이나 집단에게 의무를 부과하거나 불이익을 초래한다(최병선, 2007). 따라서 규제대상자의 저항, 반발, 민원제기 등이 발생한다. 심하면 시위, 농성, 공무집행방해 등 과격한 행동도 나타난다. 물론 규제에 순응하는 경우도 있다. 여기에는 규제의 내용, 강도, 편익박탈 정도, 규제공무원의 설득능력 등이 복합적으로 영향을 미친다. 그런데 규제대상자의 이러한 상이한 반응은 규제공무원의 재량행위 정도 및 방식에 영향을 미치지 않을 수 없다. 특히, 규제공무원의 개인적 성향과 결부된다. 가령, 규제대상자의 저항이 귀찮고 성가시기 때문에 가능하면 좋은 방향으로 재량행위를 할 소지가 있다. 조사결과에 따르면, 저항을 하거나 민원을 제기하는 등 까다로운 규제대상자들에 대해서는 대체로 재량행위를 하지 않거나, 가능한 좋은 방향으로 재량행위를 하려는 경향이 있다. 이는 규제공무원의 보신주의 성향이 일부 반영된 것이라고 본다. 적극적인 설득과 대화를 통해서 문제를 해결하기보다는 그것이

보다 편하고 안전한 방법이기 때문이다.

> "법규위반 행위를 한 경우 규정에 의해 과태료부과 등 처리 시에 행위자의 비
> 협조, 항의, 지인 등을 통한 청탁에 따라 행정행위 처리에 애로가 있다. 그리고 불
> 법 민원인에 대해서 고발자가 있을 경우에는 담당자의 재량행위 여지가 줄어든
> 다."(27년, 6급, 남성, 환경업무)

2. 재량행위 행사방식 분석

1) 규제공무원의 재량행위 행사방식

규제행정은 규제대상자에게 의무를 강제하거나 불이익을 초래한다는 점에
서 재량행위가 적정하게 행사되어야 할 필요성이 크다. 먼저 규제행정에서의 재
량행위의 장점 내지는 필요성을 보면, 우선 재량행위를 통하여 융통성을 발휘함
으로써 규제대상자의 반발과 저항을 줄일 수 있다. 이에 따라 관련 민원도 줄일
수 있다. 다음에 적정한 재량행위를 통하여 규제관련 법규와 지침의 불완전성과
비현실성을 보완함으로써 궁극적으로는 규제대상자의 불이익을 줄일 수 있다
(Pires, 2009). 법규는 만능이 않으며 반드시 올바르게 집행되는 것도 아니다. 지
침 역시 모호하고 다툼의 여지가 있다. 이러한 법규와 지침을 민원이나 질책이
두려워 원칙대로만 적용하면 규제행정을 통해서 사회정의를 구현하기가 어렵
다. 해당 행정규제의 문제점을 가잘 잘 아는 담당공무원이 보다 적극적으로 행
정행위를 함으로써 규제대상자의 불이익을 최소화할 수 있다.

그러나 규제행정과정에서 재량행위가 오남용 될 경우에는 다음과 같은 심
각한 문제점들이 파생된다(Evans, 2016; Laegreid et al., 2008; Lipsky, 2010). 첫째,
규제공무원의 부정부패를 초래한다. 규제행정은 대부분 규제대상자에게 불이익
을 초래하는 것이기 때문에 재량행위가 과도하면 규제대상자들이 행정규제를
벗어나기 위하여 부정한 방법을 동원할 수 있으며, 그 결과 규제행정의 형평성
과 신뢰성이 저하된다. 규제행정은 청탁으로 인한 부정부패의 소지가 크다. 둘
째, 재량행위가 오남용 되면 규제대상자의 권리를 침해하지만, 이에 대한 구제
는 쉽지 않다. 대부분의 재량행위가 법규의 틀 내에서 암암리에 행사되기 때문

이다. 특히 규제행정은 잘못된 재량행위에 대한 권리구제가 제대로 되지 못하면 규제대상자에게 심각한 불이익을 초래한다. 셋째, 규제행정에서의 잘못된 재량행위는 사회질서를 어지럽히고 공익을 크게 훼손한다. 행정규제는 특정 개인이나 집단에게 의무를 부과하거나 재산권 행사를 억제함으로써 보다 큰 공익을 추구하려는 것이다. 따라서 규제철폐를 주장하지만, 필요한 규제도 많으며, 행정규제가 필요악인 경우도 많다. 그러나 행정규제는 개인의 자유와 경제활동을 가급적 적게 침해해야 한다. 따라서 규제공무원이 재량행위를 오남용 하면 개인의 자유를 침해하면서 공익은 제대로 보호하지 못하게 된다. 따라서 규제행정에서의 재량행위는 적정하게 행사되어야 한다.

그런데 현실에서 규제공무원의 재량행위의 정도나 행사방식은 규제공무원의 성향, 담당업무 특성, 상급자나 조직분위기, 규제대상자의 반응 등에 따라서 다양하다. 우선 규제공무원의 재량행위는 규제행정의 전산화 및 표준화로 인하여 점차 줄어들고 있으며, 특히 급부행정 분야와 비교해서도 규제공무원의 재량행위는 많지 않다(고수정, 2014). 이는 기본적으로 규제행정은 규제대상자들이 대부분 저항하고 이의를 제기하는 경우가 많아 법규나 지침을 준수할 필요성이 크기 때문이다. 그리고 규제행정은 규제대상자가 복수인 경우가 많다. 즉, 상대방이 있는 경우가 많은 것이다. 따라서 재량행위를 하여 특정 규제대상자에게 불이익을 주게 되면 행정소송 등 문제를 초래할 수 있다. 따라서 가급적이면 법규대로 일을 처리하려는 동기가 있다.

이처럼 규제행정은 급부행정에 비해 규제공무원의 재량행위 정도가 높지 않지만, 그렇다고 재량의 여지가 없는 것은 아니다. 규제공무원의 재량행위 행사방식을 유형화하면 재량행위의 정도에 따라서 과도한 재량행위, 적극적 재량행위, 소극적 재량행위, 재량행위 회피의 네 단계로 나눌 수 있다. 구체적으로, 과도한 재량행위는 재량행위 남용(abuse)에 해당하는 것으로 부정적 결과를 초래하는 경우가 많다. 자칫 행정부패로 연결될 수 있으며, 규제행정의 합법성, 안정성, 형평성을 저해할 수 있다. 따라서 적절한 수준에서 통제되어야 한다. 규제행정에서의 재량행위 남용은 법규를 자의적, 편파적으로 해석하거나, 규제공무원이 지나치게 독선적이거나 예측 불가한 성향을 가지는 경우에 발생하기 쉽다. 재량행위에 대한 조직 내의 통제 부실도 원인이다.

적극적 재량행위는 법규가 모호하거나 비현실적이거나 융통성이 필요한 상황에서 규제공무원이 법규해석이나 정책집행에서 적극적으로 재량권을 행사하는 것이다. 적극적 재량행위는 규제대상자에게 유리하게도 불리하게도 행해질 수 있다. 반대로 소극적 재량행위는 모호하거나 법규해석이 다의적인 상황에서 가급적이면 재량적 판단을 하지 않으려는 것이다. 재량행위가 불가피한 경우에도 최소한에 그치고자 한다(Tummers and Bekkers, 2014). 재량행위의 회피는 필요한 경우에도 재량행위 자체를 하지 않으려는 성향을 말한다. 대체로 법규만능주의로 인한 규제행정의 경직성을 초래하고, 효율성을 저해한다. 법규대로 하려하고, 문제가 되면 문제해결 역시 행정소송 등 법규대로 하면 된다고 생각한다. 재량행위 상황 자체를 만들지 않으려는 성향도 포함된다. 그러나 이러한 행태는 오늘날처럼 규제행정 환경이 급변하고 규제행정이 단순한 집행을 넘어 갈등을 중재하고 문제해결을 지향하는 시점에서는 좋지 않다.

이처럼 규제행정에서 재량행위는 다양한 수준과 방식으로 행해지는데, 갈수록 소극적으로 혹은 재량행위를 회피하려는 성향이 우세하다. 물론 재량행위가 오남용 되면 규제행정의 형평성, 신뢰성, 예측가능성을 저해하는 등 문제가 많다. 그리고 재량행위는 대체로 부지불식간에, 암암리에 행해지기 때문에 규제대상자의 권리침해를 구제하기가 어려운 경우가 많다. 따라서 재량행위는 적정하게 행사되어야 한다(Cooper et al., 2015). 그럼에도 재량행위는 때로 적극적으로 행사될 필요가 있다. 규제행정을 법규대로만 하면 많은 시간이 소모되고 마찰과 충돌이 빈발한다. 따라서 재량행위는 법규의 틀 내에서 때로는 적극적으로 행해질 필요도 있다. 그러나 규제행정의 추세는 지나치게 소극적으로 재량행위를 하거나 애당초 회피하려는 경향이 강해지고 있다.

"불법행위 행정처분은 대부분 이해당사자들 간에 해결을 못해서 신고 제보로 불법행위가 적발되는 경우가 많다. 하지만 행정처분을 하는데서는 관계 법령인 개발제한구역법의 모호성 때문에 많은 어려움이 있다. 업무추진 시에 담당공무원의 재량행위로 인하여 이해관계인의 실과 득이 발생할 수 있기 때문에 재량행위를 가급적 하지 않으려고 한다."(24년, 6급, 남성, 환경)

반면에 그동안 주로 문제시하였던 재량행위 남용은 사실상 많이 줄어들고 있다. 규제공무원의 이러한 소극적 재량행위 실태를 두 고위공무원(3급)은 다음과 같이 입증한다.

"실무자들은 문제를 회피하려는 성향이 있다. 기존의 관행을 따르거나 다른 자치단체의 사례를 보고 그대로 하려는 경향이 있다. 법대로 하려는 성향이 있다. 그러나 이는 반드시 바람직한 것은 아니다. 예로서, 법에는 2,200만원이 넘으면 경쟁입찰을 하게 되어 있는데, 이를 2,000만원 정도로 하여 수의계약을 할 수도 있다. 그러나 그렇게 하지 않으려 한다. 일반 경쟁입찰로 돌리려 한다. 그래야 이의제기의 여지가 없기 때문이다. 그러나 한 가지 일을 오래하다 보면 좋은 업체가 많다는 것도 알게 된다. 수의계약으로 이들 업체와 일을 하는 것이 좋은 줄을 알지만 그렇게 하지 않으려 한다. 감사에서 지적되거나 시민단체 등에서 걸고넘어질 수 있기 때문이다. 그러나 경쟁입찰로 하면 업체가 말을 잘 안 듣는다. 그러면 행정목적을 달성하기가 어렵다. 경쟁입찰이 반드시 좋다고 볼 수 없다."(30년 이상, 3급, 남성, 부군수). "행정규제로 인해 규제대상자들이 저항을 하면 시끄럽기 때문에 언론에 보도가 되지 않는 이상에는 가급적 방치하려는 경향이 강하다. 예로서, 일부 자치단체 관할 내에 미나리 키우는 집이 많이 있는데, 미나리농가에서 비닐하우스를 쳐 놓고 고기와 같이 구워서 파는 것은 불법이다. 그러나 철거를 하려면 시끄러워서 그냥 못 본 척 지나치는 경우가 많다."(30년 이상, 3급, 남성, 본부장)

2) 재량행위의 소극적 행사 내지는 회피의 원인

재량행위가 지나치게 소극적으로 혹은 아예 회피되고 있는 이유는 무엇인가. 이 장은 이를 규제행정 환경, 법규, 규제행정 업무특성, 감사 등의 제도 측면, 인사관리, 규제공무원의 행태 및 전문성, 규제대상자 등 다양한 측면에서 분석하고자 한다.

(1) 규제행정의 업무환경 측면

규제공무원의 재량행위가 소극적 내지는 회피 성향이 강해지는 이유는 우선 규제행정의 전산화 및 정보화가 강화되었다는 점이다. 이는 규제행정 환경의 근본적인 변화에 해당한다. 이로 인하여 규제행정이 표준화됨에 따라 규제공무원의 재량의 여지가 줄어들었을 뿐만 아니라, 규제행정의 투명성이 크게 향상되었다. 규제행위의 결과는 전산시스템에 장기간 저장되어 언제든지 열람이 가능하다. 즉, 상시적 감독이 가능해진 것이다. 누구나 자신의 행동이 기록되고 저장되면 위축될 수밖에 없다. 이러한 상황에서 과도하거나 적극적으로 재량행위를 하기는 꺼려지게 된다.

SNS, 포털시스템 등 다량의 정보흐름을 가능하게 하는 개방적 의사소통 및 이의제기 통로가 활성화된 것도 규제공무원이 재량행위를 회피하는 원인이 되고 있다. 행정행위가 실시간으로 광범위하게 공유되기 때문에 불확실한 재량행위를 하기는 어렵다. 재량행위는 대체로 모호하거나 다의적 해석이 가능한 경우에 행해지기 때문에 대부분의 규제공무원은 확신을 가지고 재량행위를 하기는 어렵다. 행정민주화와 더불어 규제대상자의 권리의식이 높아진 상황에서 불이익을 당하면 바로 SNS나 행정포털 등에 이의를 제기하기 때문에 이름이 거론되는 것 자체가 불리하고 성가시다. 따라서 문제발생 자체를 줄이고자 하며, 재량행위를 하지 않는 것이 현명하다고 생각하게 된다.

> "현대 행정은 다양한 정보원 및 정보공개로 인하여 점점 재량행위를 할 수 있는 범위가 축소되고 있다. 나도 마찬가지이다. 재량행위를 하였다는 생각이 들면 왠지 그날은 불안하다. 인터넷 등에 뭔가 잘못된 정보가 올라오지 않나 겁이 난다. 아마 대부분 나와 비슷한 생각을 가지고 있을 것이다."(8년, 7급, 여성, 산림환경업무)

(2) 규제행정 관련 법규 및 지침 측면

규제관련 법규내용 자체가 까다롭고 복잡하며, 전문지식의 부족으로 다양한 관련법을 이해하기 어려운 경우에도 재량행위를 회피하게 된다. 환경관련법 등은 법규내용도 까다롭지만, 다양한 법규들이 서로 얽혀 있고, 이들 간에 내용이 모순되는 경우도 적지 않다. 따라서 규제공무원이 관련법을 모두 숙지하기도 어렵지만, 자칫 어느 하나에는 합당하지만 다른 법규에는 저촉될 수 있다. 따라서 항시 법규위반 여부에 신경을 쓰게 되고, 법규를 완전하게 숙지하지 못하다 보니 적극적으로 재량행위를 하기 어렵다.

"규제공무원뿐만 아니라 모든 공무원들이 가급적이면 재량행위를 하지 않으려고 한다. 언론, 시민단체, 감사 등 물고 늘어지는 데가 많다. 이 검증을 다 통과해야 한다. 외부에서 비판적 시각으로 보기 때문에 재량행위를 하지 않으려 한다. 특히 감사가 심하다. 관련법이 많고 이것들이 각기 상충되는 경우가 많아서 감사에서 걸고 넘어지면 벗어나기 어렵다. 법, 시행령, 시행규칙을 다 합치면 4,600여 개가 되는데, 이것들 간에 서로 충돌되는 조항들이 많은데, 다 알 수가 없다. 실무자들이 법규에 대해서 자신이 없는데 재량행위를 하지 않는 것이 좋다고 생각한다. 조세법, 환경법 등은 너무 복잡하여 담당자들도 완전히 숙지가 안 된다. 재량행위를 잘못하면 어디든 걸린다."(30년 이상, 3급, 남성, 부군수)

(3) 규제행정 업무특성 측면

규제행정은 대부분 복수의 규제대상자들이 있으며, 이들 간에 이해관계가 충돌하는 경우가 많다. 이 경우에는 적극적으로 재량행위를 하기 어렵다. 어느 한 편이 불이익을 당하면, 항의, 민원제기 등 반발이 크다. 이렇게 되면 재량행위는 상급기관이나 상급자의 판단을 받아야 하는데, 이는 규제공무원에게 매우 성가신 일이다. 따라서 가급적이면 법규대로 행정행위를 하려 한다. 또한 규제대상자가 복수이면 규제공무원은 중립적인 중재자의 입장에 서야 하기 때문에 재량행위를 하게 되면 중립성을 훼손할 것으로 우려한다.

"불법행위에 대해 과태료 부과기준에 따라 집행을 할 때 구체적 판단기준이 모호한 경우가 많다. 그리고 민원인들의 요구사항이 애매모호하고 법적으로 정확한 기준이 없어 재량행위를 하게 되면, 이는 특정 민원인에게는 호응을 얻을 수 있으나, 상대방 민원인은 불만을 가질 수 있다."(27년, 6급, 남성, 환경업무)

(4) 규제공무원 및 규제대상자 측면

규제공무원 측면에서 무엇보다 이들의 책임회피 및 무사안일주의 행태가 재량행위를 회피하는 원인이 된다. 공익실현자로서의 규제공무원은 직업공무원으로서의 사명감과 적극성을 가질 것이 희구된다(Tummers and Bekkers, 2014). 그러나 현실적으로는 자칫 법규에 저촉되면 책임추궁이 따르게 되어 적극적 재량행위를 하기가 쉽지 않다. 더구나 정권교체 기에는 사정(司正) 방식의 정부개혁이 수반되기 때문에 법규 내에서 소극적으로 일을 하려 한다. 그러나 이는 법규상의 최소기준만 충족하는 것이며, 양질의 규제행정을 하는 데는 한계가 있다. 보다 적극적으로 문제를 해결하고 고객을 위해서 업무를 수행하려는 자세가 필요하다.

"일선 규제행정에서는 가능한 한 법규의 틀을 벗어나지 않으려는 사고가 지배적인 만큼 유사한 전례를 근거로 확보하려는 데 익숙해 있다. 재량행위를 통한 적극적인 행정행위는 자신과 조직에 부담을 준다는 의식을 갖고 있다."(35년, 4급, 남성, 환경 및 위생총괄업무)

규제공무원의 전문성이 높지 않은 것도 소극적 재량행위 내지는 재량행위 회피를 유발한다. 규제공무원의 전문성이 낮은 것은 기본적으로 인사이동이 잦기 때문이다. 전문성이 낮으면 업무에 대한 이해도가 낮기 때문에 적극적으로 재량행위를 하기가 어렵다(Lipsky, 2010). 신입 공무원이나 신임 보직자들의 경우는 특히 담당업무에 대한 전문성이 높지 못하여 자신감을 가지고 업무에 임하거나 재량행위를 하기 어렵다.

"업무가 기술적으로 복잡해지고 있으나, 그에 따른 교육훈련 등이 부족하고 전보 시 기존업무와의 연계성이 떨어져 전문성을 축적하기 어렵다. 업무에 대해서 잘 모르면 재량행위를 한다는 것이 어렵다."(9년, 7급, 남성, 건설업무)

규제대상자 측면에서는 이들의 적극적인 권리주장 및 민원제기 추세가 규제공무원의 재량행위를 제한하고 있다. 과거에는 규제대상자는 을(乙)의 위치에 있었기 때문에 규제공무원의 재량행위에 대해 비교적 순종적이었다. 물론, 오늘날도 규제대상자가 대체로 불리한 입장에 있지만, 과거에 비해서 권리의식도 강하고 민원제기 통로도 확립되어 있어 부당한 규제행위에 대해서 적극적으로 이의를 제기하는 경향이 강하다. 이렇게 되면 법규상에는 하자가 없더라도 규제공무원에게 불리한 상황이 발생한다. 적극적인 재량행위를 하기보다는 법대로 해야 민원야기의 개연성이 적어지며, 민원이 제기되더라도 방어하기가 쉽다. 따라서 소극적으로 재량행위를 하고자 하는 동기가 있다.

> "법적 행위와 도덕적 행위 사이에서 재량을 발휘하여 업무를 처리한 경우 민원 개개인마다 받아들이는 의미가 달라 악성민원을 제기하는 등 어려움이 있다. 이로 인해 민원에 대처하는 데서 적극적으로 하기보다는 책임소재를 염두에 두고 일을 처리하는 경우가 많다."(6년, 7급, 남성, 토목업무)

(5) 지방행정 내부관리 측면

각종 감사를 통한 과도한 통제 역시 규제공무원의 재량행위를 제한한다. 현재 지방행정에서는 기초단체 자체감사, 지방의회 행정사무감사, 광역단체 감사, 중앙부처 감사, 감사원 감사 등 다단계의 감사체계가 작동하고 있다. 최근에는 행정과정에서의 인권침해행위를 감독하기 위한 옴부즈맨(ombudsman)제도도 도입하고 있다(손능수·김정엽, 2014). 이러한 다단계 통제체계는 투명하고 합법적인 행정을 위하여 필요한 조치이다. 그러나 과도하면 문제가 된다. 면접조사에 따르면, 대부분의 규제공무원들이 지나친 적발 위주의 감사로 인하여 가능한 재량행위를 하지 않으려 하고 있다. 재량행위로 인해 민원이 야기되면 특별감사를 받을 수 있으며, 그렇지 않더라도 정기감사에서도 법규대로 하지 않아 적발이 되면 본인에게 불리하다. 따라서 정해진 최소한의 수준에서 규제행정을 수행하려는 동기가 발생한다. 내부감사에 기인한 재량행위 회피 현상에 대해서는 많은 공무원들이 공감하고 있다.

"다양하고 변화무쌍한 행정환경에 대처하기 위하여 보다 많은 재량행위가 요구되고 있으나, 그에 따른 감사 등의 책임문제가 따르므로 재량행위를 기피하려는 경향이 강하다. 적극적인 행정추진에 따른 과오는 면책을 한다지만 그것은 구호에 그칠 뿐, 실제는 그렇지 못하므로 공무원의 행위는 소극적이며 피동적으로 되기가 쉽다."(39년, 4급, 남성, 환경업무). "행정행위를 하다보면 재량행위가 발생하는 것이 사실이지만, 이는 내부감사 때 감사관의 해석에 따라 바뀔 수 있다는 이야기도 된다. 담당자의 재량행위 내용이 감사관의 생각과 차이가 있을 수 있어 재량행위를 하면서도 내부감사에 적발되지 않도록 하는 것을 최우선으로 생각하고 행정업무를 수행한다."(24년, 6급, 남성, 환경업무)

인사관리 측면에서는 잦은 보직변경과 승진에 대한 높은 가치부여 등의 요인들이 규제공무원의 재량행위 회피를 조장한다. 우선, 보직변경이 잦으면 전문성을 축적하기도 어렵지만, 소신껏 일을 하려는 동기도 줄어든다. 해당 직위에 있는 동안에 무사하게 보직을 마치는 것을 선호하게 된다(Swanson et al., 2016). 규제대상자의 특성을 파악하기도 어려우며, 이들과 인간적 관계도 형성하기 어렵다. 따라서 정해진 대로 기계적으로 업무를 수행하게 된다. 더구나 대부분의 공무원들이 승진에 대해 높은 가치를 부여하고 있다. 민원이 다발적으로 발생하거나 행정소송에 휘말리는 등의 경우에는 인사관리에 불이익이 초래된다. 따라서 적극적으로 재량행위를 하기보다는, 문제를 일으키지 않는 선에서 무탈하게 업무를 수행하고자 한다.

"대부분의 규정이 '~할 수 있다' 등의 임의 규정이다. 따라서 재량의 여지가 크다. 1년 정도에 자주 전보를 시킨다. 따라서 사고 안 치고 거쳐 가는 것이 좋다고 생각한다. 그리고 공무원은 누구나 승진에 관심이 많다. 지적사항이나 민원이 발생하면 좋지 않다. 따라서 소극적으로 재량을 행사한다. 너무 보직변경이 잦다 보니 안정적인 기준을 세워서 소신껏 일을 하기가 어렵다."(경상북도 산하기관 S 연구원과의 면접내용)

이외에도 언론이나 시민단체에 의한 외부감시 역시 규제공무원의 재량행위를 위축시킨다. 다양한 지역 언론매체나 시민단체들이 지방공무원의 비리를 캐거나 탈법적 규제에 대한 감시를 강화하고 있다. 일부 규제대상자들은 불리한 행정처분이 내려지면 이들에게 적극적으로 제보를 한다. 그런데 이처럼 외부로부터 감시를 받게 되면, 법규를 지키는 것이 가장 중요한 행정행위의 기준이 되며, 그 결과 법규만능주의 풍토가 강해진다.

이상의 이유들로 인하여 규제공무원들이 재량행위를 회피하려는 성향이 강하며, 특히 규제대상자에게 불리한 재량행위는 하지 않으려 한다. 저항, 민원제기 등이 우려되기 때문이다. 대체로 재량행위는 옳고 그름의 경계선 상에 있는 경우에 행해지며, 본질이 명확한 경우에는 재량행위를 잘 하지 않는다. 이 점에서는 우리가 이론적으로 논의하였던 재량행위의 영향요인이 규제행정 현장에서는 잘 맞지 않는 경우가 많다. 규제행정은 되는 것을 안 되게 하거나, 그 반대의 방식으로 재량행위를 하기는 어렵다.

그런데 재량행위는 오남용 되면 문제가 많지만, 때로는 보다 적극적으로 행해질 필요가 있다. 규제행정을 정해진 대로만 한다면 행정의 적시성을 도모하기 어렵고 문제해결능력이 저하된다. 규제행정은 문제해결을 지향해야 하며 이를 위해 좀 더 유연해질 필요가 있다. 이를 위해서는 소극적 재량행위 내지는 회피를 유발하는 요인들을 제거해야 한다. 현재 규제행정에서는 재량행위의 오남용 못지않게 재량행위의 회피가 문제가 되고 있다.

제4절 정부관료제의 재량행위 적정화 방안

규제공무원의 재량행위가 지역주민들의 생활에 어떠한 영향을 미치는지는 단정하기 어렵지만, 행정규제가 많고 규제관련 법규가 복잡하게 얽혀 있어 역기능이 적지 않다는 것은 공통적인 지적이다(Yackee, 2006). 행정규제는 공정하고 투명하게 집행해야 하지만, 현실적으로는 관련 법규 자체가 모호하고 비현실적인 경우가 많다. 현장이 법규대로 집행할 수 있을 정도로 단순하지도 않다. 규제행정에서 합법성이 중요한 가치이지만, 이는 궁극적인 목표는 아니다. 법규는 수단인 것이다. 이제 규제행정도 권력작용이 아닌 서비스 관점에서 이해해야 한다. 규제공무원은 보다 유연한 자세로 법규에 임하고 업무를 처리해야 한다. 이를 위해서는 법제, 행정조직, 행정리더십 등 다각도의 대비책이 필요하다. 규제공무원의 소극적 재량행위 및 재량회피 성향을 방지하기 위한 방안들을 제시하면 다음과 같다.

1. 규제행정 업무환경의 개선

재량행위는 업무환경의 특이성, 업무량 과다, 자원부족 등 업무환경 요인에 기인하여 발생하는 경우가 많으며, 이로 인해 오남용 될 우려가 있다. 따라서 재량행위를 초래하는 환경 자체에 대한 대응책을 강구하는 것이 필요한바, 업무환경의 특이성 자체를 바꾸기는 어렵기 때문에 주로 시간부족, 업무과부하, 자원부족 등의 환경적 요인을 조정하는 것이 필요하다. 그런데 이론적으로는 이러한 것들이 재량행위를 증가시킨다고 하지만(Wangrow et al., 2015), 실제에서는 오히려 소극적 재량행위를 초래할 개연성이 더 크다. 업무가 많고 시간과 자원이 부족하면 신중하게 선택행위를 하기 어렵기 때문이다. 섣부른 재량행위는 문제를 초래한다. 따라서 이를 극복하기 위한 환경의 조성이 긴요한데, 규제공무원의 신규채용 등은 어렵기 때문에, 방안은 불요불급한 규제를 폐지하고, 불필요한 문서행정으로 인한 관리상의 번문욕례를 축소하는 것 등이다. 이를 통해 업무량 자체를 줄이고 핵심 업무에 집중해야 한다.

적발 위주의 감사를 지양하고 합목적성 중심의 감사로 전환해야 한다. 규제공무원의 부정부패를 통제하기 위해서는 합법성 감사가 필요하지만, 지금과 같은 적발위주의 감사는 부작용이 많다. 규제공무원들이 법대로 하는 이유는 감사가 두렵기 때문이다. 공공행정의 목적을 달성하기 위해서는 오히려 소극적 규제행정을 지적하고 규제공무원들이 보다 적극적으로 일하게 하는 합목적성에 입각한 감사가 필요하다. 그리고 다단계 감사체계도 소극적 규제행정을 조장한다. 중대한 법규위반 사안이 아니면 중복감사는 지양하는 것이 좋다. 감사제도는 행정의 수단이지 그 자체가 목적은 아니다.

규제공무원의 선의의 재량행위가 민원제기 및 소셜 미디어(social media)로 인하여 불이익을 받지 않도록 하는 장치가 필요하다. 현재 규제공무원이 재량행위를 회피하는 주요 이유는 내부적으로는 감사, 외부적으로는 민원을 제기하거나 소셜 미디어 상에 불리한 내용이 유포되는 것이다. 이렇게 되면 자치단체장이나 상급자로부터의 질책도 당연히 받는다. 재량행위는 불가시적인 것이어서 본인의 의지가 없으면 하지 않아도 되는데, 구태여 재량행위를 하여 문제를 자초할 필요는 없다고 생각하게 된다. 따라서 규제공무원의 재량행위 회피를 방지하기 위해서는 재량행위에 기인한 민원발생이나 SNS 등을 통한 비난행위 등에 대한 객관적인 점검과 대처가 필요하다.

적극적 행정행위나 선의의 재량행위에 기인하는 결과에 대해서는 규제공무원을 질책하기보다는 오히려 격려하는 방안을 강구해야 한다. 현재 규제행정과 관련한 두 가지 큰 문제는 과도한 규제와 지나친 경직성인데, 전자는 불요불급한 규제 특히 사전규제를 줄이는 등으로 해결해야 하며, 후자는 규제행정에 유연성과 융통성을 불어넣음으로써 해결해야 한다. 즉, 재량행위의 회피를 방지함으로써 규제행정의 경직성을 완화해야 한다. 이를 위해서는 선의의 재량행위로 인해서 발생하는 민원이나 이의제기에 대해서는 부당한 책임을 묻지 않아야 한다. 현재 지방행정에서는 말썽을 일으키지 않는 것을 우선시하여 규제행정에서 무사안일주의가 만연하고 있다. 따라서 재량행위를 하는 데서 규제공무원이 심리적으로 위축되는 것을 방지하기 위해서는 적극적 행정행위를 장려해야 하며, 이를 위한 제도적 지원책이 강구되어야 한다.

> "법규가 현실에 맞지 않는 경우에는 과도한 규제에 대하여 자유롭게 토론할 수 있는 법률자문단을 설치하고, 자문단을 거친 업무는 면책특권을 부여하는 방안을 강구할 필요가 있다."(24년, 6급, 남성, 환경업무). "공익성과 합목적성과 관련하여 경직된 행정행위가 발생하지 않도록 담당자에 대하여 지속적으로 직무교육을 행하고, 재량행위로 인한 문제발생에 대비한 징계처분 경감제도를 마련해야 한다."(25년, 6급, 여성, 법인설립허가업무)

2. 법규 및 지침의 명확화

행정규제 관련 법규나 지침이 모호하고 추상적이거나 비현실적인 경우가 적지 않으며, 이에 따라 규제공무원은 재량행위를 하게 된다. 물론 이 경우에는 재량행위를 오남용 할 우려도 크지만, 재량행위를 과도하게 회피하게 되면 행정규제의 본질적인 목적을 달성하기가 어렵게 된다. 면접조사에 따르면, 대부분의 규제공무원들이 법규의 모호성과 비현실성을 지적하며, 이로 인해 재량행위가 불가피하다고 언급하고 있다. 그러나 이것이 곧 재량행위로 연결된다는 의미는 아니며, 실제에서는 각종 민원제기, 감사지적 등을 이유로 소극적으로 재량행위를 하거나 회피하는 경우가 많다. 법규내용이 불명확하여 상급기관에 문의를 하면 상급기관 역시 명확한 답변을 하는 경우는 드물다. 따라서 법규와 원칙대로 규제행정을 하게 되며, 그 결과 규제행정이 더욱 경직적으로 되며, 이는 다시 비현실적 규제, 과잉규제로 연결되는 것이다.

따라서 행정규제 관련 법규 및 지침으로 인한 문제를 완화하기 위해서는 무엇보다도 이를 명확하게 하고 구체화하는 것이 시급하다. 구체적 방안으로는 우선 행정규제의 각 영역별로 법규의 테두리 내에서 지역실정에 부합하는 매뉴얼을 만들어 업무수행 시에 참조하는 것이다. 현재 대부분의 규정집이나 지침이 중앙부처에서 획일적으로 만들어 배포하고 있지만, 이를 현장에서 적용하기에는 모호하고 비현실적인 부분이 많다. 따라서 이러한 항목들을 현장 규제공무원의 의견을 수렴하여 정리하고, 구체적 사례를 들면서 보다 명확한 유권해석을 해주는 것이 필요하다. 이런 일은 기초단체 단위에서는 한계가 있기 때문에 광역단체 차원에서 문제 항목들을 가려내어 유권해석을 해 놓으면 불필요한 재량행위의 여지가 줄어들 것이다.

그리고 행정규제 관련 법규나 지침이 여러 정책영역에서 산발적으로 난립하다 보니 서로 모순·충돌하는 경우가 적지 않다. 예로서, 환경관련 법규가 워낙 많고 복잡하여 확신을 가지고 일을 하지 못하는 경우가 많다. 이러한 경우에는 우선 관련 중앙부처에서 이러한 항목들을 추출하여 명확하게 해석해 두며, 다양한 관련 사례들을 수집하여 표준지침을 만들어야 한다. 해석이 모호하거나 법규들 간에 서로 충돌하는 사항들을 규제공무원이 독자적으로 판단하여 처리하면 규제행정의 통일성과 일관성이 저해될 수 있다.

3. 업무특성 면에서의 개선

규제행정은 질적·주관적 속성, 규제대상자와의 대면접촉 필요성, 규제대상자에 대한 불이익 초래 등의 업무특성을 가지며, 이것이 규제공무원의 재량행위를 초래하는 요인이 됨을 언급하였다. 이러한 특성들을 완전하게 제거하는 것은 불가능하기 때문에 가급적이면 이에 기인한 재량행위 오남용의 소지를 줄이는 방안이 필요하다. 우선 규제행정 업무의 질적·주관적 속성과 관련해서는 업무수행과 관련한 표준운영절차(SOP)나 표준 업무지침 등을 만들어 업무자체를 가급적 객관화해야 한다. 유사한 업무사례를 유형화하고, 이를 토대로 업무지침을 만드는 것도 필요하다.

대면접촉의 특성과 관련해서는 현장행정을 촉진하여 규제대상자와의 친근성(rapport)을 강화하며, 규제대상자와의 대화와 협력을 촉진함으로써 재량행위로 인한 부작용을 줄이는 것이 필요하다. 법규나 지침이 비현실적이면, 구체적 사례를 들면서 상급기관이나 상급자에게 보다 적극적으로 개선을 건의하는 것도 규제공무원이 할 일이다. 현실에 맞지 않는 것을 법대로만 하려 할 것이 아니라, 그것을 지적하고 개선하려는 적극성이 필요하다. 그리고 대면접촉이 많은 업무는 업무내용과 업무절차를 단순화하는 것이 좋다. 지나치게 까다롭거나 복잡하면 재량행위의 오남용과 규제대상자와의 마찰이 증가할 수 있다.

규제대상자에 대한 불이익의 초래와 관련해서는 법규의 틀 내에서 이를 최소화하는 방안을 모색하며, 적절한 보상을 통해 재량행위로 인한 불이익을 줄여야 한다. 그리고 규제행정에서의 재량행위는 규제대상자들이 이를 수용하는 것이 중요하기 때문에 업무수행과정에서 적절한 대화와 설득이 필요하다.

4. 규제공무원의 책임의식 제고

재량행위의 적정화를 기하려면 무엇보다도 규제공무원의 행태가 변해야 한다. 이를 위해서는 본인의 노력이 선행해야 하지만, 이를 지원할 수 있는 제도적 보완책도 필요하다. 구체적으로, 우선 소극적 행정행위를 지도·감독하며 적극적 행정행위를 장려하는 지표를 개발하고, 이를 평가하여 인사에 반영하는 방안을 강구해야 한다. 현실적으로 지방행정 단위에서는 규제 법규를 앞장서서 없애기가 어렵고 또한 새로운 규제수요로 인한 신규 법규가 계속 제정되고 있다. 그러나 법규에만 집착하는 것은 부작용이 많다. 따라서 이를 해결하려면 불법행위가 아닌 선에서의 적극적인 재량행위는 오히려 독려하며, 지나친 재량행위 회피에 대해서는 계도가 필요하다. 그리고 중앙정부나 광역단체 단위에서는 행정규제 영역별로 적정수준의 재량행위를 예시하고 이를 평가할 수 있는 표준지표를 개발하는 방안을 강구해야 한다. 그리고 성과평가 시에 적극적 행정행위의 지표로 이를 활용하는 방안을 생각할 수 있다.

규제공무원 본인의 책임감과 소명의식이 무엇보다 중요하다. 재량행위를 회피하는 근본이유는 불이익을 받을 수 있다는 심리적 압박감에 있다. 이를 완화하기 위해서는 합목적성 위주의 감사, 리더십의 발휘 등에 대한 보완도 필요하지만, 우선은 규제공무원 스스로가 규제행정의 궁극적인 목적을 쫓아 행정행위를 하는 책임의식을 가져야 한다. 재량행위를 하여 잘못되는 경우에 받게 될 질책, 민원야기, 불이익 등을 우려하여 지나치게 소극적으로 행정행위를 하는 것은 바람직하지 않다. 문제해결, 공익추구, 고객우선 등을 지향하는 소명의식을 갖는 것이 직업공무원의 자세이다. 불이익을 감내하려는 자세가 되어야 적극적인 재량행위가 가능하다.

5. 내부관리의 개선

규제행정에 대한 내부관리 차원의 개선과 관련해서는 크게 자치단체장 및 상급자 측면과 인사관리 측면의 개선과제를 제시할 수 있다. 전자와 관련하여, 위계적 성향이 강한 지방행정에서는 최고관리자인 자치단체장과 중간관리자의 자세, 행태, 역할 등이 규제공무원의 재량행위에 큰 영향을 미친다. 우선 자치단체장의 사고의 전환 및 재량행위에 대한 정확한 판단이 필요하다. 많은 자치단체장들이 선거를 의식하여 민원 발생을 극도로 경계하고 있다. 물론 민원은 적을수록 좋지만, 규제행정과정에서 불가피하게 발생할 수 있다. 이러한 경우에 자치단체장들이 규제공무원을 질책하게 되면 이들은 재량행위를 회피할 수밖에 없다. 민원 중에는 상습적인 악성민원도 적지 않다. 따라서 자치단체장은 오히려 집단민원에 대한 병풍역할을 수행하며, 민원내용을 객관적으로 판단하며, 소신을 가지고 외부비판에 대응해야 한다. 자치단체장의 리더십이 이러한 방향으로 발휘되면 규제공무원들도 보다 적극적으로 행정행위를 할 수 있다. 이와 관련하여 한 기초자치단체장은 다음과 같이 주장한다.

"담당공무원들에게 재량권을 많이 주고 긍정적으로 재량행위를 하게 한다. 자치단체장마다 부하들의 재량행위에 대한 태도가 틀린다. 올바른 재량행위는 문제될 것이 없다. 일이 되도록 하는 것이 행정이다. 공무원은 지레 겁을 먹고 소극적으로 행정행위를 하거나 법을 갖다 대고 이것은 내 일이 아니라고 하면서 일이 안 되게 하는 경향이 있다. 귀찮으면 안 되는 법이 무엇인가를 찾는다. 이런 것은 고쳐야 한다. 일을 되도록 해야 한다. 법이 같아도 관리자가 누구냐, 공무원이 어떻게 하느냐에 따라서 될 수도 있고 안 될 수도 있다. 나는 항시 적극적으로 하라고 시키지만, 공무원들은 그렇게 하지 않는다. 자치단체장의 성격이나 태도에 따라서 재량 허용이 틀린다."(대구광역시 산하 L구청장)

규제행정과정에서 중간관리자의 역할을 강화해야 한다. 국장이나 과장 등 중간관리자들도 규제대상자의 민원제기나 외부비판에 대해서 민감하다. 따라서 문제가 발생하지 않도록 법규대로 일을 하도록 지시하는 경향이 강하다. 그러나 현장상황은 재량행위가 필요한 경우가 많다. 이 경우에 규제공무원들은 대체로 중간관리자들과 협의를 하는데, 이때 중간관리자의 태도 여하에 따라서 재량행위 방식이 달라진다. 이들이 단순한 감독자의 역할에 머무를 것이 아니라, 책임을 공유하는 자세로 진취적으로 임하면 규제공무원들도 보다 적극적으로 재량행위를 할 수 있다.

규제공무원의 인사관리를 개선하고 전문성을 강화해야 한다. 현재 대부분의 규제업무는 전문직렬로 간주되지 않아 전보가 빈번하고 보직기간이 짧다. 그 결과, 전문성을 축적하기 어렵다. 업무에 대한 전문성이 부족하면 소신껏 일을 하거나 적극적으로 재량행위를 하기 어렵다. 많은 학자들이 담당공무원의 전문성이 이들의 재량행위 정도와 밀접한 관련이 있음을 지적하였다(Ellis, 2013; Evetts, 2002). 그리고 인사관리 면에서 잦은 순환보직은 무사안일주의를 조장하기 쉽다. 적극적 재량행위로 인해 문제가 발생하면 인사상의 불이익을 당할 수 있어 짧은 보직기간이 무사히 지나가기를 바란다. 따라서 소극적 재량행위 내지는 재량행위 회피를 방지하기 위해서는 전직, 전보 등 규제공무원에 대한 인사를 안정적으로 관리하여 이들의 업무 전문성을 높여야 한다.

지금까지 규제공무원의 적정 수준의 재량행위 행사를 촉진하기 위한 방안을 제언하였다. 재량행위는 과도하게 행사되어 재량행위가 자의적 판단의 수준에 이르면 규제대상자에게 큰 불이익을 초래한다. 따라서 재량행위의 오남용을 잘 방지해야 한다. 이를 위해서는 재량행위로 인한 권리침해 구제 강화, 법규의 구체성과 현실적합성 제고, 자치단체장 및 상급자의 적절한 관리감독, 업무처리 방식과 절차의 개선, 규제업무의 주기적 평가 및 불요불급한 규제의 폐지, 감사제도의 내실화 등 강구해야 할 방안들이 많다.

그러나 면접조사를 해보면 규제행정에서의 과도하고 자의적인 재량행위는 크게 줄어들고 있다. 규제업무의 전산화 및 정보화, 소셜 미디어의 발달, 민원제기의 용이성 등 규제행정 환경이 많이 변하고 규제대상자의 권리의식도 크게 향상되었기 때문이다. 따라서 현재는 오히려 소극적 재량행위 및 재량행위 회피가 더 큰 문제가 되어 규제행정의 융통성과 반응성을 저하시키고 있다. 그 결과, 과거에는 규제행정에서 재량행위의 오남용이 문제가 되었지만, 지금은 이에 못지않게 재량행위의 소극성 및 회피로 인한 문제들이 발생하고 있다. 따라서 필요한 경우에는 재량행위를 보다 적극적으로 하게 하되, 과도한 선에는 이르지 않게 하는 묘책이 필요한 시점이다. 즉, 중용(中庸)을 지키는 선의(善意)의 재량행위를 독려하는 방안을 강구해야 한다.

제5절 맺음말

지금까지 규제행정에서의 재량행위의 영향요인, 행사방식, 적정 재량행위 방안 등을 이해하였다. 전반적으로 규제업무의 전산화, 표준화, 내부감사 강화, 집단민원 등으로 인하여 규제공무원의 재량행위가 줄어들고 있다. 그럼에도 환경적 요인, 업무특성 요인, 법규 요인, 인적 요인 등 다양한 영향요인들로 인하여 여전히 재량행위의 여지는 적지 않다.

조사결과에 따르면, 과거에는 주로 규제공무원들의 재량행위 오남용을 우려하였으나, 지금은 오히려 재량행위의 지나친 소극성 및 회피 성향이 문제가 되고 있다. 규제공무원들은 감사지적 시의 불이익, 자치단체장 및 상급자의 질책, 시민단체와 언론의 감시, 규제대상자의 저항 및 민원제기, 규제공무원 자체의 책임회피와 무사안일주의 성향, 인사관리 상의 문제 등 복합적 요인들로 인해 재량행위를 소극적 혹은 회피하려는 성향이 강해지고 있다. 특히, 신세대 공무원일수록 법규만능주의 성향이 강하고 따라서 재량행위를 회피하려는 성향이 강해지고 있다.

물론 재량행위는 오남용이 되면 문제이지만, 이처럼 회피하거나 지나치게 소극적으로 행사되는 경우에도 많은 부작용을 초래한다. 규제행정을 법규대로만 하면 행정규제가 경직되고 현실과 괴리될 수 있으며, 규제대상자와의 불필요한 마찰을 유발하며, 환경변화에 대한 반응성을 저하시킨다. 따라서 재량행위의 위축 내지는 회피는 부정적인 결과를 초래할 수 있다. 재량행위는 무조건 나쁜 것이 아니다. 오남용이 되지 않는다면 적정한 수준의 재량행위는 윤활유 내지는 마중물의 역할을 할 수 있다. 더구나 행정규제는 필요한 경우도 적지 않고 순기능도 있다. 행정규제 중에서도 사회적 약자 보호, 위생, 시설안전 등과 같은 사회적 규제는 오히려 강화해야 할 분야도 많다. 따라서 행정규제에 대한 관념을 바꾸어야 한다. 경제적 규제 중에서도 과도한 사전규제가 진입장벽으로 작용하거나 과도한 번문욕례, 시간 끌기, 길들이기 규제, 편파적 규제 등이 문제가 되는 것이다. 그리고 사회가 발전하면 새로운 규제가 산출될 수밖에 없다. 따라서 규제의 필요성이 있고 또한 현실적으로 규제관련 법규를 개폐하기가 어려우면 이의 역기능을 줄이는 방안을 강구해야 한다. 그 방안의 하나가 규제공무원이 적정 수준에서 재량행위를 함으로써 규제행정의 융통성과 효율성을 도모하는 것이다. 규제공무원의 재량행위 회피와 법규만능주의는 바람직하지 않다. 적정한 수준에서 적정한 방향으로 행사하게 해야 한다. 물론 재량행위의 오남용은 억제해야 한다. 따라서 재량행위는 오남용과 회피라는 양극단을 피해 적정한 수준에서 행사되어야 한다. 이점에서 규제공무원은 중용과 절제가 필요하다.

기본적으로 재량행위는 모호한 상황에서 은밀하게, 간헐적으로, 부지불식

간에 행사되는 것이어서 객관적인 연구가 어렵다. 관련 통계자료도 산출이 불가
능하다. 재량행위에 대한 설문조사 역시 인식조사의 수준을 벗어나기 어렵다.
따라서 이 장은 이러한 한계를 보완하기 위하여 심층면접의 방식을 선택하였지
만, 여전히 연구결과의 일반화에는 한계가 있다. 주관적인 판단의 영역이 많은
재량행위를 객관적으로 측정하고 기술하는 데는 근본적 한계가 있다.

제13장

정부관료제의 행정지도 개혁

제1절 머리말

행정지도(行政指導 administrative guidance)는 "행정기관이 그 소관 사무의 범위에서 일정한 행정목적을 실현하기 위하여 특정인에게 일정한 행위를 하거나 하지 아니하도록 지도, 권고, 조언 등을 하는 행정작용"이다(행정절차법 제2조 3항). 이러한 행정지도는 실제 행정에서 광범위하게 행해지고 있다. 이는 행정지도가 그만큼 편리하고 유용하기 때문이다. 행정지도는 법률에 의하지 않고도 시행할 수 있어 신축성과 융통성 있으며, 설득과 대화의 방식으로 이를 행할 경우에는 국민들과의 마찰을 최소화하면서 행정목적을 달성하는 데 유용하다. 우리는 오랫동안 행정이 민간부문보다 우위에 있다고 생각하여 행정이 민간부문을 지도해야 한다는 사고가 강하였다. 따라서 행정지도가 광범위하게 행해졌다.

그러나 행정지도는 자칫 무분별하게 행사되거나 자의적으로 행사될 여지도 큰 것이다. 그리고 행정지도는 잘못된 행정행위에 대한 원상복구나 구제가 곤란한 경우가 많다. 일정한 법규에 의존하지 않고도 행할 수 있기 때문이다. 또한 행정지도는 행정규제를 수반하는 경우가 많다. 즉, 행정지도에 불응하거나 비협조적인 경우에는 행정규제를 발동하는 경우가 많은 것이다. 이러한 경우에는 국민들에게 상당한 심리적 부담을 초래하게 된다. 자의적으로 행사되는 행정지도는 공무원의 재량권 남용을 초래하고, 이는 행정의 형평성과 정당성을 훼손한다. 특히, 우리는 그동안 강력한 행정권을 배경으로 일방통행 행정을 해 왔다.

그 결과, 행정지도가 행정과 주민들 간의 간격을 좁히기보다는 국민들에게 부담을 초래하는 경우가 많았다.

행정과 국민이 대면 접촉하는 일선행정에서는 행정지도가 더욱 빈번하며, 그 폐해 또한 보다 직접적으로 나타난다. 일선행정은 대부분 집행행정이기 때문에 일선공무원은 일상적이고 광범위하게 행정지도를 행하고 있다. 행정지도가 오·남용되는 경우가 빈번하다. 행정지도가 국민들 간 그리고 국민과 행정 간의 갈등을 심화시키거나, 행정에 대한 불만을 심화시키는 방향으로 작동하는 경우도 흔하다. 따라서 행정지도의 실태를 정확하게 파악하고, 이를 토대로 개선방안을 모색하는 것이 시급하다.

이 장은 일선행정에서 광범위하게 행사되고 있는 행정지도의 실태와 문제점을 분석하고, 이를 토대로 행정지도가 긍정적 기능을 발휘하기 위한, 행정지도의 적정화 방안을 모색하려는 것이다. 이를 위해 우선은 행정지도의 개념, 특성, 유형 등과 관련한 이론들을 논의한다. 다음에는 일선행정에서의 행정지도의 실태와 문제점을 분석한다. 마지막으로는 행정지도의 개선방안을 제시한다.

제2절 행정지도의 의의 및 특성

1. 행정지도의 개념

행정지도는 빈번하게 행해지는 행정행위이지만, 개념 정의가 불일치하며 용어 자체도 계도, 권고, 권장, 주민지도 등 다양하게 사용되고 있다. 대체로 행정법에서는 행정지도를 "행정주체가 일정한 행정목적을 실현하기 위하여 권고 등과 같은 비강제적인 수단을 사용하여 상대방의 자발적 협력 내지는 동의를 얻어내어 행정상 바람직한 결과를 이끌어 내는 행정활동"으로 보고 있다(이동찬, 2008: 264). 김도창(1993: 536)은 행정지도를 "행정주체가 스스로 의도하는 바를 실현하기 위하여 상대방의 임의의 협력을 기대하여 행하는 비권력적 사실행위"로 정의하고 있다. 따라서 행정법에서는 행정지도를 권고나 조언 등의 비강제적, 비권력적인 사실행위의 관점에서 주로 이해하고 있다.

행정학에서 오석홍(1985: 39)은 행정지도를 "행정기관의 공무원이 그의 관할 내에서 어떤 행정목적을 달성하기 위해서 국민에게 영향을 미치는 활동으로서 법적 구속력을 직접 수반하지 않는 것"으로 보고 있으며, 천병태·김명길(2008: 346)은 행정지도를 "행정기관이 행정목적을 달성하기 위하여 조언, 요망 등과 지도, 권장과 같은 비권력적 수단으로 국민에게 임의적 협력을 구하면서 국민을 유도하여 행정기관이 의도하는 바를 실현하는 행정형식이다." 한국행정학회 온라인행정학사전에서는 행정지도를 "일정한 행정목적을 실현하기 위하여 상대방인 국민에게 임의적인 협력을 요청하는 비권력적 사실행위"라고 정의하고 있다. 따라서 행정학에서도 행정지도를 권고나 조언을 하는 것, 비권력적인 사실행위 등으로 보고 있어 행정법에서의 정의와 대동소이하다. 따라서 이러한 개념정의들을 종합해 보면, 행정지도는 "공무원이 그의 관할 내에서 어떤 행정목적을 달성하기 위하여 행정대상인 국민에게 영향을 미치려는 활동으로서, 법적 구속력을 직접 수반하지 않는 행정행위"라고 볼 수 있다.

2. 행정지도의 특성

행정지도는 다음과 같은 특성을 가지고 있다(박균성, 2012; 오석홍, 2004; 이동수·박희서, 2005; 한승연, 2004a). 첫째, 행정지도의 주체는 행정이며,[1] 일반국민을 대상으로 하는 행정체계의 경계적 작용으로서, 내부 관리행위와는 구별된다. 따라서 행정기관 간에 행해지는 각종 지휘, 협조요청 등은 행정지도에 포함되지 않는다. 둘째, 행정지도는 행정의 재량권을 전제로 한다. 행정지도는 행정이 국민에 비해 상대적으로 우월한 위치에서 국민으로 하여금 어떤 행위를 하거나 하지 않도록 지시할 여지가 큰 것이다.[2] 셋째, 비권력적이고 비강제적인 사실행위이다. 따라서 행정지도는 국민들의 자발적 동의나 임의적인 협력을 구하는 것이다. 넷째, 행정지도는 공무원이 행사하는 각종 권력을 배경으로 하는 활동이다. 공무원은 대상자들의 복종을 유도할 수 있는 행정법상의 권한, 보상 권한, 설득과 심리적 압박 등 여러 가지 수단을 가지고 있다. 실제에서 순수한 행정지

---

1) 행정지도의 주체는 원래 행정기관이지만, 특정 개인이나 단체에 위임하여 시행하는 간접 행정지도도 있다.
2) 행정지도가 갖는 이러한 속성을 山內一夫(1985)는 우위성, 적극성, 일방성이라고 부르고 있다.

도보다는 각종 인센티브를 제공하거나 상벌체계와 동시에 작용하는 경우가 많다. 다섯째, 행정지도는 국민들에게 영향을 미치려는 공무원의 의사표시적 행위로서, 적극적인 의지가 포함된 것이다. 따라서 단순한 홍보활동이나 사실 확인에 그치는 행위는 제외된다. 여섯째, 행정지도는 직접적인 법령의 근거가 있어야 하는 것은 아니며, 아울러 그 형식에서 일률적인 제약이 없는 비정형적 행위이다. 그러나 행정지도도 법규상의 임무와 관할범위 내에서 행해져야 하며, 행위의 내용도 행정원리와 직업윤리에 부합해야 한다. 마지막으로, 행정지도는 공무원들이 직무와 관련하여 행하는 활동이며, 특정한 행정목적이나 행정질서를 실현시킬 목적을 가지고 있다.

3. 행정지도의 유형

행정지도에 대한 가장 보편적인 유형화는 이의 기능을 중심으로 규제적, 조정적, 조성적 행정지도로 구분하는 것이다. 우선 규제적(regulatory) 행정지도는 공익일반 또는 행정목적에 위배되는 행위를 규제 또는 예방하기 위하여 행해지는 것이다(천병태·김명길, 2008). 규제적 행정지도에는 법적 강제력이 있는 행위와는 별개로 행해지는 독자적인 행정지도와 법적 강제력이 있는 행위에 부수하는 부수적 행정지도가 있다. 전자는 다시 응급적 행정지도와 대체적 행정지도로 구분되는데, 응급적 행정지도는 법적 구속력이 있는 행정작용을 필요로 하는 긴급한 행정수요가 발생하였으나, 직접적인 법률적 근거가 없는 경우에 행하는 것이다. 대체적 행정지도는 법적 강제력을 행사할 수도 있지만, 이보다는 행정지도가 바람직하다는 정책적 판단에 의거하여 행하는 것이다(계인국, 2015). 반면에 부수적 행정지도는 사전권고, 시정권고, 민원신청인에 대한 권고로 구분할 수 있다. 사전권고는 강제명령을 하기 이전 단계로 행하는 것이며, 시정권고는 위반상태를 시정하도록 권고하는 것이다. 민원신청인에 대한 권고는 민원인에게 민원신청 철회 등의 권고를 하는 것이다. 조정적(reconciliatory) 행정지도는 대립하는 당사자들의 이해관계를 조정하고 사인 간의 분쟁해결을 위하여 행정관청이 중개나 알선 등의 형식으로 개입하는 것이다(이동찬, 2008). 이는 사인 간에 발생하는 이해 대립을 조정하는 것이 공익목적 상 필요한 경우에 행하는 것이다. 조성적(promotional) 행정지도는 국민의 이익을 증진시키기 위한 봉사성격의 촉진적 행정지도로서, 상대방에게 기술적·전문적 조언, 권고, 정보제공, 지식제공 등을 행하는 것이다. 그러나 행정지도를 이렇게 나눌 수 있지만, 실제에서는 행정지도는 어느 하나의 기능만 수행하기보다는 복합적 기능을 수행하는 경우가 많다(한승연, 2004a).

행정지도는 법적근거의 유무별로 구분할 수도 있다. 우선 법령의 직접적인 근거규정에 의한 행정지도는 법령에 특정의 행정지도에 대한 절차적 의무규정을 두거나 행정지도를 할 수 있는 수권규정을 두는 경우다. 다음에는 법령의 직접적인 근거규정에 의하지 않는 행정지도로서, 법규의 강제력 있는 행정행위 대신에 하는 대체적 행정지도, 법적 구속력이 있는 행정처분에 선행하는 사전권고, 법적처분을 배경으로 민원신청인에게 권고하는 것, 법령의 근거가 없이 행정지도를 하는 경우 등이 해당한다(정동근, 1997).

이 외에도 행정지도는 목적, 특정성, 동기, 형식 등에 따라서 다양하게 유형화할 수 있다. 우선 목적별로는 경제적 행정지도와 사회적 행정지도로 구분할 수 있다(최병선, 2001). 행정지도는 또한 상대방의 수와 특정성을 기준으로 특정 개인에 대한 개별적 행정지도, 특정집단에 대한 집단적 행정지도, 불특정 다수에 대한 일반적 행정지도로 나눌 수도 있다. 그리고 공무원과 국민의 접촉을 기준으로 직접적 행정지도와 간접적 행정지도로 구분할 수 있으며, 공무원의 행태와 국민의 반응을 중심으로 민주적 참여형 행정지도와 권위적 독단형 행정지도로 구분할 수 있다.

4. 행정지도의 장·단점

행정지도는 기능적 유용성이 크다. 행정행위는 법령에 근거하는 것이 좋지만, 이를 모두 법령으로 정한다는 것은 입법기술상 불가능하다. 행정기관의 전문적, 기술적인 지도나 조언이 필요한 경우에는 행정지도가 불가피하며, 수평적이고 대등한 관계에서 상대방의 협력을 유도하는 데서도 행정지도는 유용하다. 그리고 행정지도는 대상자인 국민과의 불필요한 마찰을 방지하는 데도 유용한 행정수단이 된다. 구체적으로 행정지도의 유용성 내지는 장점을 살펴보면 다음과 같다(오석홍, 2004; 이동찬, 2008; Harlow and Rawlings, 2006).

첫째, 행정지도는 유연성과 탄력성이 높으며, 따라서 행정의 적기성과 상황적응성을 제고할 수 있다. 오늘날 행정환경은 매우 가변적이고 동태적이다. 행정지도는 법령에 반드시 의존하지 않아도 되기 때문에 이러한 비정형적인 상황에 유연하게 대처하는 데서 장점이 있다. 법령이 제대로 규율하지 못하는 상황에서 적기에 또는 임기응변적으로 행정수요에 대응할 수 있다.

둘째, 행정지도는 법령 보완적 기능을 수행한다. 행정에서는 행정권 행사의 근거 법령이 불비하거나 법령과 현실 간에 괴리가 발생하는 경우가 적지 않다. 이 경우에 행정지도는 법령의 미비점을 보완해 준다. 그리고 인허가와 관련하여, 행정지도는 이를 행하기 전에 실험적·보충적으로 행해질 수 있으며, 이를 통해서 인허가의 적부(適否)를 예측할 수 있게 해준다.

셋째, 행정지도는 국민과의 마찰을 줄이고 행정절차의 민주화를 촉진하는 데 기여한다. 행정지도는 대립하는 이해관계를 조정하고 통합하는 기능이 있다. 법규로서 규율하기 이전에 설득이나 유인을 통해서 국민들의 협력을 구하는 행정지도를 행함으로써 행정목적을 달성하면서도 공권력 발동 시에 야기될 수 있는 행정과 국민 간의 마찰을 방지할 수 있다. 또한 행정지도는 그 과정에서 상대방의 동의나 협력을 구하게 되므로 행정절차의 민주화를 촉진한다.

넷째, 행정지도는 행정의 간편성, 편의성, 원만성을 제고한다. 우선 행정지도는 행정업무 수행을 간편하게 하며, 시간과 노력을 절약하는 기능이 있다. 그리고 행정지도는 관련 당사자들의 이해관계 면에서도 행정으로서는 법령에 준거하지 않으면서도 영향력을 행사할 수 있으며, 국민들로서는 복잡한 소송절차와 비용을 들이지 않고 분쟁을 해결할 수 있다. 즉, 행정지도는 편리하고 간편한 문제해결 수단이 되는 것이다. 그리고 행정지도는 이를 행하는 과정에서 서로 협의와 양보를 통해서 보다 온정적인 입장에서 원활하게 행정활동을 수행하는 데 유리하다.

다섯째, 행정지도는 예방행정의 차원에서도 중요하다. 우선 행정지도는 피해가 발생하면 회복이 곤란한 경우에 행정권의 발동 이전에 예방수단으로서 유용하다. 그리고 행정지도는 입법화 이전에 법시행의 분위기를 조성하거나 정책의 타당성을 사전에 평가해 보는 기능이 있다. 이를 통해서 새로운 법규나 정책의 시행착오를 줄일 수 있다.

마지막으로, 행정지도는 대상자의 비밀을 보호하는 데 유용하다. 행정지도는 보안을 유지하고 대상자들의 명예를 보호하는 데 장점이 있는 것이다. 예로서, 윤락녀, 에이즈환자 등의 경우에 이들의 비밀과 사생활을 보호하는 것이 중요한데, 이러한 경우에 행정지도는 일정한 절차와 형식에 구애받지 않고 증거를 남기지 않고 비밀리에 행할 수 있다.

그러나 행정지도는 장점과 유용성만 있는 것은 아니다. 자칫 자의적, 편의적, 선별적으로 행사될 때에는 폐단이 적지 않다. 특히, 행정지도는 기준이나 제약이 모호하여 오·남용될 우려가 있다. 행정지도의 폐단을 구체적으로 살펴보면 다음과 같다(박균성, 2012; 이동찬, 2008; Bradley and Ewing, 2007).

첫째, 행정지도는 법적 근거가 없이도 행할 수 있어 남용될 우려가 있고 이에 따라 국민들의 권익을 침해할 우려가 큰 반면에, 피해구제는 곤란한 경우가 많다. 행정지도는 사실상 강제력을 갖는 경우가 많음에도 불구하고, 상대방의 임의적 협력을 구하는 비권력적인 작용이라는 이유로 법적 근거가 없어도 가능하며, 구체적인 한계도 불명확한 경우가 많다. 따라서 행정지도의 요건과 내용에 대한 법적 제약도 거의 없으며, 그 결과 위법·부당한 행정지도가 남용되거나, 자의적으로 발동되어 국민들의 권익을 침해할 소지가 있다. 행정지도는 또한 책임소재가 모호하거나 불분명한 경우가 많다. 그러나 행정지도에 의하여 국민들의 권익이 침해된 경우에도 피해를 구제하는 데는 어려움이 있다. 이 점에서 행정지도는 행정구제의 사각지대이다.

둘째, 행정지도는 공익을 훼손하고 행정의 형평성을 저해할 수 있다. 특히 쌍방의 이해관계가 합치되어 행정지도를 행하는 경우에는 공익이 심각하게 훼손될 수 있다. 그리고 기밀유지 및 상대방의 명예나 권익보호를 이유로 은밀하게 행정지도가 행해지거나, 행정지도 과정에서 공무원의 재량행위가 과도하게 개입하면 행정의 형평성이 저해된다. 물론 이러한 폐쇄적이고 비밀주의적 행정지도는 행정의 부정부패로 연결될 수 있다.

셋째, 행정지도는 자칫 행정민주화에 역행할 수 있다. 행정지도가 비밀주의를 강화하여 국민의 감시를 방해하거나, 일방적으로 행해질 경우에는 행정의 민주화를 저해할 수 있다. 그리고 행정지도는 자칫 입법영역을 과도하게 침해하거나 행정권한을 과도하게 확장할 우려가 있는데, 이 역시 행정의 민주화와는 상충되는 것이다.

넷째, 행정지도는 법치주의와 마찰을 일으킬 수 있다. 탈법적 행위까지도 행정지도라는 이름으로 행해지는 경우가 있으며, 행정지도가 법률제정을 고의로 지연시키거나 입법영역까지 침범하는 경우가 있다. 이 경우에는 법치주의행정이 훼손될 수 있다. 그리고 행정지도는 강제성을 띠는 경우가 많다. 따라서 이에 대한 절차적 통제가 없으면 행정지도의 남용으로 인하여 법치주의가 침해될 수 있다.

다섯째, 행정지도에 불응할 경우에 일방적으로 불이익을 가할 우려가 있다. 행정지도는 비권력적 사실행위로 이의 수용여부는 상대방의 임의적 판단에 맡겨진다. 그러나 실제로는 행정지도에 불응하면 위생검사, 세무조사, 언론공표 등 다양한 제재조치가 가해질 수 있다. 그리고 권력 면에서 행정지도 주체가 대상자보다 우위에 있으며, 행정지도와 행정규제는 연동할 가능성이 높다.

여섯째, 행정지도는 책임소재를 불분명하게 할 수 있다. 행정지도는 요건이나 형식면에서 객관성 정도가 낮으며, 법규에 의하지 않고도 행해질 수 있으며, 재량행위가 개입될 소지가 크다. 따라서 문제가 발생할 경우에는 책임소재가 불분명하게 되며, 그 결과 책임회피를 조장할 수 있다. 행정지도를 구두로 할 경우에는 더욱 그러하다. 따라서 행정지도의 요건과 내용에 관한 실체적 규정이 필요하게 된다(이동찬, 2008).

마지막으로, 행정지도는 행정의 효율성을 저해할 수 있다. 편의적, 형식적, 임기응변식의 행정지도는 행정의 계속성과 예측가능성을 손상시켜 행정의 효율성을 저해한다. 단기적 안목이나 과욕에 의한 행정지도 역시 졸속적인 행정지도를 유발함으로써 행정낭비를 초래한다. 국민들의 이기적 편의주의에 기인한 행정지도는 부정부패의 온상이 될 수 있다.

5. 우리나라 행정지도의 팽창 원인

행정지도의 팽창원인에 대해서는 이를 특정한 문화적 속성에서 기인하는 것으로 보는 견해와 보편적인 현상으로 보는 견해가 대립하고 있다. 전자는 동아시아 국가들에서 행정지도가 특히 많이 행해지고 있는 현실에 주목한다. 동아시아 국가들은 유교문화의 토양을 가지고 있는 국가들이며, 근대화과정에서 행정이 선도적인 역할을 수행해온 공통점이 있다(Ginsburg, 2001). 반면에 후자는 행정지도는 어느 나라에서나 발생하는 보편적 현상임을 강조한다. 즉, 자본주의 경제의 발전과 더불어 행정의 시장개입이 증가하면서 행정지도 역시 증가한다는 것이다. 행정지도는 특정한 문화적 전통이 아니라, 법치주의의 불완전성을 보완하고 법과 현실 간의 간격을 메워주는 데서 유용하기 때문에 어느 국가에서나 보편적인 현상이라고 보는 것이다(Epstein, 2016).

그러나 어느 견해를 따르든, 실제로는 행정지도가 팽창하는 원인은 복합적이다. 우리나라에서 행정지도가 만연하는 것은 행정의 적시성·상황적응성·수월성 제고, 행정의 부작용 및 과오의 최소화, 행정절차의 민주화 촉진, 민원인의 사생활 보호 등과 같은 행정지도가 가지는 기능적 효용성이라는 보편적 요인과 더불어, 우리나라 특유의 문화적, 전통적 요인이 겹쳐있기 때문이다(한승연, 2005). 우리나라에서 행정지도를 팽창시킨 특유의 요인들을 보면, 첫째, 관(官)주도의 유교적 민본주의와 관존민비의 계층제적 사고가 행정지도의 팽창을 촉진하였다. 유교적 민본주의 하에서 관료들은 목민관의 입장에서 백성들을 보살펴야 할 의무감을 가져야 한다. 이는 관과 민이 수평적 관계라는 의미가 아니다. 관이 지식과 기술면에서 우위에 있으며, 따라서 민간부문은 선도와 계몽의 대상이 되는 계층제적 관계이다. 이러한 목민관적인 전통, 관우위의 계층제적 문화 속에서 행정지도가 만연할 소지가 큰 것이다(백완기, 1995).

둘째, 정부주도로 각종 사회개혁운동을 전개한 역사적 경험 역시 행정지도를 팽창시켰다. 근래까지도 사회개혁이라는 명분으로 다양한 형태로 국민을 동원하였는데, 대부분이 행정지도의 형태로 행해졌다. 일제강점기의 농촌진흥운동, 국민총력운동 등의 사회운동과 전시동원체제 등은 강력한 행정지도를 필요로 하였다(Hwang, 2010). 해방이후에도 1960~1970년대 박정희 정부에서의 국가재건운동, 서정쇄신운동, 새마을운동, 전두환 정부에서의 사회정화운동, 그리고 근래의 바르게살기운동에 이르기까지 다양한 사회개혁운동이 정부주도로 추진되면서 강력한 행정지도가 병행하였다(오석홍, 2004).

셋째, 급속한 경제성장과 이를 위한 발전국가의 전통 역시 행정지도를 팽창시켰다. 우리는 산업화과정에서 국가주도 경제발전전략을 채택하였다. 즉, 서구 선진국들이 민간부문을 중심으로 장기간에 걸쳐서 산업화를 추진해온 데 비해서, 우리는 정부관료제를 중심으로 계획－합리적 발전전략을 토대로 단기간에 산업화와 경제발전을 달성하고자 하였다(Pirie, 2008). 이처럼 국가가 경제발전을 선도하는 과정에서 행정지도가 적극적으로 사용되었다.

넷째, 급변하는 행정환경에 적응하는 과정에서 행정지도가 빈번하였다. 동태적 행정환경은 잦은 정책변동을 초래하였으며, 이러한 상황에서 입법을 통해서 급변하는 행정수요에 대응하기가 어려웠다. 따라서 상황에 신속하게 적응한다는 취지하에서 법령이 없이도 시행될 수 있는 행정지도가 만연하였다.

다섯째, 민간부문의 취약성 및 정부의존성향 역시 행정지도를 팽창시켰다. 그동안 정부주도의 경제발전과정에서 민간부문의 자율성과 창의성은 저하되었으며, 민간부문의 정부의존심리가 만연하였다. 이러한 상황에서 정부는 민간부문의 능력을 불신하였으며, 이는 행정지도를 촉진하였다(계인국, 2015; 이상철, 2004).

여섯째, 외래적 법제와 현실 간의 괴리가 컸던 것도 행정지도를 촉진하였다. 해방 이후 우리는 서구와 동조화하는 것을 근대화라고 생각하였기 때문에 우리의 실정은 고려하지 않은 채, 서구의 법제를 모방하는 데 급급하였다. 그러나 서구에서 오랜 시행착오를 통해서 고안된 이러한 법제들이 우리의 현실과 부합하지 않는 경우가 많았다(서문기, 2014). 이는 현장에서 법제와 현실 간의 괴리를 초래하였다. 이러한 상황에서 일선에서는 법령을 적용하는 데서 행정지도를 병행하거나, 행정지도로 대체하는 현상이 발생하게 되는 것이다.

마지막으로, 공무원과 국민의 행태적 속성이 행정지도를 촉진하였다. 법령에 따라서 행동하는 것이 번거롭다고 생각하는 편의적 행태가 행정지도를 팽창시킨다. 공무원으로서는 행정지도는 일을 쉽게 처리할 수 있는 수단이 되며, 주민들로서도 행정처분을 받지 않고도 문제를 해결할 수 있는 수단이 된다. 다음에 우리에게서 뿌리 깊은 정의적(情誼的) 행태 역시 행정지도를 만연시키는 원인이 된다. 법규에 따라서 원칙대로 하기보다는, 행정지도를 통하면 행정과 국민 간의 관계가 보다 원만해질 수 있다고 생각하는 것이다. 반면에 권위주의적 행정행태는 민간의 자율성에 맡기기보다는 선도행정에 대한 유혹을 갖게 하며, 이 역시 행정지도의 증가를 유발한다.

일선행정에서의 행정지도의 실태 분석

1. 행정지도의 동기

일선공무원들이 행정지도를 행하는 동기는 다양하다. 행정행위를 해야 하지만 법률적 근거가 없어서 행정지도를 행하는 경우도 있으며, 행정지도가 행정규제 등에 비해서 간편하고 편리하기 때문에 행하는 경우도 있다. 또한 행정규제의 전단계로 행정지도를 행하기도 하며, 민원인과의 마찰을 줄이고 민원사항을 보다 원만하게 해결하기 위한 수단으로 행정지도를 행한다(김도승, 2012). 면접조사를 토대로 일선공무원들이 행정지도를 행하는 동기를 구분해 보면, 첫째, 민원인과의 불필요한 마찰을 줄이는 데 유용하기 때문에 행정지도를 행하는 경우가 많다.

"단속대상 업무에 대해 주민들에게 바로 단속을 하지 않고 행정지도로 유도하는 경우가 있다. 이렇게 하는 것은 행정업무를 추진하는 데서 민원인과의 마찰을 줄이며, 시간을 절약하고 원활하게 업무를 추진하는 데에 그 목적이 있다."(경상북도 G시의 23년차 5급 공무원). "행정지도는 과도한 규제나 법적 대응보다 훨씬 수월하게 일을 처리할 수 있으며, 주민들의 자발적인 참여를 유도하기 때문에 강제적인 대응으로 일관하는 것보다 훨씬 부드럽게 일을 처리할 수 있다."(대구광역시 D구청의 12년차 7급 공무원)

둘째, 행정지도를 통해서 행정업무를 신속하게 처리할 수 있으며, 큰 무리 없이 행정목적을 달성할 수 있다는 효율성의 측면에서 행정지도의 동기를 언급하는 의견이 많다.

"행정지도 대상자가 법률행위의 위반사실을 인지하지 못하고 있는 경우가 많다. 이런 경우에 행정지도를 하면 이들로부터 비교적 신속하게 협력을 받을 수 있다. 민원해결도 신속하게 해결할 수 있다."(대구광역시 D구청의 9년차 7급 공무원)

셋째, 행정규제의 전단계로 혹은 행정규제에 부수하여 행정지도를 행하는 경우도 많다. 즉, 법령을 집행하기 이전에 민원인을 설득하거나, 법을 집행할 시에 불만을 표출하는 민원인을 이해시키는 방편으로 행정지도를 많이 이용하고 있다. 또한 행정처분 이전에 민원인의 의견을 들어보고 반영하기 위해서 행정지도를 행하기도 한다.

> "행정지도를 하게 되는 동기는 고발 등 행정조치를 취하기 이전에 의도한 목표를 달성할 수 있기 때문이며, 민원인과의 큰 마찰이 없이 설득이 가능하여 효과가 있기 때문이다."(대구광역시 D구청의 10차 7급 공무원)

이 외에도 행정지도를 하는 동기는 행정지도를 통하여 행정과 민원인 간의 거리를 줄일 수 있기 때문에, 행정에 대한 주민들의 자발적 협력을 유도하는 데 유리하기 때문에, 민원인 쌍방을 중개하고 행정에 대한 이해를 증진시킬 수 있어 행정지도를 행하게 된다.

> "주민의 알 권리를 신장시키고, 주민들에게 중구난방이 아닌 일관된 행정의 방향을 제시할 수 있으며, 서먹서먹하기 쉬운 관청이 보다 온화하고 따뜻하고 친밀함을 느끼게 하기 위하여 행정지도를 행한다. 근래 들어서 주민들의 행정수요 증가로 행정지도의 필요성이 더욱 부각되고 있다."(경상북도 G시의 26년차 6급 공무원). "나의 경우는 법적 규제가 애매한 경우에 행정목적을 실현하기 위하여, 민원인 쌍방 간의 의사소통 부재에 따른 해결점을 찾기 위하여, 그리고 시정을 제대로 이해하지 못한 민원인을 이해시키기 위하여 행정지도를 행하는 경우가 많다." (경상북도 G시의 25년차 6급 공무원)

2. 행정지도의 방식

행정지도의 방식은 다양하다. 우선 형식면에서 구두(口頭)로 행하는 방식, 문서로 행하는 방식, 회의를 통한 방식으로 구분할 수 있다. 그리고 행정지도 대상자의 수에 따라서는 1:1로 대면하는 방식과 집단적으로 설명하는 방식으로 구분할 수도 있다. 또한 행정지도의 내용에 따라서 당부형, 협의형, 설득형, 지시형 등으로 구분할 수도 있다(한승연, 2004a).

면접조사에 의하면, 행정지도의 형식이나 내용은 담당공무원의 개인적 성향이나 담당업무의 성격에 따라 다르지만, 전반적으로는 현장에서 민원인을 만나서 구두로 행하는 방식, 집단적으로 하기보다는 1:1로 행하는 방식, 일방적 지시보다는 대화나 설득의 방식으로 행하는 경향이 강하다. 그러나 구체적인 행정지도 방식은 사안에 따라서 다양하다. 전화로 간단하게 처리하기도 하며, 일차적으로 구두로 행하고 여의치 않으면 문서로 행하기도 하며, 다수민원일 경우에는 집단설명회 방식을 사용하기도 한다. 즉, 다양한 방식을 상황에 따라 혼합하여 사용하는 경우가 많은 것이다.

"대체적인 행정지도는 구두전달로 하고 있으나, 긴밀한 협력이 필요하다든지, 행정지도에 대한 법적 시비가 발생할 것으로 우려되는 경우에는 문서로 행하고 있다."(대구광역시 D구청의 12년차 7급 공무원). "경미한 위법행위에 대해서는 초기에 현장방문을 통한 대화형식으로 행정지도를 행하고, 그래도 위법행위가 개선되지 않거나 원상회복이 되지 않으면 공문을 통해 행정지도를 행한다."(경상북도 C군의 22년차 6급 공무원)

3. 행정지도의 장점과 유용성

행정지도가 일반적으로 사용되고 있는 데는 행정지도의 기능적 유용성이 크기 때문이다. 행정활동은 법령에 의거하는 것이 좋지만, 이를 모두 법령으로 정한다는 것은 입법기술상 불가능하다. 행정기관의 전문적, 기술적 지도나 조언이 필요한 경우에는 행정지도가 불가피하며, 국민들의 협력을 바탕으로 유연하게 행정목적을 실현하는 데서도 행정지도는 유용하다. 그리고 행정지도는 대상자인 국민과의 마찰을 줄이는 데도 유용한 행정수단이다(이동찬, 2008).

구체적으로, 행정지도는 유연성과 탄력성이 높으며, 따라서 행정의 적기성과 상황적응성을 제고할 수 있다. 오늘날 행정환경은 가변적이고 동태적이다. 행정지도는 반드시 법령에 의존하지 않아도 되기 때문에 이러한 비정형적 상황에 대처하는 데 장점이 있다. 법령이 미비한 상황에서 적시에 응급적으로 행정수요에 대응할 수 있다. 행정지도는 급변하는 사회경제적 상황과 과학기술의 발전에 유연하고 신속하게 대응할 수 있다(Epstein, 2016).

　　"행정지도는 강제성이 없고 임의적인 협력을 전제로 하는 것이므로 법적으로 명시적인 근거가 필요하지 않고 탄력적으로 운영할 수 있어 분쟁의 소지를 줄일 수 있다."(경상북도 G시의 34년차 5급 공무원). "일선 행정현장에서는 변화하는 행정환경에 신속하게 대응하는 것이 무엇보다 중요하다. 현장에서는 다양한 형태의 민원이 매일 발생하는데, 이것을 일일이 법규를 찾아서 대응하기가 어렵다. 법규에 제대로 뒷받침이 되지 않는 경우도 많다. 따라서 그때그때 상황에 맞추어서 대응하는 데는 행정지도가 유용하다."(대구광역시 S구청의 7년차 8급 공무원)

　　행정지도는 또한 법령 보완적 기능을 수행한다. 행정에서는 행정권 행사의 근거 법령이 불비하거나 법령과 현실 간에 괴리가 발생하는 경우가 많다. 이 경우에 행정지도는 법령의 미비점을 보완해 준다. 그리고 인허가와 관련하여, 행정지도는 이를 행하기 전에 실험적·보충적으로 행해질 수 있으며, 이를 통해서 인허가의 적부(適否)를 예측할 수 있다(Harlow and Rawlings, 2006).

　　"실무에서는 세세한 부분까지 필요하지만 상위 법령이나 업무 매뉴얼에서는 모든 경우를 설명하지 못한다. 행정지도는 이를 보충하는 데 유용하다. 실제 현장에 가보면 전혀 생각하지 못하던 사건들이 많이 발생한다. 평소에 관련 법령도 많이 참고하지만, 법령을 적용할 수 없는 사안들이 많이 발생한다. 이러한 경우에는 법령만 찾아서 적용하기는 어려우며, 행정지도의 방식으로 대처해야 한다."(대구광역시 S구청의 10년차 7급 공무원)

　　행정지도는 국민과의 마찰을 줄일 뿐 아니라, 행정절차의 민주화를 촉진하는 데 기여한다. 행정지도는 대립하는 이해관계를 조정하고 통합하는 기능이 있다(김도승, 2012). 법규로서 규율하기 이전에 설득이나 유인을 통해 주민들의 협력을 구하는 행정지도를 행함으로써 행정목적을 달성하면서도 공권력 발동 시에 야기될 수 있는 마찰을 줄일 수 있다. 또한 행정지도 과정에서 상대방의 동의나 협력을 구하게 되므로 행정절차의 민주화를 촉진한다.

"행정지도의 장점은 민원인과의 마찰을 최소화할 뿐만 아니라 업무추진의 효율성이 뛰어나다는 것이다. 또한 행정지도는 융통성과 재량이 있어 민원인에게 얼마간의 기간을 주어 일정 사업을 완결할 수 있도록 선택의 여지를 줄 수 있다." (경상북도 G시의 23년차 5급 공무원). "행정지도의 가장 큰 장점은 설득을 통한 일처리로 업무수행의 비용을 최소화하면서 아주 큰 효과를 얻을 수 있다는 것이다. 그리고 여러 가지 복잡한 사항을 단순한 법집행이 아니라, 다양한 성향을 가진 주민들의 의견을 최대한 존중하면서 일을 처리할 수 있어 행정집행에 대한 주민들의 이해도를 높일 수 있다."(대구광역시 D구청의 12년차 7급 공무원)

행정지도는 행정의 간편성, 편의성, 원만성을 제고한다. 우선 행정지도는 행정업무 수행을 간편하게 하며, 시간과 노력을 절약하는 기능이 있다. 그리고 행정지도는 법령에 준거하지 않으면서도 영향력을 행사할 수 있으며, 주민들로서는 복잡한 소송절차와 비용을 들이지 않고 분쟁을 해결할 수 있다. 즉, 행정지도는 편리하고 간편한 문제해결 수단이 되는 것이다(오석홍, 2004).

"행정지도는 장점이 많다. 행정절차를 간소화할 수 있어 편리하다. 그리고 주민들로 하여금 각종 행정양식에 기재를 해야 하는 어려움을 덜 수 있으며, 누구에게나 행정의 문호를 개방할 수 있다. 그러나 이러한 장점을 잘 살리려면 행정지도의 통일성을 확보하고 일관성을 유지하는 것이 필요하다."(경상북도 G시의 26년차 6급 공무원). "행정지도는 과태료 등 경제적 징수를 하기 전에 주의를 환기하기 위하여 하는 것이기 때문에 민원이 줄어 원만하게 문제를 해결하는 데 큰 도움이 된다. 그리고 행정지도는 규정된 법령에 따르지 않아도 되기 때문에 인간적인 면이 있다."(대구광역시 S구청의 10년차 7급 공무원)

그리고 행정지도는 예방행정의 차원에서도 중요하다. 우선 행정지도는 피해가 발생하면 회복이 곤란한 경우에 행정권한의 발동 이전에 예방의 수단으로서 유용하다. 그리고 행정지도는 입법화 이전에 법 시행의 분위기를 조성하거나 정책의 타당성을 사전에 평가해 보는 기능이 있다. 이를 통해서 새로운 법규나 정책의 시행착오를 줄일 수 있다(이동찬, 2008).

"행정지도를 통해서 민원인의 감정을 해치는 경우를 미연에 방지할 수 있으며, 민원인 쌍방 간에 화해와 의사소통의 길을 열어 준다. 또한 행정지도를 하면 법령의 내용을 보다 명확하게 전달해 줄 수 있다. 따라서 행정지도는 행정행위를 하는 데서 구태여 법령에 의존하지 않게 하는 데 도움이 된다. 법령에 의존하지 않고서도 행정의 목적을 달성할 수 있다면, 그것이 좋은 행정이라고 생각한다."(경상북도 G시의 25년차 6급 공무원)

이 밖에도 행정지도는 대상자의 비밀을 보호하는 데 유용하다. 즉, 행정지도는 보안을 유지하고 대상자들의 명예를 보호하는 데 장점이 있다. 예로서, 윤락여성, 질환자 등을 상대하는 행정의 경우는 이들의 비밀과 사생활을 보호하는 것이 중요한데, 이 경우에 행정지도는 일정한 절차와 형식에 구애받지 않고 행할 수 있다. 그리고 오늘날의 정보화사회에서 행정지도는 국민들에게 최신의 지식·기술·정보를 제공해 줄 수 있는 수단이 된다(최용혁·소병수, 2019).

4. 행정지도의 폐단

행정지도는 장점과 유용성만 있는 것은 아니며, 자의적, 편의적, 선별적으로 행사될 때에는 폐단도 적지 않다. 특히, 행정지도는 명확한 기준이나 제약이 존재하지 않기 때문에 남용될 우려가 있다. 행정지도의 우려되는 폐단을 구체적으로 보면, 첫째, 행정지도는 법적 근거가 없이 행할 수 있어 오남용의 우려가 있으며, 이에 따라 국민들의 권익을 침해할 우려가 큰 반면에, 피해구제는 곤란한 경우가 많다.[3] 이 점에서 행정지도는 행정구제의 사각지대이다(이동찬, 2008). 행정지도는 또한 책임소재가 모호하거나 불분명한 경우가 많다.

---

3) 그 이유는 행정지도는 비권력적 사실행위로서 상대방의 복종의 임의성이 전제되어 사법심사나 행정상 손해배상의 대상이 되지 않기 때문이다(박균성, 2012).

"실질적인 행정조치도 없이 행정지도가 빈번하게 행해질 경우에 이것이 위법행위가 되더라도 원상복구가 어려우며, 따라서 적절한 구제를 받기가 어려운 경우가 많다. 그리고 행정지도의 예방효과에 대해서도 의문이 든다. 따라서 행정지도는 신중하게 행해져야 하며 남발되어서는 안 된다."(경상북도 C군 의 22년차 6급 공무원). "행정지도는 원칙적으로 법적 효력이 없으므로 원만한 해결이 되지 않을 경우도 많이 발생하며, 행정지도가 오남용 될 경우에는 피해구제와 관련한 문제가 발생할 수 있다. 우리는 행정지도가 편리하다고 쉽게 행하지만, 자칫 주민들이 피해를 입었다고 민원을 제기하면 구제를 둘러싸고 쌍방 간에 논란이 발생할 수밖에 없다."(대구광역시 D구청의 9년차 7급 공무원)

둘째, 행정지도는 공익을 훼손하고 행정의 형평성을 저해할 우려가 있다. 특히, 쌍방의 이해관계가 합치되어 행정지도를 행하는 경우에는 공익이 훼손될 우려가 있다.[4] 그리고 기밀유지 및 명예보호를 이유로 은밀하게 행정지도를 행하거나 행정지도 과정에서 담당공무원의 재량행위가 과도하게 개입되면 행정의 형평성이 저해되기 쉽다. 이는 행정부패로 연결될 수도 있다.

"행정지도는 민원인의 감정을 상하게 할 수 있으며, 상대가 있는 민원인 경우에는 일방적인 편들기라는 오해를 받을 수 있다. 또한 법적 근거와 관련이 없이 행정지도를 남발하게 되면 행정편의주의에 빠져들 수 있음은 물론, 행정이 불공평해질 수도 있다. 그리고 행정지도로 인하여 공무원의 업무량이 증대하는 문제도 있다."(경상북도 G시의 25년차 6급 공무원). "행정지도의 단점은 이를 구두로 하는 경우가 많아 객관적이지 못하다는 점이다. 객관성이 부족하면 지방행정의 형평성 문제에 대해서 민원인들의 불만을 제기할 소지가 있다고 본다."(경상북도 C군의 9년차 7급 공무원)

셋째, 행정지도는 행정민주화에 역행할 수 있다. 즉, 행정지도가 비밀주의

---

4) 예로서, 소방시설이 미비한 건물주에게 시정명령 등의 행정규제 조치를 취하지 않고, 형식적인 행정지도를 할 경우에는 안전행정이라는 공익적 가치가 훼손될 수 있는 것이다(이동찬, 2008).

를 강화하여 국민의 감시를 방해하거나, 일방적으로 행해질 경우에는 행정의 민주화를 저해할 수 있다. 그리고 행정지도는 자칫 입법영역을 침해하거나 행정권한을 과도하게 확장할 우려가 있는데, 이 역시 행정의 민주화에 역행한다(Harlow and Rawlings, 2006).

넷째, 행정지도는 법치주의와 마찰을 일으킬 수 있다. 탈법적 행위까지도 행정지도라는 이름으로 행해지는 경우가 있으며, 행정지도가 법률 제정을 고의로 지연시키거나 입법영역까지 과도하게 침범하는 경우가 있다. 이 경우에는 법치주의 행정이 훼손될 수 있다. 그리고 행정지도는 강제성을 띠는 경우가 많다. 따라서 이에 대한 절차적 통제가 없으면 행정지도의 남용으로 법치주의가 침해될 수 있다(Epstein, 2016). 역사적으로 보면, 각종 사회개혁운동 과정에서 자의적인 행정지도가 많았으며, 그 결과 법치주의 행정이 위협받는 경우가 많았다(정동근, 1997).

"행정지도는 법적 근거가 없이도 시행할 수가 있어 편리한 점이 있다. 그러나 법적 근거가 없다는 것은 사후에 책임소재 문제를 야기할 수 있으며, 이는 행정의 합법성 논리를 저해한다. 그리고 행정지도가 사실상 상대방의 입장에서는 권력으로 느껴져 거부감이 생길 수 있다."(대구광역시 S구청의 7년차 8급 공무원)

다섯째, 행정지도에 불응할 경우에 일방적으로 불이익을 가할 우려가 있다. 행정지도는 비권력적 사실행위로 이의 수용여부는 상대방의 임의적 판단에 맡겨진다(박균성, 2012). 그러나 실제로는 행정지도에 불응할 경우에는 위생검사, 세무조사, 보조금 차등 지급 등 다양한 제재조치가 가해질 수 있다. 그리고 권력 면에서 행정지도를 행하는 공무원이 대상자보다 우위에 있으며, 행정지도와 행정규제는 연동할 가능성이 높다.

"행정지도는 행정기관의 필요에 의해 진행되므로 일방적으로 이루어지는 경우가 많으며, 임의적 협력을 전제로 하지만, 행정기관으로서의 우월적 지위를 감안할 경우에 상대방의 자유로운 의사결정이라고 보기는 어렵다."(경상북도 G시의 34년차 5급 공무원). "행정지도는 법적 구속력이나 강제성이 없다고 일반적으로 말하지만, 민원인이 행정지도에 응하지 않을 때에는 담당공무원이 별개의 행정처분을 하게 되며, 이때는 민원인에게 불이익을 가할 수 있는 형태로 남용되는 문제가 발생한다.(대구광역시 S구청의 8년차 8급 공무원)

여섯째, 행정지도는 책임소재를 모호하게 할 수 있다. 행정지도는 요건이나 형식면에서 주관성이 높고, 직접적인 수권법규에 의하지 않고도 행해질 수 있다. 따라서 문제발생 시에 책임소재가 불분명해지며, 그 결과 책임회피를 조장할 우려가 있다. 행정지도를 구두로 행할 경우에는 더욱 그러하다. 따라서 행정지도의 요건과 내용에 관한 실체적 규정이 필요하게 된다(이동찬, 2008).

"행정지도는 문서화되지 않는 경우가 많아 차후 문제가 발생하였을 경우에 증빙자료나 증거자료가 불충분하게 된다."(대구광역시 D구청의 13년차 7급 공무원)

일곱째, 행정지도는 행정의 효율성을 저해할 수 있다. 즉, 편의주의적, 형식주의적, 임기응변식의 행정지도는 행정의 계속성과 예측가능성을 손상시켜 행정의 효율성을 저해한다. 행정지도가 일관성이 없고 졸속적인 경우에도 행정낭비를 초래한다. 더구나 국민들의 이기적인 편의주의에 기인한 행정지도는 부정부패의 온상이 될 수 있다.

"행정지도가 올바르게 이루어지지 않는다면 대상자와의 부정적인 거래가 발생할 수 있다. 행정지도는 유동성이 있어서 행정지도를 하는 사람과의 관계에 따라서 결과가 달라질 수 있다."(경상북도 C군의 9년차 7급 공무원)

5. 행정지도에 대한 반응 및 후속조치

행정지도에 대한 국민들의 반응은 크게 행정지도에 순응하여 문제가 원만하게 해결되는 경우, 행정지도에 저항하거나 부정적으로 반응을 하여 행정지도의 목적을 달성하지 못하는 경우, 행정지도에 따르지만 불만을 가지면서 마지못해 따르는 경우로 구분할 수 있다. 면접조사에 의하면, 대체로는 행정지도를 수용하는 경향이 강하지만, 흔쾌하게 수용하기보다는 마지못해 수용하거나 저항하는 경우가 적지 않다. 구체적으로, 행정지도에 대한 국민들의 반응을 보면, 처음에는 반대하거나 불만을 표출하다가도 인내심을 가지고 계속 설득을 하면 긍정적으로 반응하는 경우가 적지 않다.

"행정지도가 처음에는 저항이 있지만, 주민의견을 일단 청취하여 여러 방안을 검토하여 제시하며, 주민의견을 최대한 반영하는 범위에서 행해지기 때문에 시간이 지날수록 긍정적으로 변화된다."(경상북도 C군의 22년차 6급 공무원)

그러나 담당공무원 앞에서는 할 수 없이 따르지만, 불만을 표출하거나 마지못해서 행정지도를 따르는 경우가 적지 않다.

"행정지도를 해 보면 겉으로는 긍정적으로 반응하고 따르는 편이지만, 뒤에서는 불만과 애로사항을 표현하는 경우가 적지 않다. 이럴 경우에는 공무원의 입장을 설명하면서 재차 협조를 당부한다."(대구광역시 D구청의 10년차 7급 공무원)

그리고 행정지도에 대한 국민들의 반응이 갈수록 부정적이거나 저항적인 경우가 많아서 행정지도를 행하기가 점차 어렵게 되어 가고 있다.

"행정기관의 요청을 직접적으로 거부하기는 어려우며, 불만은 있으나 거의 따르는 편이다. 그러나 최근에는 일정한 행위로 인한 손실이 예상되는 경우에는 적극적으로 항변하고 반대의사를 분명히 밝히는 경우가 많이 발생하고 있다."(경상북도 G시의 34년차 5급 공무원)

결론적으로, 담당공무원이 행정지도를 하면 흔쾌히 따르든지 아니면 불만이 있지만 마지못해 따르든지 간에 행정지도를 수용하는 경우가 여전히 많다. 그러나 행정지도에 저항하거나 불응하는 경우도 증가하고 있다. 이러한 경우에 담당공무원이 취할 수 있는 방안은 계속 설득을 하거나, 바로 행정조치를 취하거나, 아니면 포기하는 경우가 있을 것이다. 이에 대해서는 대부분의 경우는 몇 차례 더 행정지도를 해보고 그래도 따르지 않을 경우에는 행정조치를 취한다. 행정지도에 따르지 않는다고 해서 없던 일로 그냥 종결하는 경우는 없다. 또한 특정 주민이 단독으로 관련되어 있는지 상대방이 있는 민원인지의 여부에 따라서도 담당공무원의 대응이 달라진다.

> "행정지도에 따르지 않을 경우 수차례 대화로 설득하지만, 그래도 안 되는 경우에는 법절차대로 과태료 부과 및 고발조치 등 규정에 따라 처리하는 것이 일반적이다."(대구광역시 S구청의 10년차 7급 공무원). "행정지도는 강제성이나 법적 구속력이 없는 경우가 대부분이다. 따라서 이에 따르지 않는다고 하여 행정조치를 취하기보다는 지속적인 대화와 설득이 필요하며, 경우에 따라서는 자생단체와 연계하여 협력을 유도하기도 한다."(경상북도 G시의 34년차 5급 공무원)

제4절 행정지도의 개선방안

행정지도는 장점이 적지 않으며, 무엇보다도 불가피한 면이 있다. 모든 행정행위를 법규에 입각하여 할 수가 없으며, 현장에서는 법규가 미비하거나 법규와 현실이 괴리되는 경우가 많기 때문이다. 그리고 행정지도는 기능적 유용성도 크다. 행정지도는 현장에서 대면 접촉하여 대화와 설득을 통해서 할 수 있기 때문에 주민들과의 마찰을 최소화하고 행정을 신속하고 원만하게 처리할 수 있다. 행정을 간소하게 할 수 있는 이점도 있다(Wyatt, 2002).

그러나 행정지도는 장점만 있는 것은 아니다. 여러 가지 폐단도 있다. 법률의 근거가 없이 행해질 수 있기 때문에 남용될 소지가 있으며, 그 결과 시민들의 권익이 침해될 우려가 있다. 그리고 법률에 의거하지 않거나 증거자료가 제대로 남지 않기 때문에 사후구제에 어려움이 따른다. 자칫 행정의 형평성, 신뢰성, 책임성을 저하시킬 수도 있다. 따라서 행정지도는 적절한 선에서 적정한 방식으로 행해져야 한다. 행정지도를 행하는 일선공무원들의 책임감과 윤리의식도 중요하다. 또한 행정지도를 행할 때는 대화나 설득, 협력요청 등에 대한 적절한 기술도 구비해야 한다. 이하에서는 행정지도가 불가피한 현실을 감안하여,

어떻게 하면 행정지도의 폐단을 줄이고, 장점과 유용성은 극대화할 수 있을지의 측면에서 행정지도의 개선방안을 제언한다.

첫째, 명령·지시적 행정지도에서 지원, 유인, 봉사, 대화 지향의 행정지도로 전환하는 것이 필요하다. 행정은 규제자, 감시자의 기능도 수행해야 하지만, 이 보다는 후원자, 조력자, 봉사자로서의 기능이 우선해야 한다(Frederickson, 2018). 행정지도의 경우도 단속이나 벌칙을 부과하기보다는 민간부문의 부족한 점을 보완하고 관련 정보를 제공하며, 기술지도나 지원 등을 행하는 것이 중심이 되어야 한다. 또한 행정지도를 하는 데서 시민들에게 지시하고 명령하기보다는, 적극적인 대화를 통하여 협력을 유도하는 방식이 되어야 한다. 그리고 사후 점검보다는 사전예방 차원에서의 행정지도를 강화해야 한다. 이를 통하여 행정지도가 문제발생을 사전에 방지하는 역할을 해야 한다.

둘째, 행정지도를 줄이는 방안을 강구해야 한다. 행정지도는 장점도 많지만 폐단도 적지 않다. 특히, 행정지도가 오남용 되면 심각한 문제가 발생한다. 그리고 행정규제와 마찬가지로 행정지도 역시 민간영역에 대한 개입의 일환으로 행해지는 것이다. 민간영역에 대한 행정의 개입은 가급적 줄이는 것이 좋다. 있는 듯 없는 듯 하는 것이 좋은 행정이다. 물론 이를 위해서는 시민들의 도덕성과 책임성이 전제되어야 한다. 정부주도로 경제개발을 한 국가들의 특징이 시민사회에 대한 정부의 간섭이 많은 것이다(Farazmand, 2010). 행정지도는 이의 일환으로 많이 시행된다. 그러나 이는 시민사회의 자율성과 시장의 창의성을 저해한다. 따라서 행정지도는 불요불급한 경우에 최소한에 그치는 것이 좋다. 이를 위해서는 정부의 역할범위를 축소하는 방안을 모색하며, 법규의 현실적합성을 제고하여 행정지도의 수요를 줄여야 한다.

셋째, 사회적 측면의 행정지도를 합리적으로 강화하는 것이 필요하다. 행정지도는 국민들의 일상생활 전반에서 행해질 수 있다. 현재 행정규제의 철폐에 대한 논의와 더불어, 불요불급한 행정지도의 완화도 시급하다. 특히, 기업의 경제활동이나 국민들의 일상생활에 대한 행정지도는 줄여야 한다(최용혁·소병수, 2019). 그러나 행정지도를 무조건 없애거나 줄이는 것만이 능사는 아니다. 사회적 측면의 행정지도는 오히려 합리적으로 강화할 필요가 있다. 사회적 약자의 보호, 인권보호, 사회적 차별 방지, 환경보호 등의 분야에서는 보다 적극적으로 행정지도를 해야 할 경우가 적지 않다.

넷째, 행정규제와의 관계를 정립해야 한다. 많은 경우에 행정규제의 전(前)단계로서 행정지도를 행하면서 행정지도의 효과가 부실하면 바로 행정규제로 전환하는 경우가 많다. 즉, 행정지도를 행정규제와 연동하여 실시하는 것이다(최유, 2008). 그러나 이는 시민들에게 행정지도를 강압적인 것으로 받아들이게 할 소지가 있어 행정지도의 본래의 취지와는 맞지 않다. 따라서 우선은 양자를 별개로 생각하는 것이 필요하다. 행정지도를 행정규제의 전단계 혹은 부차적인 것으로 생각하면 행정지도를 하는 데서 최선을 다하지 않게 된다. 그리고 행정지도가 제대로 되지 않는다고 바로 행정규제를 할 것이 아니라, 행정지도의 방식이나 기법에 문제가 없는지를 우선 점검하고 보다 적극적으로 대화와 설득에 임해야 한다.

다섯째, 행정지도의 남용을 방지해야 한다. 행정지도는 간편하고 편리하기 때문에 남용될 소지가 크다. 지방자치제 실시 이후에 행정지도가 크게 증가하고 있는데, 과다하면 국민들의 생업에 지장을 초래한다. 부정부패의 소지도 있다. 따라서 행정지도는 필요한 최소한에 그쳐야 한다. 이를 위해서는 행정지도의 절차를 공식화하며, '행정지도 일지'를 작성하게 하거나 '행정지도 사전점검제도'를 도입하여 행정지도가 남발되지 않게 하는 방안을 강구해야 한다.

여섯째, 행정지도를 행하는 일선공무원의 책임성을 강화해야 한다. 행정지도는 자의적, 편의적으로 행해질 개연성이 크다. 따라서 행정지도에는 한계와 책임성이 동반되어야 한다. 이를 위해서는 행정지도에 대한 사후보고를 강화해야 한다. 그리고 행정지도의 책임성을 강화하기 위해서는 행정지도 사례를 업무별로 유형화하고, 사전에 보고할 것과 사후에 보고할 것, 구두로 보고할 것과 문서로 보고할 것을 규정하는 것이 좋다. 이를 통해 행정지도의 보고·감독체계를 분명하게 해야 한다. 행정지도 실명제(實名制)를 도입하는 방안도 강구해야 한다. 행정지도를 행할 시에 지도내용의 개요를 작성하여 상대방에게 발급해 주는 것이다. 그리고 행정지도에 대한 사후평가를 강화하여 주기적으로 행정지도의 효과, 문제점, 개선방안 등을 점검하는 것이 필요하다.

일곱째, 행정지도의 요령과 기법에 대한 교육이 필요하다. 행정지도의 장점은 일선공무원과 국민들이 대화와 설득을 통하여 상호이해를 증진하고 이를 통해서 행정을 원만하게 처리할 수 있다는 점이다(박균성, 2012). 그러나 실제에서는 행정지도가 오히려 행정과 국민들 간에 마찰을 유발하고 행정지도에 대한 저항을 유발하는 경우도 많다. 이는 이해관계에 기인하는 면이 크겠지만, 그에 못지않게 일선공무원들의 대화 및 설득요령 부족, 강압적 행태, 협상능력 부족 등에 기인하는 경우가 많다. 따라서 일선공무원을 상대로 행정지도 요령에 관한 실무교육을 강화할 필요가 있다. 교육내용에는 설득 및 대화요령, 상대방의 심리이해 능력, 협상능력 등을 포함할 수 있다.

여덟째, 행정지도로 인하여 발생하는 피해를 구제하는 방안을 마련해야 한다. 행정지도는 증빙자료가 없고 남용되는 경우가 많아 국민들의 권익을 침해하는 경우가 많다. 행정규제의 대체수단으로서 실시되는 경우에는 더욱 그러하다. 그러나 행정지도는 비법률적 행위이기 때문에 권리구제가 쉽지 않다. 따라서 차선책으로 우선은 행정절차법에서 정하고 있는 행정지도의 원칙을 준수하는 것이다. 즉, 행정절차법에는 행정지도는 목적달성에 필요한 최소한에 그쳐야 하며, 상대방의 의사에 반하여 부당하게 강요해서는 안 되며, 행정기관은 국민들이 행정지도에 따르지 않는다고 불이익을 주어서는 안 된다고 규정하고 있다. 다음에는 행정지도에 대한 내부통제를 강화하고, 문서보고와 기록을 확대하여 증빙자료를 구축하여 사후구제를 가능하게 한다. 그리고 행정 옴부즈만(ombudsman)을 도입하여 행정지도와 관련한 민원을 적극적이고 선제적으로 해결하는 노력이 필요하다.

아홉째, 행정지도에 관한 관리매뉴얼 내지는 편람을 만들어 배포한다. 현재 행정지도의 방식, 대상, 내용 등은 거의 전적으로 개별 공무원의 재량에 맡겨져 있다. 재량행위는 장점도 있지만, 오남용 되면 행정의 신뢰성과 형평성을 저해한다. 이를 방지하기 위해 행정지도 가이드라인과 매뉴얼이 필요하다. 매뉴얼에는 행정지도의 대상 업무, 내용, 상황별 지도요령, 사후처리 방안, 보고방식, 일지작성 등 행정지도 전반에 대한 구체적 내용을 담아야 한다.

마지막으로, 행정지도 우수사례를 공유하고 확산하는 것이 필요하다. 행정지도는 국민들과의 마찰을 예방하고 문제해결에 기여하는 바가 크다. 특히, 조정 및 지원 목적의 행정지도는 행정의 신뢰성과 정당성 확보에 기여할 수 있다. 따라서 성공적인 행정지도의 경험을 정부조직들 간에 공유하는 것은 민원행정의 개선을 위해서 필요하다. 그 방안은 성공적인 행정지도 사례의 내용, 방식, 대응요령, 처리결과 등을 편람이나 백서의 형태로 공유하는 것이다.

맺음말

이상에서 행정지도에 관한 이론을 소개하고 일선공무원 대상의 면접조사를 토대로 행정지도의 실태와 문제점을 분석하였으며, 이에 입각하여 일선행정에서의 행정지도의 개선방안을 제시하였다. 전반적으로 행정지도는 간편성, 편의성, 신속성 등의 장점으로 인하여 일선행정에서 통상적으로 행해지고 있다. 행정지도는 다양한 동기로 행해지지만, 무엇보다 국민들과의 마찰을 최소화하면서 행정목적을 달성할 수 있는 수단으로 행해지고 있다. 행정지도는 때로는 단독으로, 때로는 행정규제의 사전단계로 행해진다. 행정지도는 효과 면에서 행정규제에 못지않을 뿐만 아니라, 법령에 의거하지 않아도 되기 때문에 편리하고 신속하며, 융통성이 높은 장점이 있다.

실제조사에 따르면, 일선공무원들은 행정지도의 동기로 민원인과의 마찰을 줄여 원만하게 행정을 할 수 있는 점, 신속하게 업무를 처리할 수 있는 점, 행정처분이나 행정규제 이전에 민원인의 의견을 수렴할 수 있는 점, 행정에 대한 국민들의 반발을 줄일 수 있는 점 등을 언급하고 있다. 행정지도의 방식은 현장에서 직접 구두로 행하는 방식, 집단이 아닌 1:1 방식, 일방적이 아닌 대화나 설득의 방식이 주로 많이 사용되고 있다. 행정지도의 장점에 대해서는 행정지도의 융통성, 법규보완 기능의 수행, 대화를 통한 행정절차의 민주화 촉진, 행정의 간편성·편의성·원만성 제고, 비밀보호 등을 언급하고 있다.

그러나 행정지도는 남용되기도 쉽다. 강압적이고 일방통행으로 시행되는 경우도 적지 않다. 이렇게 되면 행정지도는 국민들에게 부담을 초래하고, 때로 이들로부터 저항과 불만을 야기하게 된다. 무엇보다도 행정지도는 임의적으로 행해지는 경우가 많고 기록이 남지 않아 책임소재와 권리구제의 문제가 있다. 행정 내부적으로도 사후보고체계가 미흡하고, 그 결과 감독이 제대로 되지 못한다. 행정규제의 일환으로 행정지도를 남발하는 경우도 많다. 조사결과에서도 행정지도에 대한 우려가 적지 않았다. 즉, 오남용 가능성, 책임소재의 불분명, 권익침해 시의 피해구제 문제, 행정서비스의 형평성 저해, 비밀주의로 인한 행정민주화 저해, 법치행정 약화, 편의적·형식적·임기응변식 행정지도로 인한 문제 등이 지적되었다.

따라서 행정지도는 적절하게 통제되고 그 한계가 정해져야 한다. 이 장에서는 행정지도의 문제점을 시정하기 위한 방안으로 행정규제와 행정지도의 조화, 행정지도의 남용 억제, 일선공무원의 책임성 강화, 일선공무원에 대한 행정지도 교육, 행정지도로 인한 권익침해 구제, 체계적인 표준매뉴얼 작성, 우수 행정지도 사례의 공유와 확산 등을 제언하였다.

제14장

정부관료제의 권력확대와 정치적 통제

머리말

전통적 관점에서 관료권력(bureaucratic power)의 이상적인 형태는 정치권력과 구분되면서 정치권력에 대해 충실하게 봉사하는 중립적 관리(管理)를 지향하는 것이었다. 그러나 20세기 이후의 상황 변화로 인하여 관료권력은 지속적으로 확대되었으며, 정치권력과 관료권력 간의 관계도 근본적으로 변화하였다. 즉, 행정국가화가 진행되면서 관료권력의 정치영역 개입이 보편화되었으며, 기능면에서 정치권력과 관료권력 간의 구분도 모호해졌다. 따라서 현재의 관료권력은 전통적 기능이던 관리기능뿐만 아니라, 목표설정, 정책결정, 기획기능까지 담당하게 되었다. 특히, 개발도상국의 경우는 정부주도의 국가발전 전략에 편승하여 관료권력이 더욱 확대하였는데, 이는 여러 가지 부정적 결과를 낳았다. 즉, 비대화된 관료권력은 점차 권력기구화하여 봉사보다는 지배의 주체로 변하였다. 정치권력과의 관계에서도 전문성과 안정성을 바탕으로 고도의 자율성을 누리게 되었으며, 이는 정치적 책임성의 저하로 연결되었다. 이에 따라 그동안 가장 효율적인 조직으로 인식되던 정부관료제는 오히려 가장 비능률적인 조직으로 인식되기에 이르렀다.

따라서 현재는 불균형적으로 확대된 관료권력을 통제하려는 방안들이 다방면에서 제기되고 있는데, 여기에는 정부관료제의 업무량과 개입범위를 축소하려는 소(小)정부화 논의와 민간부문의 혁신기법을 공공부문에 도입하려는 신공공관리론이 포함된다. 그러나 관료권력을 통제하는 가장 근본적인 방안은 관료권력이 국민이 직접 선출한 정치권력에 대해서 책임을 지게 하는 것이다. 즉, 정치권력에 대한 책임성을 확보함으로써 관료권력의 도덕성을 회복할 수 있으며, 정부관료제의 반응성과 능률성을 제고할 수 있다.

이러한 문제의식 하에서, 이 장은 불균형적으로 팽창된 관료권력이 여러 가지 역기능을 초래하고 있다는 전제 하에, 우리나라의 관료권력 팽창의 원인과 정치권력과 관료권력 간의 균형회복 방안을 모색하려는 것이다.

제 2 절 관료권력의 개념

정치권력과 관료권력을 엄격하게 구분하기는 쉽지 않다. 왜냐하면 관료권력 역시 관료제를 정부관료제에 한정할 경우에는 정치권력이 갖는 일반성, 통합성, 강제성 등의 특성을 갖기 때문이다(Peters, 2014). 더구나 이론적으로도 정치와 행정의 구분이 모호해짐에 따라 정치권력과 관료권력이 수렴되는 경향이 강하여 현실에서 양자를 구분하기가 어렵다. 따라서 이 장에서는 양자를 권력행사의 주체에 의거하여 구분하고자 하는데, 이 경우 정치인이 행사하는 권력은 정치권력, 정부관료가 행사하는 권력은 관료권력이 된다.

관료권력의 개념은 그동안 관료제에 대한 인식의 변화와 더불어 상당한 편차가 있었다. 즉, 19세기까지는 주로 관료제를 관리(官吏)집단에 의한 통치행위로 보았으며, 관료제를 국민들의 창의성을 저해하는 부정적인 실체로 간주하였다. 따라서 관료제가 보유하는 관료권력에 대해서도 부정적인 사고가 강했는데, 대체로 관료권력을 자기보존을 위해서나 지배계급의 이해에 봉사하기 위해서 사용되는 부도덕한 권력으로 인식하였다(Du Gay, 2005).

그러나 20세기 이후에는 관료제와 관료권력에 대한 인식이 크게 변하였다. 즉, M. Weber 이후의 사회학자와 조직이론가들은 관료제를 예측가능성과 능률성을 극대화하는 조직형태로 보았으며, 관료권력을 관료제의 이러한 순기능을 실현하기 위한 중립적 기제로 이해하였다. 그리고 정치권력과의 관계에서 양자 간에는 엄격한 기능의 차이가 있으며, 관료권력은 정치권력의 의지를 구현하며 정치권력에 대해 책임을 진다고 보았다(Etzioni-Halevy, 2013).

그런데 이처럼 권력행사의 주체에 따라서 정치권력과 관료권력의 개념을 규정할 경우의 문제는 정치인과 정부관료를 어떻게 구분하느냐는 것이다. 즉, 그동안은 정치인과 정부관료의 범주에 대해 혼란이 있었는데, 정치인을 선거에 의해 선출된 사람만을 의미하는가 하면, 정치적 피임명자(political appointees) 혹은 정치적 집행간부까지를 포함하는 경우도 있었다. 그리고 정부관료에 대해서도 공무원(public servant), 관리(官吏 public official), 관리자(administrator) 등으로 명명하면서 명칭부터 혼란스럽게 사용하여 왔다.

이 장에서는 국가공무원법 상의 관련 조항을 토대로 정치인과 정부관료를 구분하고, 정부관료는 주로 행정공무원을 의미하는 것으로 이해한다. 국가공무원법에 의하면, 공무원은 크게 실적과 자격에 의하여 임용되고 신분이 보장되는 경력직공무원과 그렇지 않은 특수경력직공무원으로 구분된다. 여기서 경력직은 다시 일반직과 특정직 공무원으로, 특수경력직은 정무직과 별정직 공무원으로 분류된다(국가공무원법 제2조). 이 경우 정치인의 범주에는 대통령, 국회의원 등의 선출직 공무원은 물론, 장관이나 차관 등의 정치적 피임명자들도 포함된다.[1] 정부관료는 정무직공무원 밑에서 실무를 담당하는 9급부터 1급까지의 직업공무원이 중심이 된다(<표 11> 참조).

표 11 정치권력과 관료권력의 행사자

보유 권력	충원방법	권력 행사자
정치권력	선거, 정치적 임명	대통령, 국회의원, 국무총리, 정부부처 및 대통령 직속기관의 정무직공무원
관료권력	자격과 시험	정부부처의 직업공무원

제3절 정치권력과 관료권력 간의 관계 유형

정치권력과 관료권력 간의 관계는 주로 제도보다는 정치인과 정부관료라는 행위자 간의 관계를 중심으로 논의되어 왔다. R. Putnam(1973)은 정부관료를 고

---

1) 이 장에서는 의회와 정부관료제 간의 권력관계에 주로 관심을 갖기 때문에 정치권력은 주로 의회권력을 의미한다.

전적 관료(classical bureaucrat)와 정치적 관료(political bureaucrat)로 구분하였는데, 고전적 관료는 공익의 개념에 대해서 일원적인 사고를 가지고 있으며, 비당파적이고 정치에 대해서는 무관심하며, 객관적이고 공평무사한 관리업무의 처리를 주된 소관사항으로 인식하는 부류들이다. 정치적 관료는 다원주의적 공익 관념을 가지고 있으며, 자신들이 정치세계의 성원임을 인식하며, 정치적 책임성을 중시하며, 사회집단의 영향력을 정당한 것으로 수용하며, 중립적인 관리(管理)라는 개념에 대해 부정적으로 생각하는 부류들이다. Putnam의 분류에서는 정치적 관료일수록 정부관료의 정치적 역할이 증대한다.

이후 본격적으로 정치권력과 관료권력 간의 관계 유형이 제시되는 것은 J. Aberbach, R. Putnam, and B. Rockman(1981)이 고안한 네 가지 존재가능한 관계의 이미지(image)이다.[2] 이미지 I (정책/관리管理)은 정치와 관리영역을 엄격하게 구분하는 것으로 고전적 조직이론가들이 견지했던 입장이다. 이 경우 정치인은 정책결정을 하고 정부관료는 이를 관리하고 집행하는 역할을 담당하며, 정부관료에게 요구되는 규범은 정치인에게 복종하고 봉사하는 것이다. 그러나 이 유형은 현실로 구현되기는 어렵다. 왜냐하면 현실적으로 정치적 결정과 관리적 결정의 구분이 어려우며, 정치인의 경우에 시간과 정보의 부족으로 인하여 정책결정 역량이 부족하기 때문이다(Page, 2005). 이미지 II (이해利害/사실)는 정치인과 정부관료 모두가 정책결정에 참여하지만, 그 역할이 다르다고 본다. 정치인은 정치적 민감성을 중시하며, 다양한 이해와 요구들 간에 균형을 유지해야 하며, 사회적 갈등을 해결해야 한다. 반면에 정부관료는 전문성과 기술적인 효용성을 중시하며, 사실과 지식에 입각하여 정치적 지시에 반응하며, 중립적 입장에서 일반이익을 추구한다. 이미지 III (에너지/균형)에서는 정치인과 관료 모두가 정책결정에 개입하고 정치에 관심을 갖는다. 그러나 양자는 이해의 범위와 성향 면에서 차이가 있는데, 정치인은 조직화되지 않은 개인들의 광범위하고 분산된 이해를 결집하며, 성향 면에서는 공개적, 혁신적, 당파적, 열정적, 이상적 성향이 강하다. 반면에 정부관료는 정치적 이해에 민감하기는 하지만, 조직화된 고객의 협소한 이해를 주로 매개하고자 한다. 성향 면에서는 비밀주의적, 중도적, 현실

---

2) 이들이 모형 대신에 이미지라는 용어를 사용한 것은 이러한 유형화가 엄격하게 검증되지 않은 것임은 물론, 이를 검증할 의도도 없다는 의미에서이다.

적, 실용적이며, 점증적인 상호조정과 균형을 지향한다. 따라서 정치적 결정은 장기적이고 혁신적인 경우가 많은 데 비해, 관료적 결정은 현상유지적인 경우가 많다. 이미지 Ⅳ(순수잡종 Pure Hybrid)는 정치와 행정 간의 이분법이 소멸되고 양자가 통합된 경우이다. 이 유형은 정부관료의 정책결정권이 크게 증대된 경우인데, 고위관료일수록 내부에서는 행정가로서, 외부적으로는 정치인으로서의 역할을 동시에 수행해야 한다. 그리고 이 유형에서의 정부관료는 유연성이 높고 혁신성향이 강하며, 광범위한 이해에 관심을 갖는다. 이미지 Ⅰ에서 Ⅳ로 갈수록 정치인과 정부관료의 역할이 중첩되며, 이른바 관료의 정치화 및 정치의 관료제화 현상이 나타난다. 시기적으로는 점차 최근의 추세를 반영한다(Balla and Gormley, 2017).

　　R. Nakamura and F. Smallood(1980)의 정책결정자와 정책집행자 간의 다섯 가지 관계유형도 전통적으로 정책결정은 정치의 영역으로 정책집행은 정부관료제의 영역으로 간주해 왔다는 점에서 정치인과 정부관료 간의 역할관계를 잘 나타내고 있다. 우선 고전적 기술관료형(Classical Technocrat)은 정책결정과 정책집행을 엄격하게 구분하여, 정책결정자(정치권력)는 정책목표를 구체적으로 설정하며, 목표달성을 위한 기술적 권한만을 정책집행자(관료권력)에게 위임한다. 집행자는 결정된 목표를 적극적으로 지지하며, 이를 달성하기 위한 다양한 기술적 수단을 보유하며, 정책을 충실하게 집행한다. 지시적 위임형(Instructed Delegate)은 정책결정자가 여전히 목표를 구체적으로 설정하나, 목표달성을 위한 다양한 관리적 권한을 집행자에게 위임한다. 집행자는 결정된 목표를 지지하며, 집행수단을 강구한다. 협상형(Bargainer)은 정책결정자가 정책을 결정하지만 독단적으로 하지 않고 정책목표와 정책수단에 대해서 집행자와 협상과 흥정을 한다. 재량적 실험가형(Discretionary Experimenter)은 정책결정자는 추상적인 목표를 지지하며, 이러한 목표를 구체화하고 수단을 채택하도록 광범위한 재량권을 집행자에게 위임한다. 따라서 집행자는 정책목표와 수단을 구체화하는 권한을 갖는다. 관료적 기업가형(Bureaucratic Entrepreneur)은 정책집행자가 결정권을 장악하고 정책과정 전반을 통제한다. 정책결정자의 역할은 집행자가 결정한 목표와 수단을 지지하는 것이다(Marume et al., 2016).

　　이 외에도 주로 관료권력의 통제에 관심을 갖는 학자들을 중심으로 주인

그림 5 정치인과 정부관료의 관계유형

(Putnam)		고전적 관료		정치적 관료	
(Aberbach et al.)	이미지 I	이미지 II	이미지 III	이미지 IV
(Nakamura and Smallwood)	고전적	지시적	재량적	관료적
	기술관료형	위임형 협상형	실험가형	기업가형

———→
정부관료의 정치적 역할증대

(principal) − 대리인(agent) 모형에 입각하여 정치인은 주인, 정부관료는 대리인에 비유하여 양자 간의 관계를 설명하는 견해들이 있다. 이 경우 대리인은 주인의 의도를 충실하게 구현해야 할 책무가 있음에도 불구하고, 중요한 전략적, 물적, 조직적 자원의 보유와 정보비대칭(information asymmetry)으로 인해서 주인과의 약속을 위반하고 통제를 벗어나려 한다. 이러한 견해는 관료를 효용극대화 추구자이며, 개인적 이익을 위해 자율성을 희구하며, 주인으로부터의 합법적인 통제도 벗어나려는 실체로 이해하고 있다. 따라서 이를 극복하고 본래의 주인−대리인 관계를 회복하기 위해서는 관료권력에 대한 정치적 통제를 강화해야 한다고 주장한다(Laffont and Martimort, 2009). <그림 5>는 상기한 논의들을 정부관료의 정치적 역할증대라는 관점에서 배열한 것이다.

제4절 우리나라 관료권력의 확대 원인

1. 관료권력 확대의 원천

관료권력이 확대되는 원인이 무엇인지에 대해서는 간접적인 방법이기는 하지만, 그동안 적지 않은 논의가 있었다. 주로 정부지출의 팽창원인에 관심을 기울였던 경제학자와 정치학자들 중에서, 경제학자들은 이른바 지출결정요인론의 관점에서 사회경제적 요인의 중요성을 강조하였으며, 정치학자들은 정치적 동기의 중요성을 강조하였다(Woodford, 2011). 그리고 공공선택론자들은 정부관료의 이기적 동기를 중시하였다. 이 밖에도 제도적 요인이나 관료조직 자체에 기인하는 요인들로부터 관료권력의 확대 원인을 찾기도 하였다.

이 장에서는 이러한 논의들을 토대로 관료권력의 확대에 비교적 직접적인 원인이 된다고 생각되는 것들을 중심으로 살펴보고자 한다. 관료권력 확대의 첫째 원천은 공공문제의 양적인 팽창이다. 20세기에 들어와서 인구증가와 도시집중화 현상이 가속화되면서 각종 도시문제가 발생하였다. 또한 전쟁, 대공황 등의 위기상황이 지속적으로 발생하였으며, 이 역시 많은 공공문제를 산출하였다. 이처럼 공공문제가 양적으로 증대함에 따라 정부개입 범위가 넓어졌으며, 이 과정에서 관료권력도 확대되었다(Page et al., 2005).

둘째, 공공문제의 질적 변화가 관료권력의 확대를 초래하였다. 전술한 인구의 도시집중화는 개인들의 활동범위와 상호작용을 증대시켰으며, 이에 따라 정부가 개입할 일도 많아졌다. 그리고 공공문제의 속성도 점차 동태적이고 복잡하게 됨으로써 의사결정과정에서 신속성과 전문성을 요하게 되었는데, 이러한 공공문제는 대규모로 조직화된 정부관료제가 아니고서는 감당할 수 없게 되었다(Suleiman, 2015).

셋째, 반면에 급박한 환경변화에 대응할 수 있는 정치제도의 능력은 상대적으로 저하되었다. 그 원인은 우선은 정치인들의 전문성 부족에 기인한다. 정치인들은 교체빈도가 높기 때문에 전문성을 축적하기 어려우며, 따라서 기술적 능력, 정보수집 및 해독능력이 상대적으로 부족하다. 그 결과, 입법과정에서도 정치인은 골격입법(skeleton legislation)의 형태로 추상적인 법률을 제정하고, 구체적 내용은 정부관료에게 위임하였다(Galligan, 2012). 이 과정에서 관료권력이 증가하였다. 그리고 위기상황의 증대도 정치제도의 대응능력을 저하시키는 원인이 되었다. 왜냐하면 많은 시간을 요하는 정치적 합의형성은 위기상황에 대처하는 데 부적절하였기 때문이다(Henry, 2015).

넷째, 관료권력 확대의 원천은 정부관료에 대한 외부적 지지가 증대한 점이다. 정부관료의 안정성, 전문성과 이로 인한 의사결정권의 확대로 인해 정부관료에 대한 고객의 지지가 증가하였다. 따라서 중요한 정책결정에서 고객과 정부관료 간의 폐쇄적 관계인 고객주의(clientelism)가 보편화되었다(Hicken, 2011). 뿐만 아니라, 일반국민들의 지지도 크게 증가하였는데, 이는 국민들이 정치인보다는 정부관료가 공익과 국가발전에 보다 적극적으로 봉사하는 사람이라고 생각하는 경향이 강해졌기 때문이다(Ayubi, 1986).

다섯째, 정부관료제 조직 자체의 요인도 관료권력의 확대의 중요한 원인이다. 우선, 대규모조직인 정부관료제는 분업화가 가능하여 구성원들은 한 가지 일에 집중할 수 있다. 따라서 정부관료는 많은 지식과 정보를 보유하게 되며, 이를 통해 신뢰와 명성을 쌓는다. 그리고 정부관료제는 응집성과 계층제에 근거한 강력한 리더십을 확보하고 있으며, 이를 통해 외부경쟁자에 대한 권력기반의 구축이 용이하다. 뿐만 아니라, 정부관료제는 생래적인 팽창속성을 가지고 있다. 조직의 규모가 커질수록 외부의 압력에 보다 효과적으로 대처할 수 있으며, 환경의 불확실성을 통제하기 쉽기 때문이다(Downs, 1967).

2. 관료권력의 확대 방법

정부관료가 권력을 확대하는 방법은 다양하지만, 이 장에서는 근본적으로 정부관료는 이익극대화 추구자라는 가정에 입각해서 정부지출 증대, 조직규모 확대, 업무량 증대, 정보통제, 관리상의 번문욕례(red tape) 등의 방법으로 권력을 축적하게 되는 것을 고찰하고자 한다.

첫째, 정부관료는 정부지출을 증대시킴으로써 관료권력을 확대한다. 근본적으로 정부관료들이 정부지출을 증대시키려는 데는 이기적 동기가 크게 작용한다. 정부지출이 증대함으로써 자신의 봉급, 명성, 권한, 위세도 커지기 때문이다. 이 점에서 정부관료는 W. Niskanen의 주장처럼 개인적 이익을 위해서 예산극대화를 추구하는 '예산상의 제국주의자'이다(Simard, 2004).

둘째, 정부관료는 조직규모를 팽창시킴으로써 관료권력을 확대하고자 하는데, 이의 가장 확실한 방법은 정부관료의 수를 증대시키는 것이다. "공무원의 수는 업무량의 증감여부에 관계없이 매년 일정비율 증가한다"고 주장하는 Parkinson's Law가 이를 가장 함축적으로 표현하고 있다(O'Toole and Meier, 2004). 정부관료가 정부조직 규모의 증대를 도모하는 이유는 조직규모와 비례하여 지도자의 위세가 커지고, 유능한 정부관료들을 지속적으로 충원할 수 있으며, 구성원들 간의 내적 갈등을 보다 쉽게 완화시킬 수 있기 때문이다.

셋째, 업무량을 증대함으로써 권력을 확대하는 방법이다. 이는 민간영역과 정치영역에 대한 개입범위를 확대하여 업무량을 증대시킴으로써 영향력 확대를 도모하는 것이다. 정부관료는 공공서비스 공급을 독점하고 정부규제와 행정지도를 증대시키는 방식으로 업무량을 확대하며, 이를 통해 권한을 확대하고자 한다(Cook, 2014).

넷째, 정부관료는 정보통제를 통해서 권력을 축적한다. 이는 행태적 요인과도 밀접한 관련이 있는데, 국민과의 관계에서는 권위주의적 행태, 정치인과의 관계에서는 비밀주의적 행태에 기인하여 정보를 독점하며, 때로는 선별적으로 정보를 유출하는 방식으로 관료권력을 강화하는 것이다.

마지막으로, 업무수행상의 번문욕례 등의 방식으로 관료권력을 확대한다. 본래 정부관료제의 장점은 법규에 의한 관리와 비(非)사인주의이다. 그러나 정부관료제의 규모가 커짐에 따라 이는 형식적이고 선별적인 규칙준수의 역기능으로 나타났으며, 그 결과 문서와 절차에 지나치게 치중하는 번문욕례의 폐단이 나타나게 되었다(Hull, 2012). 이 과정에서 정부관료의 재량권이 증대하고 고객의 유형에 따라 서비스 제공의 완급(緩急)을 조절할 수 있게 되었으며, 이로써 관료권력은 더욱 강화되었다.

3. 우리나라의 관료권력 확대 원인

우리는 정치민주화와 삼권분립의 전통이 짧으며, 해방이후의 국가수립, 국가재건, 경제발전 과정이 정부관료제를 중심으로 추진되었다. 이 과정에서 정부관료제는 고도의 정치적 기능을 수행하였으며, 따라서 정치권력과 관료권력 간의 관계는 관료의 정치적 역할이 극대화된 유형인 Aberbach, Putnam, and Rockman의 이미지 Ⅲ 및 Ⅳ, Nakamura and Smallwood의 재량적 실험가형 및 관료적 기업가형에 가까웠다. 이 장에서는 이처럼 관료권력이 불균형적으로 확대된 원인을 환경요인, 정치·행정문화 요인, 정치·행정이념 요인, 통치엘리트의 필요성, 견제장치 부실, 관료기구 자체요인으로 범주화하여 탐색한다.

1) 환경요인

해방이후 우리나라의 정치·행정환경은 소용돌이의 장(turbulent field)과 같았다. 특히, 1960년대 이래 본격화된 산업화와 도시화는 주택, 범죄, 교육, 환경,

교통, 복지 등의 다방면에서 공공수요를 폭발시켰다. 이 과정에서 정부관료는 예산, 인력, 행정규제 등을 크게 증대시킬 수 있었으며, 이는 관료권력 확대의 직접적인 기반이 되었다. 뿐만 아니라, 산업화과정에서 국민과 통치엘리트들은 잘 조직화된 정부관료를 가장 믿음직한 일꾼으로 보았으며, 그 결과 정부관료는 업무과부하 상태에서도 민간부문에 대해 높은 자율성을 누릴 수 있었다(La Palombara, 2015).

지속적인 정치적 변동과 전쟁 등의 위기상황도 우리나라 관료권력의 원천이었다. 우선, 정치변동은 대부분 군사정변 등과 같이 돌발적 형태로 나타났는데, 이때마다 새로운 집권세력은 이전 정권과 차별화하기 위해 대대적인 국민운동과 국가사업을 추진하였으며,3) 그 주체는 정부관료였다. 뿐만 아니라, 6.25전란과 반복되는 안보위기 상황으로 정부지출이 증가하면서 동시에 관료권력도 확대되었다. 또한 위기상황에서는 정책이 폐쇄적이고 속전속결로 시행될 필요가 있는데, 이를 하는 데서는 정부관료가 적격이었다(박동서, 2002).

제도와 현실 간의 괴리현상도 관료권력을 확대시킨 원인이었다. 즉, 서구의 것을 모방한 정치·행정 제도와 규칙들이 상이한 환경에 적용되는 과정에서 제도와 현실 간에 심각한 괴리가 발생하였다(Bocock, 2020). 이러한 상황 하에서 정부관료들의 자의적인 판단영역이 증가하였으며, 국민들은 불이익을 당하지 않기 위해서 정부관료들에게 순종하게 되는 것이다.

2) 정치·행정문화 요인

우리나라의 정치·행정문화에 관해서는 유교문화와의 관계를 중심으로 다양한 논의들이 있었다. 이 장에서는 이 중에서 관료권력의 확대에 보다 직접적으로 영향을 미친 권위주의, 사인주의, 가족주의 문화를 중심으로 논의한다. 우선 한국의 정치·행정문화의 특성으로 가장 빈번하게 언급되는 것이 권위주의 문화이다. 권위주의 문화는 정치행정과 관련하여 강력한 종적 위계질서, 참여의 배제, 이설(異說)에 대한 불인정, 교조적이고 즉흥적인 의사결정, 책임의식과 외부통제의 미흡, 관(官)우위의 사고 등의 부정적 요인을 파생하였다. 이러한 것들

---

3) 국가재건운동, 서정쇄신운동, 새마을운동, 사회정화운동 등을 예로 들 수 있다.

은 모두 관료권력을 팽창시키는 토양이었다(김호진, 1993).

사인주의(personalism)는 공적업무를 객관적 기준이나 절차가 아닌 사적인 정의(情誼)에 따라 수행하는 것으로 연고주의와 유사하다.[4] 사인주의문화 속에서는 공공조직 내에서도 권리와 의무가 사적인 연고와 신임관계에 따라 발생하며, 객관적인 절차가 등한시되고 정실이 만연한다. 따라서 정부관료의 자의성이 증대하고, 이 과정에서 관료권력도 증대한다(김해동, 1985).

가족주의(familism)는 가족집단의 유지와 번영을 최우선시하는 사고방식으로, 가족주의문화 속에서 상급자는 부하를 무한정 보호하며, 이에 대해 부하는 상급자에 대해 전인격적으로 복종한다. 이는 온정적 상하관계와 배타적 성향을 파생하였으며, 이러한 문화 속에서 관료권력은 내부보호를 위해 확대지향의 속성을 갖는다(이규태, 1995). 이는 곧 관료권력의 외적 확대를 초래한다.

이러한 전통적인 정치·행정문화에 숙달된 국민들의 의식에는 관존민비(官尊民卑)의 사고가 자리 잡게 되었으며, 정부관료가 독점적이고 자의적으로 권력을 행사하는 상황에서 국민들은 관료권력에 순응하게 되었다. 또한 이러한 문화 속에서는 행정규제와 행정지도가 만연하였으며, 국민들은 불이익이 두려워 관료권력에 묵종하였다. 그리고 정부관료가 국가발전과 사회변화를 주도하는 과정에서 많은 이권이 창출되었으며, 이권에 민감한 집단일수록 관료권력을 추종하였다(이대희, 1994).

뿐만 아니라, 장기간의 군사정권 하에서 잉태된 군사문화도 관료권력을 확대시켰다. 본래 군사조직은 신속함, 일사불란함, 비밀주의를 중시한다. 이러한 속성이 한동안 사회를 지배함에 따라 이러한 문화에 숙달되기 쉬웠던 정부관료제는 다른 조직들에 비해 권력을 확대할 수 있었다.

3) 정치·행정이념 요인

해방이후 1980년대 후반의 민주화 이전까지 우리사회를 실질적으로 지배한 정치·행정이념은 반공주의, 안보주의, 성장제일주의 등이었는데(김만기, 1994), 이러한 이념들은 모두 관료권력의 확대를 가속화시켰다. 우선 남북대치 상황 하에

---

4) M. Weber는 공공업무를 수행하는 데서 사적인 이해나 감정을 배제하고 객관적 법규에 충실하는 비사인주의를 관료제조직의 장점으로 언급하였다(Anter, 2014).

서 조성된 반공과 안보이데올로기는 흑백논리와 비밀주의를 조장하였다. 흑백논리 하에서 이론(異論)은 용인되지 않았으며 타협보다는 강압적 정책결정이 주를 이루었다. 통치엘리트는 이러한 정치·행정이념을 일사불란하게 수행하는 전위세력으로 정부관료제를 선택하였다. 그리고 비밀주의 하에서 정부관료는 정보를 독점하였으며, 이에 따라 관료권력에 대한 외부통제가 무력화되었다(박동서, 2002).

1960년대 이래의 성장제일주의 이념은 민간의 역량부족을 이유로 정부관료의 독주를 가속화시켰다. 즉, 왕조시대의 관인(mandarin)지배와 식민지관료체제의 경험밖에 없는 상황에서, 국민들은 정부관료에 대한 의존심리가 팽배하였다. 더구나 장기간 지속된 국가생산체제 하에서 민간영역은 매우 부실하였다. 따라서 국가건설, 국민형성, 경제개발 등의 대규모 국가사업들이 정부관료의 주도로 수행되었으며, 이 과정에서 관료권력은 크게 확대되었다.

4) 통치엘리트의 필요성

그동안 우리나라의 정권교체는 비정상적인 방식으로 이루어진 경우가 많았으며, 이렇게 집권한 통치엘리트들은 대부분 경제발전과 사회안정을 주요 국가목표로 설정하였으며, 단기간에 가시적인 성과를 산출하고자 하였다. 이 과정에서 통치엘리트는 의회권력을 경시하였으며, 정부관료와 집권여당을 통치의 두 축으로 활용하였다(이대희 외, 2014). 이 점에서 우리나라의 정부관료제는 K. Marx나 국가론에서 주장하는 자본가라는 지배계급의 이익을 구현하기 위한 도구라기보다는, 정치적 지배계급인 통치엘리트의 지배체제를 유지하기 위한 수단으로 기능을 하였다고 볼 수 있다. 그리고 통치엘리트는 정부관료의 순응을 확보하기 위해서 다양한 유인과 제재의 방법을 동원하였다. 유인책으로는 고위관료들을 정치적 지위에 배려하거나, 일반관료들에게는 신분안정이나 연금제도 등의 혜택을 주는 방식을 사용하였다. 제재의 수단으로는 정보수집, 감사, 사정 등을 통한 감시와 감독을 강화하였다(한성훈, 2012).

5) 견제장치 부실

정책은 다양한 행위자들 간의 견제와 협력을 통해서 도출된다. 그러나 그동안 우리나라는 여타의 정책행위자들이 관료권력을 제대로 견제하지 못하였다. 우선 의회를 중심으로 한 정치권력의 견제와 관련하여 첫째, 정치제도 면에서 해방이후 외형적으로는 삼권분립제도를 근간으로 하는 민주적 정치제도를 도입하였으나, 실제로는 행정부 중심의 정책결정구조였다(박찬표, 2002). 여기에는 통치엘리트의 정치에 대한 인식과 의사결정 행태가 크게 영향을 미쳤다.5) 특히, 허약한 정당구조는 의회의 견제능력을 근본적으로 제약하였다. 우리나라의 정당은 여야를 불문하고 강력한 중앙집권체제를 갖고 있다. 주요 의사결정권한이 소수의 지도부에 집중되어 있는 상황에서 개별 의원들은 입법과정에서 자율성을 확보하기 어려웠다(박재창, 2003). 따라서 관료권력에 대한 통제력이 허약하였다. 그리고 1960년대 이후의 비정상적인 집권과정에서 각종 정치규제입법들이 도입되었으며,6) 정보기관의 정치사찰이 계속되어 정치인들은 순치될 수밖에 없었다.

둘째, 정치인들의 전문성 저하도 정치권력을 약화시켰다. 재선율이 높은 선진국과는 달리, 우리나라는 선거직의 재선율이 낮으며, 더구나 상임위원회 배정 등에서 전문성이 고려되지 못하는 상황에서 정치인들은 소관업무에 대한 전문지식이 부족하였다. 뿐만 아니라, 보조 인력의 전문성도 부족하였다. 따라서 정치권력은 전문성으로 무장된 관료권력을 견제하기가 어려웠다.

셋째, 정치인들의 행태도 정치권력의 관료권력 견제능력을 저하시켰다. 의원들은 상임위 배정에서 전문성보다는 정치적 이권이 많은 위원회를 선호하였으며 정치리더를 맹목적으로 추종함으로써 개별 헌법기관으로서의 자율성을 스스로 약화시켰다(조진만·임성학, 2008).

넷째, 의회의 작동 측면에서, 의회의 본질적인 권한은 예산심의, 법률안심의, 국정감사, 국정조사 등을 통해서 행정권을 견제하는 것이지만, 실제로는 이

---

5) 이승만 대통령은 장기집권과정에서 의회보다는 사당화된 정부관료제에 주로 의존하였으며, 1960년대 이후의 군사정권은 체질적으로 의회의 정책결정 능력을 불신하였다. 더구나 1970년대에는 대통령이 지명하는 유정회 의원이 양산됨에 따라 의회는 통치권자의 의지를 맹목적으로 구현하는 장(場)으로 변모하였으며, 이러한 현상은 1980년대까지 계속되었다(심지연, 2006).

6) 대표적인 것으로 1962년 정치활동정화법, 1974년 이래의 일련의 대통령 긴급조치, 1980년의 정치풍토쇄신을 위한 특별조치법 등을 들 수 있다.

러한 것들이 제대로 기능을 하지 못하였다. 우선, 예산심의의 경우는 의원들의 전문성 부족, 짧은 심의기간 등으로 인해 충분한 심의를 하지 못하였다. 심의과 정에서 여당의원들은 각종 편법을 동원하여 정부의 입장을 지지하였으며, 그 결 과 의회의 예산통제가 부실하였다. 법률안심의 역시 정부업무가 전문화됨에 따 라 의회는 세밀한 입법행위를 하기 어려웠으며, 세부사항은 행정명령이나 규칙 의 형태로 관료권력에 위임함으로써 관료권력을 증대시켰다. 국정감사와 국정 조사의 경우도 의원들의 전문성 부족, 관련 집단들의 압력행사, 정부관료들의 선별적 자료제공 등으로 실효성이 높지 못하였다(박재창, 2003; 박찬표, 2002).

정치민주화 이전까지는 언론, 사회집단, 일반국민의 경우도 관료권력에 대 한 견제기능을 제대로 수행하지 못하였다. 우선 언론의 경우는 권위주의적 통치 기간 동안 통치엘리트와 관료권력에 대한 비판기능을 상실하였다. 사회집단의 경우도 관료권력과의 밀착을 통해 집단이익을 극대화하는 방안을 택하였으며, 이 점에서 관료권력과 사회집단 간의 관계는 국가통제에 근거한 국가조합주의 의 성격이 강하였다(김용철, 2011). 심지어는 많은 사회집단들이 관변(官邊)단체 화하여 통치엘리트의 지지기반으로서의 기능을 수행하였다.[7]

일반국민의 경우에는 우선 제도적으로 정부관료에 대한 소환권, 인사청문 회 등과 같은 관료권력에 대한 견제장치가 거의 없었다. 근래에는 시민 옴부즈 맨, 시민감사청구, 주민참여예산 등의 제도들이 도입되었지만, 여전히 실효성이 높지 못하다. 또한 일반국민들도 정부위원회나 공청회 등에 참여함으로써 부분 적으로 관료권력을 견제할 수 있었으나, 그동안 이러한 제도들은 정부관료들이 이미 결정한 정책들을 사후 정당화하는 데 불과한 경우가 많았다(김정렬·한인섭, 2008). 더구나 일반국민들은 전문성이 부족하고, 그동안의 권위주의 정치행정문 화 속에서 수동적 태도를 견지함으로써 관료권력에 대한 견제 능력과 의지가 부족하였다. 결국, 관료권력을 통제할 수 있는 것은 각종의 효과적인 통제장치 를 보유한 통치엘리트 밖에 없었으며, 이는 국민을 위한 것이라기보다는 관료권 력을 통치도구로 동원하기 위한 것이었다.

---

7) 예로서, 한국노총의 경우 1980년대 후반까지 노동자의 권익옹호라는 노동조합 본래의 기능 보다는 노동정책은 물론 노동영역과 무관한 정책분야까지 맹목적인 지지를 보낸 경우가 많 았다(김순양, 2015).

6) 정부관료제 자체요인

우리나라의 관료권력이 확대되는 데는 정부관료제의 자체요인들도 큰 영향을 미쳤다. 우선 우리나라의 정부관료제는 실적주의(merit system)를 비교적 잘 구비하고 있었다. 일찍부터 과거시험에 의한 인재등용의 전통이 확립된 데다, 일제강점기의 각종 공무원임용제도, 해방이후의 국가공무원법 제정 등으로 선진국에서는 오랜 시행착오 끝에 정착되었던 실적제도가 비교적 빠른 속도로 정착되었다. 이러한 실적제도는 정부관료의 신분안정과 지속성을 유지해주는데, 이는 관료권력을 안정적으로 강화시켜 주었다(이대희 외, 2014). 반면에 정치권력은 잦은 정권교체와 정치규제 등으로 단절성이 높았으며, 권한축적을 위한 안정성을 확보하지 못하였다.

그리고 정부관료제는 정책시행과 관련하여 민간부문에게 선별적으로 제공할 수 있는 각종의 유인책을 가지고 있으며, 이를 통해 자신의 권력을 확대할 수 있었다. 예로서, 사기업에 대해 선별적 금융지원, 세제특례, 정책적 배려를 할 수 있었으며, 사회집단에 대해서는 재정보조, 지도부 콥테이션, 민간위탁 등의 유인책을 행사하였다. 더구나 지속적인 경제개발과정에서 각종 이권이 창출됨에 따라 이러한 유인책들의 효과는 극대화되었다. 또한 정부관료제는 다양한 제재장치도 보유하였다. 통제대상의 순응여부에 따라 선별적으로 사용할 수 있었던 각종의 물리력과 세무사찰 등은 물론, 환경단속, 위생점검 등의 각종 규제수단들도 언제든지 선별적으로 행사할 수 있었다(김순양, 2015).

관료권력에 대한 정치적 통제

1. 정치적 통제 관련 이론들

오늘날 정치인과 정부관료의 역할범위와 기능이 모호해지고 있는 것은 사실이지만, 여전히 정치인은 중요한 자원을 배분하기 위한 정책결정을 행하며, 정부관료는 약간의 재량행위를 하면서 정책을 집행하는 역할을 하고 있다. 더구나 정부관료는 국민들로부터 주기적으로 신임을 받지 않기 때문에 국민들은 정치권력을 통해서 관료권력을 견제할 수밖에 없다.

관료권력에 대한 다양한 견제방안들 중에서 정치적 통제방안에 관한 이론적 논의들을 살펴보면 첫째, 정부관료의 정치화(politicization)에 관한 논의가 있다. 이는 다의적으로 사용되지만, 대체로 정부관료의 충원과 승진에서 실적요인보다 정당정치의 기준을 보다 중시하는 것으로, 정부관료의 정치적 책임성을 확보하고 공공서비스의 대표성을 향상시키려는 것이다. 즉, 엽관제(spoils system)의 부분적 부활인데, 실제로 미국의 경우 관료권력을 억제하기 위해서 정치적 임명직위를 크게 증설하기도 하였다(Box, 2015).

둘째, 대표관료제(representative bureaucracy) 논의를 들 수 있다. 이 역시 정부관료의 책임성을 제고하기 위한 것으로, 정부관료의 충원과정에서 계층별, 성별, 지역별, 인종별 인구구성을 고려함으로써 정부관료제의 대표성을 향상시키며, 이를 통해 행정과 정책의 대표성을 제고하려는 것이다(Krislov, 2012).

셋째, 정치기구의 전문성을 제고하는 데 대한 논의이다. 이는 관료권력의 독주현상이 정치기구 즉, 의회의 상대적인 전문성 저하에 기인하는 것으로 보고, 참모기능 및 연구보조기능의 보강 등을 통해서 정치인의 전문성을 강화하려는 것이다(Meier et al., 2006).

넷째, 제도의 도입과 개선을 통해서 관료권력을 통제하려는 논의들로서, 여기에는 감사기관을 의회 직속으로 하는 방안과 중립적이고 의회에 대해서 책임을 지는 옴부즈맨(Ombudsman) 제도를 활성화하는 방안 등이 제시되고 있다. 옴부즈맨 제도는 당파성이 없는 중립적 인사들인 옴부즈맨으로 하여금 공평무사하게 국민들의 불평을 처리하게 하는 것으로, 19세기 초반 스웨덴에서 처음 도입된 이후 광범위하게 확산되고 있다(Abedin, 2011).

2. 정부관료의 인사(人事)와 정치적 통제

현재 정무직 이하의 일반공무원의 인사문제에 대해 의회가 행사할 수 있는 권한은 거의 없다. 다만, 공직자윤리법에 의거하여 일정 직급 이상의 일반직공무원의 재산등록이 의무화되고, 퇴직공무원의 유관 기업체 취업을 제한함으로써 간접적으로나마 정부관료의 신분에 대한 제약이 강화되었다. 그리고 장애인

의무고용제도 등 사회적 약자를 배려하기 위한 조치들(affirmative action)이 도입되어 있다(남찬섭, 2008).

그런데 이러한 제도나 논의들은 각기 문제를 갖고 있다. 우선 공무원 재산등록제의 경우에 당초의 의도와는 달리, 가족소유 재산, 재산의 현실가액 측정, 편법증여 등의 측면에서 많은 문제점이 노출되고 있다. 그리고 정부관료의 정치적 임명은 정무직이나 별정직을 중심으로 강화되고 있지만, 공정성의 유지와 유능한 인재의 발탁이라는 점에서 문제점이 있다. 또한 일부에서 주장하고 있는 대표관료제는 아직 개념정립조차 제대로 되어 있지 못하며, 도입 자체에도 많은 논란이 있다. 왜냐하면 우리의 경우는 사회적 계층의 구분이 불명확하고, 인종적으로 단일민족이며, 종교적 요소도 크게 중시되지 않고 있기 때문이다. 따라서 주로 지역대표성, 성별(性別)대표성 등의 측면에서 논의가 되고 있으나, 이는 실적주의 인사의 대전제인 기회균등의 원칙과 잘 형량을 해야 할 문제이다.

따라서 정부관료의 인사에 대한 정치적 통제방안으로는 고위공무원에 대한 인사검증 과정 및 내역에 관한 자료를 의회에 의무적으로 제출하게 하고, 정무직공무원에 대해 실시하는 인사청문제도를 내실화하고 의회에서 심의 의결한 사항의 구속력을 강화한다. 그리고 중앙인사기관의 독립성을 강화하고, 고위공무원의 인사과정에 의회를 포함한 외부로부터의 통제를 강화해야 한다. 무엇보다 현재 대통령에게 과도하게 집중되어 있는 관리직 공무원에 대한 인사권을 분산함으로써 공무원의 정치적 중립을 보장하는 방안을 모색해야 한다. 그리고 검찰기관, 감사기관 등 주요 사정기관의 정무직공무원의 임기를 완전하게 보장함으로써 이들이 권력의 부패와 부당한 행사를 잘 감시할 수 있게 해야 한다. 또한 지방정부 단위에서는 자치단체장의 인사권에 대한 지방의회의 통제권을 강화하며, 자치단체의 인사위원회 구성이나 운영에서도 단체장이나 관련 공무원의 영향력을 차단할 수 있는 방안을 모색해야 한다.

결국, 정부관료의 인사와 관련한 정치적 통제는 주로 정무직과 고위직 공무원의 임용과정에서는 물론, 업무수행과정에서도 상시적인 외부통제가 행해져야 한다. 그리고 정부관료의 인사에 대한 정치적 통제는 관료권력을 정치권력에 맹목적으로 복종하게 하는 것이 아니라, 집권세력을 포함한 정치권력의 부당한 압력에서 벗어나 불편부당(不偏不黨)하게 일을 하게 하는 데 있다. 즉, 관료권력

이 정치권력 특히, 통치권력으로부터 독립성과 중립성을 유지하게 하는 것이다
(Matravers, 2013).

3. 정부관료의 업무수행과 정치적 통제

정부관료의 업무수행과 관련하여 정치권력은 국정조사나 국정감사 등을 통해서 통제를 할 수 있다. 즉, 국회는 '국정감사 및 조사에 관한 법률'에 의거하여, 국정전반에 관하여 소관 상임위원회별로 매년 30일 이내의 기간 동안 국정감사를 행하며(동법 제2조), 국회 재적의원 4분의 1이상의 요구로 수시로 국정조사를 실시할 수 있다(동법 제3조). 그러나 현재 이러한 제도는 감사 및 조사기간이 짧고, 정부관료들이 정보와 자료를 선별적이거나 불충실하게 제출하는 성향이 있으며, 무엇보다는 의원들의 전문성 부족, 과도한 자료제출 요구, 한건주의 등으로 실효성이 저하되고 있다(윤은기·황선영, 2016). 따라서 정부관료의 업무수행에 대한 정치적 통제를 강화하기 위해서는 국정감사와 국정조사를 내실화하는 방안을 모색해야 하는데, 그 방안으로는 우선 의원들의 상임위원회 배정을 이들의 경력과 전문성을 중심으로 행함으로써 국정질의나 국정조사의 질을 높여야 한다. 그리고 의원들이 자신에게 할당된 보조 인력에만 의존할 것이 아니라, 입법조사처, 예산정책처, 전문위원, 사무처 등 의회 내의 다양한 입법지원기구들을 적극적으로 활용함으로써 부족한 인력과 전문성을 보완해야 한다. 또한 국정감사 및 국정조사 시에 지적한 사항들에 대한 처리결과를 철저하게 사후점검함으로써 시정조치 여부를 잘 감시해야 한다.

의회는 입법권을 통해서도 정부관료의 업무수행을 통제할 수 있지만, 현재 의회에서 제정하는 법률은 추상적인 내용들이 많아 집행을 위한 세부사항들은 행정명령이나 규칙에 위임하는 것들이 많다. 물론 이러한 행정명령이나 규칙의 제정은 국무회의 등의 공식적 의결절차를 거치지만, 이는 요식적인 절차이며 명령이나 규칙의 실질적 내용은 정부관료들이 작성하는 것이다. 이 과정에서 관료권력이 커지는 것은 당연한 일이다. 따라서 정치적 통제를 강화하기 위해서는 법률의 내용을 가급적 구체적으로 작성하며, 행정명령이나 규칙이 입법내용이나 취지에 부합하는지에 대한 사후점검을 강화해야 한다. 이와 관련하여 미국은

행정명령 및 규칙에 대한 의회의 거부권행사 제도를 도입하고 있는데, 참고할 만하다. 그러나 무엇보다 중요한 것은 오늘날 정부제출법안이 크게 증가하고 있는 현실에서, 입법과정에서 이러한 법률안의 내용을 세밀하게 점검하여 불요불급한 정부주도 입법을 견제할 필요가 있다.

4. 정부지출과 정치적 통제

예산과정에서 의회의 기능은 행정부가 편성한 예산을 세밀하게 검토하고 심의함으로써 예산낭비를 방지하고 국고(國庫)를 수호하는 데 있지만(Shafritz et al., 2015), 우리의 경우에 그동안 국회가 이러한 국고수호자로서의 역할을 제대로 수행하지 못하였다. 그 원인으로는 우선, 의원들의 전문성이 전반적으로 낮은데다 상임위원회나 예산결산특별위원회의 위원 배치가 전문성을 근거로 이루어지지 않고 있다는 점이다. 그리고 의원들의 이기적인 행태로 인하여 불요불급한 지역사업을 확대하는 경향이 있으며, 더구나 여당의원들의 경우는 예산심의과정에서 정부의 입장을 맹목적으로 변호하고 있다. 이러한 이유들로 인하여 의회의 심의과정에서 정부예산안이 크게 삭감된 경우는 없으며, 오히려 날치기식 예산통과 관행이 반복되고 있다. 그리고 예산집행 결과를 심사해야 할 회계검사기관도 대통령에게 직속되어 있다. 국회의 결산심의는 집행기관의 정치적 책임을 면제시켜주는 형식적 절차에 불과한 경우가 많다.

따라서 의회의 예산통제권을 복원하기 위해서는 의원들의 국사(國事)에 대한 전문성을 향상시키고 예산심의과정의 투명성을 확보하며, 의원들의 이기주의적 행태를 감시하는 방안을 강화해야 한다. 무엇보다도 정당구조를 개선하여 예산심의과정에서의 개별 의원들의 자율성을 보장해야 하는데, 이를 위해서는 정당내부의 민주주의를 강화하고 공천제도를 개선하는 것이 선행되어야 한다. 예산심의나 입법과정에서의 의원들의 활동사항도 의원평가에서 보다 많이 반영해야 한다. 또한 재정통제권을 행사하는 데서 여당의 경우는 정권이익보다 공익수호를 우선하는 자세를 갖추어야 하며, 야당은 정책정당화를 지향하여 예산심의나 지출통제를 보다 전문적으로 해야 한다(배득종, 2018).

구미 선진국에서는 이미 1980년대 중반부터 신행정개혁운동(NARM New Administrative Reform Movement)이 전개되고 있는데, 주장하는 바의 요체는 정부관료가 사회전체의 이익을 보다 잘 대표하게 하며, 보다 철저하게 통제를 받게 하며, 정치적 수단을 통해 정부관료의 영향력을 줄이려는 것이다.

우리의 경우는 문화적, 제도적, 역사적 요인들이 복합적으로 작용하여 관료권력이 불균형적으로 비대해졌으며, 이는 많은 폐단을 노출하고 있다. 우선 공공서비스의 공급이 비효율적으로 될 우려가 있다. 이는 정부관료의 역할범위가 지나치게 확대되고 공공서비스 공급을 독점하는 데서 오는 폐단으로서, 가장 효율적일 것으로 기대를 모았던 정부관료제가 오히려 가장 비효율적으로 된 정부실패(government failure) 현상이다. 이러한 비효율적인 정부관료제를 유지하기 위한 비용은 조세증가의 형태로 국민이 부담하게 되었다. 그리고 관료권력이 통제불능의 상태가 됨에 따라 정부관료제는 탄력성을 상실하고 경직화되었다. 이는 국민들로 하여금 불필요한 번거로움을 초래하고 있다. 또한 통제되지 않는 관료권력은 공공서비스의 반응성(responsiveness)을 크게 저하시킨다. 따라서 공공서비스에 대한 국민들의 불만이 커지고 있으며, 이는 국민들의 정부불신을 증가시키고 있다.

따라서 관료권력에 대한 정치적 통제를 강화함으로써 관료권력의 이상비대화를 억제해야 할 필요성이 어느 때보다 절실하다. 이를 위해 이 장에서는 우선 우리나라의 관료권력이 지나치게 확대된 원인들을 다양한 시각에서 점검하였다. 질병의 원인을 찾아야 치료가 가능하기 때문이다. 다음에는 주로 의회를 중심으로 한 정치권력에 의한 관료권력의 통제방안을 논의하였다. 그러나 관료권력에 대한 구체적 통제방안을 제시하기보다는, 큰 틀에서의 방향을 제시하는 데 치중하였다. 향후 보다 구체적인 방안을 탐구하는 연구가 필요하다.

마지막으로 지적할 점은 관료권력에 대한 정치적 통제의 실효성을 확보하는 가장 확실한 방안은 국민들의 정치의식을 제고하고 정치에 대한 감시를 강화하는 것이다. 의회를 중심으로 하는 정치권력의 역할은 본질적으로 관료권력을 통제하는 것이다. 입법권, 예산심의권, 국정감사권, 국정조사권 등 의회권력이 행사하는 권한 모두가 관료권력을 견제하고 통제하기 위해서 의회에 부여되어 있는 것이다. 정치권력이 관료권력과 야합하지 않고 부여된 책무를 다하게 하려면, 결국은 국민들이 올바르게 주권을 행사하고 정치인을 감시함으로써 이들이 관료권력을 추상(秋霜)같이 감시하고 통제하게 해야 한다.

제15장

정부서비스의 민간위탁 개혁

제1절 머리말

민영화(privatization)는 넓은 의미의 개념이다. 공기업 매각과 같이 공공서비스 제공의 책임과 권한 일체를 민간부문에 이전하는 것으로부터, 정부가 서비스 제공자로서의 기능은 계속하되 서비스생산 기능만을 민간부문에 넘기는 방안, 사용료를 부과하는 방안, 바우처(voucher) 등을 통해 공공서비스 선택권을 부여하는 방안, 가격이나 진입에 대한 규제완화 방안 등까지 포함된다(Savas, 2005). 따라서 이 장에서 관심을 가지는 민간위탁(contracting-out)은 민영화의 한 형태로 정부가 최종관리 및 비용부담의 책임은 지면서 서비스의 생산과 전달 기능은 민간부문에 위탁하는 것이다.[1]

그동안 다양한 정부서비스가 민간위탁 방식으로 전환하였다. 처음에는 능률성을 제고하기 위한 용도로 양적인 성과평가가 용이한 쓰레기수거서비스 등을 중심으로 민간위탁을 시행하다 점차 복지, 문화, 환경 등의 영역으로 확대하였다. 이와 더불어 학술적으로도 많은 연구들이 행해졌다. 초기에는 민간위탁의 장점에 대한 규범적 연구가 많았으나, 이후에는 민간위탁의 성과에 대한 연구가 행해졌다. 근래에는 민간위탁과정에 대한 연구도 행해지고 있다.

---

1) T. Kolderie(1986)에 따르면, 정부서비스를 제공자(provider)와 생산자(producer)의 기능으로 구분할 경우에, 민간위탁은 정부가 제공자로서의 기능은 계속 수행하면서 생산자로서의 기능은 민간부문에 맡기는 것이다.

그런데 정부서비스 중에서 사회서비스는 현재 민간위탁이 보편화되어 있지만, 민간위탁의 성과를 계량적으로 측정하기 어려우며, 민간위탁의 목적도 경제적 효율성 향상보다는 서비스 질 향상에 초점을 두고 있다. 따라서 사회서비스 영역은 민간위탁의 성과에 대한 연구 못지않게 과정에 대한 연구가 중요하다. 특히, 사회서비스는 생활쓰레기 수거나 환경시설 등의 민간위탁에 비해 민간위탁의 과정이 느슨하게 관리되고 있다. 따라서 이 시점에서 사회서비스의 민간위탁과정에 대한 체계적 연구가 필요하다. 물론 과정이 성과를 담보하지는 않지만, 성과평가가 어려운 영역에서는 과정에 대한 심층연구를 토대로 성과를 유추하는 작업이 필요하다.

이러한 배경 하에서, 이 장은 주로 정부서비스의 민간위탁과정에 초점을 두고 시스템(system) 사고에 입각하여 분석을 행하려는 것이다. 연구대상은 사회서비스 중에서 현재 민간위탁이 가장 보편적으로 행해지고 있는 사회복지관사업의 민간위탁과정을 중심으로 한정한다. 이를 위해 우선은 민간위탁의 의의를 약술하고 민간위탁과정에 대한 이론적 논의를 행하며, 이를 토대로 분석 틀을 구성한다. 다음에는 사회서비스 민간위탁과정의 실태와 문제점을 분석하고, 이를 토대로 개선방안을 제언한다. 실증조사의 대상은 주로 대구광역시 및 산하 구(군)청에서 관할하고 있는 사회복지관들이다.

제2절 민간위탁의 의의 및 분석 틀

1. 민간위탁의 의의

정부서비스를 민간위탁 방식으로 공급하는 이유는 정부가 직접 공급하는 것에 비해 장점이 있기 때문이다.[2] 민간위탁의 장점은 우선, 정부서비스 공급과정에서 경쟁을 유도함으로써 이용자들의 서비스 선택권을 높일 수 있으며, 서비스 공급에서 전문성을 제고할 수 있다. 이를 통해 서비스 질을 제고하고 정부서

---

2) 행정권한의 위임 및 위탁에 관한 규정(제2조 3항)에서는 민간위탁을 "법률에 의해 규정된 행정기관의 사무 중 일부를 지방자치단체가 아닌 법인·단체 또는 그 기관이나 개인에게 맡겨 그의 명의와 책임 하에 행사하도록 하는 것"으로 정의하고 있다.

비스에 대한 만족도를 높일 수 있다. 또한 정부서비스의 생산과정을 능률화하여 서비스 생산비용을 절감할 수 있다. 따라서 경제성 면에서 효과가 있다. 그리고 관료기구의 비대화를 방지하고 서비스 공급과정의 정치화 현상을 방지하는 데 도 기여할 수 있다(Savas, 1987).

그러나 민간위탁이 성공하기 위해서는 일정한 요건이 구비되어야 한다. 우선은 민간위탁 사업의 대상을 신중하게 선택해야 하는데, 대체로 정부서비스 중에서도 집행적 성격이 강한 사업이 적절하다. 다음에는 민간위탁의 목적과 목표가 명확해야 하는데, 사회서비스의 경우는 궁극적으로 민간위탁을 통해 이용자/수급자의 서비스 만족도를 제고하는 것이다. 그리고 민간위탁과정 면에서는 입찰 및 선정과정에서의 경쟁성을 확보하는 것이 중요하다. 마지막으로, 민간위탁은 적절한 지도·감독과 성과평가가 이루어져야 한다(Morris, 2007).

2. 분석 틀의 설정

이 장은 지방정부 사회서비스의 민간위탁 시스템을 민간위탁의 시작부터 끝까지의 일련의 과정에 입각하여 분석하려는 것이다. 민간위탁의 과정은 민간위탁사업을 관장하는 지방정부와 수탁자 간에 관계가 발생하는 부분을 중심으로 구성한다. 따라서 민간위탁의 대상사업 선정이나 목적설정 등 지방정부 내부적으로 발생하는 부분과 수탁자가 실제로 서비스를 생산·전달하는 과정은 논의의 범주에서 제외한다. 이 장에서 상정하는 민간위탁과정은 다음과 같다.

첫째, 경쟁유치 과정이다. 특정 정부서비스를 민간위탁 방식으로 공급하기로 결정하였으면, 다음 단계는 유능한 민간부문을 경쟁에 많이 유치하는 것이다.[3] 유능한 민간부문이 경쟁과정에 많이 유치되기 위해서는 우선은 경쟁의 방식이 개방적이어야 하며, 자격요건이 무리하게 까다롭지 않아야 한다. 전문성과 안정성을 확보하기 위한 최소한의 요건에 그쳐야 할 것이다. 또한 경쟁을 유치하기 위한 공고 및 홍보의 방식이 적극적이고 개방적이어야 한다. 소수에게만 정보가 개방되어서는 유능한 지원자를 경쟁에 유치하기 어렵다(Van Slyke, 2003).

---

3) 민간위탁에서의 경쟁이란 다수의 공급자가 존재하는가라는 환경적 측면에서의 경쟁뿐만 아니라, 관리과정에서 경쟁을 유지하기 위해 노력하는 절차상의 경쟁까지 포함한다(DeHoog, 1984).

둘째, 수탁자선정 과정이 적절한 절차와 기준에 따라 투명하고 공정하게 이루어져야 한다. 이를 위해서는 선정과 관련한 절차와 방식을 공지하며, 그 방식이 납득할 만해야 한다. 다음에는 선정기준이 적절해야 한다. 즉, 선정기준이 민간위탁의 목적에 부합하며, 현실적이며 변별력이 있어야 한다. 마지막으로는 선정 작업이 투명하고 공정해야 한다. 이를 위해 적절한 심사기구를 갖추고 선정내역이 공개되고 열람되어야 한다(Warner and Hebdon, 2001).

셋째, 계약서를 작성해야 하는데, 계약의 조건이 쌍방에 호혜성이 있으며, 계약내용이 현실적이고 구체적이어서 구속력이 있어야 한다.4) 특히, 계약서에는 계약기간이나 시설기준 등의 기초사항은 물론, 서비스 수준, 예산지원, 지도·감독 및 성과평가 방식, 재계약 조건 등에 대한 구체적 내용이 포함되어 있어야 한다. 그래야만 향후 서비스 생산과정에서 수탁자의 책임성을 강화하고, 위탁자와 수탁자 간의 마찰을 줄일 수 있다.

넷째, 서비스 생산과정에 대한 지도·감독 과정으로, 일종의 모니터링에 해당한다. 지도·감독은 수탁자가 적절한 절차에 따라 적절한 수준의 서비스를 생산하고 있는지를 점검하는 것이 주요 목표이다. 여기에는 재정운용은 물론, 수탁자의 기술과 전문성 등에 대한 점검도 중요하다(DeHoog, 1985). 이와 관련해서는 지도·감독의 체계, 기준, 횟수, 활용방안 등이 분석되어야 한다.

다섯째, 성과평가 과정이다. 민간위탁을 통해 서비스 질과 만족도가 얼마나 향상되었는지, 비용절감은 어느 정도 되었는지 등을 평가하고, 그 결과를 민간위탁과정을 개선하는 데 환류하는 것이다. 이를 위해서는 성과평가체계를 갖추고, 타당하고 구체적인 평가기준을 통해 객관적이고 실질적으로 성과평가를 해야 한다. 그리고 평가결과에 따른 보상체계도 마련해야 한다(Hodge, 2018).

마지막 단계는 재계약 과정이다. 여기에서는 재계약이 일정한 절차와 기준에 따르고 있으며, 그 과정에서 개방적이고 공정한 경쟁이 되고 있는지, 성과평가 결과가 재계약 과정에 적절하게 반영되는지 등을 분석해야 한다. 만약 재계약 과정이 성과와는 무관하게 이루어진다면 수탁자는 서비스의 질을 향상시키

---

4) E. Savas(2005)는 계약서에는 민간위탁에 수반하는 이익과 서비스 질에 대한 성과를 수탁자에게 구체적으로 요구할 수 있어야 한다고 하며, D. Aronson(1992)은 계약서에는 서비스 기준, 지도·감독, 산출수준과 품질, 불만처리 방법 등을 명시해야 한다고 주장한다.

그림 6   이 장의 분석 틀

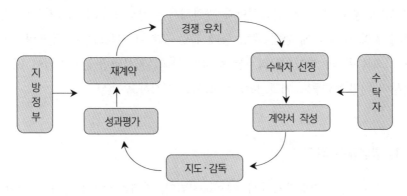

려는 노력을 소홀히 할 것이다(정순관·조선일, 2001).

　　이 장은 지방정부 사회서비스의 민간위탁과정을 분석하기 위한 변수로 경쟁유치와 관련해서는 개방성, 홍보 및 공고의 방식을, 수탁자 선정은 선정기준과 절차, 선정과정의 투명성과 공정성을, 계약서 작성은 계약내용의 구체성과 호혜성을 중심으로 분석한다. 지도·감독은 적절한 기준과 절차, 지도·감독 내용의 적실성을 중심으로, 성과평가는 평가기준의 적실성과 평가결과의 활용도를 중심으로 분석한다. 재계약과 관련해서는 재계약의 기준과 절차, 개방성과 경쟁성, 평가결과의 반영 정도를 살펴본다. <그림 6>은 이 장에서 행할 사회서비스의 민간위탁과정을 도식화한 것이다.

제3절   지방정부 사회서비스의 민간위탁과정 분석

　　사회복지관은 지역사회 문제를 해결하고 주민의 복지욕구를 충족시키기 위한 종합적인 사회복지사업을 수행하는 사회복지시설이다(보건복지부, 2002). 사회복지관이 본격적으로 설립되는 것은 1989년 주택건설촉진법에 의해 저소득층 임대아파트 건립 시 일정규모의 사회복지관 건립을 의무화하면서부터이다. 사회복지관은 규모에 따라 등급을 구분하여 차등적으로 지원하고 있다. 운영방식 면에서 현재 대부분의 사회복지관은 민간위탁방식으로 운영되고 있다. 즉, 정부가 재정은 지원하지만, 서비스공급은 사회복지법인이나 기타 비영리법인이 행하고 있다. 공공서비스의 민간위탁과 관련해서는 정부조직법, 지방자치법, 행정권한의 위임 및 위탁에 관한 규정 등에 관련 조항이 명문화되어 있으며, 이 외에도 사회복지관의 민간위탁과 관련해서는 사회복지사업법에 규정되어 있으며, 대부분의 지방정부들도 이를 토대로 조례로 제정하고 있다.

1. 경쟁유치 과정

사회복지관은 지방자치단체, 사회복지법인, 비영리법인이 설치·운영할 수 있다. 현재 대구시 관내의 사회복지관들은 사회복지법인이나 비영리법인이 운영하고 있는데, 대상은 자체 부지를 확보하고 있으며, 운영계획이 합리적이며, 재원조달 등 사업수행 능력이 있는 건실한 법인을 선정하도록 하고 있다.

그러나 대구시의 사회복지관 사업 민간위탁은 처음부터 개방적이고 적극적으로 수탁자를 유치하지 못하였다. '행정권한의 위임 및 위탁에 관한 규정'(제12조)에는 민간위탁 시에는 공개모집을 원칙으로 하고 예외적으로 제한경쟁을 허용하고 있으며, 이에 따라서 대구광역시 산하 각 구(군) '사무의 민간위탁 촉진 및 관리 조례'에서도 수탁기관 선정 시에는 재정부담능력, 시설과 장비, 기술보유 정도, 책임감과 공신력 등을 종합적으로 검토하여 공개모집을 통하여 수탁기관을 선정하도록 하고 있다. 그러나 이러한 관련 규정에도 불구하고, 대구시 각 구(군) 관내의 사회복지관을 초기에 민간위탁 할 경우에는 공개적으로 대상자를 모집하지 못하였다. 즉, 수탁자의 선정과 관련하여 신문에 공고를 내거나 별도의 공문을 발송한 경우는 없었으며, 대부분 수의계약 형태로 계약을 하였다. 이후 수탁기간이 만료하면 형식적으로는 공개모집을 하지만, 대부분 기존의 법인들이 계속 수탁하고 있으며, 경쟁이 되는 곳은 거의 없다.

이렇게 된 데는 우선 사회복지관 사업의 운영은 사회복지법인이나 비영리법인에게만 자격이 주어지는데, 대구시 관내에 이러한 법인이 한정되어 있다는 것이다.[5] 이와 관련하여 사회복지사업이 영리목적으로 운영될 수 없기 때문에

---

5) 현재 대구시 관내의 사회복지법인들의 상당수는 사회복지관을 수탁하여 운영하기에는 규모가 영세하다. 따라서 대부분이 소규모의 재활원, 요양원 등을 운영하는 데 그치며, 대구시에

영리단체의 참여를 제한하는 것은 이해할 수 있으나, 문제는 개인이 사회복지법인을 설립하는 데에는 진입장벽이 매우 높다는 점이다.[6] 따라서 대부분의 사회복지법인이 종교단체나 학교법인 등에 의해 운영되고 있으며, 그 결과 경쟁에 참여할 수 있는 대상자 수가 적다. 이에 따라 대구시 관내의 대부분의 사회복지관들이 1990년대 초·중반에 처음 수탁자를 선정할 때는 자발적으로 입찰에 참가하는 법인이 거의 없는 상태에서 시청으로부터 사전 내락을 받고, 구(군)청에서는 형식적인 절차를 거쳐서 수의계약을 하였다.

결국, 지방정부에서 행하는 사회복지관 사업의 민간위탁과정에서 적절한 공고 및 홍보절차를 갖추지 못하고 수의계약 형태로 수탁자가 선정되는 과정에서 적절한 공개경쟁이 되지 못하였다.[7] 이러한 상황에서 사회복지법인들은 관련 정보를 습득하기 위해서 담당공무원과 개별적으로 접촉하며, 이는 다시 신규진입의 장벽을 높이고 경쟁을 저해하게 된다. 특히, 수탁기간이 일단 종료된 이후의 재위탁 과정은 사실상 기존의 수탁기관이 큰 하자가 없으면 계속 수탁을 하기 때문에 수탁자 선정을 위한 경쟁유치 과정은 더욱 형식적이다.

2. 수탁자선정 과정

'행정권한의 위임 및 위탁에 관한 규정' 제12조에는 민간위탁 대상기관을 선정할 때에는 인력과 기구, 재정부담 능력, 시설과 장비, 기술보유 정도, 책임능력과 공신력, 지역 간 균형 분포 등을 종합적으로 검토하여 적정한 기관을 수탁기관으로 선정하도록 규정하고 있다. 이를 준용하여 대구시 관내 각 구(군)

소재지를 두고서 사회복지관을 운영하는 사회복지법인은 종교단체 소속 법인을 포함한 소수의 대형법인에 불과하다.

6) 개인으로 사회복지법인 신청을 한 경험자에 따르면, "공무원들이 기본적으로 개인이 사회복지법인을 하는 동기에 대해서 불신을 하며, 법인이 생기면 예산을 지원해야 한다는 강박관념이 있다"고 언급하고 있다(H사회복지법인 대표와의 면접).

7) 대구시 관내 각 구(군)청의 복지담당 공무원들과의 면접조사에 의하면, 처음에 사회복지관 사업을 민간위탁하기 위하여 수탁자를 선정할 당시에는 공개경쟁 방식으로 수탁자를 선정한 경우는 한군데도 없었다. 당시로서는 민간위탁이란 개념 자체도 생소하였으며, 대구시 관내에 사회복지관을 수탁하여 관리할 만한 능력이 있는 사회복지법인도 한정되어 있었다. 따라서 관내 사회복지법인들에게 할당하는 방식으로 수의계약으로 수탁자를 선정하였다고 한다.

사무의 민간위탁 촉진 및 관리조례에도 동일한 조항을 두고 있다. 그러나 이는 일반적 사항을 추상적으로 기재한 데 지나지 않으며, 구체적인 선정기준을 명시한 조례는 없다. 현재 사회복지관사업의 수탁을 원하는 법인은 사업계획서가 포함된 위탁운영신청서를 제출해야 하는데, 여기에는 희망지구, 사업목적, 주요 사업계획, 법인의 기본재산, 수익용 재산명세, 직원현황, 복지실적 등을 기록해야 한다.

그러나 실제 심사과정에서는 구체적인 선정기준을 사전에 제시하는 경우는 없으며, 적절한 선정기준에 입각하여 항목별로 점수를 부여하는 등의 장치도 구비하지 못하고 있다. 그리고 신청서의 내용과 관련해서도 신청서 상의 사업목적 항목은 형식적인 것이며, 사회복지관의 업무내용이 이미 보건복지부의 상위 규정에 정형화되어 있는 상태에서 수탁자별로 특성 있는 사업을 기획하기는 어렵다. 따라서 실제로는 수탁대상 법인들의 재산상태, 직원현황, 복지실적 등이 그나마 객관적 기준이 되는데, 이러한 기준들은 모두가 대형법인이나 기존의 수탁자들에게 유리한 항목들이다. 따라서 소규모의 신설법인들은 아무리 좋은 프로그램을 구상하더라도 경쟁에서 이기기 어렵다. 특히, 선정 이후의 말썽을 최소화하기 위해서도 지방정부의 입장에서는 이미 검증된 법인들을 선호하며, 그 결과 재정능력을 중시하게 된다.

선정과정의 투명성과 공정성이 보장되기 위해서는 선정과정이 정해진 절차와 기준에 따르되, 그것이 자의적으로 결정되지 않아야 한다(Savas, 2005). 그러나 사회복지관 수탁과 관련해서는 구체적인 입찰절차와 낙찰방식 등이 제대로 공개되지 않으며, 선정기준도 구체성이 부족하여 투명한 선정을 기대하기는 어렵다. 그리고 탈락한 신청자들에 대한 이의신청 절차도 부실하다. 따라서 현재 지방정부들은 과거 수탁과정에 경쟁이 없던 때를 기준으로 선정과정을 관리하며, 선정과정을 제도적으로 규정하는 등의 노력은 하지 않고 있다. 따라서 실제의 선정과정에서는 객관적 기준보다는 정치적 고려나 로비 등이 영향을 미치며, 수탁희망자들도 대체로 그렇게 생각하고 있다.

수탁기관을 선정하는 경우에는 수탁기관 선정 심사위원회의 심사를 거쳐야하지만, 실제로는 유명무실한 경우가 많다. 심사위원회를 구성하더라도, 촉박한 심사일정을 고려해 볼 때 현장실사나 제출한 자료의 사실여부를 확인하기는 어려우며, 서류심사 위주로 될 수밖에 없다. 그 결과, 사업계획의 타당성 등에 대한 판단보다는, 법인의 재정능력이나 외형 규모 등이 중시되는 것이다.

3. 계약서 작성

수탁자가 선정되면 지방정부와 수탁자 간에 계약을 체결해야 하는데, 계약 내용에는 민간위탁 목적, 위탁수수료 또는 비용, 위탁기간, 수탁기관의 의무이행, 계약위반시의 책임 등을 포함하도록 규정하고 있다. 그리고 협약내용은 공증을 받아야 한다. 사회복지관과 관련해서는, 사회복지사업법 시행규칙에는 민간위탁 시 계약서에 포함해야 할 사항으로 수탁자의 명칭 및 주소, 위탁계약기간, 위탁대상시설 및 업무내용, 수탁자의 의무 및 준수사항, 시설의 안전관리, 시설종사자의 고용승계, 계약해지 등에 관한 사항을 규정하고 있다.

그러나 이러한 규정에 의거하여 계약을 체결하는 경우에 예상되는 문제로는 우선 계약의 구체성이 결여되어 있다는 점이다. 계약에는 위탁계약기간 정도만 구체화되어 있을 뿐, 서비스 수준, 성과평가, 예산지원, 안전사고에 대한 배상 등에 관한 구체적 내용은 없다. 더구나 이러한 계약이 신뢰와 호혜성에 기인한 것이 아니라, 대부분이 일방적으로 의무를 부과하는 내용으로 되어 있다는 점이다. 예로서 위탁을 해제하는 경우에, 관련 자치법규에는 자치단체장은 수탁자가 규정된 의무를 위반한 때, 사회복지관 운영능력이 없다고 판단될 때, 수탁자가 위탁조건을 위반한 때, 기타 단체장이 필요하다고 인정하는 때에는 위탁을 해제할 수 있다고 포괄적으로 규정하고 있다. 이는 계약해지의 조건을 일방적, 추상적, 포괄적으로 규정하고 있는 것으로, 수탁자에게 절대적으로 불리하다. 물론, 대구시의 경우는 아직까지 계약해지 사례가 발생하지 않고 있으나, 이러한 불리한 규정 하에서는 수탁자가 소신껏 일을 하기가 어려우며, 정해진 업무 범위 내에서 획일적으로 업무를 수행하게 된다. 그리고 계약서에 명시되지 않은 사항이나 계약서의 해석에 관한 사항은 통상적으로 위탁자의 의사에 따르게 되어 있는데, 이 역시 수탁자에게는 매우 불리하다. 따라서 무슨 일이 발생하면 항상 행정기관에 문의해 보고 일을 처리하는 관행을 낳는다. 그리고 이러한 일방적 의무부과는 수탁자로 하여금 창의적이고 적극적으로 서비스를 제공하려는 의욕을 저하시킨다.

4. 지도·감독 과정

민간위탁사무에 대해서는 연 1회 이상 지도·감독을 실시하고, 위탁사무의 처리가 위법 또는 부당하다고 인정되는 때에는 수탁기관에 대하여 시정조치를 할 수 있고, 관계임원 및 직원에 대하여 인사조치를 요구할 수 있다. 사회복지관사업과 관련해서는 별도로 자치단체장은 사회복지관 운영 전반에 관하여 연 1회 이상 정기검사를 실시하고, 필요한 경우 연 2회 지도·점검하여야 한다. 지도·감독 시에는 사회복지관 운영의 자율성과 전문성을 해치지 않도록 해야 한다. 지도·감독 결과에 따라 시정 등의 조치가 필요한 때에는 문서로 지도를 하고, 이행결과를 확인해야 한다. 지방자치단체의 조례에도 지도·감독에 관한 내용이 규정되어 있다.

이러한 규정들에 입각하여 현재 수탁기관에 대한 지방정부의 지도·감독은 각기 연 1회씩의 정기점검과 수시점검으로 이루어지고 있는데, 정기점검은 주로 회계전반에 대한 사항을 점검하지만, 별도의 점검표에 따르기보다는 담당공무원의 판단에 의해서 지도·점검을 행한다. 수시점검은 업무점검이라기보다는, 주로 매분기별로 소방점검을 중심으로 한 시설물 안전점검을 하는 것이다.[8] 그런데 현재와 같은 지도·감독으로는 적절한 지도가 되기도 어렵지만, 설사 지적사항이 있더라도 행정처분이 관대하다.

현재 지방정부의 지도·감독 과정의 문제점을 적시해 보면, 첫째, 지도·감독 공무원의 전문성이 낮아 서비스내용이나 프로그램 등에 대한 실질적인 지도·감독이 되지 못하고 있다. 그 결과, 지도·감독이 서비스내용에 대한 점검보다는 경미한 위반사항을 적발하는 데 그치고 있다.[9] 둘째, 규제중심적, 형식적, 행정

---

8) 주요 점검내용은 건축물의 안전관리 및 방화관리, 전기화재 발화위험, 소방시설 등에 대한 점검으로 담당공무원의 전문성이 부족하여 형식적인 점검이 되고 있으며, 사회복지관으로서는 소방서의 소방안전점검과 중복되어 업무수행에 지장이 있다(대구시 S구청 담당자와의 면접내용).

9) "담당공무원의 전문성 부족으로 프로그램에 대한 실질적인 지도·감독은 되지 않고 있으며, 영수증에 도장이 찍혀 있는지를 확인하는 정도에 그치고 있다."(대구시 S구청 관내 사회복지

편의적 지도·감독이 되고 있다. 즉, 지도·감독이 사회복지관의 업무 효율성을 제고하기 위한 것이 아니라, 관리상의 문제점을 발굴하는 데 주안점을 두고 있으며, 공문서 관리, 종사자의 인원과 자격, 시설현황 등에 대한 규제에 치중하고 있다(김인, 2011). 셋째, 지도·감독이 회계의 적법성 여부를 검사하는 데 치중하고 있다. 지도·감독 시에는 사회복지관은 정관, 임원명부, 재산목록, 회의록, 당해 회계연도 사업계획서 및 직전 회계연도의 사업실적서, 현금 및 물품 출납대장, 보조금 관리대장, 자산 및 회계 증빙서류 등을 준비해야 하는데, 이러한 것들은 대부분 회계서류들이다. 그러나 이러한 회계장부 중심의 지도·감독은 수탁자로 하여금 적극적으로 프로그램을 개발하기보다는, 자금용도에 대한 지정된 틀 내에서 소극적으로 예산을 집행하게 한다. 넷째, 지도·감독의 내용이나 기준에 대한 명문화된 규정이 없기 때문에 수탁자의 입장에서는 적절하게 대비하기가 어려우며, 지도·감독의 공정성에 대해서도 불신을 하게 된다. 뿐만 아니라, 지도·감독 관련 조항들이 임의조항이 많아 예측가능성이 낮고, 지방정부의 책임회피를 조장할 우려가 있다.

5. 성과평가 과정

성과평가와 관련하여, 사회복지관사업은 과거에는 정기적인 지도·감독 외에 별도의 성과평가는 하지 않았다. 이후 사회복지사업법이 개정되어 매 3년마다 1회 이상 사회복지시설을 평가하도록 규정하였으며, 사회복지관 설치·운영규정에도 사회복지관은 사업내용에 대한 자체평가를 실시해야 하며, 보건복지부장관과 시·도지사는 이러한 자체평가 외에 종합적이고 정기적인 평가를 할 수 있으며, 이를 토대로 운영경비 등을 차등적으로 보조할 수 있다. 그리고 사회복지관을 평가하는 데서는 객관성과 공정성이 확보되어야 하며, 사회복지사업의 전문성과 효과성을 측정해야 하며, 양적·질적 평가를 병행해야 하며, 사회복지전문가와 현장 실무자로 구성된 중립적인 평가단에 의해서 서면심사와 현장실사를 병행하여 실시한다는 원칙을 정해놓고 있다.

관 관장과의 면접내용).

그러나 아직까지 지방정부 단위에서는 사회복지관사업의 성과평가에 관한 제도가 제대로 규정되어 있지 못하며, 성과평가를 위한 별도의 기준이나 체계를 마련하지 못하고 있다. 구체적으로 중앙정부 차원에서 시행하는 성과평가의 문제점으로 지적되는 것은 첫째, 성과평가의 지표가 조직, 인력, 재정 등 내부관리 측면에 치중해 있으며, 양적인 지표에 치중해 있다. 복지서비스를 민간에게 위탁하는 주된 목적은 전문성 제고나 수혜자의 만족도 향상 등과 같은 질적인 측면을 개선하는 데 있는데, 현재의 평가지표로서는 질적인 측면에 대한 성과평가는 어려운 실정이다(김은희, 2011). 둘째, 평가가 획일적으로 이루어지는 관계로 지역특성이나 복지관 규모별 차이를 제대로 반영하지 못하고 있다. 즉, 지역특성별로 차등적인 지표를 적용하지 못하며, 내부관리를 중심으로 평가가 이루어지는 상황에서 대규모 사회복지관이 유리한 평가를 받을 수밖에 없다. 셋째, 평가결과가 차등적 예산지원이나 재계약 등에 영향을 미치지 못하고 있다. 당초의 취지는 평가결과가 우수한 사회복지관에 대해서는 다음 연도의 보조금 예산을 편성할 때 성과급을 지급할 예정이었으나, 실제로는 복지관들의 반발로 그렇게 하지 못하였다. 이 밖에도 현장 근무경험이 없는 사람들로 평가단을 구성함으로써 이들의 현장 이해도가 낮았으며, 평가를 위한 준비기간이 불충분한 점도 문제점으로 지적될 수 있다(정은하, 2014).

결국, 사회복지관사업의 경우는 지방정부 차원의 성과평가는 제대로 되지 못하고 있으며, 이를 위한 적절한 기구나 인력도 미비하다. 중앙정부 차원에서는 매 3년마다 전국의 사회복지관을 대상으로 평가를 실시하지만, 적실성이나 현실성 면에서 문제점이 많다(이영균·김정선, 2011). 특히, 성과평가가 여타의 민간위탁과정과 유기적으로 연계되어 시행되는 것이 아니어서 민간위탁의 목적과 평가기준 간의 관계, 지도·감독과정과의 상호보완 문제, 그리고 평가결과의 활용방안 등에 대한 종합적인 계획수립이 결여되어 있다.

6. 재계약 과정

민간위탁은 계약기간이 만료되면 신규 수탁자를 모집하거나 기존 수탁자와 재계약을 해야 한다. 바람직하기는 재계약 과정도 경쟁적이어야 한다. 사회복지관 사업과 관련하여 사회복지사업법 시행규칙은 사회복지관의 위탁계약 기간을 5년 이내로 규정하고 있다. 이에 따라 지방자치단체의 조례에서도 위탁운영 기간을 5년 이내로 규정하고 있다. 그러나 이러한 법규들에는 재계약의 시기에 대한 사항만 규정하고 있을 뿐, 재계약의 절차, 심사기준, 심사절차 등에 대한 규정은 없다. 민간위탁을 처음 행하는 사회복지관과 같은 방식과 절차를 따르는 것으로 이해하지만, 재계약은 대체로 형식적인 절차에 지나지 않는다. 대구시의 경우도 첫 계약 이후 5년이 경과하여 재계약을 하는 사회복지관 사업은 거의 대부분 기존 법인과 재계약을 하고 있다. 재계약 절차나 기준에 대한 별도의 규정은 미비하다. 따라서 재계약 과정은 처음에 수탁자를 모집할 때에 비해 더욱 비경쟁적이고 폐쇄적으로 운영되며, 수탁자들도 계약기간이 끝나면 자동적으로 재계약을 하는 것으로 인식하고 있다.

이렇게 된 데는 기존 수탁자와 재계약을 하는 것이 업무의 연속성을 확보하는 데 유리하기도 하지만, 지방정부의 입장에서는 무엇보다도 기존의 계약자를 교체하는 데 따른 비용과 부담이 크기 때문이다. 특히, 성과평가가 활성화되어 있지 못하고 평가기준이 명확하지 않은 상태에서 기존의 수탁자가 특별한 결격사유가 없는 이상에는 교체를 하기가 어렵다. 그리고 사회복지관의 민간위탁 목적이 비용절감에 있는 것이 아니며, 성과를 평가할 수 있는 여건도 구비하지 못한 상황에서 어느 법인이 운영하더라도 크게 다를 바가 없다고 생각한다. 따라서 교체의 필요성도 크게 느끼지 못하고 있다. 그리고 성과평가 결과가 재계약에 반영되는 경우는 거의 없다. 성과평가의 객관성이 담보되지 못하는 상태에서 평가결과를 재계약에 반영하기는 어렵다.

결국, 재계약 과정과 관련해서는, 우선은 재계약 여부를 판단할 수 있는 명확한 심사기준을 구비하지 못하고 있다. 따라서 재계약을 위한 심사과정은 서류를 작성하기 위한 요식행위에 그치는 실정이다. 지금까지는 특별한 하자가 없으면 기존의 수탁자에게 우선권을 주고 있다. 따라서 재계약 과정에서의 개방적인 경쟁유치나 공정한 경쟁은 기대하기 어려우며, 그만큼 신규진입은 어렵다. 물론, 계약기간 동안의 성과에 대한 평가가 부실한 상황에서 평가결과를 재계약에 반영하기는 어렵다.

제4절 지방정부 사회서비스의 민간위탁과정 개선방안

1. 경쟁유치 과정

민간위탁이 성공하려면 해당 분야에 유능한 다수의 민간부문이 존재하며, 이들을 민간위탁 사업에 적극적으로 참여하게 해야 한다(Hodge, 2018).[10] 그러나 실제에서는 사회복지관 사업의 경우는 지역단위에서 적절한 대상자가 많지 않으며, 경쟁유치를 위한 노력도 부족하다. 그 결과, 경쟁을 하더라도 형식적이거나, 수의계약이나 제한경쟁으로 하는 경우가 많아 민간위탁의 성과를 반감시키고 있다.

따라서 경쟁유치 과정이 이상적인 형태에 근접하기 위해서는 경쟁유치 방안을 제도화하고 공개하며, 진입장벽을 낮추는 개방성을 실현하고, 보다 적극적인 모집전략 등을 통해서 유능한 민간부문을 최대한 경쟁에 유치해야 한다. 구체적으로 첫째, 경쟁유치와 관련한 제반사항을 조례로 제도화하고 세부내용을 사전에 공개한다. 조례에는 공모기간, 공모방법, 응모자격, 선정기준, 선정절차 등을 명문화하고, 세부내용을 상시적으로 공시한다. 둘째, 홍보방식을 다양화한다. 단순하게 관보나 게시판에 게재하는 데서 벗어나 일간지, SNS 등에 공지함은 물론, 관련 기관들의 웹사이트 등을 통해 자격요건, 모집기간, 선정기준 등을 상시로 공개해야 한다. 셋째, 일정한 자격요건을 구비한 법인들에 대해서는 내부등록제를 통하여 지방정부 차원에서 풀(pool)을 구성하고, 민간위탁 시에는 이들에게 홍보하여 경쟁에 임하도록 독려한다. 가능하면 경쟁의 풀을 전국적으로 확대하며, 지역 관내의 법인에게 우선순위를 주는 것을 지양해야 한다. 넷째, 수탁대상을 비영리법인으로 제한하고 있는데, 경영마인드를 도입하기 위해서는 영리법인의 참여를 단계적으로 허용하는 것을 고려한다. 현실적으로 사회복지관에서 제공하는 프로그램들은 대부분 민간에서도 제공하고 있는 것들을 실비로 제공하는 정도인데, 서비스 질을 제고하기 위해서는 사회복지관은 저소득층

---

10) E. Savas(2005)는 민간위탁이 성공하기 위해서는 서비스생산에 참여할 다수의 민간부문이 존재하여 서로 간에 경쟁 분위기가 조성되어야 한다고 보고 있으며, D. Kettl(1988)은 민간위탁과정에서 경쟁이 없으면 서비스 질 향상과 생산비용 절감을 달성하기 어렵다고 지적하고 있다.

이 이용하는 곳이라는 인식을 불식해야 한다. 이를 위해서는 사회복지관이라는 명칭 자체도 바꿀 수 있는 유연성이 필요하다. 마지막으로, 하나의 사회복지관을 다수의 법인들이 프로그램별로 특화해 운영하는 방안을 검토한다. 이 경우에는 인력 및 재정관리가 복잡해질 수 있기 때문에 시설관리는 구(군)청 단위에서 통합하여 담당하며, 서비스공급은 프로그램별로 특화된 법인을 모집하여 영역별로 행하는 것이다.

2. 수탁자선정 과정

다수의 경쟁자를 대상으로 가장 적합한 수탁자를 선정하기 위해서는 우선은 제도적으로 적절한 선정기준과 절차를 구비해야 하며, 다음에는 실제적으로 선정과정이 투명하고 공정해야 한다(Petersen et al., 2015). 수탁자선정 과정에서 구체적으로 고려할 점을 제시하면 첫째, 수탁자 선정기준이 서비스유형에 맞게 적절하게 구비되어야 하며, 이것이 사전에 공개되어야 한다. 선정기준과 관련해서는 재정부담능력, 시설 및 장비보유, 책임성, 공신력, 전문성, 투명성, 지역사회와의 협력 등의 기준이 일반적으로 제시되지만, 이를 획일적으로 설정하기보다는 대상사업에 따라서 유연하게 결정해야 한다.[11] 사회서비스의 경우는 양적 기준과 질적 기준을 안배하되, 양적 기준도 세부내용을 분석할 수 있어야 하며,[12] 이를 위해서는 심사과정에서 실사(實査)를 강화해야 한다. 그리고 질적 기준은 객관화에 한계가 있으므로 면접조사 및 평판도조사 등으로 보완해야 한다.

둘째, 수탁자의 선정기준 및 절차에 대한 구체적 규정을 마련해야 한다. 현재 지방정부의 민간위탁 관련 조례는 상위법을 복제한 것으로 선정과정 및 기준에 대한 구체적 언급이 없다. 그리고 '행정사무의 민간위탁에 관한 조례' 등은 민간위탁 사무를 모두 동일한 성격의 것으로 간주하여 선정기준 등을 획일적으로 설정하고 있다. 그러나 사회복지시설의 민간위탁은 전문성 측면을 중시하는

---

11) 예로서, 환경시설 위탁 등은 전문성이 중요한 기준이 되어야 할 것이며, 쓰레기수거서비스 등은 고도의 전문성이 필요한 것이 아니므로 장비보유 및 노사문제 등이 중요한 기준이 될 수 있다(이창균·서정섭, 2000).

12) 예로서, 재정능력을 평가하는 데서 보유자산은 단순한 총액보다는 유동자산을 중심으로 보는 것이 필요하며, 유동자산도 수입원별로 구분하여 살펴보아야 한다(김경혜, 2000).

상이한 기준과 절차가 필요하다. 따라서 각 지방정부에서는 민간위탁에 관한 일반규정을 참고하되, 서비스성질별로 합당한 선정기준과 절차를 제도화하는 작업이 필요하다.

셋째, 선정절차는 우선은 민간위탁 공고 후 접수마감까지 충분한 시간을 주어 신청기관들이 보다 내실 있는 사업계획서를 제출할 수 있게 해야 한다. 심사단계는 서류심사, 실사조사, 면접심사의 세 단계로 하는 것이 바람직하다. 그리고 수탁자들이 서비스 공급을 준비할 수 있도록 선정작업을 최소한 업무개시 5~6개월 전에 종료하는 것이 필요하다. 신규 사회복지관의 경우는 설계단계에서부터 수탁자를 선정하는 것이 바람직하다. 시설설계가 끝나고 시공과정에서 선정이 이루어지다 보니, 선정이후에 수탁자의 프로그램에 따라서 내부공사를 다시 하는 문제가 발생한다.

이 밖에 선정방식과 관련하여, 심사는 점수제 방식이 적절하다. 이는 항목별로 가중치를 부여하고, 채점기준에 따라서 신청자들의 점수를 채점하여 최고득점자를 선정하는 방식으로서, 객관성과 공정성을 확보하는 데 유리하다.

3. 계약서 작성

선정절차가 완료되면 지방정부와 수탁자 간에 계약서를 작성하는데, 계약서는 향후의 서비스 공급과정에서 지침이 되고 지도·감독 및 성과평가 시에 활용될 수 있도록 구체적으로 작성해야 한다. 그리고 계약서는 호혜성의 원칙에 입각하여 쌍방 간의 의무와 권리를 규정해야 하며, 어느 일방에게만 유리 혹은 불리하게 작성되어서는 안 된다.[13] 양호한 계약은 당사자들 간에 해석의 차이를 최소화할 수 있는 계약, 쉽게 이해할 수 있는 계약, 환경변화를 수용할 수 있는 계약, 배상청구를 최소화하는 계약이다(한국지방행정연구원, 1996).

구체적으로 계약서에는 첫째, 수탁자가 무엇을 해야 할지를 분명히 하며,

---

13) 계약과 관련해서는 '국가를 당사자로 하는 계약에 관한 법률'에 상세하게 규정되어 있으며, 사회서비스의 민간위탁 계약도 대체로 이를 따르도록 권장된다. 동법에 의하면, 계약은 서로 대등한 입장에서 당사자의 합의에 따라 체결되어야 하며, 당사자는 계약의 내용을 신의성실(信義誠實)의 원칙에 따라 이행해야 한다.

정확하고 모호하지 않아야 한다. 이를 위해서는 수탁자가 이행해야 할 서비스의 범위, 서비스 수행조건, 대가지불, 관리감독 내용, 사고책임 범위, 계약불이행 시의 조치 등을 구체적으로 담아야 한다.[14] 구체적 성과기준이 제시되어야 하며, 성과를 달성하지 못할 경우의 벌칙도 규정되어야 한다(Baekkeskov, 2011). 그리고 계약기간이 명기되어야 하는데, 이는 민간위탁 업무의 성격에 따라서 탄력적으로 되어야 한다. 계약기간이 너무 장기간이면 업무혁신에 소홀할 수 있으며, 너무 단기간이면 시설운영의 노하우를 축적하기에 적합하지 않다(박순애, 2002). 사회서비스의 계약기간은 3~5년 정도가 적당하다.

둘째, 투입과 과정보다는 산출과 결과 위주로 계약서를 작성하며, 특히 서비스 질에 대한 내용을 포함해야 한다. 즉, 계약서에는 서비스 달성수준, 성과평가 방법, 인센티브 적용 등을 규정해야 한다(Stolt et al., 2011). 서비스의 질과 관련해서는 현재의 계약서는 임의조항 수준의 선언적 내용에 불과하다. 따라서 계약서에도 어느 정도의 서비스 만족도를 달성할 것인지에 대해 만족수준, 만족도 측정방법 등에 대한 기술이 필요하다.

셋째, 지방정부가 부담해야 할 의무도 명확하게 규정하여 호혜성을 유지해야 한다. 계약서의 내용이 대부분 수탁자의 의무조항으로 채워져 있는데, 위탁자인 지방정부의 의무도 동시에 규정해야 한다. 지방정부의 지원 사항, 예산지원, 책임범위, 이의신청 절차 등을 보다 명확하게 규정해야 한다.

4. 지도·감독 과정

지도·감독은 수탁자의 계약사항 이행여부를 정기적으로 검사하여 보완사항을 지적함으로써 민간위탁사업을 성공시키기 위한 활동이다. 지도·감독은 절차 면에서 적절한 기준에 따라 행하며, 지도·감독의 의의를 인식하고 전문성을 가지고 행해야 한다. 내용 면에서는 형식적으로 지도·감독을 하거나 이를 통제의 용도로만 활용하는 것은 바람직하지 않다(Petersen et al., 2015).

---

14) 영국의 경우, 민간위탁 계약은 성과기준이 측정 가능해야 하며, 위탁자가 제공하는 설비나 장비 등이 구체적이어야 하고, 수탁자와 위탁자의 역할이 분명해야 하고, 산출물이나 서비스의 질이 측정가능하고 감독이 가능하도록 정확해야 한다고 언급하고 있다(CIPFA, 1997).

따라서 지도·감독의 과정이 본연의 목적을 달성하기 위해서는 첫째, 지도·감독의 목적이 분명해야 한다. 지도·감독이 수탁자를 불신하는 데서부터 출발하기 때문에 서류작성 상의 하자나 탈법행위를 점검하는 통제 위주의 지도·감독이 된다. 이보다는 지도·감독은 이를 통해서 수탁자의 업무수행 과정에서 부족한 점들을 보완하기 위한 합목적성에 비추어 행해져야 한다. 따라서 방향은 현재의 통제 및 합법성 위주로부터 지원 및 효과성 위주의 지도·감독으로 전환해야 한다. 둘째, 관련 공무원의 전문성을 제고해야 한다. 사회복지직렬이 신설된 이후 관련 공무원의 전문성도 많이 향상되었지만, 아직 프로그램 운영 등에 대한 전문성은 부족한 실정이다. 그 결과, 지도·감독도 프로그램 운영에 대해 적절한 조언을 주기보다는, 시설관리 중심으로 이루어지게 된다. 향후로는 지도·감독을 하드웨어에 치중하던 것에서 탈피하여 소프트웨어 측면을 중심으로 해야 하며, 이를 위해서는 담당 공무원의 전문성을 제고해야 한다. 필요하면 전문기관을 따로 지정하여 지도·감독업무를 위탁하는 방안도 고려할 수 있다. 셋째, 다양한 지도·감독방식을 유연하게 적용해야 한다. 주기적인 점검 외에도, 현장관찰, 불시점검(surprise inspection), 불만사항 조사, 비용편익 조사 등 다양한 방식이 있다. 넷째, 주기적인 지도·감독은 수탁자의 보고서에 주로 의존하되, 보고서에는 업무수행 실태, 지출실태, 서비스 수준, 예상되는 문제점 등을 포함해야 한다. 마지막으로, 지도·감독과정에서는 이용자들의 만족도를 조사하고 문제가 있으면 적기에 시정해야 한다. 영국은 이용자 자문위원회(user consultation committee)를 설치하고 불평을 접수하기 위한 직통전화를 운영하는 등의 방법으로 지도·감독 과정에서 이용자들의 불만사항을 적극적으로 해결하고 있다(Baekkeskov, 2011).

5. 성과평가 과정

민간위탁사업에 대한 성과평가는 수탁자로 하여금 계약서에 명기된 수준의 서비스를 제공하도록 담보하는 데 필수적인 것이다. 추가 예산지원이나 재계약 등도 성과평가를 토대로 이루어져야 한다. 따라서 이러한 용도를 가지는 성과평가가 본래의 목적을 달성하려면 우선은 적절한 성과평가 체계와 평가기준이 마련되어야 하며, 다음에는 성과평가 결과를 적절하게 반영하고 환류할 수 있어야 한다(Grinnell and Unrau, 2010). 구체적으로 고려해야 할 사항을 적시하면 다음과 같다.

첫째, 성과평가체계 및 방식과 관련하여, 우선은 지방정부 단위에서 성과평가 담당기구를 설치할 필요가 있다. 성과평가의 본질적인 목적이 문제점을 파악하고 이를 토대로 부족한 부분을 보충하기 위한 것이라면, 적어도 광역단체 단위에서는 성과평가 전문기구를 설치하여 지역실정을 반영하는 심층평가를 행해야 한다. 이 경우에도 비용문제 등을 고려하여 비상설위원회 형태로 운영하는 것이 바람직하다. 다음에 평가주기는 매년 총괄평가를 실시하기에는 부담이 되므로 격년제로 행하되, 한 번은 양적인 것 위주로 다음 번은 질적인 것을 위주로 행한다. 또는 시설이나 프로그램 전반에 대한 총괄평가는 격년제로 시행하고, 매년 일부 프로그램을 선정하여 부문평가를 행하는 방안도 생각할 수 있다. 평가방식은 서류평가만으로는 불충분하며, 현장평가를 중시해야 한다. 이 경우에 면접이나 관찰 등도 활용해야 한다. 그리고 평가는 절대평가와 상대평가의 두 가지가 있으나, 사회복지관들 간에 성과를 비교하려면 상대평가가 바람직하다. 그리고 사회서비스의 특성을 살릴 수 있는 평가가 중요하다. 양적인 평가만으로는 불충분하며, 내용평가 및 질적 평가를 중시해야 한다. 특히, 사회복지관 이용자들의 불만을 잘 파악해야 한다.

둘째, 적절한 평가기준을 마련해야 한다. 이와 관련하여 R. Ross(1988)는 성과평가 기준으로 능률성, 형평성, 참여, 책임성을 들고 있다.15) 현재, 보건복지부의 사회복지관 평가는 주로 양적인 측면에 치중하고 있다. 따라서 질적인 부분을 강화하되, 중앙정부 평가와 지방정부 평가를 이원화하여 지방정부 평가에서는 질적인 평가기준의 비중을 높이는 방안을 강구한다. 그리고 사회복지관사업은 수탁자의 전문성을 평가하는 것이 중요하므로 관리측면에 치중하는 평가를 지양하고 프로그램의 내용과 제공능력을 평가하는 지표를 많이 추가해야 한다. 그리고 현재 중앙정부의 성과평가기준은 대형법인에게 유리하다. 따라서 수

---

15) 능률성은 총 후생을 극대화하는 방향으로 한정된 자원을 사용하는 것이며, 형평성은 사회의 다양한 부분들 간에 자원을 분배하는 것과 관련된다. 참여는 과정 측면과 관련되며, 책임성은 업무를 효과적이고 책임감 있게 수행하는 것과 관련된다.

탁자의 규모에 관계없이 공정하게 적용할 수 있는 평가기준을 보완해야 한다. 그리고 행정편의 위주의 평가문항은 줄이며, 사회복지관이 위치하는 지역특성을 반영하기 위해 지역별로 상이한 평가기준을 적용할 수 있다.

셋째, 평가결과는 문제점을 발굴하여 시정하며, 재계약 시에 반영할 수 있도록 환류를 해야 한다. 따라서 부족한 곳에 대해서는 기술지원을 해주는 방안을 마련하며, 성과평가를 차등적인 예산지원에 실질적으로 반영해야 한다. 상위 10~20%에게는 인센티브를 지급하고, 하위 10~20%는 불이익을 주는 방안을 검토해야 한다. 그리고 우수 복지관 및 프로그램을 발굴하여 홍보하고 시상하는 것이 필요하다. 뿐만 아니라, 평가결과는 재계약 과정에 반영해야 하는데, 우선은 성과평가를 재계약 시에 의무적으로 반영하며, 성과평가 결과를 총합하여 총점이 일정기준 이하이면 강제 탈락시키는 것을 고려한다.

6. 재계약 과정

계약은 의도한 소기의 목적을 달성하였거나, 약속한 내용이 제대로 이행되지 않거나, 쌍방의 합의에 의해서 그만두거나, 그리고 어느 한쪽이 소멸되는 경우에 종료하게 된다(CIPFA, 1997). 계약종료 이후에 민간위탁을 계속하려면 재계약 과정을 거쳐야 한다. 물론, 재계약 과정도 투명하고 공정한 절차를 거쳐야 한다. 그리고 기존의 수탁자와 재계약하는 경우에도 성과평가 결과를 적절하게 반영해야 한다.

재계약과 관련한 개선방안으로는 첫째, 재계약 과정의 개방성을 제고하기 위해 모집 및 자격요건 등을 상시적으로 공시해야 한다. 필요하면 상시적으로 신청을 접수하여 풀을 구성하고, 재계약 과정에서 이들이 적극 지원하게 해야 한다. 업무의 연속성 측면에서 기존의 수탁자에게 어느 정도의 가점은 줄 수 있지만, 의도적으로 재계약 과정을 폐쇄적으로 운영하는 것은 옳지 않다. 둘째, 재계약 과정이 개방적이고 경쟁적이기 위해서는 사회복지관에 대한 기본시설 투자는 지방정부가 전액 부담하며, 법인의 전입금 부담도 최소화하는 것이 필요하다. 현재 수탁자들이 처음 계약과정에서 시설투자비를 예치하며, 설비개조 등을 위해서 시설투자를 하는 경우가 많기 때문에 사회복지관을 법인시설과 동일하게 간주하는 경향이 있다. 이렇게 되면, 지방정부로서도 중대한 법률적 하자가 없으면 기존 수탁자와 계약을 연장해야 한다는 부담을 갖게 된다. 셋째, 재계약 심사 과정도 적절한 심사기관을 통해 해야 하며, 선정기준은 광역단체 단위에서 전문성을 가진 기관들의 자문을 구하여 설정하는 것이 바람직하다. 넷째, 재계약 개시의 조건을 첫 계약서 작성 시에 명기하는 것도 필요하다. 계약목표 달성 수준 등에 대해 미리 기준을 정하고, 이에 미치지 못하면 재계약 과정에서 불이익을 주는 등의 벌칙이 필요하다.

제5절 맺음말

지금까지 사회복지관 사업의 민간위탁과정을 경쟁유치, 수탁자선정, 계약서 작성, 지도·감독, 성과평가, 재계약의 여섯 단계로 구분하여 분석하고, 이를 토대로 적절한 개선방안을 제시하였다. 우선 현황의 측면에서는 사회복지관 사업의 민간위탁과정이 이론적, 규범적으로 요구되는 것과는 동떨어져 있다. 경쟁유치 과정은 소극적이고 폐쇄적이며, 수탁자선정도 중립적이고 전문적인 선정기관을 구비하지 못하고 있으며, 그 결과 선정심사도 사전에 내락된 지원자를 선정하기 위해 형식적으로 행하는 경우가 많다. 계약서는 구체성이 결여되어 후속과정을 위한 지침이 되지 못하고 있다. 계약내용은 수탁자에게 일방적으로 불리하며, 계약의 상호성 원칙이 지켜지지 않고 있다. 지도·감독 과정은 일정한 기준, 절차, 계획에 따라서 체계적으로 이루어지는 것이 아니라, 관련 서류를 점검하는 차원을 벗어나지 못하고 있다. 프로그램에 대한 지도를 행하기에는 담당 공무원의 전문성이 미치지 못한다. 성과평가는 지역의 현실을 제대로 반영하지 못함은 물론, 질적 측면을 제대로 다루지 못하고 있다. 그리고 평가결과가 활용되지 못하고 있으며, 수탁자에 대한 동기부여를 하지 못하고 있다. 마지막으로, 재계약 과정은 대부분 기존의 수탁자를 대상으로 하는 형식적이고 폐쇄적인 과정이다. 재계약의 절차나 기준 등에 대한 규정도 미비하다. 무엇보다도 성과평가와 재계약을 연계하는 방안이 미흡하다.

따라서 사회복지관사업의 민간위탁이 의도한 목표를 달성할 수 있으려면,

다음과 같은 사항들이 적극적으로 고려되어야 할 것이다. 첫째, 사회서비스를 민간위탁 하는 궁극적 목적이 서비스 생산과정에서 민간부문의 전문성을 활용함으로써 보다 양질의 서비스를 제공하는 것임을 인식하는 것이 필요하다. 그래야만 수탁자선정 과정에서 전문적인 서비스 공급능력이 있는 수탁자를 위주로 선정하게 되며, 지도·감독 과정에서도 합목적성을 중시하게 될 것이다. 둘째, 민간위탁과정의 기본방향을 개방성, 공정성, 합목적성, 실질성에 두어야 한다. 민간위탁의 경쟁유치 과정이 개방적이어서 내실 있는 경쟁이 되어야 하며, 선정과정은 공정하고 투명하게 될 수 있는 제도적 장치를 구비해야 한다. 선정절차 및 결과 등이 적절하게 공개되어야 한다. 지도·감독이나 재계약 과정은 민간위탁의 목적에 비추어 문제점을 발굴하고 이를 보충하는 방향으로 운영되어야 한다. 셋째, 지방정부와 수탁자 간의 관계는 규제와 통제의 관계로부터 지원하고 조장하는 관계로 전환해야 한다. 이를 위해서는 지도·감독은 합목적성을 중시하는 방향으로 가야 한다. 성과평가도 시설기준 등에 집착할 것이 아니라, 본질적인 목적과 관련되는 부분을 중심으로 해야 한다. 그리고 지도·감독이나 성과평가는 벌칙의 용도보다는 부족한 부분을 보완하고 지원해주는 자료로 우선 활용해야 한다. 넷째, 민간위탁의 제반 과정이 시스템 관점에 입각하여 교호적으로 이루어지게 함으로써 각 과정들 간에 선(善)순환이 일어날 수 있어야 한다. 성과평가 결과가 재계약 과정에 반영되고, 이것이 다시 경쟁유치 과정과 결합되어야 한다. 그리고 이러한 환류는 전후 양방향으로 발생해야 한다. 마지막으로, 일련의 민간위탁과정을 객관적이고 전문적으로 관리할 수 있는 기제를 갖추어야 한다. 이 경우에 이러한 기구는 지방정부, 민간 전문가, 이용자, 지방의회, 시민단체 등이 협력적으로 참여할 수 있게 해야 한다. 그리고 민간위탁시스템 자체를 주기적으로 점검하고 개선할 수 있는 비상설기구도 필요하다. 왜냐하면 시스템에 문제가 있으면, 기술적인 문제를 해결한다고 해도 소기의 성과를 거둘 수 없기 때문이다.

ㄱ

가격의 부정가성   190

가부장적 권위주의   194

가부장제   35

가산관료제   35

가점주의   144, 164

가치체계   201

감속효과   67

강제경쟁입찰   214

강제적 전략   81

개발주의   149

개방적 직군체계   147

개방체제론   185

개방체제문화   126

개방형임용   213

객관성   169

거친 남성문화   125

경쟁유치   323

경험학습   131

계급혁명론   14

계도행정   223

계약서   324

계약의 구체성   329

계층제   44

계층제조직   101

고객주의   305

고객평가   211

고용의 유연성   212

고전적 관료   302

고전적 기술관료형   303

고착화된 거인   49

골격입법   305

공개모집   326

공개주의   150, 178

공공선택론   304

공리적·기술적 전략   81

공무원연금   225

공사무분별   192, 196

공유를 통한 학습   132

공정성   169

공직불신   224

과다업무   247

과도한 재량행위   243

과두제의 철칙   24

과정문화   125

과정적/기술적 접근   78

관대화 현상   150

관료권력   300

관료적 기업가형   303

관료제국가   20

관료제화   6, 54

관료주의행정   98

관료행태 190

관존민비 193

교류근무 161

교육목표관리제도 158

교육훈련 135

구조적 접근방법 78

구조화된 비계층제이론 101

국가공무원법 301

국가관료제 52

국정감사 316

국정조사 316

권력 32

권위 32

권위주의 193, 216

권위주의적 관료행태 202

권위주의행정 222

권한부여 133

귀속주의 192

규범적 전략 81

규제적 행정지도 276

근무성적평정 149

기계적 관료제 5

기능급제도 157

기능적 경쟁자 66

기본적 기능 64

ㄴ

내부고객 211, 214

내부관리행정 241

내집단 192

농업사회 187

늑장행정 222

능력주의 142, 144

능력주의 평가체계 163

ㄷ

다(多)규범성 187

다규범주의 190

다면평가 151, 165, 173, 211

다분파주의 189

단일직급제도 153

대리학습 131

대민접촉행정 241

대의제국가 21

도구주의적 국가론 60

독점주의 216

동결단계 133

동료평가 173, 178

동반행정 223

동조과잉 43

등반가형 67

ㅁ

모방개혁 86

몰가치성 30

무산안일주의 197

문서주의 38, 45

민간위탁 323

민간위탁과정 322

민영화 214, 321

밀실행정 223

ㅂ

반응성 201

발전 54

발전행정론 42

발탁인사제도 153

방법론적 개체주의 31

배타주의 203

번문욕례 45, 307

법규만능주의 203

법규특성 요인 239

법치주의 290

벤치마킹 132

변증법적 유물론 12

변화단계 133

병리현상 39

보상체계 117

보수형 67

보편주의 204

복종 32

복지부동 87, 197

봉건제 20, 35

부문할거주의 41

부수적 행정지도 276

부작위(inaction) 237

부하평가 178

분파주의 197

분화사회 188

불균형성장모형 62

비(非)계층제적 조직이론 101

비(非)물질주의 199

비사인성 38, 45

비점증적인 활동영역 62

ㅅ

사내(社內)교육훈련 159

사랑방(sala) 189

사무실 188

사인주의 195, 204, 309

사전권고 276

사정(査定)주의 149

사회개혁운동 281

사회경제적 요인 60

사회복지관 325

사회적 기능 64

사회적 해악 59

사회적 행위 31

산업사회 187

살라모형 188

상급자평가 170

상대평가 150

상향적 적하(滴下)체계 190

생산중심문화 126

서비스 생산과정 324

선정기준 328

성과평가 324

성과평가체계 339

성장제일주의 186

소극적 재량행위 243, 244

소셜 미디어 264

소외론 13

소용돌이의 장 121, 307

소집단 귀속주의 198

수탁자선정 324

숙명주의 198

시민헌장 214

시스템적 사고 134

신교육훈련체계 145, 157

신승진체계 153

신인사제도 142, 164

신임금체계 154

신직급체계 146

신평가체계 149, 163, 164

신행정개혁운동 318

실적주의 313

실험학습 131

ㅇ

아웃소싱 214

안방 188

안보이데올로기 310

업무특성 요인 239

업무환경 요인 246

업적평가 151

연고주의 190

연공급 212

연공서열 38, 47

연봉제 154, 212

열린 정부 212

예산통제권 317

옴부즈맨 314

와그너의 법칙 58

외부지향 인간형 197

운명을 거는 문화 125

운명주의 198

위계문화 126, 127

위계질서문화 126

유교문화권 185

육성형 평가체계 150

융합사회 188

의사결정 117

의사소통 116

의식주의 44, 196

이념형 31

이미지 Ⅰ, Ⅱ, Ⅲ 302

이미지 Ⅳ 303

이해(verstehen) 30

이해사회학 52

인간주의적 관료제 5

인사관리체계 109

인적자원문화 126

일 잘하고 잘 노는 문화 125

일반이익 17

일선행정 241

일시보너스 제도 157

ㅈ

자격취득방식 154

자기불신 227

자기평가 173, 179, 211

자동승격연한제 147, 148

자본축적기능 60

자원동원기능 64

작은 정부론 50

재계약 324, 340

재량적 실험가형 303

재량적 판단권 234

재량행위 232

재량행위 영향요인 243

재량행위의 구성요소 234

재량행위 행사방식 243
재량행위 회피 243, 244
재정적 환상 63
적극적 재량행위 243
전략적 지출 190
전문화 38, 46
전위효과가설 63
전이사회 188, 189
전인격적 참여 192
전임성 36
전통적 관료제 34
전통적 지배 32
절대주의 150
정당화기능 60
정보공유시스템 119
정보비대칭 304
정보통제 307
정부개혁 76
정부개혁의 접근방법 77
정부팽창 53
정신적 모형 134
정실주의 196
정치권력 301
정치적 관료 302
정치적 요인 61
정치적 추가 62
조성적 행정지도 277
조정적 행정지도 276
조직문화 123
조직분위기 123
조직학습 130
종신성 37

주술문화 199
준비단계 132
중간관리층 134
지배 32
지배계급 22
지시적 위임형 303
지식공유단계 132
지식저장단계 132
지식정보화사회 97
지식창출단계 132
지식폐기단계 132
지식행정 98
지출결정요인론 59
직능(職能)자격제도 146
직능급체계 145
직무스트레스 228
집단문화 126, 127
집단성과급제도 156
집단우선주의 192
집단유대감 198

ㅊ
책임집행기관 213
천민자본주의 186
청백리 199
청빈주의 199
체면의식 194
최고관리층 113

ㅋ
카리스마적 리더십 199
카리스마적 지배 33

콥테이션 41

ㅌ

탁상행정 221
탈(脫)관료제 100
통합적 접근 78
팀 비전 116
팀 업적 152
팀 학습 134
팀(team) 103
팀조직 103, 147
팀조직의 내부운영체계 105
팀조직의 도입순서 114

ㅍ

파견교육 161
파킨슨의 법칙(Parkinson's Law)
  66, 306
평가기준 339
평가의 유용성 169
평생교육훈련 159
평정요소 177
포인트(point) 시스템 151
표리부동성 189
피지배계급 22

ㅎ

하향적 적하체계 190
학습 129
학습조직 130, 161
학습창고 138
할거주의 203
합리문화 126
합법적 관료제 35, 99
합법적 지배 33
행정규제 295
행정민주화 279, 289
행정지도 273, 274
행태적 접근방법 78
현장교육 158
현장행정 221
협상형 303
형식주의 189, 196
환경특성 요인 238
획일주의 216
훈련된 무능 46

계인국. (2015). 규제개혁과 행정법. 「공법연구」 44: 645−678.

고수정. (2014). 사회복지공무원의 재량행위와 고객지향성의 관계에 관한 연구. 「한국 지방자치연구」 16(2): 57−79.

권보경·이경은·전영한. (2018). 관료제적 조직구조, 조직전략, 그리고 조직성과. 「한 국사회와 행정연구」 29(1): 119−143.

권선행·강윤진·강경식. (2010). 기존 인사평가 정보시스템의 신인사제도 적응향상을 위한 설계와 구현에 관한 연구. 2010년도 대한안전경영과학회 춘계학술대회.

권인석. (2011). 공공조직에 있어서 협동, 경쟁, 그리고 연고주의. 「한국공공관리학보」 25(1): 57−81.

권향원. (2017). 근무성적평정 공정성인식 영향요인에 대한 탐색적 이론화 연구. 「한국 조직학회보」 14(2): 47−74.

김 인. (2011). 지방정부 공공서비스 민간위탁의 경쟁, 유인, 성과평가가 서비스 질에 미치는 영향. 「한국행정논집」 23(2): 605−634.

김경혜. (2000). 사회복지시설 민간위탁 관리과정 개선을 위한 제언. 「사회복지시설 위 탁, 무엇이 문제인가」. 참여연대주최 공청회 자료집.

김경호·소순창. (2010). 지방자치단체에서 사회복지전담공무원의 업무수행에 관한 질 적 연구. 「한국지방자치학회보」 22(2): 125−147.

김도승. (2012). 행정지도에 관한 고찰. 「가천법학」 5(1): 241−267.

김도창. (1993). 「행정법(상)」. 청운사.

김동배. (2010). 제도적 동형화와 상징적 동조. 「노동정책연구」 10(1): 35−67.

김만기. (1994). 한국의 행정이념의 변화. 「한국관료제와 정책과정」. 다산출판사.

김문조. (2000). 지식기반사회: 진단 및 대응. 「한국행정연구」 9(1): 236−245.

김민정·신유형. (2013). 팀목표 지향성과 팀 조직시민행동 간 관계에 대한 팀 효능감 의 매개 효과. 「기업경영연구」 20(5): 175−193.

김병섭. (2009). 조석준 교수의 행정개혁론. 「한국조직학회보」 6(1): 69−93.

김삼수. (2018). 최근 일본 임금제도의 변화와 특징. 「한일경상논집」 81: 3-27.

김선빈·장현주. (2016). 2015년 공무원연금 개혁과정의 재해석. 「한국사회와 행정연구」 27(3): 65-91.

김소정. (2014). 사회복지전담공무원의 재량행사에 관한 연구. 「사회복지연구」 45(2): 349-374.

김순양. (1996). 정부관료제의 성장원인에 관한 이론적 논의. 「새마을지역개발연구」 19: 41-70.

김순양. (1997a). 한국 관료권력의 확대 원인과 정치적 통제방안. 「새마을지역개발연구」 20: 81-103.

김순양. (1997b). 지방정부 관료제의 효율적 통제방안. 「지방자치」 100: 29-34.

김순양. (1997c). 작은 지방정부로 가는 길(1): 지방행정의 가치체계와 공무원행태의 전환. 「지방자치」 110: 117-123.

김순양. (1997d). 작은 지방정부로 가는 길(2): 관료제조직 혁신을 위한 팀조직의 도입. 「지방자치」 111: 13-118.

김순양. (1998a). 학습이 일상화된 지방정부조직. 「지방자치」 114: 106-111.

김순양. (1998b). 지방공무원의 능력발전과 다면평가. 「지방자치」 115: 113-118.

김순양. (1998c). 바람직한 지방정부 조직문화의 형성. 「지방자치」 116: 109-114.

김순양. (1998d). 지방공무원의 능력개발과 신인사제도(1). 「지방자치」 117: 103-108.

김순양. (1998e). 지방공무원의 능력개발과 신인사제도(2). 「지방자치」 118: 109-113.

김순양. (1998f). 지방공무원의 능력개발과 신인사제도(3). 「지방자치」 119: 73-78.

김순양. (1998g). 공무원 인사개혁의 방향: 경쟁과 안정, 협조가 조화 이뤄야. 「지방자치」 123: 50-56.

김순양. (1999a). 공직사회의 변화와 공무원의 경쟁력. 「지방자치」 130: 14-21.

김순양. (1999b). 불신과 위기의 공직사회, 그 진단과 처방. 「지방자치」 135: 15-22.

김순양. (2000a). 지방정부 조직의 혁신을 위한 벤치마킹: 팀(team)조직의 구축방안을 중심으로. 「한국행정학보」 34(1): 265-289.

김순양. (2000b). 지식정보화사회에서의 지방정부 관료제조직의 개혁방안: 관료제조직의 형태개혁을 중심으로. 「사회과학연구」 20(1): 1-27. 영남대학교 사회과학연구소.

김순양. (2000c). 외화내빈 공직사회 개혁. 「지방자치」 138: 22-29.

김순양. (2001a). 지방공무원의 능력개발을 위한 신평가체계의 도입방안: 다면평가제도를 중심으로. 「한국행정연구」 9(4): 104-136.

김순양. (2001b). 일선 복지행정공무원 인사관리 방식의 개선방안 고찰. 「사회정책논총」

13(1): 107－150.

김순양. (2001c). 행정규제와 일선 규제공무원의 재량행위 분석. 「규제연구」10(1): 63－118.

김순양. (2002a). 지방정부조직 내부의사결정 과정의 신속성 제고방안: 결재제도를 중심으로. 「한국행정학보」 36(1): 193－213.

김순양. (2002b). 일선복지행정 전문관료의 재량행위 분석: 기초생활보장 수급자 선정과정을 중심으로. 「한국행정학보」 36(2): 291－312.

김순양. (2004). 지방정부 행정서비스의 민간위탁 시스템 분석: 복지서비스를 중심으로. 「사회보장연구」 20(2): 27－56.

김순양. (2006). 「복지서비스의 민간위탁 시스템 분석」. 집문당.

김순양. (2014). 일선 지방행정에서의 행정지도의 실태 및 개선방안 고찰. 「규제연구」 23(2): 3－42.

김순양. (2015). 발전국가의 이원적 노동통제정책 분석: 1961－1987년. 「지방정부연구」 18(4): 23－50.

김순양. (2016a). 일선복지공무원의 재량행위(裁量行爲)에 관한 주요 이론적 쟁점 토의. 「사회과학논집」 47(1): 49－80. 연세대학교 사회과학연구소.

김순양. (2016b). 일선 복지공무원의 재량행위 원인에 관한 실증적 연구: 기초생활수급자 선정과정을 사례로. 「한국행정연구」 25(2): 19－55.

김순양. (2016c). 기초생활보장수급자 선정기준별 담당공무원의 재량행위 분석. 「지방정부연구」 20(3): 223－252.

김순양. (2017). 일선 규제업무 담당공무원의 재량행위 원인에 관한 실태 분석. 「규제연구」 26(1): 31－79.

김순양. (2018). 규제행정 집행과정에서의 재량행위 영향요인 및 행사방식 연구. 「한국행정연구」 27(1): 101－141.

김순양 외. (2005). 「행정학의 이해」. 영남대학교출판부.

김용철. (2011). 박정희 정권의 노동통제전략. 「한국경제지리학회지」 14(2): 192－210.

김원정. (2020). 가부장적 가족주의 유재와 한국기업의 가족친화정책 도입. 「한국여성학」 36(1): 95－137.

김윤권 외. (2010). 「공직경쟁력 강화를 위한 저성과자 관리제도 활성화방안 연구」. 한국행정연구원.

김은희. (2011). 사회복지서비스의 통합적 성과평가. 「한국행정논집」 23(3): 801－828.

김재훈. (1993). 정부지출결정요인검증을 위한 새로운 시도. 「한국행정학보」 27(1):

135－153
김정렬·한인섭. (2008).「행정개혁론」. 박영사.

김해동. (1978). 관료행태와 가족주의.「한국행정학보」12: 95－111.

김해동. (1985). 한국관료의 행태상의 제 특징.「행정논총」23(2): 163－177.

김호진. (1993).「한국정치체제론」. 박영사.

나현민·하태수. (2015). 소방공무원의 재량행위와 재량행위 요인에 관한 연구.「국정
　　관리연구」10(2): 191－216.

남궁근. (1994). 우리나라 지방정부 지출수준의 결정요인 분석.「한국행정학보」28(3):
　　991－1012.

남찬섭. (2008). 장애인 고용실태의 특성 및 그 배경과 개선방향.「사회복지정책」33:
　　31－59.

노기현. (2013). 행정법상 재량행위에 대한 사법심사기준의 변천에 관한 연구.「공법학
　　연구」14(3): 293－318.

문수진·이종열. (2015). 지방자치단체의 사회복지예산 지출결정 요인에 관한 연구.
　　「한국사회와 행정연구」25(4): 137－159.

박경규. (1998).「신인사관리」. 홍문사.

박균성. (2012).「행정법강의」. 박영사.

박동서. (2002).「한국행정론」. 법문사.

박순애. (2002). 복지시설 민간위탁 관리의 문제점과 개선방안.「한국정책학회보」
　　11(4): 159－191.

박우성. (2006). 유한킴벌리의 직능급제도.「Korea Business Review」9(2): 21－44.

박우성·조한제. (2012). 연봉제와 동기부여: 개인특성의 조절효과.「조직과 인사관리
　　연구」36: 43－69.

박원우. (2007). 한국 내 팀제의 도입현황, 성과 및 개선방향.「경영논집」41: 59－93.
　　서울대학교 경영연구소.

박재창. (2003).「한국의회정치론」. 오름.

박조현·오정록. (2015). 사내대학의 통합적 모델 수립에 관한 연구.「지식경영연구」
　　16(2): 193－212.

박찬표. (2002).「한국 의회정치와 민주주의」. 오름.

박희봉. (2006). 시민참여와 로컬 거버넌스.「한국정책과학학회보」10(2): 1－23.

배득종. (2018). 한국 국회의 예산심의제도 개선방안.「정부회계연구」16(3): 179－203.

배현숙·김승리. (2016). 공항이용객의 고객경험, 고객만족, 고객감동, 재방문의도에 관

한 구조적 관계 연구. 「인문사회 21」 7(3): 709-730.

백완기 (1995). 「한국의 행정문화」. 고려대학교출판부.

백종섭. (2018). 「인사행정론」. 창민사.

보건복지부. (2002). 「2002년도 사회복지관 및 재가복지봉사센터 운영안내」.

서문기. (2014). 근대화이론의 이해와 성찰. 「사회과학논총」 16: 101-123.

서정범·박상희. (2017). 「행정법총론」. 세창출판사.

손기칠. (2013). 공공기관 종사자의 경력정체 극복방안에 관한 사례연구. 「노동연구」 26: 5-58.

손능수·김정엽. (2014). 「경상북도 복지인권옴부즈맨 도입방안」. 경북행복재단.

신민철·박성문. (2019). CIPP 평가모형을 활용한 공무원 교육훈련체계 분석. 「한국인사행정학회보」 18(3): 157-180.

신수진. (1998). 「한국의 가족주의 전통과 그 변화」. 이화여자대학교 박사학위 논문.

심지연. (2006). 「한국 정치제도의 진화경로: 선거, 정당, 정치자금제도」. 백산서당.

양옥경. (2002). 가족주의 가치관에 따른 한국인의 복지의식 연구. 「한국사회복지학」 51: 229-256.

오석홍. (2016). 「인사행정론」. 박영사.

오석홍. (1985). 행정지도에 관한 연구. 「행정논총」 23(2): 37-56.

오석홍. (2004). 「행정학」. 나남신서.

윤대혁. (2001). 신인사제도 정착을 위한 인사고과시스템의 개선방안. 「인적자원관리연구」 2: 53-77.

윤은기·황선영. (2016). 입법통제수단으로서의 국정감사제도 개선에 관한 비교연구. 「국가정책연구」 30(3): 29-60.

이규태. (1995). 「한국인의 의식구조」. 신원문화사.

이대희 외. (2014). 「한국정부론」. 법문사.

이대희. (1994). 가족주의와 행정부패. 「한국의 관료론」. 김해동교수 정년퇴임논문집.

이도형·김정렬. (2013). 「비교발전행정론」. 박영사.

이동수·노시평·박희서. (2007). 지방공무원의 행정지도행태에 대한 개인적 특성요인의 조절효과 분석. 「한국행정논집」 19(2): 245-267.

이동수·박희서. (2005). 경찰공무원의 행정지도행태에 관한 연구. 「한국자치행정학보」 19(3): 75-104.

이동찬. (2008). 행정지도에 관한 연구. 「한국자치행정학보」 22(1): 283-296.

이병량·김서용. (2019). 지방관료제의 정치화에 관한 연구. 「행정논총」 57(4): 1-30.

이상철. (2004). 박정희시대의 산업정책. 이병천 엮음. 「개발독재와 박정희시대」. 창비.

이상호·박균열. (2019). 한국전통의 청백리를 통한 현대 공직청렴교육 시사점. 「한국 콘텐츠학회논문지」 19(12): 623−632.

이순자. (2009). 행정지도와 사후권리구제 방안에 관한 연구. 「토지공법연구」 43(2): 698−712.

이승민. (2014). 행정지도의 개념과 실제. 「행정법연구」 38: 49−81.

이영균·김정선. (2011). 사회복지시설 평가지표에 관한 인식분석. 「한국공공관리학보」 25(1): 33−56.

이영균·최인숙. (2013). 사회복지전담공무원의 이직의도에 관한 분석. 「한국공공관리 학보」 27(3): 123−144.

이원우. (2008). 규제개혁과 규제완화: 올바른 규제정책 실현을 위한 법정책의 모색. 「저스티스」 106: 355−389.

이윤경. (2014). 공무원 무사안일의 영향요인 추세분석. 「정부학연구」 20(2): 291−330.

이창균·서정섭. (2000). 「지방자치단체 민간위탁의 개선방안」. 한국지방행정연구원.

이황우·전은주. (2008). 경찰공무원의 다면평가제도에 관한 연구. 「한국경찰학회보」 10(1): 265−288.

이희경·안득수. (2012). 향토지역축제 운영프로그램 평가에 관한 연구. 「한국전통조경 학회지」 30(1): 103−112.

이희태. (2003). 다면평가제도에 대한 지방공무원의 반응과 정책과제. 「한국지방자치학 회보」 15(3): 75−98.

임선아·강성은. (2013). 성취동기 측정도구의 개발 및 타당화. 「교육심리연구」 27(3): 575−593.

전영상. (2009). 거버넌스에 관한 공무원 인식의 영향요인 분석. 「정책분석평가학회보」 19(3): 249−271.

전태국. (2013). 「탈주술화와 유교문화」. 한울아카데미.

정동근. (1997). 행정지도의 행정학적 접근과 한국행정지도의 합리적 유형탐색에 관한 연구. 「한국행정학보」 31(3): 203−222.

정병걸·하민철. (2013). 공공조직의 경직성에 대한 재고찰. 「정부학연구」 19(1): 33−62.

정순관·조선일. (2001). 지방공공서비스 민간위탁제도 운영의 효율성 평가. 「한국행정 논집」 13(4): 909−927.

정은하. (2014). 사회복지기관 평가업무 수행 경험에 관한 연구. 「한국사회복지행정학」 16(3): 115−146.

정헌영. (1993). 「한국 시정부 복지지출수준의 결정요인」. 성균관대학교 박사학위논문.

조경호·진종순·김형성. (2019). 중앙부처 관리자 교육 프로그램의 개선방안 연구. 「한국인사행정학회보」 18(2): 147−167.

조경호. (2008). 정부 다면평가제도에 대한 성과분석. 「한국인사행정학회보」 7(1): 229−259.

조석준. (2004). 「한국행정과 조직문화」. 대영문화사.

조성대. (2003). 국가발전을 위한 인사행정의 개혁방안. 「한국정책과학학회보」 7(1): 151−180.

조진만·임성학. (2008). 한국 국회의 불신에 영향을 미치는 정치적 요인 분석. 「정치정보연구」 11(2): 213−237.

지병문·김용철. (2003). 지방정부지출의 결정요인에 관한 실증적 연구. 「한국동북아논총」 (26): 265−286.

차성호. (2003). 한국형 연봉제의 도입 및 운영에 관한 방안 연구. 「한국컴퓨터정보학회논문지」 8(4): 186−193.

천병태·김명길. (2008). 「행정법총론」. 삼영사.

최동훈. (2012). 한국 공무원의 정치적 중립 개념 인식. 「주관성연구」 24: 63−83.

최병선. (2007). 「정부규제론」. 법문사.

최선웅. (2007). 경찰공무원의 징계재량에 대한 사법심사 판단기준. 「한국경찰연구」 6(3): 229−254.

최순영·조임곤. (2014). 개방형임용제도에 대한 공무원의 평가. 「한국인사행정학회보」 13(1): 1−30.

최용혁·소병수. (2019). 지능정보사회와 행정지도의 재해석. 「성균관법학」 31(2): 112−142.

최 유. (2008). 「시장자율규제와 행정지도의 관계에 관한 연구」. 한국법제연구원.

최재석. (1994). 「한국인의 사회적 성격」. 현음사.

최종수·조성일. (2016). 바그너법칙의 실증적 검증. 「재정정책논집」 18(3): 21−44.

하상묵. (1998). 「공무원 근무성적평정제도의 합리적 운영방안」. 한국행정연구원.

하재룡·조태준·임재진. (2015). 연구직 및 지도직 공무원의 직급체계에 관한 연구. 「한국인사행정학회보」 14(2): 157−184.

하태수. (2019). 책임운영기관제도 도입과 토착화. 「한국사회와 행정연구」 29(4): 31−54.

한국지방행정연구원. (1996). 「영국의 의무경쟁입찰제도」.

한성훈. (2012). '사찰'국가의 인권침해와 생활세계의 식민화. 「역사비평」 100: 422−453.

한세억. (1999). 지식행정에 대한 탐색적 연구.「한국행정학보」 33(3): 1－19.

한승연. (2004). 물가 행정지도에 관한 역사적 연구.「한국사회와 행정연구」 15(3): 443－469.

한승연. (2005). 행정지도의 공식화, 비공식화 연구.「한국행정논집」 17(3): 879－901.

한승주. (2014). 공직생활의 소외 유형.「한국행정학보」 48(4): 23－49.

허재홍. (2009). 가족주의 가치관이 자기존중감과 주관적 안녕감에 미치는 영향.「상담학연구」 10(4): 1769－1782.

현승현·윤성식. (2011). 지방자치단체 민간위탁의 경쟁성 및 결정요인 분석.「한국지방자치학회보」 23(2): 5－27.

황설화·임혜경·하태수. (2015), 기초지방자치단체 일선관료들의 재량행위 분석.「한국정책연구」 15(2): 73－99.

Abedin, N. (2011). Conceptual and functional diversity of the ombudsman institution: *A classification. Administration and Society*, 43(8): 896－929.

Aberbach, J., R. Putnam and B. Rockman. (1981). *Bureaucrats and Politicians in Western Democracies*. Cambridge, MA: Harvard University Press.

Adorno, T. (2018). *Introduction to Sociology*. Hoboken, NJ: John Wiley & Sons.

Akib, H. and A. Ihsan (2017). Bureaucratic reform in public service: A case study on the one stop－integrated service. *Mediterranean Journal of Social Sciences*, 8(2): 253－258.

Albert, C., C. Garcia-Serrano and V. Hernanz (2010). On－the－job training in Europe: Determinants and wage returns. *International Labour Review*, 149(3): 315－341.

Albrow, M. (1970). *Bureaucracy*. London: Palgrave.

Albrow, M. (1999). *Sociology: The Basics*. Abingdon, UK: Routledge.

Alden, D., Y. He and Q Chen (2010). Service recommendations and customer evaluations in the international marketplace. *Journal of Business Research*, 63(1): 38－44.

Alexander, J., K. Thompson and L. Edles (2016). *Contemporary Introduction to Sociology*. Abingdon, UK: Routledge.

Alvesson, M. (2012). *Understanding Organizational Culture*. Thousand Oaks, CA: Sage.

Andreski, S. (2013). *Max Weber on Capitalism, Bureaucracy and Religion*. Abingdon, UK: Routledge.

Anter, A. (2014). *Max Weber's Theory of the Modern State: Origins, Structure, and Significance*. London: Palgrave.

Aronovitch, H. (2012). Interpreting Weber's ideal–types. *Philosophy of the Social Sciences*, 42(3): 356–369.

Aronson, D. (1992). *Examining Contracting Processes: Implications for Municipal Government*. Wayne State University Doctoral Dissertation.

Ash, A. (2013). A cognitive mask?: Camouflaging dilemmas in street–level policy implementation to safeguard older people from abuse. *British Journal of Social Work*, 43(1): 99–115.

Asimow, M. (2015). Five models of administrative adjudication. *American Journal of Comparative Law*, 63(1): 3–32.

Aswathappa, K. (2005). *Human Resource and Personnel Management*. New York: McGraw–Hill.

Badawy, M. (2007). Managing human resources. *Research Technology Management*, 50(4): 56–74.

Baekkeskov, E. (2011). Issue framing and sector character as critical parameters for government contracting–out in the UK. *Public Administration*, 89(4): 1489–1508.

Baldwin, M. (2017). *Care Management and Community Care*. Abingdon, UK: Routledge.

Balkin, D. and E. Montemayor (2000). Explaining team–based pay. *Human Resource Management Review*, 10(3): 249–269.

Balla, S. and W. Gormley (2017). *Bureaucracy and Democracy: Accountability and Performance*. Washington, D. C.: CQ Press.

Barrow, C. (1993). Critical *Theories of the State: Marxist, Neo–Marxist, Post–Marxist*. Madison, WI: University of Wisconsin Press.

Baumol, W. (1967). Macroeconomics of unbalanced growth: The anatomy of urban crisis. *American Economic Review*, 57(3): 415–426.

Bear, L. and N. Mathur. (2015). Remaking the public good: A new anthropology of bureaucracy. *Cambridge Journal of Anthropology*, 33(1): 18–34.

Beersma, B. et al. (2003). Cooperation, competition, and team performance: Toward a contingency approach. *Academy of Management Journal*, 46(5): 572−590.

Beetham, D. (1996). *Bureaucracy*. Minneapolis, MN: University of Minnesota Press.

Beetham, D. (2018). *Max Weber and the Theory of Modern Politics*. Hoboken, NJ: John Wiley & Sons.

Bennett, J. and M. Johnson (1979). Paperwork and bureaucracy. *Economic Inquiry*, 17(3): 435−451.

Bennis, W., W. Bennis and P. Biederman (2009). *The Essential Bennis*. Hoboken, NJ: John Wiley & Sons.

Berlin, I. (2013). *Karl Marx*. Princeton, NJ: Princeton University Press.

Best, H. (2012). Marx or Mosca?: An inquiry into the foundations of ideocratic regimes. *Historical Social Research*, 37(1): 73−89.

Bevan, S. (2015). Bureaucratic responsiveness: Effects of elected government, public agendas and European attention on the UK bureaucracy. *Public Administration*, 93(1): 139−158.

Bloch, E. (2018). *On Karl Marx*. London: Verso Books.

Bocock, R. (2020). *Ritual in Industrial Society: A Sociological Analysis of Ritualism in Modern England*. Abingdon, UK: Routledge.

Bolin, M. and A. Härenstam (2008). An empirical study of bureaucratic and post−bureaucratic characteristics in 90 work places. *Economic and Industrial Democracy*, 29(4): 541−564.

Booth, P. (1999). From regulation to discretion: the evolution of development control in the British planning system 1909−1947. *Planning Perspectives*, 14(3): 277−289.

Bouchard, G. and B. Carroll (2002). Policy−making and administrative discretion: The case of immigration in Canada. *Canadian Public Administration*, 45(2): 239−257.

Bowornwathana, B. and O. Poocharoen (2010). Bureaucratic politics and admin−istrative reform. *Public Organization Review*, 10(4): 303−321.

Box, R. (2015). *Democracy and Public Administration*. Abingdon, UK: Routledge.

Bozeman, B. (2000). *Bureaucracy and Red Tape*. Upper Saddle River, NJ: Prentice

Hall.

Bozeman, B. and M Feeney (2011). *Rules and Red Tape: A Prism for Public Administration Theory and Research*. Armonk, NY: ME Sharpe.

Bradley, A. and K. Ewing (2007). *Constitutional and Administrative Law*. London: Pearson Education.

Brazer, H. (1959). *City Expenditures in the United States*. New York: National Bureau of Economic Research.

Brewer, G. and J. Kellough (2016). Administrative values and public personnel management: reflections on civil service reform. *Public Personnel Management*, 45(2): 171−189.

Britnall, M. (1981). Caseload performance and street−level bureaucracy. *Urban Affairs Quarterly*, 16(3): 281−98.

Brown, K. and S. Osborne (2012). *Managing Change and Innovation in Public Service Organizations*. Abingdon, UK: Routledge.

Browne, K. (2005). *An Introduction to Sociology*. Cambridge, UK: Polity.

Brunsson, N. (2006). Administrative reforms as routines. *Scandinavian Journal of Management*, 22(3): 243−252.

Bryner, G. (1987). *Bureaucratic Discretion: Law and Policy in Federal Regulatory Agencies*. New York: Pergamon Press.

Buchanan, J. and G. Tullock. (1977). The expanding public sector: Wagner squared. *Public Choice*, 31(1): 147−150.

Buhler, P. (2002). *Human Resources Management: All the Information You Need to Manage Your Staff and Meet Your Business Objectives*. New York: Simon & Schuster.

Burnham, J. (1960). *The Managerial Revolution*. Bloomington, IN: Indiana University Press.

Caiden, G. (2011). *Administrative Reform*. Piscataway, NJ: Transaction Publishers.

Calhoun, C. (2010). *Robert K. Merton: Sociology of Science and Sociology as Science*. New York: Columbia University Press.

Callinicos, A. (2012). *The Revolutionary Ideas of Karl Marx*. Chicago, Il: Haymarket Books.

Cameron, K. and R. Quinn (2011). *Diagnosing and Changing Organizational*

Culture. Hoboken, NJ: John Wiley & Sons.

Carnoy, M. (2014). *The State and Political Theory*. Princeton, NJ: Princeton University Press.

Carroll, B. and D. Siegel (1999). *Service in the Field*. Montreal, Canada: McGill−Queen's University Press.

Cascio, W. (2015). *Managing Human Resources*. New York: McGraw−Hill.

Catlaw, T. (2008). Frederick Thayer and the structural transformation of the public sphere. *Administration and Society*, 40(4): 358−383.

Cavaleri, S. (2008). Are learning organizations pragmatic?. *Learning Organization*, 15(6): 474−485.

Chackerian, R. and P. Mavima (2001). Comprehensive administrative reform implementation. *Journal of Public Administration Research and Theory*, 11(3): 353−378.

Chapman, R. (1966). Prismatic theory in public administration: A review of the theories of Fred W. Riggs. *Public Administration*, 44(4): 415−434.

Charrad, M. and J. Adams (2011). Introduction: Patrimonialism, past and present. *Annals of American Academy of Political and Social Science*, 636(1), 6−15.

Chriss, J. (2015). *Confronting Gouldner: Sociology and Political Activism*. Leiden, Netherlands: Brill.

Chriss, J. (2018). *Alvin W. Gouldner: Sociologist and Outlaw Marxist*. Abingdon, UK: Routledge.

Christensen, M. (2013). The social facts of democracy: science meets politics with Mosca, Pareto, Michels, and Schumpeter. *Journal of Classical Sociology*, 13(4): 460−486.

Christensen, T. and P. Lægreid (2017). *Transcending New Public Management*. Milton Park, UK: Taylor & Francis.

CIPFA (Chartered Institute of Public Finance and Accountancy) (1997). *Competing Demands: Competition in the Public Services*, Sheffield, UK: Hartshead Solway.

Clark, C. (2005). The de−professionalization thesis, accountability and professional character. *Social Work and Society*, 3(2): 182−190.

Clarkson, G., T. Jacobsen and A. Batcheller (2007). Information asymmetry and information sharing. *Government Information Quarterly*, 24(4): 827−839.

Clegg, S., M. Harris and H. Höpfl (2011). *Managing Modernity: Beyond Bureaucracy?*. Oxford, UK: Oxford University Press.

Cochrane, G. (2018). *Max Weber's Vision for Bureaucracy*. London: Palgrave.

Cook, B. J. (2014). *Bureaucracy and Self−Government*. Baltimore, MD: Johns Hopkins University Press.

Cooper, M., S. Sornalingam and C. O'Donnell (2015). Street−level Bureaucracy: An under−used theoretical model for general practice?. *British Journal of General Practice*, 65: 376−377.

Coutinho, C. (2000). General will and democracy in Rousseau, Hegel, and Gramsci. *Rethinking Marxism*, 12(2): 1−17.

Cox, A., P. Furlong and E. Page (1985). *Power in Capitalist Society*. Brighton, UK: Wheatsheaf Books.

Cristofoli, D., et al. (2011). Civil service reforms in Italy: The importance of ex−ternal endorsement and administrative leadership. *Governance*, 24(2): 261−283.

Cutler, T., et al. (2013). *Marx's Capital and Capitalism Today*. Abingdon, UK: Routledge.

Davis, K. (1969). *Discretionary Justice*. Baton Rouge, LA: Louisiana State University Press.

Dawson, R. and J. Robinson (1963). Inter−party competition, economic variables, and welfare policies in American states. *Journal of Politics*, 25(2): 265−289.

Day, D., P. Gronn and E. Salas (2004). Leadership capacity in teams. *Leadership Quarterly*, 15(6): 857−880.

Deal, T. and A. Kennedy (1982). *Organization Cultures: The Rites and Rituals of Organization Life*. Reading, UK: Addison−Wesley.

Deal, T. and A. Kennedy (2008). *The New Corporate Cultures*. New York: Basic Books.

DeHoog, R. (1984). *Contracting out for Human Services: Economic, Political, and Organizational Perspectives*. Albany, NY: State University of New York Press.

DeHoog, R. (1985). Human services contracting: Environmental, behavioral and organizational conditions. *Administration and Society*, 16(4): 427−454.

Dempsey, J. and L. Forst (2008). *An Introduction to Policing*. Belmont, CA: Thomson Wadsworth.

DeNisi, A. and A. Kluger (2000). Feedback effectiveness: Can 360 degree apprais—als be improved?. *Academy of Management Perspectives*, 14(1): 129—139.

Denison, D. and G. Spreitzer (1991). Organizational culture and organizational development: A competing values approach. *Research in Organizational Change and Development*, 5(1): 1—21.

Denison, D., L. Nieminen and L. Kotrba (2014). Diagnosing organizational cultures: A conceptual and empirical review of culture effectiveness surveys. *European Journal of Work and Organizational Psychology*, 23(1): 145—161.

Derman, J. (2011). Max Weber and charisma: A transatlantic affair. *New German Critique*, 38(2): 51—88.

DeRue, D., C. Barnes and F. Morgeson (2010). Understanding the motivational contingencies of team leadership. *Small Group Research*, 41(5): 621—651.

Dixit, A. (2002). Incentives and organizations in the public sector: An interpretative review. *Journal of Human Resources*, 37(4): 696—727.

Dorch, E. (2009). The implication of policy pre—post test scores for street—level bureaucratic discretion. *Journal of Health and Human Services Administration*, 32(2): 139—163.

Downs, A. (1967). *Inside Bureaucracy*. Boston, MA: Little, Brown and Company.

Drazen, A. and M. Eslava (2010). Electoral manipulation via voter—friendly spending. *Journal of Development Economics*, 92(1): 39—52.

Drewry, G. (2005). Citizen's charters: Service quality chameleons. *Public Management Review*, 7(3): 321—340.

Du Gay, P. (2000). *In Praise of Bureaucracy: Weber, Organization, and Ethics*. Thousand Oaks, CA: SAGE Publications.

Du Gay, P. (2005). *The Values of Bureaucracy*. Oxford, UK: Oxford University Press.

Dunleavy, P. (2014). *Democracy, Bureaucracy and Public Choice*. Abingdon, UK: Routledge.

Easton, D. (1990). *The Analysis of Political Structure*. Abingdon, UK: Routledge.

Ehrhart, M., B. Schneider and W. Macey (2013). *Organizational Climate and Culture*. Abingdon, UK: Routledge.

Ellis, K. (2013). Professional discretion and adult social work. *British Journal of*

Social Work, 44(8): 2272−2289.

Epstein, R. (2016). The role of guidances in modern administrative procedure: The case for de novo review. *Journal of Legal Analysis*, 8(1): 47−93.

Erhardt, N., C. Martin−Rios and S. Way (2009). From bureaucratic forms towards team−based knowledge work systems. *International Journal of Collaborative Enterprise*, 1(2): 160−179.

Etzioni−Halevy, E. (2013). *Bureaucracy and Democracy*. Abingdon, UK: Routledge.

Evans, T. (2010). Professionals, managers and discretion: Critiquing street−level bureaucracy. *British Journal of Social Work*, 41(2): 368−386.

Evans, T. (2015). Professionals and discretion in street−level bureaucracy. Understanding street−level bureaucracy. In P. Hupe et al. (ed.). *Understanding Street−level Bureaucracy*. Bristol, UK: Policy Press.

Evans, T. (2016). *Professional Discretion in Welfare Services: Beyond Street−level Bureaucracy*. Abingdon, UK: Routledge.

Evans, T. and J. Harris (2004). Street−level bureaucracy, social work and the death of discretion. *British Journal of Social Work*, 34(6): 871−895.

Evetts, J. (2002). New directions in state and international professional occupations, *Work, Employment & Society*, 16(2): 341−353.

Evetts, J. (2009). The management of professionalism: A contemporary paradox. In S. Gewirtz, et al. (ed.). *Changing Teacher Professionalism*. Abingdon, UK: Routledge.

Evetts, J. (2013). Professionalism: Value and ideology. *Current Sociology*, 61(5): 778−796.

Eymeri−Douzans, J. and J. Pierre (2011). *Administrative Reforms and Democratic Governance*. Abingdon, UK: Routledge.

Fabricant, S. (1952). *The Trend of Government Activity in the United States since 1900*. New York: National Bureau of Economic Research.

Farazmand, A. (2006). *Strategic Public Personnel Administration*. Santa Barbara, CA: Greenwood Publishing.

Farazmand, A. (2009). *Bureaucracy and Administration*. Boca Raton, FL: CRC Press.

Farazmand, A. (2010). Bureaucracy and democracy: A theoretical analysis. *Public Organization Review*, 10(3): 245−258.

Fernandez, S. and H. Rainey (2006). Managing successful organizational change in the public sector. *Public Administration Review*, 66(2): 168−176.

Findlay, J. (2014). *Hegel: A Re−examination*. Abingdon, UK: Routledge.

Fishman, J. (2013). *Standards of Value*. Hoboken, NJ: John Wiley & Sons.

Flood, R. (2002). *Rethinking the Fifth Discipline: Learning within the Unknowable*. Abingdon, UK: Routledge.

Flynn, N. (2012). *Public Sector Management*. Thousand Oaks, CA: SAGE Publications.

Frandsen, F. and W. Johansen (2011). Rhetoric, climate change, and corporate identity management. *Management Communication Quarterly*, 25(3): 511−530.

Frederickson, H., et al. (2018). *The Public Administration Theory Primer*. Abingdon, UK: Routledge.

Fry, B. and J. Raadschelders (2013). *Mastering Public Administration: From Max Weber to Dwight Waldo*. Washington, D. C.: CQ Press.

Galligan, D. (2012). *Discretionary Powers: A Legal Study of Official Discretion*. Oxford, UK: Oxford University Press.

Garvin, D. (2003). *Learning in Action: A Guide to Putting the Learning Organization to Work*. Brighton, MA: Harvard Business Review Press.

Gerth, H. and C. Mills (2014). *From Max Weber*. Abingdon, UK: Routledge.

Gey, R., S. Langer and A. Fried (2020). Overconformity with standards. In A. Fried (ed.). *Understanding Deviance in a World of Standards*. Oxford, UK: Oxford University Press.

Ghorpade, J. (2000). Managing five paradoxes of 360−degree feedback. *Academy of Management Perspectives*, 14(1): 140−150.

Gimpel, J. and J. Schuknecht (2009). *Patchwork Nation: Sectionalism and Political Change in American Politics*. Ann Arbor, MI: University of Michigan Press.

Ginsburg, T. (2001). Dismantling the developmental state?: Administrative proce−dure reform in Japan and Korea. *American Journal of Comparative Law*, 49: 585−625.

Glisson, C. (2007). Assessing and changing organizational culture and climate for effective services. *Research on Social Work Practice*, 17(6): 736−747.

Gomez−Mejia, L., D. Balkin and R. Cardy (2007). *Managing Human Resources*. Upper Saddle River, NJ: Pearson/Prentice−Hall.

Good, D. (2011). Still budgeting by muddling through: Why disjointed in− crementalism lasts. *Policy and Society*, 30(1): 41−51.

Goodsell, C. (1981). Looking once again at human service bureaucracy. *The Journal of Politics*, 43(3): 330−345.

Goodsell, C. (1994). *The Case for Bureaucracy*. Chatham, NJ: Chatham House Publishers.

Graeber, D. (2015). *The Utopia of Rules: On Technology, Stupidity, and the Secret Joys of Bureaucracy*. New York: Melville House Publishing.

Gray, J. and I. Densten (2005). Towards an integrative model of organizational culture and knowledge management. *International Journal of Organizational Behaviour*, 9(2): 594−603.

Greenberg, J. and Z. Zhang (2010). *Managing Behavior in Organizations*. Boston, MA: Pearson.

Grey, C. and C. Garsten (2001). Trust, control and post−bureaucracy. *Organization Studies*, 22(2): 229−250.

Grinnell, R. and Y. Unrau (2010). *Social Work Research and Evaluation: Foundations of Evidence−based Practice*. Oxford, UK: Oxford University Press.

Gualmini, E. (2008). Restructuring Weberian bureaucracy: Comparing managerial reforms in Europe and the United States. *Public Administration*, 86(1): 75−94.

Gupta, A. (2012). *Red Tape: Bureaucracy, Structural Violence, and Poverty in India*. Durham, NC: Duke University Press.

Haelermans, C. and L. Borghans (2012). Wage effects of on-the-job training: A meta-analysis. *British Journal of Industrial Relations*, 50(3): 502−528.

Hakim, A., et al., (2007). *Local Government Reforms in Countries in Transition*. Lanham, MD: Lexington Books.

Ham, C. and M. Hill (1984). *The Policy Process in the Modern Capitalist State*. Brighton, UK: Wheatsheaf Books.

Hargreaves, A. (2003). *Teaching in the Knowledge Society: Education in the Age of Insecurity*. New York: Teachers College Press.

Harlow, C. and R. Rawlings (2006). *Law and Administration*. Cambridge, UK: Cambridge University Press.

Harrison, R. and C. Leitch (2000). Learning and organization in the knowledge-based information economy. *British Journal of Management*, 11(2): 103−119.

Harrison, S. and C. Smith (2003). Neo−bureaucracy and public management. *Competition and Change*, 7(4): 243−254.

Hartwig, J. (2008). What drives health care expenditure?: Baumol's model of un−balanced growth revisited. *Journal of Health Economics*, 27(3): 603−623.

Heady, F. (2001). *Public Administration: A Comparative Perspective*. Boca Raton, FL: CRC Press.

Hegar, K. (2012). *Modern Human Relations at Work*. Boston, MA: Cengage Learning.

Henry, N. (2015). *Public Administration and Public Affairs*. Abingdon, UK: Routledge.

Hicken, A. (2011). Clientelism. *Annual Review of Political Science*, 14: 289−310.

Hill, L. (1995). Is American bureaucracy an immobilized Gulliver or a regenerative Phoenix?. *Administration & Society*, 27(3): 322−360.

Hirsch, W. and A. Rufolo. (1990). *Public Finance and Expenditure in a Federal System*. San Diego, CA: Harcourt Brace Jovanovich.

Hodder, R. (2012). *Emotional Bureaucracy*. Piscataway, NJ: Transaction Publishers.

Hodge, G. (2018). *Privatization: An International Review of Performance*. Abingdon, UK: Routledge.

Hodgson, D. (2004). Project work: The legacy of bureaucratic control in the post−bureaucratic organization. *Organization*, 11(1): 81−100.

Hogan, S. and L. Coote (2014). Organizational culture, innovation, and performance. *Journal of Business Research*, 67(8): 1609−1621.

Hogue, H. (2001). *Legislative Control, Bureaucratic Characteristics and Discretion*. Doctoral dissertation. The American University, USA.

Hood, C. (2010). *The Blame Game: Spin, Bureaucracy, and Self−preservation in Government*. Princeton, NJ: Princeton University Press.

Houghton, J. (2010). Does Max Weber's notion of authority still hold in the twenty−first century?. *Journal of Management History*, 16(4): 449−453.

Huber, J. and C. Shipan (2002). *Deliberate Democracy?: Institutional Foundations of Bureaucratic Autonomy.* Cambridge, UK: Cambridge University Press.

Hudson, S. and C. Claasen (2017). Nepotism and cronyism as a cultural phenomenon. In M. Assländer and S. Hudson (eds.). *Handbook of Business and Corruption.* Bingley, UK: Emerald Group Publishing.

Hull, M. (2012). Documents and bureaucracy. *Annual Review of Anthropology,* 41: 251 – 267.

Hupe, P. and M. Hill (2007). Street-level bureaucracy and public accountability. *Public Administration,* 85(2): 279 – 299.

Hwang, K. (2010). *A History of Korea.* Basingstoke, UK: Palgrave.

Hyman, D. (2014). *Public Finance: A Contemporary Application of Theory to Policy.* Boston, MA: Cengage Learning.

Johnston, M. (2017). *Political Corruption: Readings in Comparative Analysis.* Abingdon, UK: Routledge.

Jones, G. (2013). *Organizational Theory, Design, and Change.* Upper Saddle River, NJ: Pearson.

Jones, G. (2016). *Karl Marx.* Cambridge, MA: Harvard University Press.

Jreisat, J. (2019). *Comparative Public Administration and Policy.* Abingdon, UK: Routledge.

Kadish, M. and S. Kadish (2012). *Discretion to Disobey: A Study of Lawful Departures from Legal Rules.* New Orleans, LA: Quid Pro Books.

Kalimullah, N., K. Alam and M. Nour (2015). Emergence and principles of post – bureaucracy. *Bangladesh University of Professionals Journal,* 1(3): 1 – 12.

Kania, R. (2008). *Managing Criminal Justice Organizations.* Newark, NJ: Matthew Bender and Company.

Keiser, L. (1999). State bureaucratic discretion and administration of social welfare programs. *Journal of Public Administration Research and Theory,* 9(1): 87 – 106.

Kemmelmeier, M., et al. (2003). Individualism, collectivism, and authoritarianism in seven societies. *Journal of Cross – Cultural Psychology,* 34(3): 304 – 322.

Kim, Sungmoon. (2014). *Confucian Democracy in East Asia.* Cambridge, UK: Cambridge University Press.

King, B. (2015). Organizational actors, character, and Selznick's theory of organizations. *Research in the Sociology of Organizations*, 44: 149−174.

Kirton, D., J. Feast and J. Goddard (2011). The use of discretion in a 'Cinderella' Service. *British Journal of Social Work*, 41(5): 912−930.

Kitching, G. (2015). *Karl Marx and the Philosophy of Praxis*. Abingdon, UK: Routledge.

Klimenko, A. and N. Klishch (2013). Is it possible to save money on bureaucracy?. *Public Administration Issues*, 3: 90−109.

Klingner, D., J. Llorens and J. Nalbandian (2015). *Public Personnel Management*. Abingdon, UK: Routledge.

Kolderie, T. (1986). The two different concepts of privatization. *Public Administration Review*, 46(4): 285−291.

Kraatz, M. and R. Flores (2015). Reinfusing values, institutions and ideals: Philip Selznick's legacy for organizational studies. *Research in the Sociology of Organizations*, 44: 353−381.

Krislov, S. (2012). *Representative Bureaucracy*. New Orleans, LA: Quid Pro Books.

Kristiansen, M. and J. Bloch−Poulsen (2006). Involvement as a dilemma: Between dialogue and discussion in team based organizations. *International Journal of Action Research*, 2(2): 163−197.

Krygier, M. (2012). *Philip Selznick: Ideals in the World*. Redwood City, CA: Stanford University Press.

Kuhlmann, S. and H. Wollmann (2019). *Introduction to Comparative Public Administration: Administrative Systems and Reforms in Europe*. Cheltenham, UK: Edward Elgar.

Kumar, M. and D. Botman (2006). *Fundamental Determinants of the Effects of Fiscal Policy*. Washington, D. C.: International Monetary Fund.

La Palombara, J. (2015). *Bureaucracy and Political Development*. Princeton, NJ: Princeton University Press.

La Palombara, J. and M. Weiner (2015). *Political Parties and Political Development*. Princeton, NJ: Princeton University Press.

Lachmann, R. (2011). American patrimonialism: The return of the repressed. *Annals of the American Academy of Political and Social Science*, 636: 204−230.

Laegreid, P., P. Roness and K. Rubecksen (2008). Controlling regulatory agencies.

Scandinavian Political Studies, 31(1): 1−26.

Laffont, J. and D. Martimort (2009). *The Theory of Incentives: Principal−Agent Model*. Princeton, NJ: Princeton University Press.

Laszlo, K. and A. Laszlo (2007). Fostering a sustainable learning society through knowledge-based development. *Systems Research and Behavioral Science*, 24(5): 493−503.

LaVenia, P. (2011). *Breaking the Iron Law: Robert Michels, the Rise of the Mass Party, and the Debate over Democracy and Oligarchy*. Doctoral dissertation. State University of New York, Albany, USA.

LaVenia, P. (2019). Rethinking Robert Michels. *History of Political Thought*, 40(1): 111−137.

Leete, L. (2000). Wage equity and employee motivation in nonprofit and for−profit organizations. *Journal of Economic Behavior & Organization*, 43(4): 423−446.

Levay, C. (2010). Charismatic leadership in resistance to change. *Leadership Quarterly*, 21(1): 127−143.

Lewis, D. (2003). NGOs, organizational culture, and institutional sustainability. *Annals of the American Academy of Political and Social Science*, 590: 212−226.

Lichbach, M. and A. Zuckerman (2009). *Comparative Politics: Rationality, Culture, and Structure*. Cambridge, UK: Cambridge University Press.

Linnenluecke, M. and A. Griffiths (2010). Corporate sustainability and organiza− tional culture. *Journal of World Business*, 45(4): 357−366.

Linz, J. (2017). Robert Michels, *Political Sociology and the Future of Democracy*. Abingdon, UK: Routledge.

Lipsky, M. (1980). *Street−Level Bureaucracy: Dilemmas of the Individual in Public Services*. New York: Russell Sage Foundation.

Lipsky, M. (1993). Street−level bureaucracy: An introduction. In M. Hill (ed.). *The Policy Process*. London: Harvester Wheatsheaf.

Lipsky, M. (2010). *Street−level Bureaucracy: Dilemmas of the Individual in Public Service*. New York: Russell Sage Foundation.

Llorens, J., D. Klingner and J. Nalbandian (2017). *Public Personnel Management: Contexts and Strategies*. Abingdon, UK: Routledge.

Lymbery, M. (1998). Care management and professional autonomy. *British Journal of Social Work*, 28: 863−78.

Mabey, C. (2001). Closing the circle: Participant views of a 360 degree feedback programme. *Human Resource Management Journal*, 11(1): 41−53.

MacGregor, D. (2015). *The Communist Ideal in Hegel and Marx*. Abingdon, UK: Routledge.

Maden, C. (2012). Transforming public organizations into learning organizations: A conceptual model. *Public Organization Review*, 12(1): 71−84.

Maheshwari, S. (2002). *Administrative Reforms in India*. London: Macmillan.

Mai, T. (2016). The power of bureaucracy. *Journal of US−China Public Administration*, 13(4): 244−255.

Majumdar, S. and A. Marcus (2001). Rules versus discretion: The productivity consequences of flexible regulation. *Academy of Management Journal*, 44(1): 170−179.

Mantere, S. (2008). Role expectations and middle manager strategic agency. *Journal of Management Studies*, 45(2): 294−316.

Martin, L. and G. Vanberg (2011). *Parliaments and Coalitions: Role of Legislative Institutions in Multiparty Governance*. Oxford, UK: Oxford University Press.

Marume, S., C. Mutogi and N. Madziyire (2016). An analysis of public policy implementation. *Journal of Business and Management*, 18(4): 86−93.

Marx, F. (1957). *The Administrative State: An Introduction to Bureaucracy*. Chicago, IL: University of Chicago Press.

Matravers, M. (2013). Political neutrality and punishment. *Criminal Law and Philosophy*, 7(2): 217−230.

Maylett, T. (2009). 360−degree feedback revisited: The transition from develop−ment to appraisal. *Compensation & Benefits Review*, 41(5): 52−59.

Maynard−Moody, S. and M. Musheno (2000). State agent or citizen agent: Two narratives of discretion. *Journal of Public Administration Research and Theory* 10(2): 329−358.

Mayo, E. (2014). *The Social Problems of an Industrial Civilization*. Abingdon, UK: Routledge.

McDermott L., N. Brawley and W. Waite (1998). *World−Class Teams: Working*

Across Borders. New York: John Wiley & Sons.

Medeiros, J. and D. Schmitt (1977). *Public Bureaucracy: Values and Perspectives*. Belmont, CA: Duxbury Press.

Mehring, F. (2013). *Karl Marx: The Story of His Life*. Abingdon, UK: Routledge.

Meier, K. and L. O'Toole (2006). *Bureaucracy in a Democratic State: A Governance Perspective*. Baltimore, MD: Johns Hopkins University Press.

Meyer, K. (2007). *Considering Early Intervention Service Coordinators as Street-level Bureaucrats*. Doctoral dissertation. University of Nebraska, USA.

Michels, R. (2017). *Political Parties: A Sociological Study of the Oligarchical Tendencies of Modern Democracy*. Abingdon, UK: Routledge.

Migdal, J. (2015). *Peasants, Politics and Revolution: Pressures toward Political and Social Change in the Third World*. Princeton, NJ: Princeton University Press.

Milios, J. and D. Dimoulis (2018). *Karl Marx and the Classics: An Essay on Value, Crises and the Capitalist Mode of Production*. Abingdon, UK: Routledge.

Miller, D. (2010). *J. S. Mill*. Cambridge, UK: Polity Press.

Milne, R., C. Roy and L. Angeles (2012). Competition, quality and contract compliance. *Fiscal Studies*, 33(4), 513−546.

Moharir, V. (1989). Administration without bureaucratization: What alternatives?. *International Review of administrative Sciences* 55(2): 165−181.

Mohrman, S., S. Cohen and A. Morhman (1995). *Designing Team-based Organizations: New Forms for Knowledge Work*. San Francisco, CA: Jossey-Bass.

Mongardini, C. (2018). *Robert K. Merton and Contemporary Sociology*. Abingdon, UK: Routledge.

Morris, J. (2007). Government and market pathologies of privatization: The case of prison privatization. *Politics and Policy*, 35(2): 318−341.

Mulhern, F. (2014). *Contemporary Marxist Literary Criticism*. Abingdon, UK: Routledge.

Murphy, M. (2009). Bureaucracy and its limits: Accountability and rationality in higher education. *British Journal of Sociology of Education*, 30(6): 683−695.

Musto, M. (2010). Revisiting Marx's concept of alienation. *Socialism and Democracy*, 24(3): 79−101.

Nakamura, R. and F. Smallwood (1980). *The Politics of Policy Implementation*. New York: St. Martin's Press.

Neshkova, M. and T. Kostadinova (2012). The effectiveness of administrative re−form in new democracies. *Public Administration Review*, 72(3): 324−333.

Nickerson, J. and T. Zenger (2004). A knowledge−based theory of the firm: The problem−solving perspective. *Organization Science*, 15(6): 617−632.

Nigro, L., F. Nigro and J. Kellough (2012). *New Public Personnel Administration*. Boston, MA: Cengage Learning.

Niskanen, W. (1971). *Bureaucracy and Representative Government*. Chicago, IL: Aldine−Atherton.

Nonaka, I. and H. Takeuchi. (1995). *The Knowledge Creating Company*. Oxford, UK: Oxford University Press.

O'Flynn, J. (2007). From new public management to public value: Paradigmatic change and managerial implications. *Australian Journal of Public Administration*. 66(3): 353−366.

Ogbonna, E. and L. Harris (2002). Organizational culture: A ten year, two-phase study of change in the UK food retailing sector. *Journal of Management Studies*, 39(5): 673−706.

Olsen, J. (2006). Maybe it is time to rediscover bureaucracy. *Journal of Public Administration Research and Theory*, 16(1): 1−24.

Osborne, S., Z. Radnor and G. Nasi (2013). A new theory for public service man−agement?. *American Review of Public Administration*, 43(2): 135−158.

Ostrom, V. (2008). *The Intellectual Crisis in American Public Administration*. Tuscaloosa, AL: University of Alabama Press.

Oswell, D. (2006). *Culture and Society: An Introduction to Cultural Studies*. Thousand Oaks, CA: SAGE Publications.

O'Toole L. and K. Meier (2004). Parkinson's law and the new public management?. *Public Administration Review*, 64(3): 342−352.

Ottoh, B. and J. Agede (2009). Feminism versus patriarchism: A philosophical ap−praisal from a complementary approach. *The Quill*, 3(4): 22−28.

Page, E., B. Jenkins and W. Jenkins (2005). *Policy Bureaucracy: Government with a Cast of Thousands*. Oxford, UK: Oxford University Press.

Park, J. (2018). Development plan of performance annual salary system in the public sector. *Journal of the Korea Contents Association*, 18(6): 554−563.

Parker, R. and L. Bradley (2004). Bureaucracy or post−bureaucracy? Public sector organizations in a changing context. Asia Pacific *Journal of Public Administration*, 26(2): 197−215.

Peacock, A. and J. Wiseman (1976). *The Growth of Public Expenditure in the United Kingdom*. London: George Allen & Unwin.

Peacock, A. and A. Scott (2000). The curious attraction of Wagner's law. *Public Choice*, 102: 1−17.

Peiperl, M. (2001). Getting 360 degrees feedback right. *Harvard Business Review*, 79(1): 142−147.

Peng, W. (2008). A critique of Fred W. Riggs' ecology of public administration. *Public Administration Quarterly*, 9(1): 528−548.

Perry, J. and A. Hondeghem (2008). *Motivation in Public Management: The Call of Public Service*. Oxford, UK: Oxford University Press.

Peters, B. (2014). *The Politics of Bureaucracy*. Abingdon, UK: Routledge.

Petersen, O., et al. (2015). Contracting out local services: A tale of technical and social services. *Public Administration Review*, 75(4): 560−570.

Peterson, P. (1981). *City Limits*. Chicago, IL: University of Chicago Press.

Pierre, J. and B. Peters (2017). The shirking bureaucrat: a theory in search of evi−dence?. *Policy and Politics*, 45(2): 157−172.

Pires, R. (2009). *Flexible Bureaucracies: Discretion, Creativity, and Accountability in Labor Market Regulation and Public Sector Management*. Doctoral dissertation. Massachusetts Institute of Technology, USA.

Pirie, I. (2008). *The Korean Developmental State: From Dirigisme to Neo−liberalism*. Abingdon, England: Routledge.

Pollitt, C. (2009). Bureaucracies remember, post-bureaucratic organizations forget?. *Public Administration*, 87(2): 198−218.

Pollitt, C. and G. Bouckaert (2017). *Public Management Reform: A Comparative Analysis into the Age of Austerity*. Oxford, UK: Oxford University Press.

Ponnert, L. and K. Svensson (2016). Standardization: The end of professional dis−cretion?. *European Journal of Social Work*, 19(3−4): 586−599.

Putnam, R. (1973). The political attitudes of civil servants in Western Europe: A preliminary report. *British Journal of Political Science*, 3(3): 257−290.

Qazizada, W. and E. Stockhammer (2015). Government spending multipliers in contraction and expansion. *International Review of Applied Economics*, 29(2): 238−258.

Radkau, J. (2013). *Max Weber: A Biography*. Hoboken, NJ: John Wiley & Sons.

Rainey, H. (2009). *Understanding and Managing Public Organizations*. Hoboken, NJ: John Wiley & Sons.

Recardo, R. (1996). *Teams : Who Needs and Why?*. Houston, TX: Gulf Publishing.

Rhodes, R. (2016). Recovering the craft of public administration. *Public Administration Review*, 76(4): 638−647.

Riccucci, N. (2017). *Public Personnel Management*. Abingdon, UK: Routledge.

Richter, A., J. Dawson and M. West (2011). The effectiveness of teams in organ−izations: A meta−analysis. *International Journal of Human Resource Management*, 22(13): 2749−2769.

Riggs, F. (1964). *Administration in Developing Countries: The Theory of Prismatic Society*. Boston, MA: Houghton Mifflin Harcourt.

Riggs, F. (1969). The sala model: An ecological approach to the study of com−parative administration. In N. Raphaeli (ed.). *Readings in Comparative Public Administration*. Boston. MA: Allyn and Bacon.

Riggs, F. (1973). *Prismatic Society Revisited*. New York: General Learning Press.

Ringer, F. (2010). *Max Weber: An Intellectual Biography*. Chicago, Il: University of Chicago Press.

Ritzer, G. and W. Murphy (2019). *Introduction to Sociology*. Thousand Oaks, CA: SAGE Publications.

Rose, R. and E. Page. (1982). *Fiscal Stress in Cities*. Cambridge, UK: Cambridge University Press.

Rose, R. (1971). The making of cabinet ministers. *British Journal of Political Sciences*, 1(4): 393−414.

Rose, R., et al. (1987). *Ministers and Ministries: A Functional Analysis*. Oxford, UK: Oxford University Press.

Ross, R. (1988). *Government and the Private Sector: Who Should Do What?*. New

York: Crane Russak & Company.

Salaman, G. (2005). Bureaucracy and beyond: Managers and leaders in the post−bureaucratic organization. In P. Du Gay (ed.). *The Values of Bureaucracy.* Oxford, UK: Oxford University Press.

Sandford, C. (2015). *Economics of Public Finance: An Economic Analysis of Government Expenditure and Revenue in the UK.* Oxford, UK: Pergamon.

Savaneviciene, A. and Z. Stankeviciute (2013). Relabeling or new approach: Theoretical insights regarding personnel management and human resource management. *Engineering Economics,* 24(3): 234−243.

Savas, E. (1982). *Privatizing the Public Sector.* Chatham, NJ: Chatham House Publishers.

Savas, E. (1987). *Privatization: The Key to Better Government.* Chatham, NJ: Chatham House Publishers.

Savas, E. (2005). *Privatization in the City: Successes, Failures, Lessons.* Washington, D. C.: CQ press.

Schein, E. (2010). *Organizational Culture and Leadership.* Hoboken, NJ: John Wiley & Sons.

Schmalleger, F. and J. Worrall (2010). *Policing Today.* Upper Saddle River, NJ: Pearson Education Inc.

Schultz, M. (2012). *On Studying Organizational Cultures: Diagnosis and Understanding.* Berlin, Germany: Walter de Gruyter.

Schwandt, D. and M. Marquardt (1999). *Organizational Learning.* Boca Raton, FL: CRC Press.

Scourfield, P. (2013). Even further beyond street−Level bureaucracy: The dispersal of discretion exercised in decisions made in older people's care home reviews. *British Journal of Social Work,* 45(3): 1−18.

Scully, G. (2001). Government expenditure and quality of life. *Public Choice,* 108(1−2): 123−145.

Senge, P. (2006). *The Fifth Discipline: The Art and Practice of the Learning Organization.* New York: Broadway Business.

Senge, P. (2014). *The Fifth Discipline Field Book: Strategies and Tools for Building a Learning Organization.* New York: Crown Business.

Shafritz, J., J. Ott and Y. Jang (2015). *Classics of Organization Theory*. Boston, MA: Cengage Learning.

Shafritz, J., E. Russell and C. Borick (2015). *Introducing Public Administration*. Abingdon, UK: Routledge.

Shamsul Haque, M. (2004). Governance and bureaucracy in Singapore. *International Political Science Review*, 25(2): 227−240.

Sholihin, M. and R. Pike (2009). Fairness in performance evaluation and its be− havioral consequences. *Accounting and Business Research*, 39(4): 397−413.

Simard, F. (2004). Self−interest in public administration: Niskanen and the budg− et−maximizing bureaucrat. *Canadian Public Administration*, 47(3): 406−412.

Skilton, M. and F. Hovsepian (2017). *The 4th Industrial Revolution: Responding to the Impact of Artificial Intelligence on Business*. Berlin, Germany: Springer.

Snell, S., G. Bohlander and S. Morris (2015). *Managing Human Resources*. Toronto, Canada: Nelson Education.

Sowa, J. and S. Selden (2003). Administrative discretion and active representation: An expansion of the theory of representative bureaucracy. *Public Administration Review*, 63(6): 700−710.

Speer, J. (2012). Participatory governance reform: A good strategy for increasing government responsiveness and improving public services?. *World Development*, 40(12): 2379−2398.

Stepan, A. (2001). *Arguing Comparative Politics*. Oxford, UK: Oxford University Press.

Stillman, R. (2009). *Public Administration: Concepts and Cases*. Toronto, Canada: Nelson Education.

Stolt, R., P. Blomqvist and U. Winblad (2011). Privatization of social services: Quality differences in Swedish elderly care. *Social Science and Medicine*, 72(4): 560−567.

Styhre, A. (2008). Management control in bureaucratic and post−bureaucratic organizations. *Group and Organization Management*, 33(6): 635−656.

Suleiman, E. (2015). *Politics, Power, and Bureaucracy in France: The Administrative Elite*. Princeton, NJ: Princeton University Press.

Sullivan, C. (2013). *Literature in the Public Service: Sublime Bureaucracy*, London:

Palgrave Macmillan.

Swanson, C., L. Territo and R. Taylor (2016). *Police Administration: Structures, Processes, and Behavior*. Upper Saddle River, NJ: Prentice Hall.

Swedberg, R. and O. Agevall (2016). *The Max Weber Dictionary*. Redwood City, CA: Stanford University Press.

Tan, S. (2003). *Confucian Democracy: A Deweyan Reconstruction*. Albany, NY: State University of New York Press.

Therborn, G. (2016). *What Does the Ruling Class Do When It Rules?*. New York: Verso Books.

Thompson, W., J. Hickey and M. Thompson (2016). *Society in Focus: An Introduction to Sociology*. Lanham, MD: Rowman & Littlefield.

Thursfield, D. (2017). *Post—Fordism and Skill: Theories and Perceptions*. Abingdon, UK: Routledge.

Tischler, H. (2013). *Introduction to Sociology*. Boston, MA: Cengage Learning.

Toegel, G. and J. Conger (2003). 360−degree assessment: Time for reinvention. *Academy of Management Learning and Education*, 2(3): 297−311.

Tolbert, P. (2013). Iron law of oligarchy. In D. Snow et al. (ed.). *The Wiley Blackwell Encyclopedia of Social and Political Movements*. Hoboken, NJ: John Wiley and Sons.

Tresch, R. (2014). *Public Finance: A Normative Theory*. Cambridge, MA: Academic Press.

Tucker, R. (2017). *Philosophy and Myth in Karl Marx*. Abingdon, UK: Routledge.

Tullock, G. (2005). *Bureaucracy*. Carmel, IN: Liberty Fund.

Tummers, L. and V. Bekkers (2014). Policy implementation, street−level bu− reaucracy, and the importance of discretion. *Public Management Review*, 16(4): 527−547.

Van der Heijden, B. and A. Nijhof (2004). The value of subjectivity: Problems and prospects for 360−degree appraisal systems. *International Journal of Human Resource Management*, 15(3): 493−511.

Van Dierendonck, D. (2011). Servant leadership: A review and synthesis. *Journal of Management*, 37(4): 1228−1261.

Van Dooren, W., G. Bouckaert and J. Halligan (2010). *Performance Management in the Public Sector.* Abingdon, UK: Routledge.

Van Slyke, D. (2003). The mythology of privatization in contracting for social services. *Public Administration Review,* 63(3): 296−315.

Varma, A. and P. Budhwar (2013). *Managing Human Resources in Asia−Pacific.* Abingdon, UK: Routledge.

Vaughn, J. and E. Otenyo (2007). *Managerial Discretion in Government Decision Making.* Sudbury, MA: Jones and Bartlett.

Veblen, T. (2015). *The Socialist Economics of Karl Marx and His Followers.* New York: Read Books.

Wangrow, D., D. Schepker and V. Barker (2015). Managerial discretion: An em−pirical review and focus on future research directions. *Journal of Management,* 41(1): 99−135.

Warner, M. and R. Hebdon (2001). Local government restructuring: Privatization and its alternatives. *Journal of Policy Analysis and Management,* 20(2): 315−336.

Weber, M. (2012). *Max Weber: Collected Methodological Writings.* Abingdon, UK: Routledge.

Weber, M. (2017). *Max Weber: A Biography.* Abingdon, UK: Routledge.

Weimer, D. and A. Vining (2017). *Policy Analysis.* Milton Park, UK: Taylor & Francis.

Whimster, S. and S. Lash (2014). *Max Weber, Rationality and Modernity.* Abingdon, UK: Routledge.

Whitford, A. (2002). Decentralization and political control of the bureaucracy. *Journal of Theoretical Politics,* 14(2): 167−193.

Wildavsky, A. (1979). *The Politics of Budgetary Process.* Boston, MA: Little, Brown & Company.

Wildavsky, A. (1985). A cultural theory of expenditure growth and unbalanced budget. *Journal of Public Economics,* 28(3): 349−357.

Wildavsky, A. (2001). *Budgeting and Governing.* Piscataway, NJ: Transaction Publishers.

Willcoxson, L. and B. Millett (2000). The management of organizational culture. *Australian Journal of Management and Organizational Behaviour,* 3(2): 91−99.

Williamson, O. (1996). The limits of firms: Incentive and bureaucratic features. In L. Putterman and R. Kroszner (ed.). *The Economic Nature of the Firm*. Cambridge, UK: Cambridge University Press.

Wilson, J. (2019). *Bureaucracy: What Government Agencies Do and Why They Do It*. New York: Basic Books.

Wilson, J., J. DiIulio and M. Bose (2016). *American Government: Institutions and Policies*. Boston, MA: Cengage Learning.

Wood, R. (2003). *At the Regulatory Front Lines: Building Inspectors and New Public Management*. Seattle, WA: University of Washington Press.

Woodford, M. (2011). Simple analytics of the government expenditure multiplier. *Macroeconomics*, 3(1): 1−35.

Wright, P. and R. Noe. (1996). *Management of Organizations*. Chicago, IL: Irwin.

Wu, A and M. Lin (2012). Determinants of government size: Evidence from China. *Public Choice*, 151(1−2): 255−270.

Wu, L., C. Ong and Y. Hsu (2008). Knowledge−based organization evaluation. *Decision Support Systems*, 45(3): 541−549.

Wyatt, M. (2002). Partnership in health and social care. *Policy and Politics*, 30(2): 167−182.

Yackee, S. (2006). Assessing inter−institutional attention to and influence on government regulations. *British Journal of Political Science*, 36(4): 723−744.

Yigitcanlar, T. (2011). Redefining knowledge−based urban development. *International Journal of Knowledge−Based Development*, 2(4): 340−356.

Zairi, M. (2010). *Benchmarking for Best Practice*. Abingdon, UK: Routledge.

Zheng, W., Q. Qu and B. Yang (2009). Toward a theory of organizational cultural evolution. *Human Resource Development Review*, 8(2): 151−173.

山內一夫 (1985).「行政指導の理論と實際」. 東京: ぎょうせい.

김순양(金淳陽)

런던정경대(LSE) Ph.D(사회정책학)
서울대학교 행정학석사, 행정학박사
고려대학교 사회학과 졸업
현재 영남대학교 행정학과 교수, 행정대학원장, 사회과학연구소장
미국 Washington주립대학교, Colorado대학교, 영국 Southampton대학교, LSE Health Care 교환교수, 객원연구위원 등.
학술저서 <한국의 노동정치>, <사회복지행정의 개혁과제>, <한국 보건의료개혁의 정치(2018년도 대한민국학술원 우수학술도서)>, <한국 다문화사회의 이방인>, <복지서비스의 민간위탁 시스템 분석(2008년도 대한민국학술원 우수학술도서)>, <Health Politics in Korea>, <사회복지정책론(3인 공저)>, <Health Systems in Transition(4인 공저)> 등을 저술함.
사회정책, 정부관료제, 복지행정, 정책이론 등의 분야에서 160여 편의 학술논문을 발표함.
미국 Marquis Who's Who, 영국 Cambridge IBC 우수학자 등재
중앙일보, 동아일보 우수연구자 선정
<한국행정학보> 편집위원장 역임

정부관료제의 개혁과제

초판발행	2020년 8월 10일
지은이	김순양
펴낸이	안종만 · 안상준
편 집	전채린
기획/마케팅	장규식
표지디자인	이미연
제 작	우인도 · 고철민
펴낸곳	(주) 박영사
	서울특별시 종로구 새문안로3길 36, 1601
	등록 1959. 3. 11. 제300-1959-1호(倫)
전 화	02)733-6771
f a x	02)736-4818
e-mail	pys@pybook.co.kr
homepage	www.pybook.co.kr
ISBN	979-11-303-1057-2 93350

copyright©김순양, 2020, Printed in Korea

정 가   22,000원